WAR IN LIFE

펜트하우스 2

펜트하우스 2

지은이 김순옥
펴낸이 임상진
펴낸곳 (주)넥서스

초판1쇄 발행 2021년 5월 25일
초판5쇄 발행 2021년 6월 25일

출판신고 1992년 4월 3일 제311-2002-2호
10880 경기도 파주시 지목로 5
Tel (02)330-5500 Fax (02)330-5555

ISBN 979-11-6683-058-7 14680

가격은 뒤표지에 있습니다.
잘못 만들어진 책은 구입처에서 바꾸어드립니다.

www.nexusbook.com

WAR IN LIFE

펜트하우스 2

◆ 김순옥 대본집 ◆

넥서스BOOKS

용어정리

- **E** 이펙트(Effect)의 약어로 등장인물의 얼굴은 보이지 않고 목소리만 들리는 경우에 주로 사용되며, 휴대폰 소리, 파도 소리 등 모든 효과음이 해당된다.
- **F** 필터(Filter)의 약어로, 전화기 너머의 목소리나 마음속으로 하는 이야기 등을 표현할 때 사용된다.
- **F.I** 페이드 인(Fade in)의 약어로, 어두웠던 화면이 차차 밝아지면서 장면이 전환되는 연출이다.
- **F.O** 페이드 아웃(Fade out)의 약어로, 화면이 차차 어두워지면서 완전히 검정 화면으로 전환되는 연출이다.
- **C.U** 클로즈업(Close up)의 약어로, 대상물이 화면에 가득 차도록 확대해 촬영하는 기법이다.
- **플래시백** 회상을 나타내는 장면. 주로 현재 일어나는 사건의 인과 설명 혹은 주인공의 현재 모습이나 성격에 당위성을 부여하기 위해 사용된다.
- **오버랩** 앞 화면에 뒤의 화면이 포개지는 기법. 대사에서 앞사람의 말을 끊고 대사가 나올 때 사용된다.

차례

어떤 인간의 욕망도 절대 충족되지 않는다.
인간은 더 많은 것을 갖기 위해 끝없이 오르려 하기 때문이다.

'펜트하우스'란 무엇인가?
아파트, 호텔, 주상복합 등 고층건물 상층부의 고급스러운 인테리어를 갖춘 주거
공간으로, 보통 꼭대기 층에 위치한다. 최고층이어서 높은 곳에서 내려다보이는
전망이 일품이다.

특별한 매력으로 아파트 로열층의 판도를 뒤흔든 최상위 층! 그곳엔 과연 누가
살고 있을까?
그들은 무엇으로 돈을 모았고, 그들의 욕망의 끝은 어디까지일까?
끝없이 높은 곳으로... 더 높은 곳으로... 올라가고 싶었던 이유는 무엇이고, 그들
이 꿈꾸던 맨 꼭대기 층에는 무엇이 기다리고 있을까?
꼭대기 층까지 오른 그들은 과연 지금 행복할까?
저마다의 은밀한 비밀이 숨어있지는 않을까?
궁금해졌다.
여기, 한 여자가 있다.
이름은 심수련. 100층 복층 펜트하우스의 주인이다.

아름다운 얼굴에 고급스러운 미소를 지은 채, 태어날 때부터 항상 그랬던 것처럼 움직임에 한 치의 흐트러짐도 용납하지 않는다.

200평은 족히 넘는 복층 펜트하우스가 그녀 앞으로 위풍당당한 자태를 드러낸다. 전면이 탁 트인 커다란 거실 통유리창에 크리스털 조명등이 반사되어 빛나고, 티끌 하나 보이지 않는 대리석 바닥 위에 이태리에서 직수입한 명품 가구들이 각을 잡고 놓여있고, 거실 유리창 앞으로 다가서면 환상적인 한강 뷰가 한눈에 펼쳐진다.

어둠이 내린 한강의 비현실적인 야경이 시선을 사로잡고, 멀리 우뚝 선 서울타워 외에 그녀의 시선을 방해하는 건 아무것도 없다. 한강대교 위에 차들이 소리 없이 어딘가를 향해 천천히 움직일 뿐, 세상은 적막 그 자체다. 어떤 소음도 완벽히 차단되어있는 그곳! 여자의 발이 움직일 때마다 슬리퍼 끄는 소리만 간간이 들릴 뿐이다. 방금 샤워를 마친 듯 하늘하늘한 슬립만을 걸친 그녀는, 대리석 계단을 통해 위층으로 올라간다. 위층 역시 찬란한 조명등이 미친 듯이 거실로 쏟아져 내리고 있었다. 신비한 오일향을 내뿜으며 조용히 거실 창가로 다가가, 세상 누구의 시선에서도 자유로운 듯 슬립의 끈을 내렸다. 강렬한 레드색 슬립이 대리석 위로 물결처럼 흘러내렸다. 그리고, 헬퍼가 미리 준비해 둔, 파티용 환타색 실크드레스를 차려입었다. 거실 창문으로 그녀의 아름다운 모습이 비쳐 보였다. 그녀의 눈동자가 신비스러울 만큼 빛났다. 불쾌한 징조라곤 찾아볼 수 없었다.

그때! 핸드폰이 울렸다. 파티 참석을 재촉하는 남편의 전화다. 그녀는 여전히 서두르지 않는 우아한 걸음으로, 펜트하우스 밖으로 나왔다. 홍채 자동인식으로 열리는 현관문을 통과하여, 펜트하우스 전용 엘리베이터에 몸을 실었다. 미끄러지듯 통유리창의 엘리베이터가 움직이기 시작했다. 그리고... 몇 층쯤이었을까...

엘리베이터 바깥으로부터, 누군가의 눈빛과 정면으로 마주쳤다! 너무도 가녀리고 애절한 소녀의 눈빛... 애타게 뭔가를 붙잡으려는 손길... 허공을 휘젓는 발버둥......

지독한 섬뜩함이 찰나로 스쳐 지나갔다. 그리곤 몇 초 후..... 아파트 모든 주민들이 가장 사랑하고 자랑스러워하는 아파트 분수대의 거대한 헤라상 위로 그 물체가 떨어졌다. 높이만큼 아득한 굉음소리가 한밤의 적막을 깼다! 쿵!!!

강렬한 오색 물줄기를 내뿜던 분수대가, 일순간 붉은빛으로 젖어들기 시작했다. 이제 갓 열여섯 살, 민설아의 죽음이었다!

헤라팰리스 (헤라클럽)

100층 펜트하우스

배로나

오윤희

심수련

주단태

주석훈

주석경

서진의 가족

의문의 소녀

천명수

서진모

민설아

여동생

제부

85층

천서진

하윤철

하은별

고상아 시대식구들

왕미자

큰시누이

55층

고상아

이규진

이민혁

작은시누이

45층

강마리

펜트하우스

유동필

유제니

기타 인물들

구호동

조상헌

마두기

권혜미

도비서

조비서

의문을 품은 사람들

로건리

윤태주

양미옥

주혜인

청아예고 친구들

엄장대

안은후

노지아

송예리

허유정

| 주요인물 |

• 심수련 __ 주단태의 아내. 주석훈과 주석경 쌍둥이 엄마.

태어나서 한 번도 가난해본 적 없는 상류층 여자.
헤라팰리스 입주자들 모두 인정하는, 명실상부한 헤라클럽의 퀸!
부유한 가정에서 태어나, 가족들의 아낌없는 사랑을 받으며 곱게 자랐다. 아름다운 외모만큼이나 성품도 온화했지만, 사랑에서만큼은 용감하고 저돌적이다.
아버지의 강요로, 현재의 남편 주단태와 애정 없이 약혼했다. 그러나 약혼 후 유학을 떠난 곳에서 음악을 하는 남자와 진짜 사랑에 빠지고, 그의 아이를 임신하게 된다. 주단태에게 파혼을 통보하고, 미국에서 사랑하는 남자와 새 출발하여 행복한 시간을 보내고 있던 무렵! 집으로 침입한 무장 강도가 난사한 총기로, 사랑하는 남자를 그 자리에서 잃고, 자신은 그 충격으로 8개월 만에 딸을 조산하고 만다.
한국으로 돌아와 인생에서 가장 큰 고통의 시간의 보내고 있는 그때! 수련에게 파혼당했던 주단태가 다시 수련에게 돌아온다. 동거녀에게서 낳은 남녀 쌍둥이와 함께.
주단태는 수련이 조산으로 낳은 수련의 아이가 저산소증으로 병원에서 위급한 상태가 되자, 지극정성으로 돌봐준다. 며칠 밤을 새우며 아이 곁을 지켜준다. 그 모습에 감동한 수련은, 단태와의 결혼을 결심하고, 단태의 쌍둥이 아이들을 자신의 친자식처럼 돌보며 결혼생활을 시작한다.
사람들은, 쌍둥이 아이를 수련이 낳은 친자식으로 알고 있었다. 그만큼 수련은 아이들에게 진심으로 대했다. 단태한테서 받은 사랑을 갚아주겠다는 마음으로, 아이들에게 최선을 다했다.

강박증이 심하고, 매사 완벽함과 최고를 추구하는 단태에게서 숨이 막힐 것 같은 답답함을 느끼고 때론 도망치고 싶지만, 그때마다 식물인간 상태에 빠진 수련의 아이를 돌보는 단태의 모습에, 차마 그를 떠나지 못한다. 하지만 주단태가 수련이 낳은 친딸을 내다버리고, 중병을 앓고 있는 다른 아이를 수련의 딸로 둔갑시켜, 수련에게 평생 남의 자식을 돌보면서 자신을 배신한 벌을 받게 했다는 사실을 깨닫게 되자, 죽을 것 같은 배신감에 치를 떤다.

그날부터 조용히 자신의 친딸을 찾아 헤매는 수련. 남편의 비서인 윤태주로부터, 남편이 딸을 얼려 죽게 하라고 시켰지만, 차마 그럴 수가 없어서 고아원 앞에 몰래 옮겨놨다는 자백을 받아낸다. 딸이 살아있다는 확신을 가지고, 그 근방의 고아원을 전부 뒤지며 미친 듯이 친딸을 찾아나선 수련. 드디어 딸의 행방을 찾게 되고, 미국으로 입양된 딸이 파양되어 한국에 살고 있다는 정보를 입수하게 된다. 딸은 아주 가까이에 살고 있었다. 자신 또한 너무 잘 알고 있는 사람이었다. 아이들의 수학 과외쌤.... 민설아였다!

딸을 찾았다는 기쁨으로 정신없이 딸에게 연락을 취하는 수련. 그날은, 청아예고 합격 축하 파티가 있는 날이었고, 남편은 파티 준비로 정신이 없었다. 남편의 재촉에 할 수 없이 파티장으로 향하는 수련.... 그리고.... 그 엘리베이터 안에서, 추락하는 한 여자아이의 눈동자와 마주친다. 그 아이는 다름 아닌 자신의 딸, 민설아였고, 그렇게 허망하게 수련은 친딸을 영원히 잃고 만다.

• 천서진 __ 하윤철의 부인, 하은별의 엄마.

타고난 금수저. 화려함과 도도함의 결정체.
헤라클럽의 여왕벌을 자처.
스포트라이트는 항상 서진을 비추고 있었다.
청아재단 이사장의 딸이란 타이틀은 늘 그녀를 주목받게 만들기 충분했다.
든든한 부모의 뒷배를 이용하지 않고도 충분히 빛나는 실력으로 청아유치원, 청아초등학교, 청아예중까지 1등은 항상 서진의 차지였다. 하지만 딱 거기까지였다.
청아예고 입학과 동시에 오윤희에게 퀸의 자리를 빼앗긴 건 시작에 불과했다. 이후 실기 시험, 콩쿠르, 발표회마다 줄줄이 윤희에게 1등을 내줬다.
죽을 만큼 노력했지만 몇 번의 경합을 통해서 깨달은 사실은 실력으로는 절대 윤희를 이길 수 없다는 것이었다. 자존심이 무너진 서진은 아빠에게 달려가 오열하며 처음으로 부탁을 했다. 윤희를 이기고 싶다고! 아니 이겨야만 한다고!
그렇게 고3 마지막 콩쿠르의 우승 트로피를 손에 거머쥔 서진에게 심사의 부정함을 폭로하겠다 선언하는 윤희를 보자 쌓여왔던 감정이 폭발했고, 몸싸움을 하던 도중 윤희의 목을 트로피로 그어버렸다.
이후 모든 건 제자리로 돌아왔다. 어디론가 사라져버린 윤희는 원래 없었던 사람처럼 곧 사람들의 기억에서 잊혀졌고, 모든 관심은 서진을 향했고, 실력도 날로 늘어났다. 게다가 윤희의 남자친구였던 하윤철까지 손에 넣은 서진은, 처음으로 아버지 뜻을 어기면서까지 윤철과 결혼했고, 아직도 유명한 소프라노로 활동하며 청아예고에서 후배 양성에 힘쓰고 있다.

모든 게 자리를 잘 잡고 있었다. 소프라노를 꿈꾸는 딸 은별을 위해서 서진은 뭐든 해줬다. 청아예고 음악부장을 맡은 것도 은별에게 최고의 서포트를 해주기 위해서였고, 은별도 잘 해내고 있다고 믿어왔는데..... 뜻밖의 걸림돌이 생겼다. 배로나의 등장이었다. 배로나는 엄마와 목소리가 똑 닮은, 천서진의 천적, 오윤희의 딸이었다.

악연을 끊어내기 위해 부정한 방법으로 로나를 탈락시켰지만, 운명의 장난처럼 로나는 청아예고에 입학했고, 윤희는 감히 헤라팰리스까지 비집고 들어왔다.

서진은 어떻게든 오윤희를 헤라팰리스에서 내쫓으려 하지만, 남편 윤철까지 윤희에게 흔들리면서 서진의 일상은 무섭게 균열이 생겼다.

• 오윤희 __ 배로나 엄마.

과거엔 청아예고의 실력파 성악 유망주였으나 현재는 자격증 없는 부동산 컨설턴트.
천서진과는 적대적인 관계.

청아예고에서 수석을 놓치지 않은 실력파였다. 대충 입만 뻥긋해도 서울음대는 따논 당상이라고 할 만큼, 교내외에서 압도적으로 우수한 학생이었다.

그러나 청아예고 3학년 때, 서울음대를 가기 위한 가장 큰 스펙인 〈청아콩쿠르〉에 출전했다가 대상을 도둑맞았다. 결과의 부정에 격분해, 라이벌인 천서진과 몸싸움을 벌이다. 대상 트로피에 목을 찔려 성대에 치명적인 신경손상을 입고, 성악을 포기했다. 오랫동안 사랑했던 남자도 천서진에게 뺏겼다.

자포자기 심정으로 서둘러 결혼했다. 결혼 역시 불행의 연장선이었다. 고시생이었던 남편은, 매번 사법시험 최종면접에서 떨어졌고, 그 와중에 쉬지 않고 바람을 피웠다. 허영을 불치병으로 달고 살던 시어머니는 손녀딸 금반지까지 내다팔고도 정신을 못 차리고 돈을 써재꼈다. 돈 쓰는 게 그녀의 유일한 취미였다.

그 덕에 윤희는, 안 해본 알바가 없을 만큼 억척스럽게 살아야 했고, 최근엔 졸부들을 상대로 비밀 아지트를 구해주는 일로 생활비를 벌고 있다.

14년의 암흑기를 거쳐, 드디어 기적적으로 마지막 사법고시에 합격한 남편 덕에 햇빛을 보나 싶었는데, 남편은 하필 그날 축하모임에서 술에 취해 실족사했다. 불운이 꼬리를 물고 이어졌다.

자신의 딸은 절대 음악을 시키지 않겠다는 굳은 결심에도 불구하고, 딸의 고집을 꺾을 수 없었던 윤희는, 딸의 레슨 선생으로 천서진과 20년 만에 조우한다.

천서진의 장식장에서 아직도 빛나고 있는 과거 콩쿠르 트로피를 본 순간, 복수심에 사로잡히고, 딸이 교내 학폭위의 만행으로 부당한 처벌을 당하자, 마음을 바꿔 먹고 딸아이의 성악 공부를 지지하기로 결심한다.

그날부터 딸아이의 청아예고 합격을 향해 달리기 시작하는 오윤희! 지난 삶을 보상받기라 도 하듯이, 딸과 자신의 인생의 성공을 향해 폭주한다.

• 주단태 __ 심수련의 남편. 주석훈, 주석경의 아빠.

재일교포 사업가의 아들. 투자회사 대표. 부동산의 귀재.
강박증이 심하고, 완벽주의자. 늘 최고, 최상만을 추구한다.
귀신같이 돈 냄새를 잘 맡아, 투자하는 사업마다 돈을 쓸어 모았다.
사업과 부동산에 천부적 재능을 가졌다. 그의 땅을 밟지 않고는 강남을 돌아다닐 수 없다는 말이 나돌 정도로, 강남 노른자위 땅과 고층 건물들을 소유하고 있다.
헤라팰리스도 그의 작품! 땅을 매입하고, 분양하는 모든 일을 직접 지휘하면서, 그의 능력을 세상에 알렸다.
자신을 배신하는 어떤 것도 용서할 수 없는 남자. 자신의 약혼녀가, 다른 남자를 사랑하고, 그 남자의 아이를 가졌다는 사실을 안 순간! 감추고 있던 소시오패스 본성이 살아났다.
미국 심수련의 집에서 일어난 총기사건도, 주단태와 무관하지 않다. 질투와 배신감에 휩싸 인 주단태가 무장 강도를 심수련의 집에 보내, 심수련의 남자를 죽게 한 것. 그 때문에 심수련 의 딸은 8개월 만에 생명이 위독한 상태로 태어난다.
심수련이 낳은 진짜 딸을 비서(윤태주)를 통해 하천에 버리고, 다른 아픈 아이를 심수련의 딸 로 위장해 키우게 한다.
자신을 배신한 심수련을 기어이 아내로 맞아, 평생 다른 사람의 자식들을 키우며 살게 하는 벌을 가하고, 그것이 자신을 모욕한 죗값이라고 여긴다.
남들에겐 심수련을 쌍둥이들의 친엄마로 알게 하고, 완벽한 가정으로 보여지길 원한다. 한 치의 흐트러짐이나 구설도 용납하지 않는다. 주혜인의 존재 역시 헤라팰리스 주민 누구도 알지 못했다.
겉으로는 젠틀하고, 매너 있고, 완벽한 남자. 속은 냉혈한의 피가 흐른다.

• 주석훈 __ 주단태와 심수련의 아들. 석경의 쌍둥이 오빠.

피아노를 전공한 귀공자 스타일의 외모에 무결점 완벽남.
외모, 두뇌, 실력까지 모든 것이 훌륭한데 거기에 싸움까지 잘한다. 드디어 첫사랑을 시작했다.
티끌만큼의 흐트러짐도 허용하지 않는 주단태의 앞에선 늘 완벽함을 연기하지만, 학교에서 는 선생님과 친구들을 장난감처럼 주무르며 일탈을 즐기는 이중적 면모를 갖고 있는 소년.
그런 석훈의 새 장난감으로 배로나가 낙점된다.
그런데 이 타깃 만만치 않다.
어떤 괴롭힘에도 굴복하지 않는 로나에게, 조금씩 흥미 이상의 관심을 가지게 된다.

• 주석경 _ 주단태와 심수련의 딸. 석훈의 쌍둥이 동생.

영혼 없는 얼음공주 퀸카, 청아예고에서 성악 전공.
단 1%의 진심도, 영혼도 없는 차가운 청아예고의 퀸.
전쟁판처럼 피 터지는 예체능계 경쟁 속에서도 늘 온화하고 너그러운 아이.
하지만 발등에도 미치지 못하는 아랫것들을 향한 아량이었을 뿐.
석경의 진로는 처음부터 결정돼있었다. '성악가' 석경은 노래 부르는 것도 공부하는 것도 다
싫었다.
전교 1등인 오빠 석훈에 비해 실력은 턱없이 모자랐고, 주단태는 그런 석경에게 아주 냉정했
다. 항상 성적, 결과 순으로 석훈이와 비교당할 뿐이다.
지옥의 나날이지만 그래도 오빠 석훈만 옆에 있다면 펜트하우스에서 살 수 있다.

• 배로나 _ 오윤희의 무남독녀.

엄마의 유전자를 받아 성악에 남다른 재능을 가졌다.
청아예고에 혜성처럼 나타난 실력자로 많은 이의 견제를 받는다.
당차고 씩씩하다. 아빠 없고, 돈도 없지만, 주눅 들지 않는다. 자신을 무시하는 유제니에게
오히려 한 방 먹여버렸다. 그게 바로 성악이었다.
음악만은 하지 않길 바랐던 엄마 윤희의 반대를 무릅쓰고 로나는 노래를 불렀다. 엄마의 능
력을 그대로 받아 아름다운 천상의 목소리를 가졌다. 결이 다른 목소리였다.
도저히 노래를 포기할 수 없었다. 결국 윤희가 준 학원비를 들고 유명한 레슨 선생님(천서
진)을 무작정 찾아가 테스트를 봤다. 뒤이어 자신을 끌어내리고 쫓아온 엄마! 이제 끝이구나
생각하던 찰나! 엄마는 로나에게 노래를 하라고 승낙했다. 자신이 죽을힘을 다해 지원을 해
주겠다고. 그때부터 미친 듯이 노래만 불렀다. 남들보다 백 배 천 배로 열심히 했다. 없는 돈
에 레슨비를 대주는 엄마를 위해서라도 쉴 수 없었다.
최선을 다했지만, 결국 예고 실기에 떨어진 로나. 그날 밤 엄마에게 미친 듯이 악다구니를 퍼
부었는데, 뜻밖에도 추가 합격 소식이 들린다. 자신이 청아예고에 들어갈 운명이었던 것처
럼 세상이 움직이는 듯했다.
하지만 그곳은 꽃길이 아니라 정글이었다.
모든 아이들로부터 왕따를 당했고, 질시와 모욕을 참아야 했다.
믿을 건 실력뿐이었다. 최고가 된다면 누구도 날 무시할 수 없다는 깡다구 하나로 버텨냈다.
성대 결절이 올 정도로 미친 듯이 연습에 매진했다.
"엄마는 패배자지만, 나는 달라!"

• 하윤철 __ 천서진의 남편. 하은별의 아빠.

대형 종합병원 VIP 전담 신경외과 과장. 오윤희의 첫사랑.
의사로서의 능력과 실력보다는 청아의료원 이사장 사위로 유명세를 먼저 탔다. 소프라노
천서진의 남편, 현재 VIP 전담 외과과장, 차기 병원장 유력!
사려 깊음보다는 손익 계산을, 실력보다는 방송 출연을, 지켜보자는 소견보다는 수술을 우
선시한다.
그런 그도 한때는 누군가에게 가슴 뛰던 시절이 있었다.
과학고 시절, 청아예고와의 연합 동아리에서 만난 진짜 성악 천재 윤희. 경쟁심 많던 윤철을
순수하게 만들었던 윤희... 윤철의 첫사랑이었다.
현실에 적당히 타협할 줄 아는 인물. 묘하게 사람 신경을 건드리는 화법으로 상대를 제압한
다. 역시 남자는 돈과 권력을 쥐고 있어야 한다는 야망남. 지금은 병원장 자리를 차지하기 위
해 워커홀릭처럼 일하고 있다.
이런 성공에는 천서진의 내조가 한몫했다는 걸 모르진 않았다. 그러나 지나치게 목표 지향
적인 서진이 차츰 부담스러워졌고, 결혼과 함께 시작된 서진 집안의 냉대가 서러웠다. 가난
한 과수원집 아들이라는 족쇄가 지독한 콤플렉스가 되었다.
아내는 은별의 교육에 한 치의 허점도 용납하지 않는 성격이었다. 그 또한 부부 갈등의 이유
가 되었지만, 인생의 파트너로서 두 사람의 목표는 같았다. 각자 위치에서 최고가 되는 것!
그런데 윤희와의 재회가 그의 삶을 뒤흔들고 있었다.

• 하은별 __ 천서진과 하윤철의 딸.

청아예고에서 성악 전공. 대대로 교육가 집안으로 명망 높은 청아예고 이사장 집안 딸이다.
2인자에 머무르는 실력으로 엄마 천서진을 만족시키지 못해 늘 불안하다.
은별의 인생은 태어날 때부터 정해져있었다.
성악 외에는 단 한 번도 다른 꿈을 꾼 적이 없다.
청아재단은 예술계통 최고의 명문 사학이었고 프리마 돈나였던 엄마 천서진이 청아재단 이
사장이 되면 그 뒤는 은별이 이어받을 것이다.
마치 아침에 일어나면 세수를 하는 것처럼 너무도 당연한 수순이었다.
은별 역시 노래 부르는 게 좋았다. 그러나 타고난 천재는 아니었다.
"난 죽었다 깨어나도 엄마를 뛰어넘을 수 없을 거야."
낮은 자존감이 그녀의 머릿속을 지배하고 있다.
곡을 부르다가 한 소절만 삑사리 나면, 그 자리에서 주저앉아 기어이 전부를 다 망쳐버리고
마는 유리멘탈. 그러던 어느 날 은별의 손에, 천서진의 대상 트로피가 쥐어져있었다. 그리고,
은별은 로나를 향해 트로피를 거침없이 내리쳤다. 은별의 눈은 텅 비어있었다.

✝ 강마리 가족
- 강마리 __ 유제니의 엄마. 유동필 부인.

금쪽같은 내 새끼 건드리면 무조건 두 쪽 난다!
개처럼 벌어서 정승처럼 쓰자는 게 인생 모토. 졸부.
두바이에 남편을 보내고 독수공방하는 여자.
다혈질인 듯 보이지만 사실 알고 보면 엄청나게 계산적이고 냉철하다.
속으로는 금수저들을 비난하고, 밖으로는 흙수저들을 하대한다.
모든 스트레스를 자신의 집 도우미와 기사에게 갑질로 푸는 삶을 살고 있다.

- 유동필 __ 강마리의 남편. 유제니의 아빠.

건설회사 대표. 두바이에서 사업 중이라고 알려졌으나 실제로는 교도소에서 수감 생활 중.
세상의 중심에서 아내에게 의리, 딸에게 사랑을 외치는 딸바보.
막노동판을 뒹굴며 전전하던 젊은 시절, 마리에게 첫눈에 반해 끝없는 구애 끝에 결혼했다.
뛰어난 사업 수완을 바탕으로 건설회사 기자재 납품 사업을 번듯한 건설회사로 키워냈다.
현재 두바이에서 프로젝트를 진행하고 있어 1년 넘게 한국에 돌아오지 못하는 상황. 매달 아내와 딸 선물을 챙기는 진정한 사랑꾼이자 딸바보.

- 유제니 __ 강마리와 유동필의 외동딸.

청아예고에서 성악 전공. 안하무인, 쌈닭. 실력은 없고 욕심만 있다.
천상천하 유아독존이다. 한마디로 개싸가지.
청아예중 입시에서 똑 떨어져 일산 화정에 있는 일반중학교를 다녔다. 같이 성악을 시작한 친구 중에 유일하게 혼자 떨어졌다.
기필코, 청아예고만은 포기할 수 없다는 각오로, 일산 화정까지 넘어갔다. 갈수록 내신 비중이 커지는 예고 입시 특성상, 서울 외곽 학교라면 아무래도 내신 따기가 이로울 거라는 계산이었으나, 화정 또한 만만치 않았다. 배로나라는 눈엣가시 같은 아이가 공부면 공부, 노래면 노래, 모든 면에서 제니 앞을 가로막았다. 파출소 피하려다 경찰서 만난 격이었다. 제니 엄마인 강마리가 일산 화정으로 이사한 이유는, 사실 내신 때문만은 아니었다. 남편 유동필 탓이 컸다. 살인죄로 복역 중인 남편의 신상이 털려서 딸 귀에 들어갈까 하는 노파심 때문이었다.
어렵게 얻은 딸이라, 엄마 아빠의 정성이 하늘에 뻗쳤고 덕분에 제니의 싸가지는 날이 갈수록 비례했다. 머리부터 발끝까지 있는 집 자식이요, 콘셉트로 꾸미고 다닌다. 돈 자랑하는 건 취미고, 돈 없는 애들 무시하는 건 특기다.
그런데 그 특기가 요즘 배로나 기집애 때문에 영 발휘가 안 된다. 어떻게 생겨 먹은 건지 놀려도, 무시해도 꿈쩍도 안 하니 오기가 다 생긴다.

아빠도 없는 불쌍한 년 주제에......

그 말을 하지 말걸, 후회는 이미 늦었다. 로나는 기가 막힌 음색과 노래로 한 방에 자신을 제압했고, 제니 스스로도 느꼈다. 절대 실력으로는 이길 수 없겠다.

실력으로 안 된다는 열등감이 뼛속까지 내재된 인물.

자기가 밟아도 되겠다 싶으면 찍어놓고 지독히 괴롭히지만, 또 뭔가에 감동받아 내 편이라고 생각하면 하루아침에 자기 속 다 내주는 단순하고 쿨한 면도 있다.

로나와 철천지원수에서 로나의 베프가 된다.

＃이규진 가족
• 이규진 ＿ 고상아의 남편. 이민혁의 아빠. 빅토리 로펌 이혼 전문 변호사.

규진이는 엄카보이.

법조인 재벌가의 외아들로 허세뿐인 속 빈 강정에 마마보이. 찌질의 끝판왕.

법조계 집안의 3대 독자로 1남 2녀 중 막내다.

어렸을 때부터 엄마가 시키는 대로 살아왔더니 어느새 변호사가 되어있었다.

당연히 스스로 할 줄 아는 건 없고, 결정 장애에 모든 걸 누나나 엄마에게 컨펌받아야 마음이 편한 마마보이다.

게다가 생활비 대신 엄카를 건네는 찌질의 끝판왕.

상아와의 결혼도 가족회의를 통해 결정됐다.

규진은 언제나 그랬듯 받아들였다.

한 번도 엄마의 결정이 틀린 적은 없었으니까.

규진은 상아가 매일같이 엄마에게 볶여도 방패막이가 돼줄 생각이 없다.

기 센 누나들이 집으로 들이닥쳐 아내를 잡도리해도 모른 척했다.

세상은 등가 교환의 법칙에 의해 돌아가는 것.

개천 이무기를 모두가 부러워하는 법조재벌 며느리로 만들어줬으니 상아가 감당해야 하는 몫이라 생각했다.

손도 까딱 않는 버릇으로 하나부터 열까지 상아에게 다 시키고, 상아가 조금이라도 반기를 들면 쪼르르 누나나 엄마에게 얘기하느라 바쁘다.

• 고상아 ＿ 이규진의 아내. 이민혁의 엄마.

현대판 코믹 내조의 여왕, 허세 19단. 아나운서 출신의 재벌가 며느리.

남편과 아들 일이라면 어떤 희생이라도 감수하는 소문난 내조의 여왕.

교양 있는 척, 세상 행복한 척, 사랑받는 척하지만, 정작 반쪽짜리 결혼 생활이다.

한때 촉망받던 아나운서에서 지금은 재벌가 며느리로, 남편을 내조하며 살아가고 있다.
남편은 시아버지가 운영하는 '빅토리' 로펌의 허수아비 변호사이고, 상아가 허울뿐인 재벌
며느리 행세를 하고 있는 건, 주변 사람 아무도 모른다.
그녀의 결혼 생활은 한마디로 창살 없는 감옥이었다. 시댁 식구들은 온갖 더럽고 구린 짓은
다하고 호사를 누리면서, 상아에게는 검소, 절제, 청렴을 강요한다.
돈줄을 틀어쥔 시어머니는 생활비를 200만 원으로 동결시키고 그녀의 컨펌 없인 콩나물
100g도 살 수 없었다. 남편의 월급을 단 한 번도 만져본 적 없다.

• 이민혁 __ 고상아와 이규진의 아들.

청아예고에서 성악 전공.
공부로 서울대를 갈 수 없다는 사실에 온 집안을 낙담시켰다.
지금은 부모의 플랜대로 서울대 가기 프로젝트를 수행 중이지만,
합격 가능성은 제로에 가깝다. 성악을 전공하고 있으나 뛰어난 재능은 없다.
성실함과는 거리가 먼 인물로 공부도 늘 하위권이다.

| 비밀을 품은 사람들 |
• 로건 리 __ 구호동과 동일인물.

재미교포계의 성공신화이자, 미국 부동산 갑부이며 유명 극장주인 제임스 리의 아들.
미국에서 급성혈액암으로 투병 중, 극적으로 한국 고아원에 있는 민설아와 골수가 일치해
민설아로부터 골수이식을 받고 완쾌함. 한때는 민설아와 남매지간.
골수이식을 위해 입양됐다, 억울한 누명을 쓰고 파양당한 민설아에게 죄책감에 시달린다.
2년 후, 모든 것을 정리하고 한국행 비행기에 몸을 실었다. 청아예고 계약직 체육교사라는
완전히 다른 사람이 되어 의문으로 가득 찬 민설아의 죽음을 파헤치기 시작한다. 누구와도
타협하지 않는 별종이다. 지금까지 청아예고에 이런 선생은 없었다. 대놓고 청아예고의 커
리큘럼을 비웃었다. 학교가 정해놓은 규칙을 깡그리 무시했다. 석훈, 석경, 은별이 은근히 누
리던 권리도 철폐했다. 석훈을 보기 좋게 제압한 구호동으로 인해, 주단태는 대노한다.

• 민설아 __ 헤라팰리스 아이들 수학 과외쌤.

보육원 출신으로 유기견 설탕이와 단둘이 억척스럽게 사는 소녀.
유기견의 병원비를 구하기 위해 헤라팰리스 고액 수학 과외 선생 자리에 지원했다.
어쩔 수 없이 재학증명서를 위조하고, 가짜 신분증을 만들어서 수학 과외 자리를 얻어냈다.
대학생이라고 거짓말하는 게 맘에 걸렸지만, 선불로 받은 과외비가 딱 설탕이의 수술비였

고, 돈만큼 열심히 가르쳐주면 된다고 생각했다.
딱 두 달 만이야. 그리고 조용히 빠지면 되는 거야.

• 주혜인 __ 주단태가 만들어놓은, 심수련의 가짜 딸.

심수련이 주단태 곁을 떠나지 못하는 이유가 된 인물.
태어날 때부터 저산소증으로 신생아 중환자실에서 치료를 받았다. 몇 번의 고비 끝에 간신히 살아났으나, 심각한 후유증으로 거의 식물인간 상태로 누워만 있는 인물.
그렇게 16년을 살았다.
주단태가, 심수련의 친딸을 하천에 버리고, 심수련의 딸인 것처럼 위장하여 VIP 병동에 입원시켜 지극정성 돌보는 척 연기를 했다.
가끔 약물 투입을 조절해서 주혜인이 혼수상태를 일으키면, 심수련이 가슴 아파 미치는 모습을 보며, 묘한 희열을 느꼈던 주단태....
어찌 보면 주단태라는 괴물의 또 다른 희생양이다.

• 윤태주 __ 대외적으로 단태의 비서지만, 뒤로는 심수련을 몰래 돕는 사람.

주단태가 가장 믿는 인물.
심수련에게 심수련의 친딸이 다른 곳에 살아있다는 정보를 제공해서 파국을 일으키지만, 끝까지 주단태를 완전히 배신하지 못한다.
주단태에게 은혜를 입었기 때문이다. 고아에 오갈 데 없는 자신을 걷어서 먹고살게 해준 사람이 단태였기 때문이다. 주단태의 악행에 대한 결정적 열쇠를 쥐고 있다.
심수련을 오랫동안 옆에서 지켜보다가, 그녀의 가여운 삶에 마음의 변화를 일으켰다. 단태에게 속아 친딸이 아닌 아이(주혜인)를 가슴 아파하며 키우는 심수련에게 강한 연민의 감정을 느낀다.
16년 전 추운 겨울, 주단태의 명을 받고 민설아를 차디찬 하천에 버렸으나, 다음 날까지 살아있는 아이를 보고 차마 죽이지 못하고, 고아원 앞에 버려두고 도망쳤다.
평생 단태를 옆에서 보좌할 수밖에 없는 처지고, 그를 배신하고는 어디서든 살 수 없다는 것을 잘 알기에 그가 시키는 대로 뭐든 다 했지만, 본질적인 악인은 아니다.

| 그 외 인물들 |
• 조상헌 __ 강남구 국회의원, 자선사업 재단이사장.

연예인과 밀애를 즐기고 평생 돈을 탐닉하는 인생 말종.
민설아를 해외로 골수 입양시킨 파렴치한. 악질 브로커.

잘나가는 국회의원에, 자선사업 재단이사장이라는 허울 좋은 명함을 가졌지만, 사실은 힘없고 부모 없는 고아들을 대상으로 골수 입양을 주도하고 목돈을 챙기는 인간 이하의 인물.

민설아도 그 희생양이었다. 미국 부동산 재벌 제임스 리 집에서 거액을 받고, 제임스 리의 외아들과 골수가 일치하는 민설아를 미국으로 입양 보냈다.

뒤탈이 없기 위해 입양 절차를 밟은 후에, 적당한 누명을 만들어 파양시키도록 일을 꾸미는 일까지도 조상헌의 고객 AS에 속했다. 자신의 죄가 까발려질까 민설아를 협박한다.

양심과 도덕성이 비정상적으로 결여된 인물.

뒤로 벌어들인 돈이 막대하고, 국회의원 3선까지 넘보는 명예욕을 지녔지만, 유명 배우와 비밀 아지트에서 밀애를 즐긴다.

여성 편력이 심하고, 비열하게 모은 돈으로 여자를 유린하는 삶을 산다.

그 비밀 아지트를 얻어준 사람이 오윤희였다.

그리고, 그 비밀 아지트에서 태주에 의해 살해당했다. 복수의 서막이었다.

태주는 조상헌의 머리를 내리쳐서 죽이고 이렇게 말했다.

"난 사람을 죽이지 않았습니다! 짐승 한 마리가 뒈졌을 뿐입니다!"

• 구호동 __ 청아예고 체육 선생님.

창원 출신의 경상도 사나이. 꼬질꼬질한 차림새에 역사를 거스르는 패션스타일.

청아예술고등학교에 어울리지 않는 사람을 한 명 꼽으라면 단연코 이 사람이다.

후줄근한 추리닝 패션에 누렇게 변색된 치아. 패션을 역행하는 잠자리 안경까지.

헤라팰리스 아이들을 두려워하지 않는 유일한 선생님.

• 조호영(조비서) __ 주단태의 충실한 비서.

각종 자질구레한 뒤처리를 담당한다.

• 양미옥(양집사) __ 주단태와 심수련의 펜트하우스 가사 도우미.

말 없고 비밀스러운 여자.

• 마두기 __ 청아예고 음악 선생님.

한 번 보면 뇌리에 훅 박히는 부담스런 비주얼의 성악가.

한 번 보면 절대 잊어버릴 수 없는 강렬한 중세시대 헤어스타일의 소유자.

성악 지식은 만점일지 몰라도 교육자로서는 0점인 남자.

돈과 권력 앞에서 자연스레 무릎 굽히는 전형적인 강약약강 직장인.

헤라팰리스 부모들이 그의 자존심을 긁어도 늘 잡초같이 일어선다.

헤라팰리스 아이들에게 은근히 무시당하는 인물.

11화

인생, 급브레이크

1.　　10화 59신/청아예고 교무실(저녁)
　　　　로나, 마두기와 마주 앉아있고.

두기　　어서 쓰라니까. 담배는 어디서 샀는지, 언제부터 누구랑 폈는지, 하나
　　　　도 빼지 말고 자세히 적어. 다 쓰기 전엔, 오늘 집에 못 가!
로나　　제 꺼 아니에요! 저 진짜 담배 안 펴요... (억울해서 울먹이다가, 문득) 아,
　　　　어제 애들이 우리 집에 놀러왔는데, 어쩜 그때...
두기　　안 되겠네, 이거. 어머니 호출할까?
로나　　안돼요! 엄마한텐 아무 말 마세요! 부탁이에요. (그러면서도 미치겠고)

2.　　청아예고 교무실 앞(저녁)
　　　　석훈, 교무실 벽에 기댄 채, 로나가 울고 있는 목소리를 듣고 있는.
　　　　그러다 결심한 듯, 교무실 안으로 들어가는데. 그런 석훈을 붙잡는 누
　　　　군가.
　　　　석훈, 돌아보면. 은별이고.

은별　　(석훈을 막아서며) 뭐하려고?!
석훈　　비켜! (들어가려면)
은별　　(다시 잡고) 이해가 안 돼! 왜 이렇게까지 배로나한테 신경 쓰는 건
　　　　데?!! 배로나 저깟 기지배가 뭐라고?!!
석훈　　(은별을 보는, 차갑게) 아까 대답 못 한 거, 지금 할게. 나 너 안 좋아해. 그
　　　　러니까 나한테 관심 좀 꺼줄래? (은별 손 뿌리치고 교무실로 들어가면)
은별　　주석훈... (석훈 말에 상처받은. 이 악무는 은별, 울면서 복도를 뛰어가고)

3.　　청아예고 교무실(저녁)
　　　　석훈, 교무실로 들어서면. 두기가 놀란 듯 보고.

두기　　주석훈! 아직 집에 안 갔어?

석훈   드릴 말씀이 있습니다.

두기   그래, 뭔데?

석훈   배로나 가방에 담배를 넣은 사람... 접니다!

두기/로나 (놀라서 보는)

로나   (어이없어 석훈을 보며) 정말이야? 진짜 니가 그런 거야? (석훈 붙들고) 내 눈 똑바로 보고 말해! 진짜 니가 그런 거냐고!! 아니지... 너 아니지?

석훈   (괜히 사납게) 내가 그랬다고! 말귀 못 알아들어? (그러면서도 로나를 보는 흔들리는 눈빛)

로나   어떻게 니가... (충격 받은) 왜 그랬어. 왜 나한테 그런 짓을 해!

석훈   (시선 피하며) 그냥. 심심해서.

두기   주석훈! 너 말 똑바로 해! 괜히 배로나 감싸주려고 이러는 거면..

석훈   (주머니에 손 넣고, 건방진 말투로) 제가 그럴 이유가 있나요?

두기   (멈칫) 그러니까... 그럴 이유가 없지. (정신없고) 이게 어떻게 돌아가는 거야. 이건 아닌데... (허둥지둥 일어나서, 한쪽으로 가 급하게 서진에게 전화하면. 전화를 받을 수 없다는 메시지만 들리고. 난감한데)

그때, 교무실 문 열리고 들어서는 수련.

수련(E)   석훈아!!

석훈/로나/두기   (동시에 수련을 보는)

수련   석훈이 연락받고 왔어요. 우리 석훈이가 또 무슨 잘못을 했나요?

두기   (전화 끊고, 당황해서) 그게....

4.   **청아예고 복도(저녁)**
     석훈과 로나, 한쪽에 서있고. 수련, 두기에게 인사하고 있는.

수련   늦은 시간까지 죄송합니다, 선생님. 일단 제가 집에 가서 애랑 얘기 좀 나눠보겠습니다.

두기 (수련에게 굽신대듯) 그러시죠. 우리 학교 운영위원장님이신데, 뭐 큰 일이야 있겠습니까. 애들이 한참 짓궂을 나이라... 너무 걱정 마십시오. 제가 잘 수습하겠습니다.

수련 그럴 수야 없죠. 잘못을 했으면, 제대로 벌을 받아야죠. (그때, 핸드폰으로 문자 오고. 보면 윤희고)

윤희(E) 언니. 혹시 오늘 우리 로나 좀 데리고 있어줄래? 자세한 건 나중에 얘기할게.

수련 (멈칫하다, 두기에게) 로나도 제가 데려갈게요.

5.　　펜트하우스 거실(밤)
　　　　수련과 로나, 마주 앉아있고.

수련 (로나에게 갈아입을 옷 내주며) 석경이 옷이야. 편하게 갈아입어. 오늘 석경이랑 같이 자도 되지?

로나 (퉁퉁 부은 눈으로) 그럼요. 엄마한테 들킬까봐 걱정했는데... 엄마가 제 눈 보면 금방 알거든요. 저 운 거... 엄마한텐 오늘 일 비밀로 해주세요.

수련 우리 로나가 속이 참 깊구나. 아줌마가... 많이 미안해. 석훈이가 너한테 정말 나쁜 짓을 했어. 괜히 석훈이 때문에 니가 오해받고..

로나 그거, 석훈이가 한 거 아니에요!

수련 응?

로나 전 알아요! 석훈이가 그러지 않았다는 거.

수련 그럼 누가...

로나 그건, 모르겠어요. 하지만 석훈이는 확실히 아니에요! 그냥... 그렇게 믿어져요.

수련 그래, 아줌마가 석훈이랑 얘기해볼게.

6.　　펜트하우스 서재(밤)
　　　　수련, 석훈과 마주 앉아있고.

수련	솔직하게 말해줘. 어떻게 된 거야.
석훈	(대답 안 하면)
수련	(엄하게) 엄만 꼭 알아야겠어! 어서 말해!
석훈	말했잖아요. 재수 없어서 그랬다고!
수련	아니! 정말 로나가 미웠으면, 니 발로 선생님 찾아가서 말하지도 않았을 거야. 당하도록 내버려뒀겠지.
석훈	(멈칫한데)
수련	설마.. 이번 일, 석경이가 그런 거야? (석훈의 표정 살피며) 동생 위하는 마음에 니가 뒤집어쓴 거니? 그래? (그때, 문 확 열리며 들어서는 석경)
석경	그게 무슨 소리야? 오빠가 뒤집어썼다는 게!
수련/석훈	(돌아보면, 석경이 서있고)
석경	오빠가 한 짓이라고 했어?!! 왜? 나 때문에? 허! (기막힌 표정) 내가 그런 거 아니랬잖아!! 오빠, 왜 내 말 안 믿어?! 오빠한테 진짜 실망이야!! (울먹이며 나가버리면)
수련	석경아! (쫓아나가고)
석훈	(표정)

7. 펜트하우스 거실(밤)

석경, 눈물 그렁해 2층 계단에서 내려오는데. 아래서 기다리고 있는 로나.
석경, 로나가 입고 있는 자신의 옷을 보면. 더 기분 나쁘고.

석경	그거, 내 옷 같은데.
로나	아줌마가... 주셨어. 내일 깨끗하게 빨아서 가져올게.
석경	(로나를 확 밀치고 방으로 가며, 혼잣말로) 그지 같은 기집애.
로나	석경아... (달라진 석경의 태도에 당황스러운데)
수련	(2층에서 내려오며) 석경이가 좀 예민해져서 그래. 미안해. 아무래도 게스트 룸에서 자야겠다. 이쪽으로 올래? (앞서서 가면)

로나   (풀죽어 그런 수련 따라가다가, 누군가의 시선 느끼고 돌아보면)

2층 계단에서 로나를 보고 있는 석훈.
석훈, 로나가 쳐다보면 얼른 고개 돌리고 가버리고. 로나, 맘이 이상한.

8.   헤라팰리스 은별의 방(밤)
    은별, 침대에 앉아 석훈의 말 떠올리고 있는.

석훈(E)   나 너 안 좋아해. 그러니까 나한테 관심 좀 꺼줄래?

은별, 괴로워서 미칠 거 같고. 눈물이 후드득 떨어지는데.

은별   (몸 웅크리고, 이 악물며) 절대 안 뺏길 거야. 배로나 따위한테 절대 안 져!

9.   10화 66신/단태의 별장(밤)
    서진의 차, 별장 앞에 멈춰 서고.
    서진, 주차를 하고, 급하게 별장 안으로 들어가면.
    이어서 윤철의 차가 들어오고. 윤철, 심호흡하고 차에서 내려 주위를
    둘러보는.
    환하게 불 켜져있는 별장이 보이고!
    천천히 별장 앞으로 다가서는 윤철. 거실 창 쪽으로 접근하는데.
    환한 별장 안에 서진의 모습이 또렷이 보이는.
    서진, 누군가를 안고 있는 모습. 그리고 목을 끌어안고 뜨겁게 키스하
    는데...
    윤철, 분노로 떨리는 마음 겨우 참아내며 지켜보면. 천천히 고개를 돌
    리며 보이는 남자의 얼굴, 틀림없는 단태고!!

윤철   (기겁하는) 주단태?!!!! (순간 충격으로 비틀하고. 눈 뒤집히는데)

10. 단태의 별장 안(밤)

서진 하윤철! 오윤희! 죽여버리고 싶어.

단태 캄다운. 그런 머저리 남편 때문에 내 소중한 애인이 맘이 상해서야 쓰나.

단태, 서진을 이끌어서 방으로 들어가고.
곧바로 거실에 모습을 드러내는 윤철, 이미 이성 잃은 표정인데.
순간, 거실 한쪽에 걸려있는 사냥총이 보이면. 무섭게 부들부들 떨리는 손. 무슨 짓을 저지를 것 같은 핏발 선 눈빛!
그때, 안에서 들리는 서진과 단태의 웃음소리(E).
윤철, 순간 거침없이 사냥총을 틀어쥐고, 웃음소리 나는 방으로 성큼성큼 걸어가고!

11. 단태의 별장 방(밤)

단태, 방 안의 옷장을 열어젖히면, 서진 취향의 값비싼 옷들과 야한 잠옷들과 홈웨어, 스카프들이 가지런하게 걸려있고.
화장대 위엔, 형형색색의 보석들과 시계, 향수들이 잘 정돈되어 놓여있는.

서진 (놀란 듯) 이걸 다 언제 준비했어? 전부 다, 내가 좋아하는 것들이야.

단태 당신이 이 별장에서만큼은 아무 신경 안 쓰고 행복했음 좋겠어. 맘껏 누리고, 맘껏 즐겨. 당신은 그럴 자격 충분해. (속삭이면)

서진 (옷장에서 화려한 스카프 하나를 빼서 몸에 걸치며, 유혹하듯) 이게 우리들 싸인이야. 내가 이 스카프를 매면, 당신을 갖겠다는 싸인!

단태, 서진의 말에 흥분되고. 부드럽게 서진을 애무하며 침대로 쓰러뜨리면.
단태의 손길과 숨결을 느끼는 서진, 황홀한 듯 눈을 감고 있고.
서진 위로 과감하게 키스를 나누는 단태.

그때, 단태의 관자놀이에 총구를 겨누는 윤철!

윤철   (떨리는) 더러운 것들!

서진   아악! (기겁해서, 이불을 끌어당겨 몸을 감싸고 뒤로 물러서면)

단태   (잠시 놀랐다가, 이내 의기양양하게) 쏠 배짱은 있고? (총구를 이마 한가
운데에 대주며, 양팔 쫙 벌리고 도발하는) 쏴! 어서!!

서진   (당당한 단태를 보며, 자신감 생긴 듯) 포도밭집 가난뱅이 의사 거둬서 맷
국물 벗겨났더니, 이제 남은 인생은 살인자로 살겠다고? 맘대로 해! 평
생 감방에서 썩고 싶으면!

윤철   (짐승처럼 울부짖는) 이 개자식들아!!!

그와 동시에 탕!
서진의 공포스러운 비명소리. 아아악!!!
이어서 들리는 총소리 탕! 탕탕!!
새하얀 침구에 쓰러지는 단태와 서진. 붉은 선혈이 퍼져나가는데.

12.   **단태의 별장 안(밤)**
윤철, 사냥총을 틀어쥔 채 그대로 방문 앞에 서있는. (11신은 상상이었고)
부들부들 떨면서 차마 방문턱을 넘지 못하고. 볼 자신이 없는데.
그때, 도착하는 은별의 문자. 핸드폰 보면.

은별(E)   아빠, 언제 와? 집에 나 혼자 있어서 무서워.

은별의 문자에 무너지는 윤철. 그제야 이성 돌아오고. 힘없이 사냥총
쥔 손을 떨구는데. 눈물이 솟구치는.

13.   **비 내리는 도로/윤철의 차 안(밤)**
비가 쏟아지는 밤 도로를 아슬아슬하게 곡예운전하고 있는 윤철.

커브길을 미친 듯이 속도 내서 달리고 있는. 액셀과 급브레이크를 반복해서 밟으며 중앙선을 넘기고 제정신 아닌데.
그때! 빠앙! 반대편에서 질주해오는 트럭의 클랙슨 소리에 정신 들고.
깜빡거리는 트럭의 헤드라이트를 피해 간발의 차이로 핸들을 꺾어 차를 끼익! 갓길에 세우는.
핸들에 고개를 파묻고 있던 윤철, 정신 나간 놈처럼 차에서 내리면.
폭우가 쏟아지고 있는. 온힘을 다해 주먹으로 나무를 미친 듯이 때리며 포효하는데.

윤철 으아악! 으아아악!!! (윤철의 주먹이 점점 피로 물들고)

쏟아지는 비... 윤철의 피... 땅으로 섞여서 떨어지고 있는.

14. **헤라팰리스 윤희의 집 앞(밤)**
윤희, 슬립 차림으로 거실에 앉아서 술을 마시고 있는데.
딩동, 현관 초인종 소리 들리고(E).
윤희, 올 것이 왔다는 듯이 몸을 일으켜서 문을 여는데.
윤희 앞에 서있는 사람, 쫄딱 비에 젖은 윤철이고.
절망적인 표정의 윤철, 윤희를 보는데. 손에서 피가 뚝뚝 떨어지고!
그러다 윤희 어깨로 고꾸라지는 윤철.

윤희 하윤철! 왜 이래? 손에... 피가...!!!
윤철 (넋 나간 듯) 윤희야... 나 이제 어떡하니.... 어떡하면 좋니... (절망적으로 몸부림치는)

15. **윤희의 집 거실(밤)**
윤희, 슬립에 가운을 걸친 채로, 윤철의 손에 붕대를 감아주고 있고.
윤철, 텅 빈 눈으로 허공을 응시하고 있으면.

윤희   (모르는 척, 질문 던지는) 무슨 일 있었어?

윤철   (그제야 정신 차리고 윤희를 보는) 어?

윤희   의사가 손을 이렇게 망가뜨리면 어떡해. 사람 살리는 손이잖아.

윤철   별일 아냐. 병원에서 좀 일이 있었어. (괴로운 듯 얼굴을 감싸며) 로나는?

윤희   석경이 집에. 거기서 자고 온대. (하다가 묘한 눈빛) 술 한잔 할래?

         컷 되면. 술과 안주가 간단히 놓여있고. 윤철, 연거푸 소주를 들이켜고.

윤희   (술 따라주며) 사람의 인연이라는 게 참 웃겨. 이렇게 우리가 다시 만나
         서 같은 아파트에 사는 거 보니... 나 너 꽤 오래 원망했거든. 서진이 소
         식 들을 때마다 니가 생각났고, 그래서 음악 쪽은 아예 쳐다보지도 않
         고 살았어.

윤철   나... 벌받나 봐.

윤희(E)   봤구나! 니 와이프의 진짜 얼굴! (애써 태연하게, 대사) 그런 말 하지 말
         고, 서진이랑 잘 살아. 그만 싸우고. 그래야 내 맘도 편해.

윤철   혹시라도 내가 다시 너한테 돌아오면....

윤희   (멈칫. 시선 피하면)

윤철   나 너한테 영원히 자격 없는 거니, 윤희야? (애틋하게 윤희를 보는데)

윤희   그만 마셔. 취했어 너! (윤철의 잔을 뺏으면. 윤철의 손과 부딪치고)

         윤철, 윤희의 손을 덥석 잡고. 윤희를 바라보는 흔들리는 눈빛. 윤희의
         잠옷 가운 안으로, 야한 슬립이 보이는데.
         윤철과 윤희, 눈빛 마주치는. 윤희도 피하지 않고!
         그때, 윤희를 와락 끌어안는 윤철. 술기운과 감정이 뒤섞여 가슴이 끓
         어오르면.
         윤철, 갑자기 윤희의 잠옷 가운을 벗기고, 윤희의 하얀 속살에 입맞춤
         하는데.

16.   펜트하우스 거실(새벽)
       수련, 창밖을 바라보며 와인을 마시고 있다. 유리창으로 윤희와 윤철
       이 서로 끌어안고 있는 모습이 상상으로 보이고.

수련(E) (섬뜩할 만큼 차가운 표정) 윤희 씨, 천서진한테 당한 만큼 갚아줘. 죄책
        감 가질 거 없어. 당신은 그래도 돼!

17.   윤희의 집 거실(새벽)
       윤철, 윤희를 끌어안고, 속살에 입맞춤하면.
       윤희, 온몸 떨리는. 그러다 윤철이 슬립의 끈을 내리려는 순간! 급하게
       윤철의 손을 잡는 윤희. 이성 차린 듯, 서둘러 일어나서 안방으로 들어
       가 버리고.
       윤철, 파르르 떨리는 입술. 괴로운 듯 고개 떨구는.

18.   별장(새벽)
       단태와 서진, 옷 갖춰 입은 채 방에서 나오고.

단태   오윤희 문제는 걱정하지 마. 당신이 작업해놓은 덕에 일이 쉬워졌으니
       까. 오늘 저녁에 운영위원회 열어서 투표에 붙이면 돼.
서진   당신만 믿을게. 꼭 그 여자, 내 눈앞에서 치워줘.
단태   걱정 말라니까. (무심히 돌아서는데. 비뚤어지게 걸쳐진 사냥총이 눈에 들
       어오고. 다가가 사냥총을 바로 놓는)
서진   왜 그래?
단태   (예리하고, 의심스러운 눈빛) 누가 손을 댄 거 같아서. 이 사냥총은 관리
       인도 만지지 못하게 일러뒀거든.
서진   청소하다가 건드렸나 보지. 당신이 너무 예민한 거야. 어서 가.

       단태, 애써 털어내며 먼저 걸어가면. 서진, 뒤따라 걷는데.

문득 거실에 찍혀있는 구두 발자국 보이고. 멈칫하는 서진, 유심히 발자국을 살피는. 뭔가 찜찜한데.

19.   헤라팰리스 주차장(이른아침)
들어와 멈춰 서는 서진의 차. 서진, 차에서 내리고.
옆에 세워진 윤철의 차를 보는 서진의 시선.

20.   헤라팰리스 서진 윤철 집 침실(이른아침)
서진, 들어서면. 잔 흔적 없는 침대.

서진   뭐야, 안 들어온 거야? (불안한데)

21.   헤라팰리스 윤희 집 거실(이른아침)
소파에서 눈을 뜬 윤철. 벌떡 일어나면 윤희의 집임을 인지하고.
시계를 보고 놀라서 조심스레 집 나서면.
문 닫히는 소리와 함께 방에서 나온 윤희, 핸드폰 열어보면. 소파에서 옷 풀어헤치고 잠들어있는 윤철의 모습이 찍혀있는. 의미심장한 표정인데.

22.   헤라팰리스 윤희 집 앞(이른아침)
엘리베이터 앞에서 기다리던 윤철. 내려오던 엘리베이터가 45층에서 멈춰 서면. 놀라서 비상구 계단으로 급히 가는데.
간발의 차이로 엘리베이터에서 내리는 로나, 언뜻 비상구로 사라지는 윤철의 뒷모습을 보는. 갸웃하다가 집으로 들어가고.

23.   헤라팰리스 서진 윤철 침실(이른아침)
윤철, 침실로 들어서면. 꼿꼿하게 팔짱 낀 채 앉아 기다리고 있는 서진.

서진	어디 갔다 와? 주차장에 차는 있던데. (윤철 손의 붕대 보이면) 손은 또 왜 그래?
윤철	(무시하고, 옷장 문을 열면)
서진	어디서 오는 길이냐고!!
윤철	(말없이 캐리어를 꺼내, 짐을 싸기 시작하면)
서진	(놀라) 대체 왜 이래? 짐은 왜 싸? 지금 뭐하는 거냐고!!! (윤철의 가방을 내동댕이치면)
윤철	하긴, 맨몸으로 들어왔으니 맨몸으로 나가는 것도 나쁘진 않겠네. (작정한 듯) 그만 이혼하자. 더 이상 속이지 말고.
서진	(순간 쿵! 하고) 뭐? 이혼?
윤철	당신이 원하는 거 아니었어? 아버님께는 내가 말할게. 서류 정리되는 대로 빨리 끝내자.

그때, 윤철의 핸드폰에 뭔가 뜨면. 윤철이 보기 전에 서진이 뺏어서 보면.

윤희(E)	해장하고 출근해. 술 많이 마셨잖아.
서진	(순간 눈 뒤집히고) 밤새 오윤희랑 있었니. 그런 주제에 이혼 말을 꺼내? 당신이 무슨 자격으로!! 내가 니들 원하는 대로 해줄 거 같아?! (악에 받쳐 소리치면)
윤철	(담담하게) 은별인 집 구하는 대로 데려갈 거야. 너 같은 여자한테 은별이 맡길 수 없어.
서진	나가는 건 쉽지만, 다시 들어오는 건 만만치 않을 텐데.
윤철	다시 올 생각 없어!
서진	영월 부모님 생활비도 이번 달로 끊을 거야! 우글거리는 당신 동생들 결혼자금도 스탑이고!
윤철	(자조적 웃음) 그만한 돈은 나도 있어. (차갑게 서진을 밀치고 나가면)
서진	은별 아빠! 하윤철!! (부르는데, 윤철 그냥 나가버리고. 악이 받쳐 닥치는 대로 물건들 집어던지는데) 야아아!!!

은별　（놀라서 들어오고）엄마, 왜 그래? 아빠 어디 가는 거야?

서진　（그대로 뛰쳐나가는）

24.　헤라팰리스 윤희의 집 거실（아침）
　　　로나, 교복 입고 나오다가 한쪽에 대충 치워둔 술병 보는데, 잔 두 개 놓여있고.

로나　어젯밤에 누구 왔었어?

윤희　（당황하고）어? 아니. 아무도 안 왔는데, 왜?

로나　（술잔 두 개 놓여있는 것 보면）

윤희　잠이 안 와서 엄마 혼자 한잔했어. （얼른 말 돌리는）근데, 홍보 모델이라니? 정말 나가려고?

로나　어. 장학금도 받고, 행사마다 사회도 보고, 생기부에도 올라가서 서울음대 가기도 엄청 유리한가 봐. 그래서 나도 지원했어.

윤희　괜히 석경이 은별이 틈에서 힘만 빼는 거 아냐. 천서진이 널 홍보 모델로 뽑아줄 리도 없잖아.

로나　천 쌤이 뽑는 게 아니라, 외부 심사위원이 뽑는 거래. 천 쌤은 오디션 내용도 모른다던데? （그러다 시계 보고）봉사시간 늦겠다. 엄마 나 갈게.

윤희　그래, 다녀와!

　　　로나, 뛰쳐나가면. 윤희, 돌아서는데. 다시 문 열리는 소리 들리고.

윤희　왜 또, 뭐 놓고 갔어? （돌아보면, 들어온 사람, 서진이고）

서진　（뚜벅뚜벅 걸어와, 다짜고짜 윤희의 뺨을 후려치는）더럽고 천박한 것!

윤희　（얼떨결에 한 대 맞고. 씨익 웃으며 머리를 젖히고）윤철이 때문에 그래? 그렇게 자신이 없니?

서진　남편 없는 거 티 내지 마! 내 남편 이용해 여기 주저앉고 싶은 모양인데, 니 뜻대로 되진 않을 거야!! （분노로 부르르 한데）

윤희　　　두고 보면 알겠지. 결국 여기서 나갈 사람은 내가 아니라 너야. 천서
　　　　　진 너!

　　　　　서진과 윤희, 팽팽히 눈빛 부딪히고.

25.　　　헤라팰리스 주차장/파크원 호텔 스위트룸/전화통화 (아침)
　　　　　단태, 로건 리와 통화 중인.

단태　　　(영어로, 애써 공손하게) 로건 리? 왜 이렇게 만나 뵙기가 힘듭니까. 보내
　　　　　드린 서류는 잘 받아보셨습니까.

　　　　　로건 리, 샤워를 마친 듯 가운 차림으로 소파에 앉아 서류를 훑어보며
　　　　　전화하는. (얼굴은 보이지 않고)

로건리　　(영어로) 서류는 잘 봤습니다. 몇 가지 걸리긴 하지만, 대체로 만족할 만
　　　　　한 조건입니다. 조만간 만날 날짜를 잡아보죠.
단태　　　(화색 돌고, 영어로) 아 예, 현명하신 선택입니다. 언제든지 연락 주세요.
　　　　　기다리고 있겠습니다.

　　　　　단태, 전화 끊는데. 맞은편에서 걸어오는 윤철과 마주치고.

단태　　　(기분 좋게 인사 건네는) 출근이 늦었네요, 하 박사.
윤철　　　(단태를 보자 순간 우뚝 멈춰 서는. 떠오르는 지난밤의 기억. 가슴에 다시 불
　　　　　꽃이 일고. 주먹 쥔 손에 힘이 들어가는. 주먹을 부르르 떨다가 들고 있던 차
　　　　　키를 놓치는데)
단태　　　(유심히 보는. 차키를 주워서 건네며) 아직도 오윤희 일로 삐진 거예요?
　　　　　그 일은 서로 퉁친 거 아니었나?
윤철　　　(뺏듯이 차키를 받으면)

단태	(윤철에게 바짝 다가가) 굿뉴스예요. 조만간 명동 땅을 최고 가격에 매도할 예정이에요. 곧 통장이 두둑해질 겁니다. (어깨를 툭툭 치면)
윤철	(순간 버럭) 내 몸에 손대지 마!! (단태 손 뿌리치고)
단태	(놀라서 보면)
윤철	(애써 진정하며) 최대한 빨리 내 투자금을 회수했음 합니다. (차갑게 내뱉고, 차에 올라타면)
단태	(어이없고) 쪼잔한 새끼. 암튼 맘에 안 들어. (불쾌하고. 조 비서가 열어주는 차에 올라타는)

26. 파크원 호텔 스위트룸(아침)

단태가 보낸 서류를 파쇄기에 넣고 잘라버리는 로건 리의 손.
"주단태 회장"이라는 글씨가 잘게 찢겨져 나오고.

27. 헤라펠리스 윤희 집 거실(아침)

수련, 거실로 들어서면. 윤희가 반갑게 맞는.

윤희	로나 재워줘서 고마워. 성가셨지? 커피 마실래? 언니 오면 같이 마시려고 안 마셨는데. 끝내주는 드립커피로 한 잔씩 할까. (부엌으로 돌아서면)
수련	(그런 윤희를 붙잡고, 떠보듯) 무슨 일인지부터 얘기해. 로나, 왜 재워달라고 했어? 애도 집에 안 들일 만큼, 중요한 일이라는 게 뭐야.
윤희	일단 커피부터 마시고... (하는데)
수련	아까 봤어. 천서진이 윤희 씨 집에서 나오는 거. 천서진이랑 무슨 일 있었지?
윤희	(잠시 머뭇하다) 나 어젯밤에, 하윤철이랑 같이 있었어. (수련, 눈치 보며) 하윤철이 천서진 불륜을 알게 된 모양이야. 상대가 주 회장이라는 것도!
수련	(다 알고 있었지만, 애써 태연하게) 윤희 씨가 그런 거야?
윤희	천서진이 먼저 도발하잖아! 로나 할머니까지 섭외해서 난장을 피우는

데, 어떻게 참아? 언제든 알게 될 일이고!

수련 그래서?

윤희 (흥분해서 독하게) 언니는 화도 안 나? 천서진 그 기지배 쥐어뜯어놔도 시원치 않을 판에, 무슨 우아병이 걸려서 참고만 있어? 언닌 이렇게 힘든데, 천서진은 멀쩡한 게 말이 되냐고?! 아마 곧 그 집도 지옥을 경험할 거야. 하윤철이 알게 된 이상 바람핀 지 마누라를 가만두겠어? 그 자식, 이번 생은 망쳤구나 하는 얼굴 보니 기분이 묘하게 좋더라. 니가 날 버리고 선택한 여자가 고작 그런 여자다, 생각하니 통쾌하고 우쭐했어. (그러다 갑자기 표정 바뀌고) 근데, 그것도 잠깐이더라고.

수련 무슨 뜻이야? (보면)

윤희 (문득 슬픈 얼굴) 배우자의 배신이 얼마나 죽고 싶을 만큼 아픈 상처인지 너무 잘 아니까, 짠하더라. 그래서 술친구 해줬어. 딱 거기까지야.

수련 (믿기 어렵다는 듯) 정말, 아무 일도 없었던 거야?

윤희 천서진 속 뒤집어주려고 사진 몇 장 찍었는데, 차마 못 보냈어. 나, 로나 엄마잖아. 로나한테 쪽팔리는 짓은 안 해. 우리 로나한텐 세상에 나 하나밖에 없거든.

수련 (순간, 쿵! 자신의 예상이 빗나간 게 부끄럽고. 와락 윤희를 안아주며) 미안해. 내가 잠깐 나쁜 생각했어. 윤희 씨.. 참 멋지다.

윤희 언니가 더 대단한 사람이거든.

수련 (그런 윤희한테 감동받고) 어떡하지. 나 윤희 씨가 너무 좋아지려고 그래.

윤희 이제야? 나는 그런지 꽤 됐는데. 나두 언니가 너무너무 좋아~~ 이뻐서 좋고, 착해서 더 좋고. (순수하게 웃으며 수련을 꼭 끌어안는 윤희고) 아~~ 이쁜 우리 언니~~ 우리 평생 친구 하는 거야. 절대 싸우지도 배신하지도 않기~~~

수련 응. 절대 안 그럴게. 윤희 씨가 아무리 큰 잘못을 해도 절대 미워 안 할게.

윤희 (기분 좋아져서) 진짜지. 진짜지. 약속한 거다! (있는 힘껏 끌어안으면)

수련 아, 숨 막혀~~~ 윤희 씨~~~ (소리 내서 웃고. 그런 윤희에게 하나 배운 느낌 들고. 윤희가 고맙고도 미안한. 뭔가 생각하는 듯한 수련 표정에서)

28.   청아예고 음악부 교실(아침)
      제니, 로나 옆으로 다가서고.

제니   (로나 머리를 손가락으로 확 밀며, 시비조로) 야! 배로나. 너 오디션에서
       빠지는 거 맞지? 교과서 대신 성인 잡지나 들고 다니는 불량학생이 청
       아 홍보 모델이 되는 건 말이 안 되잖아.
로나   소문 못 들었니? 오해 풀려서 나 징계 안 받았는데.
제니   또 뭔 수작을 부린 거야. 탈락 안 되려고 아주 몸부림을 치는구나.
석훈   사실이야! 배로나가 한 짓 아냐. 그 일은... (하는데)
로나   (자리에서 벌떡 일어서며, 말 막고. 당당하게 반 아이들 둘러보며 선전포고
       하듯) 나한테 누명 씌운 사람이 누군지, 내가 반드시 밝혀낼 거야. 두고
       봐!! 그리고, 나 홍보 모델 절대 포기 안 해. 되든 안 되든 끝까지 완주할
       거야! (강하게 나가면. 은별 당황한 표정이고)
제니   미친 거 아냐. 범인은 너잖아. 도둑 주제에 어디서 형사질이야. 내 머리
       끈 훔쳐서 어디다 팔아먹은 거냐고?
민혁   (갸우뚱) 저러는 거 보면 진짜 배로나는 아닌 거 같은데.
제니   민혁이 넌 왜 이렇게 순진해 빠졌어. 도둑이, 나 도둑이다, 하는 거 봤
       어? 증거가 잡힐 때까지 끝까지 잡아떼는 거지!
은후   (또 깐죽대며) 솔직히 우리 반에서 비싼 거 욕심낼 만한 캐릭터가 한 명
       밖에 더 있냐? 그동안 이것저것 훔쳐서, 헤펠로 이사 간 거 아냐? 흐흐
       흐. (웃음 터트렸다가, 석훈이 찌릿 쳐다보면, 깨갱해서 시선 피하고)
석경   뻔히 의심받을 상황에서 훔치는 게 더 말 안 되는 거 아냐? (은별 보면)
은별   그럼 너야?
석경   (기막혀) 뭐?
은별   니가 장난친 거냐고. 아니면, 괜히 두둔하고 나서지 마. 오해받기 딱 좋
       아. 오죽하면 석훈이도 너 의심하겠어. (하면)
아이들   진짜야? 석경이가 그런 거야? (석경 보며 웅성대고)
석경   뭐래는 거야, 저게! (욱해서 벌떡 일어서는데)

유정	(그때, 교실로 들어서며) 주석훈! 마두기 쌤이 교무실로 오래.

29.   청아예고 교무실 (아침)
두기, 서진에게 보고하고 있는.

서진	(놀라) 석훈이가 한 짓이라고요?
두기	네. 제 발로 찾아와서 자백했습니다. 일단 석훈이 어머니께서 오셔서 귀가 조치시키긴 했지만, 어떻게 처리를 해야 할지... 우리 학교에 가장 큰 지원을 해주는 집안인데, 문제를 키울 필요는 없지 않을까요.
서진	하긴, 이번 여름에 전 교실 에어컨 교체도 맡아주기로 했는데, 이 정도는 넘어가는 게 리저너블하겠죠. 이사장님 생각도 같을 거예요.

그때, 석훈이 들어오면.

두기	주석훈! 이번 일은 예술부장님의 배려로 특별히 넘어가기로 했다. (나직이) 다른 애들한테 소문 안 나게 입조심 잘해! 엄빠 찬스 쓴 거야. 골드카드.
석훈	(뚝뚝한 표정으로 대답 없이 서있으면)
서진	지난번 폭행 사건도 잘 덮어준 마당에, 또 이런 일이 발생한 건 유감이야. 아버지 얼굴에 먹칠하지 말고, 홍보 모델 오디션에만 집중해.
석훈	(말없이 돌아서면)
두기	야! 예술부장님한테 고맙습니다, 안 해?! 짜식이! 아빠 빽 믿고 너무 건방진 거 아냐?
석훈	(돌아보는. 서진과 눈 마주치면)

(인서트) 4화 9신/헤라팰리스 파티장 일각/민설아 사망일 (저녁)

서진	(주위 눈 의식하며, 단태에게) 누가 기계실로 민설아를 찾아가진 않겠죠? 만약 그 애가 우리 관계를 밝히기라도 하면?!

석훈	(서진 말 떠올리며, 싸늘하게) 해줄 만하니까 한 거겠죠. (휙 가버리면)
두기	저 자식이 뭐래는 거야. 야!! 주석훈!! 저놈의 새끼를 그냥 확!!
서진	(저지하고) 내버려두세요. 한창 그럴 때잖아요. (하면서도 표정 굳어지는데)

30. 교무실 앞/단태 사무실/전화통화(아침)
석훈, 교무실 밖으로 나오면. 문 앞에 기대 서있던 호동과 마주치고.

호동	(비꼬는 말투) 집행유예 기간에 또 사고를 친 모양이지? 정말 니가 한 짓이야? 배로나 가방에 담배 넣은 거?
석훈	(무시하고 그냥 지나치려면)
호동	한 번도 제대로 된 벌을 안 받으니, 자꾸 같은 짓을 반복하는 모양인데, 지금이라도 안은후한테 사과해! 죽자고 팬 거!
석훈	사과할 짓 안 했는데요. (가면)
호동	그래? (핸드폰 통화 버튼 누르고, 일부러 큰소리로) 석훈이 아버님? 접니다, 형님!
석훈	(순간 놀라 멈춰 서고. 홱 돌아보는데) 뭐하시는 거예요?
단태	(일하다가 전화 받는) 구 선생? (어이없는 표정) 그때 정확하게 내 의사를 전달한 걸로 아는데.
호동	(석훈을 보며 통화하는) 그러셨죠. 아주 격렬하게. 근데.. 형님 아드님께서 또 우리가 재회하도록 만남의 장을 열어주셨더라고요. 기특하게도.
단태	무슨 말씀이신지... 저도 그닥 호락호락한 놈은 아닙니다만...
호동	진짜 제대로 술 한잔 거하게 사셔야 될 일이라니까요. 아님, 제 맘대로 처리해도 되겠습니까? (도발하면)
단태	감당할 자신 있으면 한번 해보시죠! 더 이상 돈은 못 줘, 이 양아치 새끼야. (확 전화 끊는데. 열 받아 미치겠고)
호동	(전화 끊고) 니 아버지께서 너에 대한 훈육을 나한테 전적으로 맡기신다네. 내가 니네 아빠랑 쫌 친하거든. (야릇하게 웃는)

31.   청아예고 체육관(아침)
       호동, 복싱 글러브를 석훈에게 던지고. 자기도 글러브를 끼는데.

호동   (석훈을 툭툭 치며 도발하고) 니가 그렇게 싸움을 잘해? 솜씨 한번 볼까?
       자, 덤벼!

석훈   그만하시죠. 제자한테 얻어터지면 쪽팔리잖아요.

호동   복싱은 스포츠야. 스포츠에 선생이고 제자가 어딨어? 덤벼보라니까.
       안은후 박살 낸 펀치 좀 구경하고 싶어 그래. (툭툭 치며) 왜, 겁나? 겁나
       서 기권하는 거야? 그럼 안은후 팬 거 인정해! 그리고 사과해!

석훈   (욱해서) 못 해요! 그 새끼가 맞을 짓을 했다고요!!

호동   남자 새끼가 사람 쳐놓고 뭔 핑계가 그렇게 많아? 복싱을 할 거면 공정
       하게 싸웠어야지! 가면은 왜 씌워?! 비겁한 새끼!!

석훈   (순간 화난 듯 글러브를 끼고) 선생이라고 봐주는 거 없습니다! (호동에
       게 펀치 확 날리는데)

호동   (잽싸게 피하고) 와우, 생각보다 손이 왜케 느려 터졌어? 잘난 척하더
       니만.

석훈   개소리 집어치우고 집중하시죠! (이 악물고 열 받아 덤벼드는데)

호동   그럼, 진짜 시작해볼까? (석훈을 향해 훅 들어가는데. 정통으로 배를 때리
       고. 비틀하는 석훈)

       시간 경과. 나가떨어지는 석훈. 바닥에 대자로 누워버리고.
       땀범벅에 거친 숨을 토해내지만, 얼굴만은 멀쩡한데.

호동   봤지? 넌 나한테 쨉도 안 돼. (의기양양하고)

석훈   (숨 헐떡이며) 얼굴 공격은 왜 안 했어요?

호동   내가 바보냐? 부잣집 도련님 팼다가 잘리게? 티 안 나면서 치명적인 데
       만 공략했지. 누구처럼 비겁하게! (글러브 벗어서 석훈 위로 던지며) 치
       우고 가! (나가면)

석훈   아아악! (소리 지르고, 왠지 분한데)

그때, 한쪽에서 그런 두 사람을 보고 있는 로나와 은별. 다가가려다 멈칫하고. 서로 다른 감정으로 마음 아파 보는데.

32.   한정식집(낮)
윤철, 긴장한 표정으로 앉아있으면. 들어서는 서진부.

윤철   (일어나 인사하는) 오셨습니까, 아버님. (보면, 그 뒤로 서진도 따라오고)

서진   (아무렇지 않은 듯) 여보, 나도 점심 같이 얻어먹으러 왔는데, 괜찮지?

윤철   (표정 굳고. 어이없는데)

서진   (생글생글 웃으며) 어떻게 아버지하고 단둘이 데이트할 생각을 했어? 마침, 오후 수업 없어서 아버지랑 같이 나왔어.

서진부   (앉고) 그래, 긴히 할 말이라는 게 뭔가. 설마 또 자네 집안에 돈 필요한 일이라도 생긴 거야?

윤철   그런 거 아닙니다!

서진   (나서고) 시부모님도 이제 안정됐고, 아가씨들도 취업해서 자기 밥벌이는 하고 살아요.

서진부   듣던 중 반가운 소리네. 이제 자네도, 서진이 외조도 하고 그래. 언제까지 일방적으로 도움만 받을 거야?!

서진   이이가 제 생각 얼마나 하는데요. 그치, 여보? (밥 위에 반찬 올려주며) 코다리찜 맛있게 보인다. 많이 먹어~ (다정하게 웃으면)

윤철   (가증스러워 미칠 거 같고)

33.   한정식집 복도(낮)
화장실에서 나오는 서진을 막아서는 윤철.

윤철   이런다고 내 마음이 달라질 거 같아?

서진	대체 뭣 때문에 이러는지 모르겠지만, 그만 좀 징징대. 부부싸움 몇 번에 이혼했으면, 같이 살 부부 아무도 없어. 이혼이 장난이야? 은별이한테 얼마나 중요한 시간데, 어떻게 자기 감정만 생각해?
윤철	(뻔뻔한 서진의 모습에 치가 떨리고) 당신이 어떻게 그런 말을 해?! 은별이 걱정할 자격이나 있어?!! 아버님께 다 말씀드리고 이혼하겠어.
서진	이혼을 해도, 내가 정해! 내가 원하는 때에, 내가 결정한다고!
윤철	이 판국에도 당신은 당신밖에 모르지! 당신이 한 짓... (터트리려는데. 갑자기 수술실 콜 들어오고. 놀라서 받는) 무슨 일이야?
의사(F)	급해요, 교수님!

34. 청아의료원 수술실(낮)

수술복 차림의 윤철, 급하게 들어서면. 세팅해주는 간호사들.
윤철, 응급수술 시작하는데. 다친 손, 저려오고. 다시 집중해 수술 시작하려면.
서진의 뻔뻔한 말들 떠오르고.

서진(E)	이혼이 장난이야? 은별이한테 얼마나 중요한 시간데, 어떻게 자기 감정만 생각해?
서진(E)	이혼을 해도, 내가 정해! 내가 원하는 때에, 내가 결정한다고!

동시에 단태와 서진의 밀회 장면들이 컷 되며 윤철을 괴롭히는데.
혼란스러운 윤철, 수술 도중 환자의 혈관을 건드리고. 팍! 터져 나오는 피와 함께 요란하게 경고음 울리는.

간호사	(다급한 외침) 과다 출혈이 발생하고 있습니다, 선생님!
윤철	뭐? (그제야 정신 들고) 출혈부터 잡아!
간호사	출혈이 멈추지 않습니다. 신경을 건드린 거 같은데요. 어떡하죠, 선생님?!

윤철	(당황해서 수습하려고 하지만 이미 늦었고)

순간 슬로우로 우왕좌왕 움직이는 의료진들, 급격히 떨어지는 환자의 심장박동, 경악하는 간호사들, 비현실적으로 윤철 눈에 잡히면서 그대로 굳어지는 윤철.

35. 청아예고 이사장실 (낮)
서진과 서진부, 마주 앉아있고.

서진부	(탁자를 손으로 내리치며) 누굴 속여! 하 서방이 먼저 전화해서 나 만나자 할 위인이냐. 니들 부부, 무슨 문제 있는 거 맞지? 아냐?
서진	다툰 건 맞지만, 심각한 정돈 아니에요, 아버지! 흔한 부부싸움이에요.
서진부	니가 고집해서 선택한 결혼이야. 남편 마음 하나 제대로 못 잡고 뭐하고 살았어? 집안 단속도 제대로 못하면서 무슨 수로 청아재단을 맡아?
서진	저, 잘할 수 있어요! 그 자리에 앉기 위해, 이태리 극단도 포기하고 귀국한 거잖아요! 절대 청아 이사장, 서영이한테 양보 못 해요!
서진부	그럼, 하 서방 맘이나 잡아! 밖으로 이상한 소문 나가지 않게. 우리 집안에 이혼이란 없다. 이혼할 거면, 일찌감치 이사장 자리 포기해! (일어서면)
서진	(미치겠고)

36. 청아예고 주차장/서진의 차 안 (낮)
서진, 자신의 차량 블랙박스 메모리 카드를 빼서 휴대폰에 연결해서 보면.
단태의 별장 앞마당에, 윤철의 차가 들어오는 게 보이고.
윤철이 별장 안으로 들어가는 모습이 고스란히 찍혀있는.

서진	다 봤다, 그거네... (침착하게 심호흡하는데. 그때, 핸드폰 울리고. 애써 표정 수습하고 웃으며 받는) 네, 박 원장님. 바쁘시죠? 병원에 환자 많아서

정신없다고, 그이한테 들었어요. (하다가 표정 굳어지는) 네?

37.   단태의 별장 앞(낮)
　　　별장의 문을 열고 조심스럽게 들어서는 누군가.

38.   단태의 별장 안(낮)
　　　별장 안으로 들어와 슬리퍼로 갈아 신고, 흔적을 남기지 않고 핸드폰
　　　카메라로 이것저것 찍기 시작하는.
　　　옷장에 걸려있는 서진의 외출복, 잠옷, 홈웨어, 화려한 스카프. 서랍 안
　　　의 여자 속옷, 화장대 위의 액세서리, 욕실의 칫솔과 바디용품들도, 일
　　　일이 핸드폰으로 찍어놓는.
　　　그리고, 침대와 베개에 떨어져있는 서진의 머리카락을 비닐장갑 낀 손
　　　으로 집어서, 지퍼락에 담아서 봉하는데. 수련이고!
　　　수련, 문득 화장대 위에 놓인 뭔가가 눈에 들어오고. 보면, "청아예고 홍
　　　보 모델 오디션 서류"인데. 집어 들어서 보다가 핸드폰으로 찍어놓는.
　　　수련, 선글라스를 끼고 조심스럽게 밖으로 나가고.

39.   동네목욕탕 일각(낮)
　　　마리, 래시가드 입은 채로, 요구르트를 쪽쪽 빨며 어깨 이리저리 돌리
　　　는데.
　　　우아한 재벌 사모님 마마2, 다가와서 쇼핑백 내밀고.

마마2　(살갑게) 내 것 사면서 자네 것도 하나 샀어. 맘에 들려나 모르겠네.
마리　(요구르트 병 쓰레기통에 골인시키고) 어머나, 뭘 또 이런 것까지. 지난
　　　　번에 사주신 밍크도 뽕을 뽑게 잘 입었는데. (열어보면, 재킷이랑 가방이
　　　　고) 세상에, 이 컬러 좀 봐. 센스가 장난 아니시라니까. 우리 사모님 덕
　　　　에 제가 모델 소리 듣고 살아요. 매번 큰돈 쓰게 해서 죄송해 어째요.
마마2　그런 소리 말고, 자주나 입어줘. 송 회장님이 주는 옷만 입지 말고. 나 은

근 질투 많아. (서류봉투 내밀며, 나직이) 그리고 이건, 호재 있는 주식 리스트야. 사놓으면 재미 좀 볼 거야. 나 가네. (서둘러 나가면)

마리 (날아갈 듯 애교 섞인 목소리로) 감사합니다, 사모님. 언제든 전화 주세요~~ 살펴가세요~~~ (그러다 봉투에 들어있는 서류를 보고, 기대에 차서) 이건 또 뭔 종목이야. (하는데, 직원이 다가오고)

직원 (깍듯하게) 대표님. 도시락 도착했습니다.

마리 (바로 목소리 바꿔서, 갑질 사장님 포스로) 어, 그래. 특별히 신경 써달라고 했는데, 맛있는 거 많이 넣었대? 나 퇴근하니까, 옷 좀 갖다 줘.

40. 교도소 복도(낮)

화려하게 옷 뻗쳐 입고 누군가를 기다리고 있는 마리, 양손 가득 도시락을 들고 긴장한 표정으로 서성이고 있으면.

그때, 간수가 조심스럽게 마리에게 다가서고.

마리, 간수와 눈짓 주고받더니, 가방에서 돈 봉투 꺼내 은밀히 건네는데.

간수 오늘은 30분이야.

마리 30분? 갈수록 왜 이렇게 박해. 그 시간에 무슨 콩을 볶아먹으라고.

간수 도시락이나 까먹고 빨리 나와. 걸리면 다 같이 죽는 거야.

마리 알았으니까 문이나 빨랑 열어!

간수, 재빨리 복도 문 열어주면.

마리, 주위 두리번거리더니, 익숙한 잰 걸음으로 복도를 걸어가는.

41. 교도소 종교실(낮)

마리, 책상 위에 성경책을 올려놓고, 다리를 달달 떨며 누군가를 기다리고 있는데. 다시 한번 거울 보며 마지막 점검하고. 향수 온몸에 뿌리는데, 노크 소리 들리고.

벌떡 일어나 문을 보는 긴장한 표정의 마리.

문 열리고, 수의를 입은 남자가 들어서는데. (얼굴은 보이지 않고)

마리 (순간 울음 터지는) 여보옹!!! (달려가 와락 안기는) 얼굴이 왜 이렇게 상했어. 여보오오오!! 보고 싶어 미치는 줄 알았다고오!!! (마구 얼굴 만지고 비비면서, 눈빛 확 돌아서) 오늘은 삼십 분이야. (겉옷을 훌러덩 벗는데)

42.   **교도소 앞/마리의 차 안 (낮)**
마리, 옷매무새 바로 하고 교도소 밖으로 나와서, 차에 올라타면.
코 팽 풀고, 화장 새로 하는. 립스틱도 다시 진하게 찍어 바르는데.

마리 (입술 빽빽 부딪히고) 30분에, 차 한 대 값 날렸네. 뭐 이러려고 빡세게 돈 버는 거지. (다시 말끔한 얼굴로 차 출발하는데)

43.   **청아의료원 수술실 앞 (낮)**
윤철, 환자 보호자들에게 멱살 잡힌 채 끌려 다니고 있는.

보호자 니놈이 그러고도 의사야? 내 와이프 허리 어떡할 거야! 평생 못 걸으면 어쩔 거냐고! 니가 의사 노릇 계속할 수 있을 거 같아? 너도, 이 병원도, 끝장내버릴 거야! (주먹질하면)
윤철 아! (그대로 맞고 쓰러지는. 괴로운데)
서진(E) 죄송합니다.

윤철과 보호자, 고개 돌려보면. 서진과 규진이 고개 숙여서 깍듯이 절하고 있고.

윤철 (서진의 등장에 놀라면)
보호자 당신들 뭐야?

서진　(카리스마 있게) 청아의료원을 대표해서 왔습니다. 청아재단 이사 천서
　　　　진입니다.

규진　(명함 주며) 빅토리 로펌의 이규진 변호삽니다. 분노를 가라앉히시고,
　　　　차분하게 저랑 이야기하시죠!

44.　**청아의료원 병원장실 (낮)**
　　　　병원장과 간부들, 모여있고.
　　　　윤철과 서진, 규진도 자리하고 있는.

원장　손을 다쳐서 컨디션이 엉망이면 미리 얘길 했어야죠. 잘못하면 하반신
　　　　마비까지 올 수도 있어요. 가족들 지금 의료 소송하겠다고 난리라고!
　　　　이번 일 제대로 수습 못하면, 앞으로 병원장은 꿈도 못 꿔요!

윤철　(좌절하는) 죄송합니다, 원장님. 제가 모든 걸 책임지겠습니다.

원장　(차갑게) 뭘 어떻게 책임질 건데요?! 저 환자 VVIP인 건 알고 하는 소리
　　　　예요? 수술실 녹화화면 받는 대로, 곧 징계위원회를 열어서 징계절차
　　　　밟겠어요!

서진　(나서고) 수술 결과가 좋지 않아서, 재단이사로서도 매우 유감입니다.
　　　　(은근히 압력 넣는 투로) 하지만! 의료과실을 입증할 수 있는 건 사실상
　　　　불가능하지 않나요? 최대한 잡음 새나가지 않도록 신속히 마무리했으
　　　　면 하는데요.

원장　(서진 눈치 보며) 그야 그렇지만, 환자 측에서 쉽게 굽힐 것 같지가 않
　　　　아서...

서진　그런 일을 하라고 원장님이 계시는 거 아닌가요? 환자의 중증 질환을
　　　　치료하다가 발생한 불가항력적인 사고였어요! 사법부에서 의료과실
　　　　을 인정하지 않는 한, 우린 어떤 책임도 질 수 없습니다. 사소한 실수 하
　　　　나로 유능한 닥터를 잃으실 셈인가요? (압박하듯 원장을 보면. 원장, 더
　　　　는 반박 못 하고)

규진　법적 분쟁에 따른 보상 문제는 스마트하고 섹시한 변호사, 이규진이 맡

겠습니다. (윤철의 어깨를 탁 치며) 암튼, 우리 하 박사, 여자 복은 타고 났다니까. 하하하. 이번 일 잘 넘어가면, 다 서진 씨 덕인 거 알죠? 하하하. (분위기 안 맞게 크게 웃으면)

윤철   (노려보며) 지금 재밌어 죽겠습니까.

규진   (얼른 웃음 멈추고, 굳은 표정) 아뇨. 저 안 웃었는데요.

윤철   (일어나 나가버리면)

규진   (바로 뒷담화하듯 서진에게) 암튼, 가진 것들은 소중함을 모른다니까.

서진   (나가는 윤철을 보는)

45.   청아의료원 일각(낮)
      가는 윤철을 잡는 다급하게 서진.

서진   어깨 펴! 기죽을 거 없어. 이만한 일로 의사 가운이라도 벗을 참이야?

윤철   입 다물어! 당신 도움 따위 필요 없으니까!

서진   당신은 나 없음 안 돼. 우린 부부야. 누가 뭐래도!

윤철   내가 필요한 이유, 모를 줄 알아? 청아재단 이사장 자리! 그것 때문이잖아!! 당신네 대단한 집안에 스크래치 나는 거, 아버님이 싫어할 테니까! 아냐?

서진   (윤철 앞으로 또박또박 걸어와 멈춰 서고) 봤니? 나랑 주 회장 같이 있는 거?

윤철   (순간 싸늘하게 표정 굳으면)

서진   그래서?

윤철   뭐?

서진   별일 아냐. 부부가 살다보면, 한번쯤 그럴 수도 있는 거잖아? 교통사고 같은 거야. 당신이 오윤희한테 끌렸던 것처럼.

윤철   지금 제정신이야?! 어떻게 당신 입으로 그딴 미친 소릴!! 상대는 주단태야!! 내가 제일 증오하는 인간!!

서진   당신도, 내가 제일 증오하는 오윤희와 만났잖아!!

윤철   그러니까 헤어지자고! 내가 등신처럼 천서진의 장식품으로 있어주길 바래?!

서진   (윤철을 벽으로 몰아세우며) 그래! 그것도 못 해? 이때까지 나한테 뭐하나 제대로 해준 거 있었어? 그러니까 당신도 한 번은 해줘야지! 이혼?! 말했지! 내가 원하기 전까진 절대 안 된다고!

윤철   넌 미쳤어!! (밀쳐내고 가려면)

서진   (윤철에게 바짝 얼굴 갖다 대고) 지금 당신 상황, 쉽지 않을 걸? 내가 돕지 않으면, 청아의료원은 이번 사고를 당신의 개인 과실로 몰아갈 거야. 그럼, 의사 면허도 취소되고, 이 바닥에서 완전 매장되겠지. 은별이? 절대 데려갈 수 없어! 집도, 양육권도, 재판부는 내 손을 들어줄 거야. 당신은, 우리 재산에 아무런 기여를 한 게 없으니까!

윤철   천서진!!! (분노하는데)

서진   하지만, 당신이 아무 일 없다는 듯이 집에 들어온다면, 수단 방법 가리지 않고, 보호자의 폭주를 막아줄 생각이야. 내 남편이니까! (윤철의 옷매무새 잡아주며) 선택해. 오랜 못 기다려줘. 은별이한텐 학회 간 걸로 해놓을게. (가버리면)

윤철   (쓰러지듯 벽에 기대고 선 채, 절망적이고)

        그때, 윤철 앞으로 다가와 서는 잘 닦인 브라운 구두. 규진이고.

규진   (깐족대며) 이혼 말인데요. 그거 쉽지 않겠는데. 잘 생각해봐요. 병원 쫓겨나서 자식도 못 보고 무능한 이혼남으로 살지, 청아재단 사위 타이틀로 품위 유지하며 살지! (속삭이듯) 하 박사 목숨 줄은 서진 씨한테 있어요. (가면)

윤철   (그 자리에 털썩 주저앉는. 죽고 싶은 심정인데)

46.   청아의료원 주차장(낮)
        규진, 휘파람 불며 가다가, 문득 멈춰 서서 서진이 차에 오르는 거 보는.

규진   천서진, 진짜 난 여자네. 바람을 피워도 어떻게 저리 당당해?

47. 회상 1/헤라팰리스 로비 데스크/6화 77신(낮)
  청소 아줌마, 경비원에게 핸드폰을 건네주는.

아줌마 누가 핸드폰을 소화전에 넣어뒀더라고요.
경비 누구 거지? (화면을 눌러보면, 설아와 설탕이가 같이 찍은 사진인데) 여기
  주민은 아닌데... 뭐, 찾으러 오겠죠. (무심히 유실물 박스에 집어넣는)

  그 모습을 지켜보는 누군가의 시선. 규진이고.

규진 (경비에게 다가가) 그 핸드폰, 내가 아는 사람 꺼 같은데. 내가 전해줄
  게요.

48. 회상 2/핸드폰 수리점(낮)
  수리점 직원, 설아 핸드폰을 규진에게 내밀고.

직원 풀었습니다, 비번!
규진 (얼굴 환해지고) 아, 성공했어요? 딸애가 비번을 잃어버렸다고 어찌나
  울고불고 난리치던지... (배경사진 보여주며) 우리 딸, 이쁘죠?

  규진, 핸드폰에서 갤러리를 클릭하면, 설아의 사진들 쭉 뜨는데.
  동영상 재생하면. 단태와 서진이 정원에서 부둥켜안고 키스하는 모습
  이 나오고.
  으악! 기겁하는 규진! 놀라서 핸드폰을 떨어뜨리는.
  다시 핸드폰 주워서 유심히 보면. 틀림없이 단태와 서진이고.

49. 현재/청아의료원 주차장(낮)
  서진의 차, 먼저 출발해서 가면. 그 모습을 바라보고 있는 규진.

규진　주단태.. 천서진... 민설아한테 협박당하고 있었던 거지? 감쪽같이 민설아를 죽여놓고, 우리까지 끌어들여? (그러다 낄낄거리며) 내가 이 카드를 어떻게 쓸지 기대해봐! (그전과는 다른 섬뜩한 미소 짓는)

50.　**청아예고 복도(낮)**
방과 후. 아이들, 교실 밖으로 쏟아져 나가면. 두기, 벽에 공고문을 붙이고 있는.
공고문에 〈도전! 청아의 얼굴을 뽑습니다! 청아예고 홍보 모델 오디션 일정〉 써있고.
로나, 공고문을 보고 있으면. 그 옆으로 은별과 석경, 제니가 다가와 공고문을 유심히 보는. 지지 않겠다는 듯, 쨍하니 부딪치는 눈빛들.

51.　**청아예고 운동장(낮)**
석훈, 벤치에 누워 정면으로 햇볕을 바라보고 있으면.
뜨거운 햇빛을 손으로 가려주는 누군가의 실루엣.
실루엣 점점 선명해지며 드러나는 얼굴, 로나인데.

석훈　(벌떡 일어나 앉고, 로나를 보면)
로나　그러고 있음 얼굴 타. (슬쩍 파스를 내밀고) 혹시, 필요할 거 같아서.
석훈　파스는 왜?
로나　아까, 봤어. 너 체육 쌤한테 맞는 거. 미안해. 괜히 나 때문에...
석훈　너 때문 아냐. (하더니, 갑자기 교복을 확 벗더니, 상체 드러나면)
로나　(당황해서 얼른 고개 돌리고) 야. 갑자기 옷은 왜 벗어.
석훈　붙이라고 준 거 아냐? (어깨 쪽에 파스를 턱 붙이면)
로나　(민망해서 손으로 얼굴 가리고 급히 가는데)
석훈　(무심한 듯) 오디션 잘 봐.
로나　(우뚝 멈춰 서고. 뒤돌아선 채로) 응. 너도. (씩 웃고. 좋아하며 뛰어가는데)

한쪽에서 그 모습을 보고 있는 은별, 눈빛 날카로워지고.
손에 들고 있던 파스를 구겨서 쓰레기통에 버리고 가버리는. 눈물 핑
돌고.
그때, 석경이 놀란 듯 석훈에게 다가서고.

석경 (파스 붙인 석훈을 보며) 오빠, 왜 그래? 다쳤어?

석훈 (얼른 옷 여미며) 아냐.

석경 (열 받아) 체육 쌤이 오빠 팼다더니 진짜였어?! 그래서 수업도 안 들어
온 거야? 내가 가만 안 둘 거야, 구호동!

석훈 아빠한테 아무 말 마. (일어서면)

석경 그러게 배로나 일에 오빠가 왜 나서? 아무리 내가 했다고 오해를 해도
그렇지! 남들이 보면, 오빠가 배로나 좋아하는 줄 착각하겠어!

석훈 (얼른 말 돌리고) 구 쌤이 우리 벼르는 거 같아. 당분간 자중해.

석경 자중할 게 뭐 있어. 진짜 범인은 따로 있는데. 은별이야!!

석훈 (놀라서 보고) 뭐?

석경 하은별이 그런 거라고. 내가 봤거든. 배로나 집에 갔을 때, 은별이가 로
나 방에 있는 거. 확실해! 그 애 짓이야!

석훈 은별이가 왜...

석경 오빠 좋아하니까! 배로나 골탕 먹이고 싶었겠지. 오빠가 배로나한테
관심 있는 줄 알고, 속앓이 단단히 하고 있을 걸? 어떻게 그런 천박한 상
상을 하냐. (깔깔대며 재밌어 죽는데)

석훈 (기막히고)

석경 하은별과 배로나, 제대로 싸움 붙여놓으면, 홍보 모델은 내가 할 수 있
을 거 같아. 오빠도 도와줄 거지? 가자. (석훈 팔짱 끼고 가는데)

52. **청아예고 교문 앞/석훈 기사 차 안(낮)**
석훈과 석경, 기사가 기다리고 있던 자동차에 올라타면.
석훈, 차 뒷좌석에서 유리창을 통해, 버스정류장에 서있는 로나를 보는.

로나, 버스가 도착하면, 정신없이 뛰어가 만원 버스에 올라타려고
안간힘 쓰고 있고. 배로 밀치며 악착같이 버스에 올라타는 로나.
석훈, 그런 로나를 미소 띤 채 바라보는데. (석경은 딴짓하고 있고)

석훈(E)   그때부터였어.

53.   몽타주
(인서트, 7화 51신)
치마 안에 체육복 바지 입은 채로, 석훈의 어깨를 밟고 씩씩하게 담을
타고 올라가는 로나 모습.

석훈(E)   로나 널 신경 쓰기 시작한 게.

(인서트, 7화 81신)
아이들에게 악바리로 구정물을 뒤집어씌우는 로나 모습.

석훈(E)   애들한테 지지 않고 싸우는 널 응원하게 됐고.

(인서트, 8화 44신)
쓰레기로 로나를 괴롭히는 아이들 제압한 후.

은별   (화난 듯) 석훈이 너! 왜 하필, 저런 애한테 잘해주는 거야?! 쟤, 보송마
을 산다잖아!! 민설아가 죽었던 그 집에!!
석훈   (멈칫) 그게 뭐? (대수롭지 않은 듯 보면)
은별   (당황하고) 아무렇지 않단 말야? 설마 너, 배로나한테 관심 있어?
석훈   있으면?

석훈(E)   나도 모르게 진심이 나왔어.

(인서트, 10화 33신)
볼펜으로 아무렇지 않게 머리카락을 고정시키는 로나.

석훈(E) 언제부턴가 너만 보게 돼.

(인서트, 9화 36신에 이어)
석훈, 쓰레기통에서 초코우유 꺼내고.

54. 석훈 기사 차 안(낮)
석훈, 멀어지는 로나를 고개 돌려서 보면서.

석훈(E) 널 좋아하는 거 같다, 배로나.....

55. 헤라팰리스 규진 상아의 집 거실(저녁)
상아(E) 또 틀렸잖아!

상아와 규진, 민혁의 스피치 봐주고 있는. 자꾸만 발음 꼬이는
민혁.

상아   스탑! 효꽈가 아니라 효과라고 몇 번을 말해? 엄마가 아나운선데 넌 누
굴 닮아 발음이 그렇게 안 좋니?
규진   그거, 나 들으라고 하는 소리야?
민혁   (들고 있던 종이 확 던져버리고) 아 몰라! 나 그냥 확 때려친다.
상아   무슨 소리야! 이번만큼은 석훈이 이겨야지. 매번 석훈이만 다 해먹으
란 법 있어?
규진   아나운서 출신이 해먹는다가 뭐야, 해먹는다가. 교양 없게.
상아   (규진 말 들리지도 않고, 민혁에게 선전포고하듯) 엄마, 이번에 목숨 걸었
어! 너도 석훈이 꽁무니 쫓아다니는 거 이참에 졸업해! 그래야 서울음

58

대 갈 수 있어!

규진 민혁이가 서울음대를 무슨 수로 가? 서울대를 **삥삥**이로 들어가?

상아 (버럭) 왜 김새게 그딴 소릴 해! 애 기죽게! (그때, 상아의 핸드폰 울리고. 받는) 네, 제니 엄마. 지금요? (규진을 보는)

56. **윤희의 집 현관(저녁)**
     윤희, 통지서를 보고서 부들부들 하고 있으면.
     서진, 의기양양하게 그런 윤희를 보고 있고.

윤희 꼭, 이렇게까지 해야 되니?

서진 그럼, 우리가 같은 아파트에 사이좋게 산다는 게 말이 된다고 생각했어? 헤라팰리스 놀이도 오늘로 끝이야. 그래도 몇 밤 자봤으니 성공한 인생이네. 두고두고 자랑할 거리는 생겼잖아? 준비해서 내려와! 7시야. (가면)

로나 (다가서고) 엄마... 우리 쫓겨나는 거야?

윤희 (그런 로나 감싸 안고) 아냐. 그럴 일 없어. (다독이지만 불안한 눈빛)

57. **헤라팰리스 커뮤니티(저녁)**
     단태, 수련, 서진, 마리, 규진, 상아, 이미 착석해있고.
     윤희, 문 열고 들어오면. 사람들의 냉랭한 눈빛 쏟아지는.

단태 다들 모인 거 같으니, 시작하시죠. (규진을 보면)

규진 (앞에 서고) 오늘, 헤라팰리스 운영위원회 간부들을 긴급 소집한 건, 새로 입주한 4502호가 헤라팰리스의 품위를 손상시켰다는 민원이 들어와, 강제퇴거를 결정하기 위해섭니다. 퇴거에 동의하시면 찬성을, 그렇지 않다 생각하시면 반대에 기표하시면 됩니다.

수련 (초조한 듯 있다가, 나서고) 잠깐만요! 헤라팰리스의 품위를 손상시켰다고 하기엔 오윤희 씨도 피해자로 보여지는데요? 강제퇴거를 운운하

	는 건, 이사회의 폭력 아닙니까?! (다부지게 따지면)
서진	어쨌거나 민원이 들어온 이상, 절차대로 해야 되지 않을까요? 아! 저희 남편은 학회가 있어서 부득이 불참하게 됐네요.
마리	하 박사님 없으면, 투표 하나 마나 아니에요? 반대할 사람이 누가 있다고.
규진	그럴 줄 알고 하 박사님은 미리 저에게 위임장과 함께 사전투표를 해주셨습니다. 하하하. (투표용지 보여주면)
마리	열부 나셨네.
서진	(기막히고)
규진	(투표용지를 나눠주고) 자, 그럼 투표를 시작하겠습니다. (그러다 윤희랑 눈 마주치면, 씨익 인위적으로 미소 지으면)
윤희	(심각한 듯 무표정하고. 굳은 얼굴인데)

단태와 서진, 거침없이 "찬성"에 동그라미 하고.
마리, 눈치 보면서 "찬성"과 "반대" 사이에서 망설이는데. 서진이 홱 쳐
다보면. 놀라서 얼른 "찬성"에 동그라미 하는.

58.　헤라팰리스 스파(밤)
　　　은별과 석경, 제니, 나란히 누워서 마사지를 받고 있는.

석경	내일 사진 테스트 있으니까, 특별히 신경 써서 해줘요.
직원	네~ 제일 좋은 팩으로 하고 있어요.
제니	은별이 너, 스피치 선생도 붙였다며? 아주 홍보 모델에 목숨 걸었다?
석경	혹시, 오디션 원고도 너만 미리 받아본 거 아냐? 예술부장님 빽이면, 못 할 게 뭐 있어.
은별	심사위원, 외부에서 초빙한다고 들었어. 스피치 원고도 당일에 오픈될 거고!
제니	하긴, 엄마들이 눈 부라리고 보고 있는데, 오디션에 부정이 있을라고.

석경	그건, 모르는 일이지!
은별	(긴장하는) 난, 니들과 싸울 생각 없어. 내 목표는... 배로나야!

59. 헤라팰리스 커뮤니티 (저녁)
테이블에 투표용지 놓여있고.

서진	개표하죠. (상아에게) 부탁할게요.
상아	그럼, 개표를 시작하겠습니다. (종이 펴고) 찬성! (다음 종이 펴고) 찬성! (다음 종이 펴고) 찬성!
윤희	(애써 담담하려 하는데, 낙담하는 마음 들어 눈 감아버리면)
수련	(초조하게 윤희를 보는데)
마리	벌써 퇴출이 세 표나 나왔네. 이걸 어째... 짐을 풀자마자 쫓겨나게 생겼으니.
서진	(의기양양하게) 계속하세요.
상아	(다음 종이 펼치고, 눈빛) 반대!
마리	(수련 보면서) 수련 씨 표네요.
상아	(다음 종이 펴고) 반대!
마리	이건 하 박사님 표고. 이제 나올 반대표는 없는 거죠? 그럼, 5대 2로...
상아	(하는데, 다음 종이 펼치고) 반대!
단태/서진	(인상 쓰고. 당황하는 표정이면)
마리	(놀라) 대체 누가 넘어간 거예요? 난 분명히 의리 지켰는데! (둘러보면)
단태	진정하세요. 아직 한 표가 남았잖아요. 이 한 표가 오윤희 씨의 운명을 좌우하겠네요.
상아	(살짝 긴장하며 종이 펼치는데. 흔들리는 눈빛) 반대!
마리	(벌떡 일어서며) 말도 안 돼!
규진	(손 번쩍 들고) 반전! 대역전극! (그러다 얼른 손 내리고, 표정 수습하면)
수련	(얼굴 환해지고. 윤희를 보며 입 모양으로) 축하해..
윤희	(감격한 듯, 눈물 그렁한데)

서진	(파르르하고) 반대한 사람, 대체 누구예요? (헤라클럽 사람들 둘러보면)
수련	투표는 비밀보장이 원칙 아닌가요?
서진	(주먹 꽉 움켜쥐고 수련과 윤희를 노려보다가, 자리 박차고 나가고)
윤희	(일어나 정식으로 인사하는) 저를 이웃으로 받아주셔서 고맙습니다. 앞으로 물의 일으키지 않고, 열심히 잘 살겠습니다. (웃으며 수련을 보면)
수련	(미소 지으며, 박수 치고 있고)
단태	(서진이 신경 쓰이고)

60. 규진 상아 집 거실 (저녁)
규진과 상아, 거실로 들어오는.

상아	천 쌤 표정 봤지? 아주 약이 올라 죽네 죽어.
규진	근데, 반대가 4표나 나오는 게 가능해? 대체 누가 배신한 거야?
상아	(뜨끔한 채) 그러게. (하다, 시어머니한테 들이박는 윤희 말 떠오르고)
규진	(역시 뜨끔한 채, 피트니스에서 윤희의 미소가 떠오르는)

(인서트) 10화 57신/헤라팰리스 분수대 앞 (저녁)
윤희(E)	그저 돈! 돈! 저 결혼하고, 어머님 생활비 한번 빼먹은 적 없고요, 그이가 바람난 년한테 가게까지 얻어주고 죽었어도, 그 빚, 제가 다 떠안았어요. 장례식장에서 조의금함 때려 부수고 돈 들고 도망친 사람이 누군데요!! 꼴랑 남은 어머니 집 나누랄까봐 인연 끊자고 하신 분이 누구냐고요!!

(인서트) 10화 28신/헤라팰리스 피트니스 (아침)
윤희	어머, 안경 벗으니까 치명적으로 쎅시하시다. 그런 말, 많이 들어보셨죠?

상아와 규진, 투표지에 나란히 "반대"에 동그라미 하는 모습, 인서트로!
상아와 규진, 서로 마주 보고 괜히 헛기침하고.

규진 우리 둘 다 아니면, 주 회장님이랑 제니 엄마가 배신한 거네. 거 사람들 참, 그렇게 안 봤는데. 은근히 마음들이 약해. 그치? 하하하..

상아 그런가봐. 호호호.. (서로 눈치 보며, 서둘러 양쪽으로 흩어지고)

61. **헤라팰리스 앞**(저녁)

    호동, 아득하게 높이 치솟은 헤라팰리스를 올려다보는.
    그러다 핸드폰으로 녹음기록을 누르면. 설아의 목소리 들리는.

설아(E) 오빠, 우리 엄마 찾아준다고 했지? 꼭 찾아줘야돼.

호동(E) 이제 와서 엄마는 왜 그렇게 찾아? 너 버린 사람인데.

설아(E) 확인해볼 게 있어서. 엄마가 어떻게 사나...

호동(E) 어떻게 살면 좋겠는데?

설아(E) 엄마도 나처럼 불행했으면 좋겠어... (반복 버튼 눌러서, 계속 듣는) 엄마도 나처럼 불행했으면 좋겠어... 엄마도 나처럼 불행했으면 좋겠어....

    호동, 정지 버튼 누르고.
    주머니에서 뭔가 꺼내서 보는데, 수련과 단태의 가족사진이고.
    사진 안에서 수련과 단태, 행복한 듯 환하게 웃고 있는.

호동 (서늘한 눈빛) 심수련 씨, 이렇게 행복하면 곤란하죠.....

62. **펜트하우스 서재**(저녁)

    서재에 놓인 사진 액자 중 하나에 사진이 비어있고.
    단태와 석경, 마주 앉아있는.

단태 구호동 선생이 석훈을 때려? 왜?!

석경 오빠가 안은후를 때렸다고 복수해준 거래요.

단태 (순간 눈 돌아가고) 지깟 게 뭔데!! 내 돈 처받아 먹을 땐 언제고! (분노하면)

석경	그 쌤 아무래도 이상해요. 걸핏하면 운동장 뻉뻉이 시키고, 벌점 주고, 유독 오빠한테만 심하게 한다니까요. 무슨 원한이라도 있는 것처럼. 당장 짤라줘요. 기분 더러워요.
단태	아빠가 해결해.
석경	아빠만 믿을게요. (일어나 나가면)
단태	(열 받고, 호동의 전화 내용 떠올리는)
호동(E)	형님 아드님께서 또 우리가 재회하도록 만남의 장을 열어주셨더라고요. 기특하게도. 진짜 제대로 술 한잔 거하게 사셔야 될 일이라니까요.
단태	(곧바로 호동에게 전화하는) 접니다, 구호동 선생님. 혹시, 지금 시간 되십니까. 제가 근사한 자리에 초대하고 싶은데요.

63. 선수대기실(밤)

단태, 규진, 호동, 야구장 대기실로 들어서면.

단태	(쭉 늘어서있는 배트를 고르며) 야구 좋아하세요? 오늘, 아끼는 동생이랑 몸 좀 풀기로 했는데... 구 선생님도 같이 하면 재밌을 거 같아서요.
호동	야구요? 우리 형님, 야구도 잘하세요? 배트만 봐도, 딱 고수들 같은데...
규진	어휴, 전 완전 구멍이에요, 구멍! 구 쌤이 제일 젊으니까 제일 유리할 걸요.
단태	체육 선생이니 당연히 운동신경은 좋으실 테고. 세 개 공 중에서 안타를 많이 쳐내는 사람이 이기는 걸로.
호동	(멈칫하다) 뭘 걸고 하는 겁니까?
단태	1등 한 사람 소원 들어주기! 어때요?
호동	제가 공 갖고 노는 건 즐겨 하는 편이 아니긴 한데... 투수는요?
규진	드림즈의 강두기 선수요. 우리 주 회장님하고 형님 동생 하는 사이거든요.
호동	(눈 번쩍해서 보고) 강두기 선수요? 전설의 강속구 투수! 이거 완전 영광인데요? (배트 쭈욱 둘러보고) 그럼 저는 이걸로...! (배트 집어 들고, 영

성하게 한번 휘둘러보고 나가면)

단태   (표정 확 바꾸고) 개자식! 감히 내 아들을 때려? 오늘 두 다리로 못 걸어
나가게 만들겠어! (규진에게 눈짓하면)

규진   (고개 *끄덕이고*) 준비 완료! (자신의 배트 집어 드는데)

각자, 픽한 배트를 들고 운동장으로 나가는.

64.   야구장(밤)

라이트가 환하게 켜져있는 야구장(또는 운동장).

"드림즈 강두기" 유니폼을 입은 강두기가 투수석에 서있고.

긴장한 표정의 규진, 먼저 타석에 서는데.

강두기, *빠른* 속도로 공 던지면. 큰 동작으로 여지없이 헛스윙하는 규
진. 한 바퀴 쌩 돌아서 나가떨어지고. 세 개 공을 하나도 못 맞추는데.

다음 타석에 단태가 서고. 단태, 세 개 공 중에서 깨끗한 안타를 쳐내는.

호동, 놀라는 표정이고. 단태는 의기양양한 표정인데.

마지막으로 타석에 들어선 호동.

단태, 은밀히 강두기에게 눈짓하면. 강두기, 작정하고 불같은 강속구
로 던지는데. 빠르게 불을 뿜듯 날아와 포수 글러브에 꽂히는 볼. 헛스
윙하는 호동.

단태, 그럼 그렇지- 하는 표정으로 피식 웃는데.

다음도 크게 헛스윙하는 호동. 단태, 게임 끝났다는 표정으로 여유롭
게 규진과 하이파이브 하는데. 순간! 놀라서 고개 돌리고 보는.

바로 다음 공이 그대로 담장 넘어버리고. 홈런을 뽑아낸 호동인데.

단태와 규진, 강두기, 모두 놀란 듯 호동을 보면. 호동의 회심의 미소.

호동   (헬멧을 벗고, 단태에게 다가서며) 아이고, 이거 민망해서 어째요. 제가
이겨버렸네요. 이럼 안 되는데.

규진   구 쌤, 뭐예요? 우리 속인 거예요? 이거 완전 선수네, 선수! 이러면 반칙

이지.

호동   이상하게 오늘 공이 좀 크게 보이더라고요. (단태에게 깐족대며) 형님 기운을 받아서 그런가. 오늘 형님이 많이 봐주신 거 같은데, 맞죠?

규진   봐주긴 뭘 봐줘요? 주 회장님, 죽기 살기로 치던데.

호동   (픽 웃고) 실망인데요. 실력이 고작 그 정도라니... (약 올리면)

단태   (기분 더럽고. 꾹 참으며) 얼른 소원부터 얘기하시죠.

호동   아이고, 그래도 되겠습니까. 이거 형님들한테 죄송해서. (핸드폰 꺼내더니, 뭔가 보내고) 소원은, 방금 문자로 보냈습니다. (규진에게) 형님께도요!

단태/규진   (핸드폰 열어보면. 헤라팰리스 아이들이 안은후를 집단으로 때리는 동영상이 뜨고) 이건!

단태   이게 뭐하는 짓이야? 그때 다 삭제했다고 했잖아!! (버럭 하면)

호동   (천연덕스럽게) 거짓말이었어요. 그걸 공개하는 게, 제 소원이고.

단태   (호동의 멱살을 잡아 벽에 밀어붙이며) 감히 내 돈을 먹고 입 씻으시겠다?

호동   난, 돈 받은 적 없는데. 아! 그 금거북이? 그때, 형님 집 소파에 꽂아놓고 왔는데, 아직 못 보셨나보네. (픽 웃으면)

(인서트, 10화 4신)
호동, 단태한테 받은 목각 상자를 소파 깊숙한 곳에 박아놓고 일어서는.

단태   (한 대 맞은 기분 들고) 감히 나한테 이런 장난을 해?! 겁도 없이?! (멱살 잡은 손을 바닥으로 확 밀치면)

호동   (바닥에 쓰러진 채) 우리 형님, 성격이 너무 지랄 맞으신 거 아니에요? 이러시면 많이 곤란할 텐데요, 형님!

단태   형님 소리 집어치라고!!

호동   (일어서며) 그럼, 저는 바빠서 이만! 술은 제 소원 이뤄지는 거 보고, 한 잔 거하게 사겠습니다. (뒤돌아서 휘파람 불며 가면)

규진   (영문 몰라) 저 사람, 진짜 체육 쌤 맞아요? 똘끼가 장난 아닌데요.

단태 (부르르 한데) 건방진 새끼! 애초에 싹을 잘랐어야 하는데! (분해서 미칠 거 같고)

65. **헤라팰리스 서진 윤철 집 은별의 방(새벽)**
은별, 카메라를 켜놓고 볼펜을 입에 물고 멘트 연습을 하고 있는데. 옆에서 은별을 보며 지적하고 있는 서진.
은별, 잘 안 되는 듯 계속 같은 발음에서 틀리고.

서진 다시! 발음이 자꾸 꼬이잖아. 딕션이 정확해야 만점을 받을 수 있어! 정신 차리고 다시!!
은별 (다시 해보는데, 또 틀리고. 불안해지는) 어떡해... 실전에서 또 틀리면...
서진 약해빠진 소리하지 마! 은별이 넌, 아빠하곤 달라! 모든 면에서 완벽해야 돼! 그래야 나중에 펜트하우스에서도 살고, 청아예고도 물려받을 수 있어.
은별 엄마, 다시 해볼게. 나 꼭 홍보 모델 돼야 돼. 그 자리, 절대 안 뺏겨. 특히 배로나한테는!!
서진 당연하지! 배로나 같은 건 제대로 밟아줘야 해. 처음부터 다시 읽어봐.

은별, 다시 스피치 연습하고. 시계가 새벽 4시를 넘기고 있는.

66. **헤라팰리스 커뮤니티 카페(다음 날 아침)**
수련, 마리, 상아, 카페에 마주 앉아있으면.
윤희가 쟁반에 커피랑 빵 들고 다가서고.

윤희 오늘 커피랑 빵은 제가 살게요. 앞으로 잘 부탁드립니다. (커피 잔 내려놓으면)
수련 잘 마실게요. 윤희 씨도 앉아요.
마리 (거만하게 커피 잔 들고) 천 쌤이 알면 우리 찍히는데...

상아   커피향 좋네요! (호감 있게 윤희를 보며, 우아하게 마시는데)

그때, 딩동, 딩동, 딩동, 문자 메시지음 연달아 들리고.
수련, 마리, 상아의 핸드폰으로 같은 동영상 전송되면.

상아   (보고 놀라는) 어머나! 이건 또 뭐예요?!! (다들 기겁하는 표정에서)

67.   청아예고 소강당 (낮)
        잔뜩 멋을 부린 여학생과 남학생 지원자들, 카메라 테스트 받고 있는.
        심사위원에 서진과 두기, 혜미 모습 보이고.
        석경, 석훈, 은별, 제니, 민혁, 로나, 긴장한 표정으로 순서를 기다리는데.
        맞은편에서, 지지자들이 열띤 응원을 펼치고 있고.
        "주석경!" "주석훈!" "하은별!" 목이 터져라 외치고 있으면.
        응원하는 사람 하나 없는 로나고.

은별   (카메라 테스트 받고 있는. 이쪽저쪽 카메라 보면서 자연스럽게 웃어 보이면)
두기   (다정하게) 아주 자연스럽게 좋네. 각오 한마디 들어볼까?
은별   만약 제가 홍보 모델이 된다면, 우리 청아예고의 가치를 알리는데, 온
        몸이 부서져라 열심히 하겠습니다.
혜미   (끄덕이고) 아주 잘했어. 다른 선생님도 합격에 이견 없으시죠.
서진   (만족스러운 미소 지으면)
두기   하은별, 카메라 테스트 합격! 다음, 주석훈!

석훈, 무대로 나와서 자연스러운 모습으로 포즈 취하고 있고.
여기저기서 "주석훈! 주석훈!" 꺄악! 꺄악! 소리 지르는 여학생들.
각자의 감정으로 석훈을 보는 로나, 은별, 석경이고.

제니   석훈이가 진짜 멋있긴 멋있네.

석훈	(테스트 마치고 나가면. 구경하던 여학생들도 썰물처럼 빠져나가면)
두기	다음, 이민혁!
민혁	(무대로 나오는데, 나가는 여학생들 보며 당황해서) 야, 왜 다들 나가? 난 안 봐?
제니	넌 내가 있잖아. 싸,랑,해,요, 이민혁!! (목이 터져라 혼자 응원하는데)
로나	(긴장해서 차례를 기다리고 있으면)
석훈	(나가다가 그런 로나의 어깨를 한번 잡아주고) 잘해.
로나	(그런 석훈과 눈 마주치는. 미소 짓는) 고마워.
은별	(한쪽에서, 석훈과 로나의 묘한 눈빛을 보고 눈 뒤집히고)

68. 청아예고 일각 (낮)

수련, 마리, 상아, 모여있고. 호동이 그 앞으로 다가서는.
수련은 청소하기 편한 복장이고, 마리와 상아는 있는 대로 잔뜩 힘을
주고 입고 나온.

호동	제가 어머니들을 학교로 오시라고 했습니다. 영상을 보셔서 아시겠지만, 그냥 넘어갈 사항이 아니라서요. 자식을 잘못 가르쳤으면, 부모 또한 벌을 받아야겠죠. 봉사 시간 10시간! 이의 없으시죠?
수련	네. 이의 없습니다. 모범이 되어야 할 부모가 죄를 감추고 수습하는 데만 급급했어요. 어떤 벌도 달게 받겠어요. (호동의 눈빛)
마리	근데, 천 쌤은 같이 벌 안 받아요? 은별이도 가담한 사건인데.
호동	예술부장님은 지금 홍보 모델 심사 중이시라 부득이 제외됐습니다.
마리	가오상, 우리랑 같이 청소는 못하겠다, 그거네요! 암튼 얼어 죽을 자존심은.

그때, 이사장인 서진부가 다가오고.

마리	(이사장 보자 놀라서, 90도로 절하며) 어머나, 이사장님 나오셨어요?

서진부 (마리 지나쳐서, 곧장 수련에게 다가서고) 석훈 어머니, 오셨습니까. 주 회장님은 잘 계시죠. 늘 학교를 위해 애써주셔서 감사드립니다. (호동 보고, 난처한 듯) 저, 구 선생. 석훈 어머니까지 교내 봉사를 하실 필요는...

수련 아뇨. 당연히 해야죠. 제 잘못이 큽니다. 아이들도 잘못한 부분에 대해서는 충분한 징계를 내려주시기 바랍니다, 이사장님.

마리 (끼어들고) 아, 뭔 소리야? 애들 벌점 안 주려고, 우리가 대신 온 건데! 왜 긁어 부스럼을 만들어요, 진짜! 그러다 우리 애들 서울대 못 가면, 석경 엄마가 책임질 거야?

수련 그깟 서울대가 그렇게 중요해요?

상아 그깟 서울대라뇨. 난 대학 엄청 중요해요! 우리 민혁이 서울대 보내려고 성악 시켰어요. 민혁이 아빠 식구들은 죄다 서울대에 스탠퍼드에 옥스퍼드 출신인데, 우리 민혁이만 못 가면, 엄마 머리 닮았다고 얼마나 탓하겠어요?

수련 (한숨, 시선 돌려서 호동에게) 무슨 일부터 하면 되죠?

호동 (그런 수련을 유심히 보며) 그런 적극적인 자세, 아주 좋네요. 청소하기 참 좋은 날씨죠? 먼저, 쓰레기 분리수거부터 하실까요. (픽 웃고)

69.   청아예고 쓰레기장(낮)
       건성건성 일하는 마리와 상아와 달리, 열심히 쓰레기 분리수거를 하는 수련.
       호동, 그 모습 지켜보다가 다가서고.

호동 제니 어머니와 민혁 어머닌 너무 열일들 하시는데, 석경이 어머니만 농땡이 치시는 거 아니에요?

마리/상아 네? (뭔 소린가 싶은데)

수련 지금 하고 있는데요.

호동 가식으로 하는 척 말고, 더 열심히 하세요! (쌩 돌아서서 가면)

수련 (뭔가 싶고, 팔 걷어붙이고 더 열심히 하는데)

70. 청아예고 소강당 (낮)
로나, 무대 앞에 서면. 카메라 앞에서 환하게 미소 짓고.

로나   (낭랑한 목소리로) 있는 그대로의 모습으로, 친구들 모두의 표정을 닮
은 청아의 얼굴이 되겠습니다. (카메라 이쪽저쪽을 보며 예쁘게 웃는데,
카메라에 그 모습 완벽하게 잡히고. 모두들 의외라는 듯 놀라서 멈칫하면)

제니   (한쪽에서 지켜보다가) 꼴값 꼴값. 지가 무슨 모델인 것처럼 굴어.

민혁   (달라진 눈빛으로 로나를 보며) 배로나 좀 의외다. 끼가 꽤 있는데?

서진   (심호흡하고, 애써 대수롭지 않게) 목소리가 많이 갈라졌네. 연습을 너무
많이 한 거 아냐? (하면서도, 로나를 경계하듯 보는 서진이고)

은별   (무대 한쪽에서 그런 로나를 보면서 긴장하는데. 눈빛 마구 흔들리고)

71. 청아예고 일각 (낮)
카메라 테스트 끝내고 걸어가는 로나의 머리채를 잡아당기는 누군가.

로나   아아... (돌아보면, 은별이고) 뭐하는 짓이야?! (확 뿌리치면)

은별   너야말로 뭐야? 너 설마, 주석훈 좋아해?

로나   대답해야 해? (그냥 가려는데)

은별   (로나 가로막으며, 독기 품고) 경고하는데, 석훈이 앞에 얼쩡거리지 마.
걔한테 말도 걸지 말고, 웃지도 말고, 아는 체도 하지 마!!!

로나   (어이없는) 싫은데?

은별   뭐?

로나   나, 홍보 모델 꼭 뽑혀서 석훈이랑 같이 모델 할 거야!! (작정하고 받아
치면)

은별   (버럭 하는) 꿈도 꾸지 마!! 그건 내 자리니까!!!!

로나   두고 보면 알겠지. 나 이번에는 너한테 안 당해, 하은별!!! (매섭게 경고
하고 가면)

은별   (죽일 듯이 로나를 보고 있는. 그러다 머리를 묶고 있던 날카로운 머리핀을

빼서 손에 들고, 로나를 뒤에서 쫓아가는)

로나　　(아무것도 모른 채, 복도 걸어가고)

은별　　(머리핀을 쥔 손, 무섭게 파르르 떨리고. 로나 쪽으로 바짝 다가가더니, 로나의 목덜미를 향해 머리핀을 내리꽂는데!)

72.　　청아예고 교무실 (낮)

　　　　마리와 상아, 한쪽에서 커피 마시고 있고.

　　　　수련, 열심히 창문 틈 닦고 있고. 걸레가 시커먼데.

호동　　(다가서고) 열심히들 하시네요.

마리/상아 (놀라서 종이컵 쓰레기통에 던져버리고, 후다닥 다시 청소하는 척하면)

마리　　그럼요. 뼈가 부서져라, 팔이 빠져라, 쓸고 닦고 하는 중이에요.

호동　　(창문 틈을 손으로 닦아보고) 석경 어머니는 손에 힘을 안 주고 닦나 봐요. 먼지가 그대론데. 따라오세요! 화장실 청소도 해야 되니까.

마리　　네에? 화장실만은 제발... (싹싹 빌면)

호동　　다른 어머니들은 잠깐 쉬고 계세요. (먼저 나가면)

수련　　(아무 말 없이 호동을 쫓아서 나가고)

상아　　(뭔가 이상한) 이거 상황이 어떻게 돌아가는 거예요?

마리　　뭐긴 뭐야. 수련 씨만 뺑이 돌리는 거지. 석훈이가 주동자잖아.

　　　　그때, 서진이 들어서고.

서진　　아직도 청소 중이세요?

마리　　천 쌤! 우리 너무 힘들어 죽겠어요. 팔다리가 안 쑤시는 데가 없어요.

상아　　천 쌤이 구 쌤 좀 말려주시면 안 돼요?

서진　　지금 어딨어요?

73.   청아예고 화장실 (낮)
      수련, 수세미로 손 넣어서 변기 안까지 닦고 있으면.

호동   (못마땅하게) 좀 더 힘줘서 빡빡 안 되나? 자식 대신 벌받겠다면서요. 제대로 반성하는 거 맞아요? 남자 화장실도 해야 되니까 빨리빨리 좀 하세요!

수련   (군소리 안 하고, 계속 더 열심히만 하면)

호동   (더 자극하듯) 이것들 좀 갖다버려요. 이것도! 이것도! (청소용품들 마구 던지면, 솔 하나가 수련의 손목에 맞고)

수련   (순간 멈칫, 수세미 내려놓고 일어서며, 차분하게) 왜 이렇게까지 하는데요? 지금 선생님 태도, 너무 악의적인 거 아니에요?

호동   왜? 안 하던 일 하려니 슬슬 열이 받으시나. (수련에게 다가가, 손으로 벽을 탁 치고. 깐족대는) 애들이 잘못한 것에 책임을 느낀다고? 진짜 애들을 많이 사랑하시나 봐. 아님, 쇼하는 건가? 주 회장님 명성에 맞는 노블리스 오블리주, 뭐 그딴 거?

수련   대체 왜 화가 나신 거죠? 저한테!

호동   화가 난 게 아니라, 부러워서 그러죠. 너 어무 행복해 보여서. 뭐, 그 행복이 언제까지 갈진 모르겠지만.

수련   (순간 욱하고 터지는) 빙빙 둘러대지 말고 제대로 말하세요! 무슨 말을 하고 싶은 거예요, 지금?!!

호동   (서늘하게 표정 싹 변하며) 가식 좀 그만 떨라구요, 아줌마. 친자식도 아니면서.

수련   (굳어지면) 지금... 뭐라고 했어요?

호동   그쪽 딸은 따로 있잖아. 민. 설. 아.

수련   (충격 받은) 당신... 누구야?

호동   (갑자기 수련에게 바짝 다가가고) 내가 누군지 궁금해? 민설아 어머니?

      호동, 마치 수련을 안는 것처럼 가까이 다가가서 귓속말하면.
      서진, 그런 두 사람을 보는 데서 엔딩!!

12화

루비의 저주

1.　11화 71신 연결/청아예고 일각(낮)
카메라 테스트 끝내고 걸어가는 로나의 머리채를 잡아당기는 누군가.

로나　아아... (돌아보면, 은별이고) 뭐하는 짓이야?! (확 뿌리치면)

은별　너야말로 뭐야? 너 설마, 주석훈 좋아해?

로나　대답해야 해? (그냥 가려는데)

은별　(로나 가로막으며, 독기 품고) 경고하는데, 석훈이 앞에 얼쩡거리지 마. 걔한테 말도 걸지 말고, 웃지도 말고, 아는 체도 하지 마!!!

로나　(어이없는) 싫은데?

은별　뭐?

로나　나, 홍보 모델 꼭 뽑혀서 석훈이랑 같이 모델 할 거야!! (작정하고 받아 치면)

은별　(버럭 하는) 꿈도 꾸지 마!! 그건 내 자리니까!!!!

로나　두고 보면 알겠지. 나 이번에는 너한테 안 당해, 하은별!!! (매섭게 경고 하고 가면)

은별　(죽일 듯이 로나를 보고 있는. 그러다 머리를 묶고 있던 날카로운 머리핀을 빼서 손에 들고, 로나를 뒤에서 쫓아가는)

로나　(아무것도 모른 채, 복도 걸어가고)

은별　(머리핀을 쥔 손, 무섭게 파르르 떨리고. 로나 쪽으로 바짝 다가가더니, 로나 의 목덜미를 향해 머리핀을 내리꽂는데!)

로나　(유리창에 비친 은별의 모습을 보고 얼른 몸을 피하는)

은별　(휘청하며 쓰러질 뻔하고)

로나　(열 받아 보며) 고작 그딴 짓으로 날 막겠다고? 아!! 니 엄마한테 배운 게 그런 거뿐이지? (조롱하면)

은별　(눈 뒤집히고) 너 지금 뭐랬어?!! (로나의 머리채를 잡으려는데)

로나　(은별의 팔을 잡아 꺾으며 막는) 난, 두 번은 안 당해! (은별의 머리채를 확 잡아당겨 버리는데)

2.   11화 엔딩 연결/청아예고 화장실(낮)

호동   (더 자극하듯) 이것들 좀 갖다버려요. 이것도! 이것도! (청소용품들 마구
         던지면, 솔 하나가 수련의 손목에 맞고)

수련   (순간 멈칫, 수세미 내려놓고 일어서며, 차분하게) 왜 이렇게까지 하는데
         요? 지금 선생님 태도, 너무 악의적인 거 아니에요?

호동   왜? 안 하던 일 하려니 슬슬 열이 받으시나. (수련에게 다가가, 손으로 벽
         을 탁 치고, 깐족대) 애들이 잘못한 것에 책임을 느낀다고? 진짜 애들
         을 많이 사랑하시나 봐. 아님, 쇼하는 건가? 주 회장님 명성에 맞는 노블
         리스 오블리주, 뭐 그딴 거?

수련   대체 왜 화가 나신 거죠? 저한테!

호동   화가 난 게 아니라, 부러워서 그러죠. 너어무 행복해 보여서. 뭐, 그 행복
         이 언제까지 갈진 모르겠지만.

수련   (순간 욱하고 터지는) 빙빙 둘러대지 말고 제대로 말하세요! 무슨 말을
         하고 싶은 거예요, 지금?!!

호동   (서늘하게 표정 싹 변하며) 가식 좀 그만 떨라구요, 아줌마. 친자식도 아
         니면서.

수련   (굳어지면) 지금... 뭐라고 했어요?

호동   그쪽 딸은 따로 있잖아. 민. 설. 아.

수련   (충격 받은) 당신... 누구야?

호동   (갑자기 수련에게 바짝 다가가고) 내가 누군지 궁금해? 민설아 어머니?

         호동, 마치 수련을 안는 것처럼 가까이 다가가서 귓속말하면.
         서진, 화장실 문 앞에서 그런 두 사람을 보는데.

수련   (민설아 어머니라는 말에 얼어붙은 듯 서있으면)

호동   (싸늘하게 속삭이듯) 왜 아무 말도 못해? 겁나나 보지? 자기가 낳은 딸
         버리고 누리는 가짜 행복이 무너질까봐?

수련   (호동을 확 밀쳐내는데) 당신이 그걸... ?!!

78

호동   (자신만만하게) 어떻게 아냐고?

수련   당신 정체가 뭐야?!! (불안한 눈빛으로 물으면)

서진   (두 사람 행동을 주시하며, 가까이 다가서려는데)

두기   (화장실 앞으로 달려오고) 큰일 났습니다, 부장님!

서진   (돌아보는)

3.   청아예고 상담실(낮)

     서진, 두기와 함께 상담실로 들어서면.

두기   다행히 본 사람은 거의 없습니다.

     서진의 눈에, 머리 헝클어져 엉망이 된 은별과 로나가 보이고.
     서로 씩씩대며 노려보고 있는 로나와 은별, 당장이라도 다시 싸울 참
     인데.

서진   대체 뭐하는 짓이야!! 곧 최종 오디션인데!! 꼴이 이게 뭐냐고! (소리
     치면)

로나   (억울해하며) 전 잘못 없어요. 하은별이 먼저 시작했거든요?! 머리핀으
     로 절 찍으려고 했어요. 학교폭력으로 신고할 거예요!

서진   (냉담하게 보는) 본 사람 있어?

로나   네?

서진   니 말이 맞다는 증거라도 있냐고? 목격자도 없다면, 니가 지어낸 말일
     수도 있잖아. 넌 평소에도 은별이를 시샘해왔으니까. 안 그래? 지금 상
     황은 누가 봐도, 니가 가해자 같은데?

로나   (기막히고, 악에 받쳐 받아치는) 지금 선생님 모습을 보니, 25년 전, 우리
     엄마가 얼마나 답답하고 외롭고 억울했을지, 이해가 되네요. 선생님이
     단 한 번이라도 잘못을 인정하고 제대로 사과하는 사람이었음, 선생님
     딸도 제대로 컸겠죠!

서진	(눈썹 치켜 올라가는) 뭐?
두기	어디서 버릇없이! 그 눈깔 뭐야?! (한 대 치려면)
서진	(두기를 막아서며, 차갑게 경고하는) 말조심해. 나, 이 학교 예술부장이야. 오늘 일, 정학 처리도 가능하다는 거, 명심하는 게 좋을 거 같네. 가자, 은별아. (은별을 데리고 나가면)
로나	야!! 하은별!! 비겁하게 어딜 도망쳐?! (따라 나가려는데)
두기	(붙잡고, 협박하듯) 너야말로 어딜 가? 친구한테 폭력을 휘둘러놓고 내 뺄 셈이야? 벌점 5점에 반성문 5장! 이의 없지?!
로나	(분한데. 눈물 핑 돌고)

4. 청아예고 복도(낮)
   걸어가는 호동을 잡아 세우는 수련.

수련	도망가지 말고 말해!! 당신 누구냐니까!! 설아는 어떻게 아는 거야! 아니, 설아가 내 딸이라는 건... 어떻게 알았어?!
호동	(수련의 팔을 뿌리치며) 더러운 손을 얻다 대십니까, 아줌마. 그리고, 뭐가 이렇게 당당해? 세상 사람들 다 알아도 되는 얘기였어? 그런데 왜 여태껏 숨기고 살았어?
수련	당신이 누군지 상관없어. 하지만, 내 일에 방해될 생각 마! 설아에 대해 단 한마디라도 발설하면, 나도 가만 안 있어!! (강하게 나가면)
호동	가만 안 있으면? 이런 식으로 자기 정체를 아는 사람은 모두 없었나? 조상헌도... 민 원장도?
수련	(헉 해서 보면)
호동	(바짝 몰아붙이는) 내가 그들처럼 멍청하게 당하고만 있을 거라 생각하지 마! 그전에 기회를 줄게. 당신 입으로 사실을 밝혀! 죽은 민설아가 당신 딸이라는 거! 당신이 죽고 못 사는 남편과 애들한테!
수련	그건 당신이 간섭할 일이 아냐! 내 딸이고, 내 문제야!!
호동	재밌네. 단란한 당신 가정을 깨기가 싫으시다? 이러면... 내가 간섭을

할 자격이 생길까? (핸드폰으로, 녹음을 들려주는데)

설아(E) 오빠, 우리 엄마 찾아준다고 했지? 꼭 찾아줘야 돼.

수련 (설아 목소리에 경악하고) 설아야....!!!

호동(E) 이제 와서 엄마는 왜 그렇게 찾아? 너 버린 사람인데.

설아(E) 확인해볼 게 있어서. 엄마가 어떻게 사나...

호동(E) 어떻게 살면 좋겠는데?

설아(E) 엄마도 나처럼 불행했으면 좋겠어... (반복 버튼 눌러서, 계속 들려주는) 엄마도 나처럼 불행했으면 좋겠어... 엄마도 나처럼 불행했으면 좋겠어....

수련 (충격 받는. 휘청하고. 간신히 벽에 몸 기대어 서있으면)

호동 (녹음 파일 끄고. 그런 수련을 더 가증스럽게 보며) 이제 알겠어? 설아가 얼마나 당신을 증오하며 살았는지!

수련 설아가... 날 찾고 있었어? 그래?

호동 엄청 찾았지. 자기 버린 엄마가 버젓이 눈앞에 있는 줄도 모르고. 가엽게도 찾고, 또 찾고, 또 찾았어! 제 딸도 못 알아보는 당신은, 엄마도 아니야!

수련 (말도 안 나오고. 주먹으로 가슴만 치는데)

호동 설아의 마지막 소원 들어줄 거야! 지옥 끝까지 쫓아가서라도 당신 불행하게 만들 거야! 다신 그 얼굴로 웃을 수 없게! 딱 열흘 줄게! 당신 가족들한테 진실을 밝힐 시간! 그 정도면 고민할 시간은 충분하겠지? 안 그럼, 내가 나설 수밖에! (뒤돌아서 가버리면)

수련 설아가... 우리 설아가... (충격에 빠져, 그 자리에 털썩 주저앉고. 눈물이 후드득 떨어지는데)

5. 청아예고 교정 (낮)

    호동, 수련을 뒤로하고, 분노로 교정 걸어가다가, 교정 구석에 세워놓은 바이크에 올라타는. 헬멧을 쓰고 바이크 손잡이를 잡다가 갑자기 거친 숨을 토해내며.

호동   으아악!!!

호동, 무서운 속도로 바이크를 달리면서. 그 위로 떠오르는 기억.

6.   회상 1/미국 병원 VIP실/5년 전 (낮)

자막 〈5년 전. 미국〉

로건 리, 병실 침대에 앉아 헤드폰 끼고 음악을 듣고 있고.

양부(제임스 리)와 함께 병실로 들어오는 설아.

양부   인사해라, 안나. 네 오빠란다.

설아   오빠, 안녕?

로건   (관심 없다는 듯 보지도 않고, 음악 볼륨만 더 크게 올리면)

설아   (꽃 한 송이를 로건의 침대 위에 올려놓고, 미소 지으며) 이쁘지?

로건   (꽃을 말없이 손으로 쳐버리면)

설아   (주머니에서 과자를 꺼내 침대 위에 올려놓고) 먹어, 오빠! 맛있어.

로건   치우라고!! (소리치면)

설아   (다시 인형을 침대 위에 올려놓고) 하나도 안 무섭다. (배시시 웃는 설아고)

로건   (그제야 처음으로 설아에게로 시선이 가는. 설아와 눈 마주치는)

7.   회상 2/미국 또 다른 병실/5년 전 (낮)

설아, 골수채취 끝내고, 마취 깨서 누워있으면.

로건   (그런 설아를 보고 있는) 안나... (미안함이 범벅된 표정인데)

설아   (애써 아픔 참으며) 오빠. 나 하나도 안 아팠어. 빨리 나아서 우리 같이 집에 가자. (해사하게 웃는)

8.   회상 3/미국 제임스 리 저택/3년 전/2화 49신에 이어 (밤)

양쪽에서 설아를 결박하는 미국 경찰들. 설아를 끌고 가고.

설아, 억울해하며 울음 터진.

설아   (영어로) 난 안 훔쳤어요!! 난 도둑 아니라구요! (뒤돌아보며, 간절히 한
국말로) 오빠!! 오빠!!!! 뭐라고 말 좀 해줘. 오빠!!!

그런 설아를 말없이 보고 있는 누군가의 뒷모습.
카메라 돌면, 로건 리고. 차갑게 설아에게서 돌아서는데.

9.   **회상 4/미국 제임스 리 저택 일각/3년 전(밤)**
양부와 양모, 로건 리 앞으로 다가서는데.
양모의 목에 걸린 물방울 다이아 목걸이가 로건 리 시선에 들어오고.

로건   이거! 안나가 훔쳤다고 했잖아요!
양모   (놀라고) 로건!
양부   어쩔 수 없었다. 안나는 니 앞길에 장애물이야. 괜히 재산 상속에 문제
만 생긴다고!
로건   (분노하는) 어떻게 그럴 수가 있어요!! 어떻게!! (미친 듯이 소리치는)

10.   **현재/청아예고 교정(낮)**
호동, 분노로 주먹을 불끈 쥐고, 바이크를 타고 교정을 빠져나가는.

호동(E)   설아야. 니 엄마 행복한 거, 나 진짜 못 보겠어. (눈가 발개져, 이 악물고
다짐하며 속도를 내는데)

그 뒤를 수련이 쫓아와서 자신의 차에 올라타고, 급하게 바이크를 쫓
아 달리는데.

11. 도로/수련의 차 안/호동의 바이크/교차편집(낮)
     바이크를 타고 지그재그로 달리는 호동.
     그 뒤를 바짝 쫓아오는 수련의 차. 지그재그로 열심히 호동을 뒤쫓고.
     호동, 사이드미러로 쫓아오는 수련을 눈치채고, 급하게 방향을 바꿔서
     골목길로 접어들고.
     순간, 호동을 놓치는 수련. 안타까운데.
     차에서 내려, 사라지는 호동의 바이크를 지켜보다가, 누군가에게 전화
     하는.

수련 사람 한 명만 알아봐주세요. 이름은 구호동. 청아예고 체육 선생이에
     요. 스포츠바이크를 타고 다니고, 소망보육원 출신일 수도 있어요. 빠
     르면 빠를수록 수고비는 올려드리죠! (전화 끊고, 속마음으로, E) 서둘
     러야 해. 구호동이 먼저 터트리면, 모든 게 물거품 되는 거야! (맘이 급해
     지는 수련이고. 더 비장해지는)

12. 파크원 호텔 앞(낮)
     호동, 바이크를 호텔 앞에 세우면. 도어맨이 다가와 호동을 정중하게
     맞고.
     비서가 다가와 깍듯하게 호동에게 인사하는데.
     호동, 비서에게 헬멧을 넘기고 호텔 안으로 들어서는.

13. 파크원 호텔 스위트룸(낮)
     호동, 스위트룸 객실 안으로 들어서고. 재킷을 벗고 침실로 들어가는데.
     거울 앞에 서는 호동, 길고 지저분한 가발을 확 벗겨내면. 왁스로 잘 빗
     어 넘긴 짧은 염색머리가 거울에 드러나고.
     고급스러운 티셔츠 차림의 댄디한 로건 리의 모습인데!
     로건 리, 책상 위에 놓인, 사진 액자를 들어서 보면. 어린 모습의 설아와
     함께 찍은 사진이고.

로건　　설아가 자살했다고? 아니! 설아는 절대 자살할 아이가 아니야!! (매서운 눈빛의 로건)

14.　　**펜트하우스 거실**(낮)
　　　환타색 드레스를 바닥에 끌며 지나가는 여자의 발.
　　　여자의 손에 와인 잔이 들려있고.
　　　도도하게 와인을 마시면. 와인 잔에 묻는 빨간색 립스틱.
　　　여자, 우아한 걸음으로, 드레스 자락을 끌며 안방으로 향하는데.

15.　　**펜트하우스 드레스룸**(낮)
　　　가지런히 정렬되어있는 명품 옷들을 스르륵 만지는 여자의 가녀린 손.
　　　그중 옷 하나를 들고 거울 앞으로 다가가고.

여자(E)　　여보. 나 어때요. 아름다워요? 호호호~ 그렇게 쳐다보지 마세요~ 부끄럽다니까요. 아이 참, 또요? (몸 배배 꼬면서) 수염 따가워요~ 여보~ 단태 씨~~ 제발 그만~~~~~ (교성 터트리는데)

　　　카메라, 여자의 얼굴을 비추면. 양미옥이고.
　　　섬뜩하리만치 머리며, 옷이며, 행동이며, 손놀림이며, 수련의 모습과 흡사한데.

16.　　**헤라팰리스 커뮤니티**(낮)
　　　윤희, 투자컨설턴트에게 설명 듣고 있고.

컨설턴트　　이 상품은 안전성은 높은데 큰 수익을 보장하긴 힘들어요. 일종의 예금 개념이다 생각하시면 돼요.
윤희　　다른 건요? 현재 수입이 없는 상태라서 돈을 좀 벌었으면 좋겠거든요.
컨설턴트　　최근에 투자자분들이 가장 많이 찾는 종목은 바이오 쪽이에요. 하이 리

스크, 하이 리턴이라고 들어보셨죠? (서류를 뒤적이다가, 은밀하게) 이
건 우리끼리만 알고 있는 종목인데, 잘만 하면 곧 대박 날 상품이죠!

윤희   (솔깃하고) 대박이요?

컨설턴트   닥터바이오젠이라고, 국내 최초 호흡기질환 유전자 치료제를 개발한
곳인데요.

윤희   (컨설턴트 설명을 열심히 듣고 있고)

17.   헤라팰리스 분수대(저녁)

설아(E)   엄마도 나처럼 불행했으면 좋겠어...

수련, 설아의 목소리를 떠올리며 가고 있으면. 윤희가 보고 반갑게 다
가서는.

윤희   언니! 수련 언니! (수련, 듣지 못하면. 달려가 붙잡고) 언니!

수련   어? 윤희 씨.. (그제야 정신 차리고)

윤희   뭔 생각을 하는데 사람이 불러도 몰라.

수련   그랬어?

윤희   (얼굴 살피며) 무슨 일 있어? 얼굴이 너무 안 좋아.

수련   (애써 미소) 아무것도 아냐. 봉사활동 갔다가 좀 피곤해서 그래.

윤희   (잔뜩 들떠서) 그러잖아도 언니한테 연락하던 참인데. 나 좀 전에 주식
공부 좀 했거든. 지난번에 명동 집 팔아서 생긴 돈으로 투자 좀 해보려
고. 큰돈을 은행에 묶어놓으니까 아까워서. 언니가 한번 봐줄래?

수련   미안. 지금 내가 정신이 없어서 다음에. (엘리베이터로 향하면)

윤희   (의아하게 보는) 무슨 일 있나? (걱정하다가, 손에 든 투자 상품 서류를 다
시 보는데. 희망에 부풀고)

18.   청아예고 상담실 앞(낮)

로나, 초주검 돼서 상담실 밖으로 나오면. 석경이 기다리고 있고.

석경   로나야! (다가서면)

로나   (놀라서 보고) 석경아... 집에 안 갔어?

석경   너 기다렸지. 아까 봤어. 은별이랑 한판 붙은 거. (속상한 척) 은별이 그
         기지배가 또 먼저 건드린 거지? 억울해서 어째... 담 쌤한테 너만 엄청
         당했지?

로나   나도 더는 못 참겠어!

석경   참긴 왜 참아? 사실, 니 가방에 담배 넣은 사람, 은별이야.

로나   (놀라고) 뭐어?

석경   내가 봤어. 그날 화장실 찾다가 니 방문을 잘못 열었는데, 은별이가 그
         방에 있었어. 니 일기장 보는 거 같던데...

로나   진짜야?

석경   응. 우리는 살 수도 없는 담배를 손에 넣을 수 있는 애도 은별이잖아. 은
         별이 아빠, 의사면서도 담배 핀다고 은별이가 흉보던 거 생각나.

로나   역시.. 그런 거였어?! (이를 악물면)

석경   내 친구가 맨날 억울한 일 당하니까 내가 너무 속상해서 그래. 거기다,
         우리 오빠가 너 위한답시고 억울한 누명까지 뒤집어썼잖아. 은별이, 용
         서하지 마. 아무리 지가 우리 오빠를 좋아한다고, 어떻게 너한테 그런
         짓을 할 수 있니. 사람도 아냐 갠. (울분에 찬 로나를 보며, 회심의 미소 짓
         는 석경이고)

19.   **헤라팰리스 은별의 방 (저녁)**
      은별, 침대에 힘없이 누워있으면.
      서진, 침대 이불을 확 열어젖히고, 은별을 야단치는.

서진   내일이 오디션인데, 연습도 안 하고 뭐하고 있는 거야?

은별   (몸 일으키는데, 초점 잃은 눈빛) 엄마... 로나가 나보다 더 잘하면 어떡하
         지. 로나 발음도 정확하고, 얼굴도 예쁘고, 잘 떨지 않는 성격이잖아.
         난 사람들 앞에만 서면 쫄고, 심장이 터져버릴 거 같은데...

87

서진 그래서, 로나한테 그런 짓을 한 거야? 머리핀으로 로나를 공격했다며! 그러다 일이 커졌음 어쩔 뻔했어!

은별 그게 자꾸 신경 거슬리게 굴잖아. (마구 머리 흔들며) 개랑 하루도 같이 못 살겠어. 헤라팰리스 사는 것도 싫고, 같은 학교 다니는 것도 너무 싫어! 아까 엄마한테 대드는 거 봤잖아! 배로나가 눈앞에서 영원히 사라졌음 좋겠어!

서진 그만한 멘탈로 어떻게 최고의 성악가가 될 수 있어! 유럽 오페라 무대에 서려면, 수천 명 군중 앞에서도 담대해져야 되는데! 고작 이것밖에 안 되는 아이였어, 내 딸이!! (무섭게 윽박지르면)

은별 무서워... 내일 심사위원들 앞에서 실수하면 어떡해... 죄다 유명한 아나운서 출신이라며. 배로나한테 진짜 지기 싫은데... (눈물 뚝뚝 흘리면)

서진 (손에 들고 있던 종이를 건네고) 읽어봐.

은별 (받고) 이게 뭔데?

서진 오디션 원고야.

은별 (놀라고) 이걸 어디서 났어? 내일 오디션 때 공개한댔잖아.

서진 (뭔가 떠올리는)

20. 회상/카페(낮)
    서진, 봉투에 있는 오디션 원고 확인하고. 돈 봉투 건네는데.

선배 (돈 봉투 받고) 문제 되진 않겠지? 진짜 이러면 안 되는 건데...

서진 걱정 말아요. 선배는 유학 때부터 참 멋쟁이었어요. 뉴스 앵커 내려온 후에도 여전히 아름답고...

선배 천하의 천서진이 그런 아부성 말도 할 줄 알아? 부처님도 자식 앞에선 흔들린다더니, 자식이 중요하긴 한가 봐. 난 애가 없어서 아직 잘 모르겠지만.

서진 우리 애가 부족해서 그런 건 아니에요. 좀 더 확실히 하자는 거지.

선배 어련하시겠어. 니 딸인데. 날 심사위원으로 추천한 것도, 다 니 계획인 거지?

서진　(커피 한 모금 하고) 올해 청아재단 후원행사 진행은 전부 선배가 맡는 걸로 할게요. 그 정도면, 보상은 충분할 거 같은데요. (희미한 미소)

21.　현재/헤라펠리스 은별의 방(저녁)
　　　서진, 선배와의 만남 떠올리며.

서진　넌 알 거 없어. 토씨 하나, 쉼표 하나까지 모조리 달달 외워. 눈을 감고도 술술 외워서 나올 만큼 입에 붙도록 외우라고. 엄마 말 알아들어?

은별　(그제야 자신감 생기고) 걱정 마! 밤을 새워서라도 다 외워놓을게. 나, 반드시 홍보 모델 될 거야. (그러다 원고 보며) 근데, 테스트가 영어였어? 다들 우리말 딕션 연습하느라 정신없는데.

서진　관건은 영어야. 그게 포인트고. 영어 발음, 자신 있지?

은별　응. (고개 끄덕하고) 석경이한테도 절대 안 질 거야. 거지 같은 배로나한테는 더더욱!

서진　니 할아버지가 청아 이사장님이셔! 감히 누가 그 자릴 넘봐? (눈빛 날카로워지는데)

22.　헤라펠리스 윤희의 집(저녁)
　　　로나, 얼굴에 천연팩을 발라주는 윤희.

윤희　스파 가자니까. 여기 애들은 다 거기서 관리 받는다는데. 엄마 돈 있어.

로나　돈 아껴야지. 앞으로 돈 들어갈 데가 얼마나 많은데. 그리고 난, 원래 이뻐서 그런 거 필요 없어.

윤희　(미소) 자신 있어, 우리 딸? 내일이 진짜 오디션인데.

로나　(표정 어두워지고, 한숨) 쉽진 않겠지. 천 쌤이 이를 갈고 있는데... (하다가 애써 씩씩하게) 근데, 꼭 이기고 싶어졌어. 하은별한테! 오늘 카메라 테스트에서도 다들 놀란 눈치야. 나 중학교 때부터 방송반 해서 발음은

자신 있잖아. 한번 해볼까? (어려운 발음 있는 문장들 열심히 연습하는데)

윤희   (그런 로나를 대견한 듯 보는) 진짜 잘한다, 우리 딸... 이뻐 죽겠어. (확 끌어안고 데굴데굴 구르면)

로나   아, 엄마. 팩 다 떨어지잖아. 아 나 몰라... (그러면서도 깔깔대며 웃고)

23.   펜트하우스 거실 (저녁)
      양씨, 차 트레이 들고 부엌에서 나오면. 수련이 다가서고.

수련   서재에 가져가는 거예요?

양씨   (전문가 포스로) 네. 카페인 없는 루이보스로 준비했어요. 요즘 회장님께서 밤잠을 설치시는 거 같아서요.

수련   (무심히) 그런 것도 아세요?

양씨   그럼요. 제가 회장님을 모신 것도 20년이 다 되어가는데요.

수련   이리 주세요. 내가 가져갈게요. (트레이 받아서 서재로 가면)

양씨   (얼굴 일그러지고. 손톱으로 제 살을 뜯으며 수련 노려보는데)

24.   펜트하우스 서재 (저녁)
      수련, 방문 열고 서재로 들어가면. 단태가 전화하고 있는.

단태   (영어로) 미팅 날짜는 언제가 좋을까요? 전, 로건 리 씨가 원하는 날짜에 언제든 맞출 수 있습니다. 그럼, 내일 오후 4시에 호텔 커피숍으로 찾아뵙겠습니다. 좋은 밤 되세요. (기분 좋게 전화 끊으면)

수련   (온화한 표정으로 다가서고) 차 드세요. 일이 잘된 모양이에요. 표정이 좋아 보여요.

단태   (차 들어서 마시며) 응. 며칠 속 썩이던 일이 잘 풀릴 거 같아. 당신 일은?

수련   차츰 익숙해지고 있어요. 엄마가 하시던 거에 비하면 한참 멀었지만.

단태   당신이 좋다니, 나도 좋네. (그때, 핸드폰에 메시지 뜨고. 보면)

서진(E)   25층 가든. 지금 만나.

단태	(얼른 핸드폰 뒤집어서 놓고) 일이 생겨서 잠깐 나가봐야 할 거 같은데... 늦을지 모르니 먼저 자도록 해. (일어서면)
수련	(유심히 그런 단태 모습 눈으로 읽고) 그래요. 찻잔 좀 치우고 갈게요. (트레이 들다가, 문득 책상 위에 놓인 서류가 눈에 들어오고. 보면 닥터바이오젠 관련 서류고)
단태	(갑자기 서류를 확 낚아채는) 알잖아. 내 물건 만지는 거 질색인 거.
수련	(애써 우아한 미소) 미안해요.

25. 헤라팰리스 정원(밤)

서진, 초조한 듯 왔다 갔다 하고 있으면.
단태, 조심히 다가와 뒤에서 서진을 끌어안고.

단태	오윤희 때문에 아직도 속앓이 중이야?
서진	오윤희 내보낼 수 있다고 큰소리쳤잖아! 근데 이게 뭐야. 운영위원회 투표조차 우리 뜻대로 안 되고!
단태	뜻밖에 배신자가 있을 줄은 나도 몰랐지.
서진	그렇게 태평하게 얘기할 때가 아냐! 오윤희와 그 딸, 자꾸 내 신경을 건드려서 미칠 거 같아! 이대론 정말 못 살겠다고!
단태	걱정 마. 내가 당신 위해서 준비한 게 있으니까. 이번엔 하늘의 운도 오윤희를 따라주지 못할 거야.
서진	확실해?
단태	나 못 믿어?
서진	믿어. 그래서 나, 곧 이혼할 거야.
단태	(놀라고) 뭐?
서진	왜 그런 눈으로 봐? 내가 자유로워지면 당신한테도 더 좋은 거 아냐? 당장 펜트하우스 와이프 자리 달라는 거 아니니까 놀랄 거 없어.
단태	(애써 침착하게) 하 박사가 학회 갔다더니, 그게 아니었나 보군.
서진	청아재단 이사장만 되면, 바로 도장 찍으려고. 하윤철, 나한텐 바빠서

이혼 못 하는 짐덩어리. 그 이상도 그 이하도 아냐! 더 이상 그런 남자랑 살면서 피곤하고 싶지 않아. 나도 할 만큼 했어.

단태 (애써 표정 관리하며) 당신 여러모로 힘들었겠어. 얼굴이 까칠해. 오늘 내가 확실하게 서비스해줄게. (서진의 어깨를 주물러주면)

서진 (눈 감고 단태의 손길을 느끼는데)

단태 (뭔가 생각하는. 묘한 표정)

26. 헤라팰리스 외경 (다음 날 아침)

27. 헤라팰리스 피트니스센터 (아침)
　　　수련과 마리, 상아, 러닝머신 위에서 걷고 있고.

마리 (엄살 피우는) 어제 봉사활동을 하도 빡시게 했더니, 온몸이 쑤시고 안 아픈 데가 없네. 오늘도 호동인지 호빵인지한테 시달릴 생각하면... 아이고, 두야. (수련 보고) 자기는 몸살 안 났어? 구 쌤한테 단단히 찍혔던데.

수련 (씩씩하게 러닝머신 걸으며) 괜찮아요.

상아 천 쌤 진짜 너무 하는 거 아니에요? 은별이도 명백히 폭행 가담잔데, 자기만 봉사활동에 쏙 빠지고. 예술부장이라고 권력 너무 남용한다니까요.

마리 그게 뭐 어제오늘 일이야? 우리 제니 졸업만 해봐. 내가 그날로 그 여자랑 상종도 안 할 거야! 여우, 여우, 상여우!

상아 오늘 오디션 날이죠? 애들은 준비 잘 하고 있나? 내가 떨려 죽겠어요. 홍보 모델은 누가 될까요?

마리 남자는 당연히 석훈이가 될 거고. 여자는 모르지. 우리 제니도 만만치 않거든.

상아 (발끈) 남자가 왜 당연히 석훈이예요? 우리 민혁이, 아나운서 아들이에요. 발음이 얼마나 좋은데요. 내가 원장 직강으로다 족집게 과외시켰거든요!

마리 민혁이는... (한숨) 공부가 꼴등이잖아. 전교 꼴등을 어떻게 홍보 모델로 세워? 학교 망신 줄 일 있어?

서진(E) 운동들 나오셨어요?

수련/마리/상아 (돌아보면, 출근 차림으로 서진이 서있고)

마리 (금세 아부하듯) 어머, 천 쌤! 이제 출근하나 보다. 오디션 준비 땜에 바쁘죠? 오디션 원고는 언제 오픈한대요? 뭔 보안이 이렇게 철저한지 아예 감도 못 잡겠어요~

서진 워낙 학부모들이 의심이 많으니까, 일체 말이 안 나오게 하려고 극비리에 진행 중이에요. 궁금하시면, 봉사활동 끝내고 참관하러 오세요.

상아 우리도 구경할 수 있어요?

서진 이번 오디션은 공정성을 위해 학부모도 참관할 수 있게 했어요.

마리 그럼 당연히 가봐야죠. 천 쌤이 하는 일인데, 어련히 투명하겠어요. 호호~

수련 (표정)

28. 청아예고 복도(아침)
      서진, 청아예고 복도 걸어가면. 두기가 기다리고 있다가 다가서는.

두기 (인사하고) 부장님. 심사위원들 전부 오셔서 기다리고 계십니다.

서진 아 네. (이사장실로 걸어가는)

29. 청아예고 이사장실(아침)
      특별 심사위원들(3명 정도), 서진과 마주 앉은 채 차를 마시고 있는.
      그중에, 서진의 선배도 포함되어있고.

서진 다들 바쁘신 분들이 귀한 시간 내주셔서 감사합니다. 현역으로 활동하시는 아나운서 분들이 이렇게 심사에 직접 참여해주셔서 영광입니다.

아나운서 청아 홍보 모델이 아무나 되는 것도 아니고, 그만큼 권위가 있는 중요한 오디션이니 우리가 나섰죠.

서진 이번 심사는 특별히 공정하게 부탁드립니다. 절대 누구의 외압도, 부정도 있어서는 안 됩니다.

선배 (오디션 원고 내밀며) 거의 수능급으로 보안 철저히 지켰으니까, 걱정마세요. 천서진 선생님. (서진과 의미 있는 시선 주고받는)

30. 청아예고 오디션 대기실(낮)

지원자들, 긴장된 모습으로 대기해있고.

그중 로나, 석경, 석훈, 은별, 민혁, 제니, 장대, 유정, 지아, 예리 등등 모습 보이고.

두기가 대기실로 들어오는.

두기 지금부터 청아 홍보 모델 오디션을 실시하겠다. 호명하는 순서대로 나가서, 프롬프터에 보이는 원고를 읽으면 된다.

은별 (긴장한 표정 속, 자신만만한 눈빛이고)

로나 (그런 은별을 유심히 보는데)

두기 유제니. 오디션장으로 이동!

제니 (부들부들 떨며 일어서고) 내가 첫 번째예요? 어떡해. 떨려 죽겠네.

31. 청아예고 소강당(낮)

심사위원들 지켜보고 있고. 서진, 두기, 호동, 혜미도 앉아있는.

소강당 뒤에 학부모들도 참관하고 있고. 수련, 윤희, 마리, 상아 모습도 보이고.

제니, 들어와 심사위원들 앞에 서면. 프롬프터에서 영어 원고가 뜨고.

제니, 순간 당황하는. 떠듬떠듬 읽기 시작하는데, 버벅거리고. 마리, 안타까워 죽는데.

32.   청아예고 오디션 대기실(낮)
      아이들, 긴장해서 대기하고 있는. 로나, 물을 마시며 긴장 푸는데.
      그때, 심사 마친 제니, 거의 울 것 같은 얼굴로 대기실로 돌아오면.

민혁   어때? 어려워? (아이들, 제니에게 몰려들고)
제니   망했어! 완전 망쳤다고! 원고가 영어로 돼있어!
로나   영어...?
석경   지금까지 스피치 원고가 영어로 된 적은 없었는데.
은별   상관없잖아. 영어면 어때서. (자신감 넘치는 모습인데)
두기   다음, 배로나! 오디션장으로!
로나   (자리에서 일어서는)

33.   청아예고 소강당(낮)
      로나, 소강당으로 들어와 심사위원들 앞에 서면. 프롬프터에 원고가
      뜨고.

로나   (인사하고) 1학년 음악 1반, 배로나입니다.
두기   앞에 있는 프롬프터 보면서 읽으면 돼.
로나   (영어로 된 원고를 보다가) 전 못하겠는데요.
두기   뭐? 못 해? 할 수 없지. 그냥 나가도 좋아.
윤희   (포기하는 로나 모습에 어쩔 줄 몰라 하면)
로나   포기한다는 뜻이 아니고요. 이런 부정 오디션은 못 보겠다는 뜻인데요.
      원고가 사전에 유출됐거든요!
학부모/심사위원/교사들   (순간 술렁대고)
로나   (당당히 서진을 보고) 제가 똑똑히 들었어요. 누군가 스피치 연습하
      는 거!
서진   (순간 사색되고)
로나   (아침에 화장실에서 있었던 일 떠올리는데)

34.   회상/청아예고 여자화장실(낮)
       은별, 화장실 칸 안에서 오디션용 원고를 보며 영어로 미친 듯이 연습
       중인.

은별   후후... (심호흡을 크게 하고) 괜찮아! 잘할 수 있어, 하은별. 배로나 따위
       짓뭉개버릴 거야!

       은별, 대본을 쫙쫙 찢어서 변기에 넣고 물 내리는.
       칸에서 나가는 은별, 거울을 보고 용모 체크 후 화장실을 나가는데.
       그때 옆쪽 칸에서 나오는 로나.

35.   현재/청아예고 소강당(낮)
       로나, 당당하게 밝히는.

로나   분명히 영어로 연습하고 있었어요. 사전에 원고가 유출된 게 아니라면,
       영어 원고를 연습할 이유가 없겠죠.
서진   (잠시 당황했다가, 이내 태연하게) 누가 원고를 유출했다는 거지? 우리
       도 방금 오디션이 시작되기 직전에 처음 원고를 받았는데?
로나   그건 저야 모르죠! (또박또박 따지는) 하지만, 의심이 든 이상, 원고를
       바꿔야 되지 않을까요? 공정한 오디션을 위해서요!
두기   (흥분해서) 자신 없으면 그냥 혼자 빠지면 되지, 무슨 말 같지 않은 꼬투
       리를 잡는 거야?! 시간 끌지 말고, 당장 나가! 배로나!!
수련(E) 로나 말이 맞는 것 같은데요?

       모두의 시선, 수련에게 몰리고. 시끄럽던 강당 안이 조용해지면.

수련   학교 홈페이지에 오디션용 원고가 올라와있네요!
학부모들 정말이에요? (놀라서 핸드폰으로 홈피 들어가면. 오디션 영어 원고가 올라

와있고.다들난리나는데)

상아 맞네, 맞아! 프롬프터랑 내용이 똑같잖아!

마리 (호들갑) 어떻게 된 거예요, 이게? 설마, 천 쌤은 미리 알고 있었어요?

서진 (당황하고) 아니에요! 저도 모르는 일이에요!

윤희 원고가 유출된 마당에 이대로 진행하는 건 말이 안 되죠!

수련 아무래도 모두를 납득시키려면, 오디션 원고를 교체해주셔야겠는데요! 선생님의 결백을 증명하기 위해서도, 거절할 이유가 없겠죠? (몰아붙이면)

모두들 소란스럽게 웅성대고. 수련 말에 동의하는 분위긴데.
당황한 서진의 표정을 의미심장하게 보는 수련.

(인서트) 11화 38신 / 단태 별장 안 (낮)
청아예고 오디션용 원고 봉투를 열어보는 수련. 안에 든 원고를 보고
의심쩍은. 원고를 핸드폰으로 찍어두는데.
수련, 찍어놓은 원고를 학교 홈페이지에 올리는.

36. **청아예고 대기실 (낮)**

지아 우리 이러니까 진짜 아나운서 시험 치는 거 같지 않아?

유정 글쎄. 괜히 구색 맞추기로 앉아있는 거 아닌가도 싶고. (슬쩍 은별을 보면)

은별 (눈 감고, 계속해서 영어 원고를 입으로 중얼중얼 외우고 있으면)

로나 (끝내고 들어서는데. 말없이 그런 은별을 보는)

두기 다음 하은별!

37. **청아예고 소강당 (낮)**

은별, 잔뜩 긴장한 표정으로 소강당으로 들어오면. 프롬프터에 원고가
뜨고.
자신 있게 리딩을 시작하려던 은별, 순간 당황하고! 영어가 아니고 한

국어고!

정신없이 눈으로 서진을 찾는데. 서진의 표정, 굳어있고. 가만히 고개 내젓는.

은별, 순간 정신이 아득해오고. 원고가 백지로 보이는.

은별 잠깐만요. (눈을 감고 애써 호흡 가다듬고) 다시 할게요!

은별, 원고가 올라가지만 읽지 못하고. 웅성대는 심사위원과 학부모들, 교사들.

은별의 시선으로 프롬프터의 글자가 2중 3중으로 보이다가, 글씨가 마구 깨져 보이는. 은별, 거의 울 것 같은 표정이고. 테스트를 망쳐버리는 은별!

38. **청아예고 복도(낮)**

은별, 울면서 뛰쳐나오면. 그 앞을 가로막는 사람 로나고.

로나 당황했니? 원고가 바뀐 건 몰랐나 보지?

은별 무슨 말을 하고 싶은 거야?!

로나 아까 너 화장실에서 영어로 연습하는 거, 다 들었어!

은별 또 너니? 나 걸고넘어지는 게 취미야?!

로나 (바짝 다가서며) 이제 알았니? 엄마 찬스 없이, 니 실력이면, 아무것도 못 한다는 거! 버벅거리다가 울면서 뛰쳐나오는 게 딱 니 수준이야!!

은별 닥쳐!!!

로나 말해봐! 내 가방에 담배를 넣은 사람, 너지? 그렇게 자신 없었어? 그래서 날 포기시키려고 그런 짓까지 한 거야? 내 말이 틀리면 뭐라고 말을 해봐!! (은별을 붙들고 마구 흔들면)

은별 배로나... 너 때문이야!!! 다 너 때문이야!!! (바락대며 달려들다가, 털썩 쓰러져버리면)

로나	또 장난치는 거지? 누가 속을 줄 알고! (홱 돌아서 가다가 문득 멈춰 서면, 여전히 쓰러져있는 은별. 다가서는) 하은별!! 왜 그래? 정신 차려!! (쓰러진 은별을 붙들어서 돌려 보는데. 기겁하고)

39. 청아예고 본관 게시판 (낮)

청아예고 홍보 모델 최종 합격자. 〈주석훈-주석경〉 공고문이 부착되고.
그 위로 "브라보!!" 하는 소리 들리는.

40. 펜트하우스 거실 (저녁)

단태, 수련, 석훈, 석경, 규진, 상아, 민혁, 마리, 제니까지. 기분 좋게 건배하는. 테이블에 다과상 차려져있고.

규진	축하해, 석훈이 석경이. 청아예고 개교 이래, 최초의 쌍둥이 홍보 모델이지? 다들 박수 한번 칠까요? (하면 다들 박수 보내고)
석훈/석경	(깍듯하게 손님들에게 인사하면)
마리	펜트하우스가 역시 터가 좋은가 봐요. 남매가 둘 다 뛰어나기도 쉽지 않은 건데. 난 세상에 부러운 사람이라곤 없는데, 석훈이 남매는 진짜 샘나요.
단태	축하해주셔서 다들 감사합니다. 주말에 헤라클럽 식구들끼리 제대로 파티 한번 할까요. 하하하. (모처럼 기분 좋게 웃는데)

그때, 초인종 소리와 함께, 거실로 들어서는 윤희와 로나.
반기는 수련과 달리, 굳은 표정의 단태.

수련	왜 이렇게 늦었어요. 한참 기다렸잖아요. 로나야, 어서 와.
규진	배로나. 오늘 활약이 대단했다며? (친근하게 다가서면)
석경	(로나 보며, 고마운 척) 고마워. 니 덕이 커. 은별이 한 방에 킬 시켰다며?
로나	니 실력이 좋아서 된 건데 뭘. 진짜 축하해, 석경아. 석훈이 너두!

상아	민혁아, 뭐해? 축하 선물 줘야지.
민혁	아 참. (명품선물 건네고) 니들은 없는 게 없어서 고르느라 애 좀 먹었다.
제니	이건, 요즘 핵인싸들한테 제일 핫한 향수야. (선물 건네면)
로나	(자신이 들고 온 선물이 초라해서, 슬쩍 뒤로 숨기는데)
석훈	(그 모습을 보는) 그건 언제 줄 건데. (로나에게서 선물 뺏어서 보면. 싸구려 키링인데)
로나	(쑥스러워하며) 비싼 거 아냐.
석훈	(미소) 예쁜데?
석경	(석훈의 반응에 놀란 듯 얼굴 일그러져서 석훈을 보다가, 애써 웃으며) 우린 커뮤니티로 빠져줄까? 가자. (아이들과 함께 나가면)
상아	(어색하는 윤희에게 다가서고) 이쪽으로 와요, 윤희 씨. 와인 한잔할래요?
마리	둘이 언제부터 그렇게 친했대? 설마.. 민혁 엄마가 반대표 쓴 거 아냐?
상아	(뜨끔) 아, 뭔 소리예요?
윤희	전, 제니 엄마가 쓴 줄 알았는데. 아니에요?
마리	(놀라) 내가 그쪽을 왜애?!
윤희	미운 정도 정이잖아요. 은근 나 좋아하는 거 아니었어요? 애들 중학교 때부터 알고 지낸 사이고, 이젠 바로 옆집인데, 사이좋게 지내요, 언니. (팔짱 끼며, 특유의 친화력을 보이면)
단태	(분위기 깨며) 늘 그런 식으로 사람을 구워삶나보네요? 적당히 엉겨 붙으면서? (적대적인 멘트하면. 순간 분위기 싸해지고)
수련	(얼른 나서며) 여보, 우리 애들 축하해주러 온 손님이에요.
윤희	괜찮아요. 저도 사람 가려가며 엉겨 붙거든요. 아무한테나 들이대진 않아요. (지지 않고 단태를 보는 싸한 눈빛, 팽팽한데)
단태	(사납게) 뭐예요?! (그런 윤희의 태도가 거슬리고. 욱한데)
규진	(슬쩍 윤희 편들며) 이번 일은 주 회장님이 무례했네요. 대사가 영 고급지지 않았어요. (그러다 단태가 매섭게 노려보면. 화들짝해서 얼른 말 돌리며 상아에게) 그나저나 은별이는 괜찮대? 쓰러졌다면서?
상아	천 쌤 지금 속이 속 아닐 거예요. 오디션 부정 의혹에, 은별이는 홍보 모

	델 떨어져, 하 박사님은 짐 싸서 나가... (하다가, 헉 입 틀어막으면)
마리	(눈 반짝하고) 짐을 싸다니? 하 박사님이? 왜? 아 뭔데?!
상아	(난감해하며, 규진 보면) 당신이 얘기해요.
규진	왜 쓸데없는 말은 해서... (그러다 좌중 보며) 그러니까... 그 집이 보기보다 꽤나 스펙터클하거든요. 조만간 제 고객이 될 가능성이 있다고 할까?

41. 헤라펠리스 서진 윤철 집 거실(밤)
급하게 거실로 뛰어 들어오는 윤철, 서진과 마주치고.

윤철	은별이 지금 어딨어! (방으로 가려는데)
서진	(막아서고) 자고 있어. 나중에 봐.
윤철	(무시하고, 서진 밀치고 방으로 달려가는)

42. 헤라펠리스 서진 윤철 집 은별의 방(밤)
스탠드 불빛. 방문 열어보면, 잠든 은별이 외롭게 침대에 누워있고.
윤철, 그런 은별을 안쓰럽게 바라보다가 이불을 덮어주는데.

은별	(자다가 갑자기 벌떡 일어나 앉고) 그만 웃어! 그만 웃으라고!!
윤철	(놀라서) 은별아, 왜 그래?
은별	(계속해서 아이들이 웃는 소리 크게 들리면. 귀를 막으며) 이 소리... 애들 웃음소리.. 나 비웃고 있잖아!! 제발 그만하라 그래!!! 시끄러워서 미칠 거 같다구!! 아악!!! (미친 듯이 소리치면)
윤철	(덜컹. 심장이 내려앉고) 은별아! 정신 차려! 무슨 소리가 난다 그래?! 은별아!! 아빠 좀 봐!! (마구 흔들면)
은별	(그제야 정신이 돌아온 듯, 멍한 눈으로 윤철을 보는. 더 이상 웃는 소리 안 들리고) 아빠, 언제 왔어? 학회 끝났어?
윤철	(놀란 눈으로 보는) 은별아. 괜찮아?
은별	뭐가? 나 아무렇지도 않은데. (방금 전 일 기억 못하고, 초조한 눈빛) 아

빠. 나, 홍보 모델 떨어졌어. 미안해. 근데 걱정 마. 중간고사에선 꼭 1등 할 거야. 청아예술제 트로피도 내가 탈 거야. 그럼, 나 안 미워할 거지?

윤철 아빠가 은별일 왜 미워해. 꼭 1등 아니어도 괜찮아.

은별 그건 내가 싫어! 용납 못 해! (하다가 희미하게 웃으며) 아빠가 있으니까.. 좋다. (안기려는데)

서진 (불을 켜며, 방으로 들어서고 차갑게) 하은별! 깼으면 공부 시작 안 하고 뭐해? 중간고사에서 이번 실수 만회해야 될 거 아냐?

은별 (잔뜩 쫄아서) 어? 어... (책상으로 가 앉는데)

서진 (아직도 분이 안 풀린 듯) 밥상을 다 차려줘도 그거 하나 못 떠먹어? 새나가지 않게 조심했어야지! 대체 뭐하다 그걸 흘려서 엄마를 이 꼴로 만들어?

윤철 그만해! 애 지금 환자야. 은별이 상태 보고도 그런 말이 나와?!

서진 정글 같은 세상에 독하지 않으면 어떻게 살아남아?!

윤철 (은별 다독이며) 은별아, 너 쉬어야 돼! 가만있어. 아무것도 하지 마!

은별 (서진의 눈치를 보며) 아냐. 나 공부해야 돼. 남들만큼 쉬면 어떻게 1등 해? 난. 괜찮아, 아빠. (책 펼쳐서, 공부 시작하는)

윤철 (기막히고)

43. 헤라팰리스 서진 윤철 침실(밤)
서진, 방으로 들어서면. 뒤따라 들어오는 윤철.

윤철 (화난) 당신 제정신이야?! 쟤 지금 아파!! 아까 잠꼬대하면서 이상한 소리도 했다구!!

서진 (조소하는) 오디션 망쳐놓은 주제에 뭔 핑계를 대려구! 내가 학부모들 앞에서 얼마나 망신을 당했는지 알아?! 할아버지 얼굴까지 먹칠을 했으면, 중간고사라도 잘 봐서 갚아야 될 거 아냐! (짜증 내면)

윤철 지금 그깟 시험이 대수야?! 당신은 진짜 은별이 걱정을 하긴 하는 거야?

서진 (비웃으며) 애 두고 짐 싸서 나간 당신이 할 소린 아니지 않아? 우리 은별인, 당신처럼 루저로 키우지 않을 거야! 그러니 내 교육에 상관 마!

윤철 너.. 어쩌다 이렇게까지 됐니. 아니, 천서진이 원래 이런 사람이었어?

서진 제발, 고상한 척, 양심 있는 척, 위선 좀 그만 떨어! 당신이 오윤희 버리고, 날 선택했을 때부터 당신은 나보다 더한 욕망 덩어리였을 뿐이야.

윤철 니가 날 등신 취급하든 말든 상관없어. 하지만 은별이까지 망치는 건 못 봐! (뒤돌아서 휙 나가고)

44. **헤라팰리스 서진 윤철 집 은별의 방(밤)**

윤철, 문을 살짝 열어보면. 정신없이 수학문제를 풀고 있는 은별이 보이고.

가슴 아픈 윤철.

45. **펜트하우스 석경의 방(밤)**

석경, 로나가 선물한 키링을 흔들며.

석경 와... 배로나 진짜 놀랍다. 어떡하면 이런 싸구려를 선물할 생각을 해?

석훈 (말없이 보고만 있으면)

석경 오빠도 참. 아무리 내가 부탁했대도, 어떻게 이따위 선물을 보고 예쁘단 말을 해? 좋아하는 척도 적당히 해. 애들이 진짜 오해하겠다. (쓰레기통에 버려버리고. 제니가 준 명품 향수를 뿌리며) 음~ 향 좋다. 제니 고게 은근 취향은 고급이라니까. 어때? 향 좋지?

석훈 (로나의 선물을 보는)

46. **헤라팰리스 전경(아침)**

47. **펜트하우스 거실(아침)**

양씨, 우편물과 신문을 가져와서 테이블 위에 놓으면.

수련, 나와서 우편물 하나씩 열어서 체크하는데 멈칫하고. "D-6"이라는 메모.

수련, 흠칫하며 떠오르는 호동의 말.

호동(E) 일주일 줄게! 당신 가족들한테 진실을 밝힐 시간! 그 정도면 고민할 시
간은 충분하겠지? 안 그럼, 내가 나설 수밖에!

수련 (미치겠는데)

단태 (다가서며) 신문은?

수련 (얼른 메모 숨기며) 여기요. (신문 건네는데)

단태 서재에 가족사진이 하나 없어졌던데, 봤어?

수련 아뇨.

단태 양 집사한테 다시 넣어두라 해. 내가 좋아하는 사진이니까.

수련 그럴게요. (떨리는. 돌아서서 메모를 다시 보는. 속마음으로, E) 앞으로 6
일... 시간이 없어. 빨리 움직여야 해! (다짐하듯 눈빛 반짝하고)

48. 헤라펠리스 서진 윤철 집 거실(아침)

서진, 잠옷 차림으로 거실로 나오면. 윤철, 캐리어를 들고 들어서고.

윤철 (시선 피하고) 은별이 때문에 들어온 거야. 착각하지 마.

서진 당장 이혼하겠다던 호기는 다 어디로 갔지? 은별이 핑계로 눌러앉을
참이야?

윤철 시간 나는 대로 은별이 데리고 정신과 상담받을 거야!

서진 뭐? 지금 당신 딸이 미쳤다는 거야? 그러다 괜한 소문이라도 나서 애
인생 망치려고 그래? 절대 안 돼! 내 딸은 내가 젤 잘 알아! 그딴 소리 다
시 할 거면, 당장 이 집에서 나가! (부엌으로 가버리면)

윤철 (뭔가 결심하는 듯한 표정이고)

49. 헤라펠리스 분수대(아침)

윤희, 운동 마치고 엘리베이터 쪽으로 걸어가고 있으면.

단태가 걸어가면서 은밀하게 누군가와 전화 통화하고 있는.

단태 닥터바이오젠이요? 호흡기질환 치료제 말씀하는 건가요?

윤희 (순간 멈칫하고. 투자컨설턴트 말 생각나는)

직원(E) 우리끼리만 알고 있는 종목인데, 잘만하면 곧 대박 날 상품이죠! 닥터바이오젠이라고, 국내 최초로 호흡기질환 유전자 치료제를 개발한 곳인데요.

윤희 (컨설턴트 말 떠올리며, 단태의 말을 듣기 위해 바짝 따라붙으면)

단태 그렇군요. FDA 승인을 앞두고 있다면... 당장 서둘러야겠네요. 의원님께서 말씀하신 거면 확실한 거겠죠. 감사합니다. (총총걸음으로 사라지면)

윤희 (뭔가 생각하다, 엘리베이터 쪽으로 뛰어가는)

50. 헤라팰리스 윤희의 집 거실(아침)

윤희, 급하게 뛰어 들어와, 거실 서랍에서 투자컨설턴트가 준 설명서를 훑어보는.

윤희 맞아. 닥터바이오젠! (흔들리는)

51. 헤라팰리스 내 식당(아침)

단태, 규진, 윤철, 앉아서 스테이크 썰면서 식사를 하는데.

규진 그래서 다시 들어온 거예요? 잘 생각했어요. 이왕 이혼할 거면 확실한 단서를 잡고 뒤통수를 빡! (슬쩍 단태를 보면)

윤철 (그런 규진 째려보며) 신났죠?

규진 (얼른 눈치 보고) 하 박사 얼굴 많이 상했네. 그래도 서진 씨 덕분에 의료소송 건은 잘 마무리될 거 같네요. 서진 씨가 환자 쪽 만나서 싹 정리했어요.

단태 하 박사가 와이프 복이 있죠.

윤철	(스테이크 썰다, 칼을 끼익! 힘 들어가면)
규진	(귀 막으며) 왜 이래요? 살벌하게 진짜! (단태에게) 칼 든 사람 앞에선 말 좀 가려 하세요.
단태	내가 못 할 말이라도 했어요? 와이프 칭찬하면 좋아하는 게 상식 아닌가? (하다가, 윤철과 눈빛 쨍하니 부딪히면)
윤철	(단태에게) 명동 건 해결한다고 한 지가 언젠데, 아직도 깜깜이에요? 주회장 능력으로 해결 안 되는 거면, 빨리 얘기를 해요!
단태	하 박사 자꾸 선을 넘으시네. 헤라클럽이 이렇게 단합이 안 돼서야... 오늘 오후에 로건 리와 미팅 잡아놨습니다!
윤철	말 나온 김에, 난 이번 명동 건 정산되는 대로 헤라클럽 탈퇴하겠어요. 오늘, 그 얘기하려고 만나자고 한 거예요. 그러니까 잘난 그 능력 좀 빨리 발휘해보시죠! (천 냅킨 확 던지고, 일어나 나가면)
단태	저 자식이 근데! 어디서 감히 건방이야?
규진	(잡으며) 참으세요. 요즘 하 박사 제대로 사춘기니까.
단태	(욱해서) 그게 내 탓입니까? 왜 나한테 화풀이를 해?! (벌떡 일어나 나가면)
규진	(붙잡다가, 넘어질 뻔하고) 내가 동네북이냐?! (욱하다가) 그리고, 니 탓 맞거든?! 와.. 저 자식도 상상 이상으로 뻔뻔하네. 확 까버려, 이걸?! (하다가 갑자기 눈빛 날카로워지며) 자꾸들 나 건드리면, 점점 무서운 사람이 되고 싶어진다구, 나두!

52. 심부름센터(낮)
     수련, 직원과 마주 앉아있고.

수련	(직원이 건넨 사진을 보면. 파크원 호텔로 들어가는 구호동의 사진이고) 이 호텔에서 묵는다고요? 여긴 6성급 특급호텔이잖아요.
직원	그렇죠. 거기다 하루 숙박비가 무려 수백만 원짜리 스위트룸에 살더라고요. 학교 선생님들 사이에선 빈대로 소문나 있던데, 누굴 삥 뜯고 사

는지.

수련   소망보육원 출신은 아니었나요?

직원   네. 소망보육원엔 구호동이라는 사람이 없었습니다.

수련   (뭔가 의심쩍고) 좀 더 알아봐주세요. 구호동이 본명이 아닐 수도 있어
        요. (돈 봉투 건네고) 최대한 빨리요!

53.   은행(낮)
        은행 창구에 앉아있는 윤희, 통장을 직원에게 내밀고.

윤희   전부 찾아주세요. (옆에 앉아있는, 투자컨설턴트를 보며) 적금 해약하고,
        주택담보대출까지 받으면, 10억 정도 만들 수 있어요. 전 재산이에요
        그게!

컨설턴트   정말 잘 선택하셨습니다.

윤희   (꾸벅 인사하고) 좋은 상품 소개해주셔서 정말 감사합니다. 나중에 팀
        장님께 근사하게 밥 살게요. (마냥 기분 좋은데)

54.   청아예고 음악부 교실(낮)
        두기, 종례를 하는.

두기   중간고사 시즌이 시작됐으니까, 다들 내신 관리에 신경 써야 될 거야.
        서울대 가려면, 1학년 내신부터 중요한 거 명심하고! 여기까지!

석훈   (일어나) 차렷. 경례!

아이들   감사합니다. (인사하면, 두기 빠지고)

        그때, 헤라팰리스 아이들에게 띠링, 띠링, 띠링! 동시에 문자 오는.
        제니, 무심히 톡 열어봤다가 악! 비명 내지르고. "민설아 님이 유제니
        님, 주석경 님, 주석훈 님, 이민혁 님, 하은별 님을 초대했습니다" 단톡
        방에 초대돼있는. (설아 프로필 사진에, 설탕이랑 같이 찍은 사진으로...)

이어서 민설아 이름으로 문자 또 뜨고. "애들아, 안녕" "잘 지냈어?"
석훈, 석경, 제니, 민혁, 표정 얼어붙는데. 은별, 하얗게 질려있는.

로나　　(석경을 보며) 왜 그래? 무슨 일이야?

석경　　(얼른 핸드폰 덮고) 아무것도 아냐! (하고는, 헤라팰리스 아이들과 눈짓 주
　　　　고받는)

55.　청아예고 연습실(낮)
연습실에 모인 헤팰 아이들. 문까지 잠가버리고.

석경　　이 톡 뭐야?! 설마, 민설아가 보낸 거야?

석훈　　뭔 소리야? 당연히 누가 장난친 거지.

민혁　　누가 이딴 장난을 쳐. 죽은 사람 이름으로! 기분 더러워!

은별　　(바들바들 떨면서) 방을 나가도 계속 초대돼. 무서워 미치겠어!

아이들　　(모두 믿기 어렵지만, 잔뜩 겁먹은 표정인데)

그때, 또 띠링! 띠링! 띠링! 메시지음 울리고.
다들 긴장해서 핸드폰을 열면. 단톡방에 민설아가 보낸 음성파일이
뜨고.
다들 겁먹어서 눈치 보며 클릭 못 하는데. 석훈이 클릭하면. 4화 48신
의 녹음 파일 흘러나오는.

은별(E)　　고아 주제에 누가 누굴 가르쳐? 수석? 꼴 같기는. 니가 날 이겨?!

제니(E)　　돈 갚으려면 알바 많이 뛰어야 하는데 이참에 술집에 나가보는 건 어때?

석경(E)　　돈 좋아한댔지? 이거 엄청 비싼 거니까 한 방울도 남기지 말고 먹어줘.

민혁(E)　　자, 여길 보세요. 내가 잘 찍어준다니까. 비주얼 대박이네.

석훈(E)　　우리 모두 다 똑같이 먹이는 거야. 누구도 오늘 일, 발설 못 하게!

다들 기겁한 표정이고.

은별   아악!! (귀를 틀어막고) 꺼!! 당장 끄라고!! (소리치면)

민혁   이거 이미 다 지운 파일 아냐? 근데 이걸 누가...

석경   핸드폰! 없어진 민설아 핸드폰에 녹음돼있었을 거야!

제니   뭐야... 그럼 진짜란 말야? 민설아가 안 죽었다고?!

아이들   (모두 공포에 사로잡히는데)

석훈   쓸데없는 소리하지 마! 걘 죽었어. 보송마을에서 자살한 거 잊었어?!
민설아 핸드폰을 주운 놈이 장난치는 거야!! 다들 정신 똑바로 차려!
지금 당장 톡방에서 나가고 차단해! 그리고 아무한테도 얘기하지 마!
어른들한테 특히!!

아이들   (비장하게 모두 고개 끄덕이는데)

은별   (손이 바들바들 떨리고. 반쯤 넋이 나간 표정으로 숨 헉헉대고 있으면)

석경   너 왜 그래? 그러고 보니, 그때도 이상했어. 민설아에 대해 우리한테 숨
기는 거 있지?

제니   (의심스럽게 은별을 보며) 설마, 니가 죽였어? 민설아?!

아이들   (다그치듯 모두 은별을 쳐다보는데)

은별   (공포에 젖은 눈빛) 아냐! 난 몰라!!

석훈   하은별! (아이들 밀치고 은별에게 다가가, 은별 얼굴 잡고 시선 맞추며) 내
눈 똑바로 보고 말해! 니가 알고 있는 게 뭐야? 뭐냐니깐!!

은별   (입술 파르르 떨리는) 헤라펠리스.... 민설아가 떨어져 죽은 곳, 헤라펠리
스야!! 보송마을이 아니고, 헤라펠리스라고!!! (소리치면)

아이들   뭐어?!!! (경악하고, 모두 충격 받은 얼굴인데)

56.   **청아예고 연습실 앞/복도(낮)**
헤펠 아이들, 굳은 표정으로 하나둘씩 나와서 서둘러 걸어가면.
복도 한쪽에서 모습을 드러내는 호동.
호동, 손에 들려있는 핸드폰을 보면. 다들 나가버린 단톡방화면이 떠있고.

호동   이런다고 니네가 도망칠 수 있을 거 같아?

57.   회상 1/3화 6신 이후/미국 로건의 방/헤라펠리스 일각(저녁)
        설아에게 전화를 걸고 있는 로건. 받지 않아서 끊으려는데, 전화를 받는 소리.

로건   여보세요? 설아야?

설아(F)   이거 놔!! 놓으라니까!!

로건   (놀라서) 설아야!! 무슨 일이야?

        설아, 탈 씌워진 채로, 발버둥 치며 끌려가면서 목소리만 들리고.
        놀란 로건, 얼른 핸드폰의 녹음 버튼을 누르고, 다시 통화에 집중하는데.
        3화 11신 목소리들, 들리는.

설아(E)   이게 무슨 짓이야!!

석훈(E)   (예전과 다른 어조로) 험한 꼴 당하고 싶지 않음 가만있지?!

제니(E)   잘못은 니가 해놓고 왜 이렇게 당당해?!

은별(E)   (배신감에) 진짜 우리랑 동갑이야? 검정고시 출신에, 보송마을 산다고?

석경(E)   거기다 고아래.

        일그러지는 로건의 표정. 분노로 점점 굳어지고.

58.   회상 2/3화 17신 이후/미국 로건의 방/설아 아파트 안/전화 통화(밤)
        로건, 왔다 갔다 하며 불안하게 설아에게 전화를 거는데. 받는 설아.

설아(F)   오빠... (다 죽어가는 목소리고)

로건   너 지금 어디야? 괜찮아?

설아(F)   응, 괜찮아.

로건   괜찮긴!! 내가 다 들었는데!! 걔들 니가 과외하는 애들이지?! 내가 가만 안 둘 거야! 어떻게 너한테 그런 짓을 해!! 사람도 아닌 새끼들!! 내가 다 죽여버릴 거야!! (흥분하면)

설아   (애써 씩씩한 척) 엄청 든든하네. 오빠가 내 편 들어주니까.

로건   (미치겠고) 안 되겠어. 당장 한국 들어갈 테니까, 너 거기 과외 가지 마! 그러니까 내가 돈 보내준댔잖아! 왜 말을 안 듣고, 그런 꼴을 당해!

설아   오빠 도움 받기 싫어. 그거 다, 오빠네 아빠 돈이잖아.

로건   (속상하고) 미안해, 설아야... 너 그렇게 보내는 게 아닌데.

설아   오빠도 몰랐잖아. 그래도 나 후회 안 해. 오빠가 나 때문에 건강해져서 진짜 너무 좋아.

로건   오빠가 갈게. 그 자식들 오빠가 다 혼내줄게, 설아야.

설아   (애써 밝은 목소리로) 그래, 오빠가 꼭 혼내줘. 꼭이야. 아, 힘난다.

59.   **현재/청아예고 복도(낮)**
      호동, 눈빛 매섭게 변해서, 복도를 걸어가는 헤라팰리스 아이들을 보며.

호동   너넨 앞으로 지옥을 보게 될 거야. 기대해!

60.   **파크원 호텔 커피숍(낮)**
      단태, 투자팀 간부들 대동해서, 로건 리 기다리고 있는데.
      시계 보면 정각 4시고.

단태   시간 됐네. 오늘 계약까지 끝낼 수 있게 제대로 푸시해.

팀장   네, 회장님.

단태   (그때, 핸드폰으로 문자 오고. 보면 로건 리고)

로건리(E)   Negotiations are temporarily suspended (협상은 잠정보류입니다).

단태   (격노하는) 이런 개자식! (열 받아 미칠 지경이고)

투자팀 간부들 서너 명, 잔뜩 쫄아서 어쩔 줄 몰라 하고 있으면.

단태   대체 일들을 어떻게 하길래 그놈이 코빼기도 안 보이는 거야? 제안서
       제대로 보낸 거 맞아?

팀장   네. 투자 후 비전까지 모든 항목을 완벽하게 제시해서 보냈는데...

단태   완벽이라는 말을 하려면, 로건 리를 여기 내 눈앞에 앉혀놨어야 하는 거 아
       냐?! (하더니, 싸늘한 눈빛) 강팀장은 더 이상 나에게 쓸모가 없는 사람 같군.

팀장   (절절하게) 죄송합니다, 회장님.... 한 번만 더 기회를 주십시오!

단태   기회는 줄 만큼 줬어. 당신보다 유능한 사람, 차고도 넘쳐! (다른 사람들
       둘러보며) 협상 결렬되면, 다들 사표 쓸 각오해! (벌떡 일어나서 가버리면)

직원들 (잔뜩 긴장해서 눈치만 보고 있는)

61.   사진관 앞(저녁)
      택시에서 내리는 수련과 비슷한 실루엣. 사진관 안으로 들어가고.

62.   사진관 안(저녁)
      컴퓨터로 작업 중인 사진사.

사진사 누가 이런 장난을 했대요? (보면, 스캔한 단태의 가족사진에서 수련의 얼
       굴만 동그랗게 파내져있는)

양씨   (우아하게 차를 마시며) 우리 집 도우미 짓이에요. 이래서 사람 함부로
       쓰면 안 된다니까. 우리 그이가 얼마나 불같이 화를 내던지. 우리 남편
       은 와이프라면 끔찍하거든요. 복구되겠어요?

사진사 걱정 마세요. 사모님 얼굴 넣어서 말끔히 합성해드릴 테니까. (그러다
       석훈 석경이 보며) 애들이 아주 인물이 좋네요.

양씨   그쵸? 다 저 닮아서. 우리 석경이는 성악가 될 아인데, 목소리가 진짜 예
       술이에요. 석훈이는 머리까지 좋아서 청아예고에서 늘 수석이라니까
       요. (자기 자식처럼 자랑하면)

사진사	자식들이 훌륭해서 좋으시겠어요. 자, 다 됐습니다, 사모님. (완성된 사진을 건네면)

양미옥의 얼굴이 감쪽같이 수련 자리에 들어가 있는데. 한 가족처럼 보이고.

양씨	이제야 완벽해졌네요. 우리 가족! (만족스러운 표정 짓는데)

그때, 사진을 뺏는 누군가!

호동(E)	와~! 진짜 감쪽같은데요?
양씨	누구야, 당신! (보면, 본 적 있는 얼굴이고. 놀라는) 당신은... (앞에 서있는 사람, 호동이다)

63. 한강 둔치 일각(저녁)
   호동, 사진으로 양씨를 협박하는.

호동	사진이 아주 자알 나왔네요, 양 집사님! 회장님이 알면, 얼마나 소름 끼칠까. 펜트하우스에서는 집사 노릇을, 바깥에선 사모님 놀이를!
양씨	제발 비밀로 해주세요, 선생님! 이렇게 부탁드릴게요. (싹싹 빌면)
호동	한두 번 해본 솜씨가 아닌데요. 그 집에서 일한 지 20년 가까이 되던데... 설마, 회장님을 흠모라도 하시나?
양씨	전... 그분을 사모한 죄밖에 없어요. 아무것도 욕심낸 거 없다고요!
호동	지금 그 옷, 심수련 사모님 꺼 아닌가요? 근데 욕심낸 게 없다... (양씨, 당황하면) 내가 회장님이랑 아주 친한 사이라서 도저히 그냥 넘어갈 수가 없겠는데... (핸드폰 꺼내들면)
양씨	(그런 호동 붙잡고, 겁에 질려) 원하는 게 뭐예요?!
호동	(순간 표정 싹 변해서) 당신이 알고 있는 거 전부 다! 주단태와 심수련!

그리고.. 죽은 민설아에 대해서도! 아니, 안나 쌤이라고 해야 되나?

64.   헤라펠리스 커뮤니티 (저녁)
       석훈, 석경, 은별, 제니, 민혁, 충격 속에서 모여있고. 궁리 중인.

제니   아무리 생각해도 말도 안 돼! 민설아가 어떻게 헤라펠리스에서 죽어?
       뉴스에까지 나왔잖아. 보송마을 옥상에서 떨어져 죽었다고.
은별   아니! 그날, 민설아는 기계실에 있었어. 내가 봤어.
석경   (은별을 보는) 봤다고? 그리곤 어떻게 됐는데?
은별   (당황하며) 그건 나도 몰라. 불꽃놀이가 시작돼서 바로 나왔으니까.
민혁   정말 헤라펠리스에서 죽었다면, 어떻게 보송마을에서 발견된 거야?
석훈   누군가 보송마을로 옮겼겠지. 분수대 점등식이 있던 그날! (눈빛)
아이들   (모두 얼어붙고)

65.   한강 둔치 일각 (저녁)
       호동과 양씨, 얘기하고 있는.

호동   작년 11월 14일 기억해요? 그날, 분수대 점등식이 있었다던데...
양씨   네. 생각나요. 헤라펠리스 1주년 기념식이어서, 초대한 손님들도 많았
       고, 불꽃놀이도 하고, 엄청 화려하고 성대하게 열렸어요.
호동   그때 사진 좀 볼 수 있을까요?
양씨   아, 그럼요. (허겁지겁 핸드폰에서 사진 찾아서 보여주면)
호동   (점등식 사진을 넘겨서 보는데. 순간 멈칫! 뭔가를 확인한 듯, 사진을 확대
       해서 보면. 분수대 헤라상 팔에 걸려있는 설아의 운동화 한 짝. 표정 굳어지
       며) 내가 사준 운동화야... (양씨에게) 이 운동화, 지금 어딨어요?

66.   헤라펠리스 로비 (아침)
       출근하던 양씨, 경비와 인사하고.

양씨	분실물이 있는데, 좀 확인해주시겠어요?
경비	뭘 잃어버렸는데요?
양씨	운동화 한 짝이요. 작년 가을에요.
경비	(분실물 리스트를 뒤적이며) 작년 가을이면.... 아, 있네요! 11월 14일.
양씨	(안도하며) 있어요? 다행이다... 그게 우리 회장님 딸 건데, 이제야 찾았네.
경비	(보고) 근데 이미 찾아갔는데요.
양씨	네?

67. 청아예고 연습실(아침)

석훈, 은별, 제니, 민혁, 빙 둘러서 서있으면.

석경, 낡아빠진 더러운 운동화 한 짝을 테이블 위에 턱 올려놓으면.

제니	(질색하며) 이게 뭐야? 더러워. 어디서 쓰레기를 주워왔어?
석경	이거, 민설아 꺼야! 우리 아파트 분실물 함에서 가져왔어.
아이들	뭐?!!! (다들 놀라는데)
석경	헤라팰리스 1주년 기념식 날, 분수대에 떨어져있던 거야. 내 핸드폰에 찍혀있었어! (아이들에게 분수대 사진 보여주면)
제니	(운동화 가리키며) 기억나! 민설아가 신고 다니던 더러운 운동화! 엄청 꼬질꼬질했잖아. 그럼 정말, 민설아가 헤라팰리스에서 떨어져 죽은 거야?
민혁	(흥분해서) 당장 경찰에 신고하자. 이건 살인사건이잖아. 우리한테 톡을 보낸 사람이 범인을 알고 있는 거 아냐? 빨리 범인부터 찾아야지!
석훈	너 바보야?! 민설아를 죽인 사람은... 우리 부모님 중에 있어!
민혁	(기겁해서) 그게 무슨 말도 안 되는 소리야!!
석경	(확신하는) 맞아. 헤라팰리스에서 누군가 민설아를 죽인 거야!!! 그게 아니면, 시체를 옮길 이유도 없었겠지!
제니	대체 누가....

은별　　(무섭게 떨고 있는, 울음 터질 거 같고)

　　　　　다들, 무서운 침묵. 그때, 수업 시작 알리는 종소리 들리고.
　　　　　석경, 급하게 피아노 의자 뚜껑을 열어, 그 안에 운동화를 넣어두는데.

68.　　청아예고 음악부 교실(낮)
　　　　　혜미의 수업이 진행되는데.
　　　　　혜팰 아이들, 집중 못 하고. 각자의 불안한 표정들이 보이는.
　　　　　은별, 불안한 듯 계속 머리카락을 꼬고 있으면.
　　　　　석훈과 석경도 집중하지 못하고. 그런 석훈을 흘끔 보는 로나. 걱정스
　　　　　러운데.
　　　　　컷 되면. 수업 끝나는 종소리.
　　　　　그때, 동시에 울리는 헤라팰리스 아이들의 핸드폰 문자음. 띠링! 띠링!
　　　　　울리고.
　　　　　아이들, 겁에 질려 핸드폰 문자를 확인하면. 민설아가 다시 단톡방에
　　　　　초대했고.
　　　　　운동화 한 짝 사진이 올려져있는.

설아(E)　　이제야 찾았네. 내 신발.
아이들　　(경악하는 표정) !!!

69.　　청아예고 연습실 안/밖(낮)
　　　　　뛰어 들어오는 석경과 석훈, 은별, 민혁, 제니까지.
　　　　　석경, 급하게 피아노 의자를 들어보면. 비어있는.

석경　　어떤 놈이야!! 누가 장난치는 거냐고!! 나와!!! (미칠 거 같고)
석훈　　(주위 두리번거리며) 그 자식, 분명 우리 주변에 있어.
은별/제니/민혁　　(하얗게 질렸고. 제대로 겁먹었는데)

그때, 창문 밖으로 걸어가는 호동의 모습 보이고.

호동, 흘깃, 겁먹은 아이들을 보고 무표정하게 지나가는.

호동(E) 이걸로 확실해졌어. 설아는 헤라팰리스에서 살해됐어!

70. 헤라팰리스 윤희의 집 (낮)

윤희, TV 틀어놓고 노래 흥얼거리며 청소 중인데.

앵커(E) 국내 최초 호흡기질환 유전자 치료제를 개발 중이던 닥터바이오젠이 최종적으로 임상실험에 실패했다는 사실이 드러나면서, 주가가 급락했습니다. 이에 거래소는 닥터바이오젠을 거래 중지시키고, 코스닥공시위원회를 열어 상장폐지 여부를 최종결정할 예정입니다.

윤희 (얼굴 하얗게 질리고) 이게... 무슨 소리야? 상장폐지라니!! (정신없이 핸드폰 찾아서, 컨설턴트에게 전화하는데. 전원이 꺼져있다는 멘트 나오고) 왜 안 받아! 전화 받아, 개자식아!! 안 돼.. 내 돈!! (울면서 정신없이 뛰쳐나가는)

71. 단태 회사 로비 (낮)

단태, 거대한 통 유리창으로 들어오는 햇살을 마주 보며 서있으면.

그 옆으로 깍듯하게 다가와 인사하는 사람, 투자컨설턴트고.

컨설턴트 방금 뉴스에 보도됐습니다. 오윤희 씨도 지금쯤 알았을 겁니다.

단태 (분한 듯) 감히, 내 돈을 먹고 멀쩡할 줄 알았어? 그동안 너무 놀아났어. 아무것도 아닌 여자한테! (날카로운 눈빛으로 피식 웃는)

72. 자코모 쇼룸 (낮)

윤희, 자신의 머리를 때리고 울면서 자책하는.

윤희	이 똥멍충이! 바보! 등신! 머저리!
수련	(윤희 손잡고) 그만해. 자책한다고 뭐가 달라져? 뭘 얼마나 투자한 건데?
윤희	경매로 번 돈에, 집 담보 대출까지 받아서 전부 꼴아 박았어. 이제 어떡해. 거래 중지돼서 팔수도 없고, 10억이 휴지조각 되게 생겼다고. (엉엉 울면)
수련	내 탓이야. 윤희 씨가 얘기할 때 제대로 들었어야 했는데, 나도 정신이 없었어.
윤희	내가 미친년이지. 차라리 실컷 욕이라도 해줘. 아니, 그냥 막 두들겨 패줘. 돈 쉽게 버니까 간땡이가 부어서, 헤까닥 했나 봐. 10억 넣으면 거저 20억이 될 줄 알고... 어떡해, 언니. 나 어떡해... (펑펑 울면서 좌절하는데)
수련	근데, 그 종목은 누가 추천한 거야?
윤희	헤펠 커뮤니티에 투자컨설턴트 있잖아. 벌써 핸드폰 꺼놓고 잠적해버렸어. (그러다 갑자기 단태의 전화 떠오르고) 맞아! 언니 남편도 전화로 추천받는 거 같았어. 그래서 확신이 들어 투자한 건데!
수련	뭐? (하다가, 서재 책상 위에 있던 서류가 떠오르고) 그 사람이... 일부러?
윤희	(그제야 깨닫고) 그런 거지? 작정하고 나 속인 거 맞지? 벼락 맞아 디질 것들! 이것들을 진짜! (벌떡 일어나, 당장이라도 달려갈 기센데)
수련	(말리며) 가서 어쩔 거야. 아무 증거도 없이 윤희 씨만 이상한 사람 돼.
윤희	그럼 가만있으라는 거야? 그 자식이 내 돈 날리게 일을 꾸민 거잖아! 알고도 어떻게 참아!! 당장 다음 달부터 은행 이자부터 갚아야 되는데. 내 평생에 처음 생긴 목돈이라고. 그 돈이!! (억울해 죽으면)
수련	돈은 다시 벌면 돼.
윤희	무슨 수로 그만한 돈을 벌어. 자그마치 10억이야! 10억!! (난리치면)
수련	급한 불은 내가 끌 수 있게 도와줄게. 그러니까 제발 진정해.
윤희	어떻게 진정해? 빚 없이 발 뺐고 산다고 좋아했는데, 그 개자식이!
수련	주단태한테 뺏긴 돈, 찾을 방법 있어!
윤희	(순간 멈칫) 뭐?
수련	한번... 해볼래? 나한텐 시간이 없어서... 윤희 씨가 나 대신 움직여줄 수 있어? (의미심장한 눈빛으로 윤희를 보면)

윤희   (수련 손 꼭 움켜잡고) 언니! 내 돈 찾을 수만 있으면, 나 뭐든지 할게. 지옥이라도 갔다 올 수 있어! 뭐든 시켜만 줘! (눈 반짝이며 듣는)

73.   헤라팰리스 은별의 방(밤)
      은별, 스탠드 불빛 아래서 핏발 선 눈으로 공부하고 있고.
      벽에 "중간고사 1등!" 붉은 글씨로 적혀있는데.

은별   (자꾸 잡념 생기면 고개 내젓고) 아무것도 생각하지 말고, 공부만 해! 중간고사는 꼭 일등 해야돼! (열심히 책 들여다보면)
설아(E)   할 수 있을까? 넌 살인자의 딸인데.
은별   (흑해서 놀라 돌아보면, 어둠 속에서 설아가 보이고) 으아악! (놀라서 의자에서 떨어지고. 다시 보면, 설아 모습 보이지 않고) 정신 차려, 하은별! 엄마가 죽이지 않았어. 절대! (이 악물고 머리 쓸어 올리며, 다시 맘 잡고 공부하려는데)

      천장에서 책으로 뚝뚝 떨어지는 피.
      기겁해서 위를 올려다보면, 머리가 깨진 설아가 있고.

설아(E)   (속삭이듯) 니 엄마가 죽였어. 날 분수대로 밀어서!

74.   펜트하우스 단태 수련 파우더룸(밤)
      수련, 잠옷 차림으로 화장대에서 화장 지우고 있으면. 문자 울리고.
      보면. 모르는 번호로 "D-5, 시간은 그리 많지 않아" 문자 와있고.
      수련, 뭔가 결심한 듯, 화장대 한쪽 비밀 공간에서 뭔가 꺼내는데. 상자에 담긴 서진의 루비 반지고.

75.   회상 1/헤라팰리스 분리수거장/5개월 전(밤)
      서진 집 도우미, 쓰레기봉투를 던지고 가면.
      모습을 드러내는 수련. 쓰레기봉투를 들고 사라지는.

76.　회상 2/헤라팰리스 일각/5개월 전(밤)

　　쓰레기봉투 몇 개가 놓여있고.

　　장갑을 낀 수련, 쓰레기봉투를 뒤지는. (서진네, 마리네, 상아네까지 다
　　있는)

　　여러 물건들 쏟아져 나오는데. 그 안에서 나오는 서진의 루비 반지.

　　파티 때 서진이 끼고 있던 게 떠오르고(4화).

　　수련, 반지를 챙기는데.

77.　현재/펜트하우스 단태 수련 파우더룸(밤)

　　수련, 서진의 루비 반지를 보며, 뭔가 결심한 듯한 표정에서.

78.　몽타주

　　도서관/부동산 투자 관련 책자들을 보고 공부하는 윤희.

　　헤라팰리스 윤희 집 침실/투자 관련 동영상을 보고 있는 윤희.

　　헤라팰리스 윤희 집 거실/수련, 윤희에게 영어를 가르치는.

　　펜트하우스 서재/수련, 단태 책상 위의 서류들을 핸드폰으로 찍는. 서
　　류 중에 "로건 리"라는 이름 보이고.

79.　자코모 사무실(낮)

　　수련, 이젤 위에 설아를 그린 그림, 완성해서 보고 있는. 애플 목걸이.

수련　널 죽인 범인, 엄마가 꼭 찾을 거야. 이제, 엄마가 움직일 차례야!

　　그때, 수련에게 문자 오는. "D-3, 고백할 준비는 되셨나?"

　　수련, 마음을 다잡고는 누군가에게 전화를 거는.

수련　(부드러운 미소 지으며) 서진 씨? 잠깐 시간 괜찮아요? 할 얘기가 있는
　　데... 레슨실에서 한 시간 후에 만나요. (전화 끊고. 외투를 챙겨서 나가는)

80.   단태 사무실(낮)
       단태, 일하고 있으면. 조 비서가 들어서고.

조비   투자팀 경력자 면접, 시작하겠습니다.
단태   들여보내.
조비   (나가면)

       단태, 면접자 서류를 하나씩 넘겨보는데. 순간 멈칫하고. 표정 굳어지는.
       그때, 들어서는 사람, 윤희고.

윤희(E) 안녕하세요, 오윤희입니다.
단태   (천천히 고개 들어, 윤희를 보는데. 윤희와 눈 마주치면. 묘하게 일그러지는
       표정) 늘 상상 이상으로 사람을 놀래키네요. 기분 더럽게.
윤희   그게 제 단점이자 장점이죠. 곧 적응하실 거예요. 투자팀에 경력자를
       뽑는다고 해서 지원하러 왔습니다.
단태   뻔뻔한 것도 참 마음에 안 들고요. 용기는 가상하지만, 면접은 여기까
       집니다. 더 이상 물어볼 게 없네요. 그다음!
윤희   (자신 있는 말투) 후회하실 텐데요!
단태   (조소하는) 그럴 리가요! 그쪽 상대할 여유가 없는데, 그만 꺼져주실
       래요?
윤희   (갑자기 문 밖을 향해, 영어로) 들어오시죠!

       하면, 들어오는 사람, 선글라스를 끼고, 왁스로 잘 빗어 넘긴 짧은 머리
       에, 캐주얼한 슈트 차림의 로건 리고.

로건   (영어로) 드디어 뵙네요, 주단태 회장님. 제가 바로... 회장님이 찾으시
       던 로건 립니다.
단태   로건 리?!!! (순간 놀라서 벌떡 일어서고. 어안이 벙벙한 표정으로, 윤희와

로건 리의 얼굴을 번갈아 보는데)

81. 헤라팰리스 서진 레슨실(낮)
서진, 피아노 연주를 하고 있으면.
노크 소리 들리고, 들어서는 사람, 도 비서고.

서진   뭐죠?

도비   퀵서비스로 꽃다발이 왔습니다. 주단태 회장님이 보내셨습니다.

서진   (금세 표정 좋아진) 주 회장이요? (받고, 기분 좋게 꽃향기를 맡는데)

그때, 들어서는 수련.

수련(E) 이쁘네요. 사랑받는 여자 모습.

서진   (고개 들어보면, 수련이 들어와 있고. 은근히 수련에게 과시하듯 웃으며) 그
래 보여요? 꽃 선물은 언제나 기분 좋죠. 앉으세요. 할 얘기라는 게 뭐예
요? 궁금하네요.

수련   그것부터 열어보시죠. 선물도 있는 것 같은데. (꽃과 함께 있는 강렬한
붉은 케이스를 가리키면)

서진   그럴까요? (보란 듯이 미소 띠며, 단태가 보낸 선물상자를 열어보는데. 순
간 얼음처럼 굳어지고. 붉은 케이스 안에 들어있는 건, 자신이 버린 루비 반
지고!) 이건....!!! 악!! (불에 덴 것처럼 놀라서, 루비 반지를 놓치면)

수련(E) (확신에 찬 듯, 서진을 보며) 역시 너였어! 내 딸을 죽인 범인!!

바닥에 나뒹구는 루비 반지 슬로우로 보여주며.
경악해서 얼굴을 감싸는 서진과, 매섭게 그런 서진을 노려보는 수련에
서 엔딩!!

범인은 여기에

1. 헤라팰리스 윤희의 집 거실(저녁)
    수련, 윤희에게 단태 서재에서 찍은 서류 사진(12화 78신)을 보여주고.

수련 지금 남편이 가장 신경을 쓰고 있는 사람이야. 남편이 사들인 명동 땅
    에 쇼핑센터를 세운다는 소문이 있어. 이름은 로건 리. 재미교포고 엄
    청난 부호라는 것 외엔 아무것도 몰라.

윤희 얼굴도 모른단 말야?

수련 응. 남편도 실제로 만난 적이 없어. 미팅을 잡고 있는데, 계속 캔슬되고
    있는 모양이야. 이 사람만 접촉하면 널 회사에 채용할 수밖에 없을 거야.

윤희 로건 리...? (서류 사진을 보며) 이게, 그 사람에 대한 정보야?

수련 남편 서재에서 몰래 찍어놓은 서류야. 이 변호사한테 접근해 정보를 얻
    은 것처럼 해. 그래야 의심을 덜 받을 거야. 할 수 있겠어?

윤희 (비장하게 고개 끄덕이고) 응, 해볼게. 주단태 때문에 날려먹은 내 돈, 어
    떻게든 찾아와야지!

2. 헤라팰리스 분수대(밤)
    불쾌하게 취한 규진, 비틀거리며 혼잣말 하면서 걸어오면. 누군가 발
    을 쭉 내밀고.
    규진, 발에 걸려 넘어질 뻔하는데. 잡아주는 사람, 윤희고.

윤희 괜찮으세요?

규진 (윤희 보면 얼굴 발그레해져서) 오~ 윤희 씨! 지금 저 잡아주신 거예요?

윤희 어머나, 약주 많이 하셨나 봐요, 이 변호사님!

규진 땍! 이 변호사님은 무슨! 나, 이름에 아이덴티티 있는 놈이에요. 앞으로
    규진 씨라고 불러요! 규진 씨! 아님, 규진 오빠?

윤희 (어이없지만, 참고) 네~~ 차차~ 그렇게 할게요. 근데 무슨 속상한 일 있
    으세요? 막 쩌기서부터 욕지거리 하면서 오시던데.

규진 속상한 일? 있죠! 엄청나게 빡치는 일! 아 글쎄, 울 엄마한테 돈을 빌려

서 자그마치 백억을! 백억을 주 회장한테 꼴아 박았는데, 로건 린가 뭔가 하는 개뼈다귀 같은 인간이 자꾸 우릴 갖고 장난질... (하다가, 자기 손으로 입 치며) 내가 뭐래는 거야. 어쨌든 윤희 씨, 고마워요. 하마터면 자빠질 뻔했네. 굿나잇~ 쪽! (서둘러 가면)

윤희   (표정 싹 바뀌고) 빙~신! 가지가지 하네. (돌아서다가) 백억?! (놀라는 표정이고)

3.   **몽타주(헤라팰리스 윤희의 집 거실/아침~낮)**
      수련, 윤희에게 영어를 가르쳐주고 있는.
      윤희, 영어 통째로 외우고, 노트에 빽빽하게 받아 적고. 열심인데.
      윤희, 밥 하면서도, 청소하면서도, 열심히 노트에 적힌 영어들 외우고 있고.

4.   **파크원 호텔 로비(저녁~밤)**
      윤희, 소파에 앉아서 입구 쪽만 뚫어져라 보고 있는.
      핸드폰에 떠있는 남자의 사진(로건 리 비서/홍 비서)을 번갈아보는. 그 위로,

수련(E)   로건 리가 유일하게 접촉하는 사람은 그 사람 비서야. 그 비서를 만나서 설득해야 해!

      윤희, 간절하게 입구만 보고 있는데.
      그때, 헬멧을 쓴 로건 리, 들어오다 윤희와 부딪힐 뻔하고.

윤희   죄송합니다. (고개 까딱 인사하고, 다시 입구 쪽 주시하는데)
로건   (그런 윤희를 한번 돌아보고, 엘리베이터 쪽으로 향하는)

      (시간 경과) 입구 쪽을 계속 체크하면서 물을 마시는 윤희. 데스크 직원

눈치에 자리를 옮겨 잡지를 보는 척하는 윤희. 배고파서 초콜릿으로 허기를 때우는 윤희. 꾸벅꾸벅 졸다가 화들짝 놀라 깨는 윤희. 시계를 보면 자정이 다 되어가는데.

그때, 드디어 비서 모습이 포착되면. 윤희, 홍 비서에게 달려가고.

윤희 (홍 비서에게) 로건 리 씨 비서 맞죠? 저는, 오윤희라고 하는데요. 그분 좀 만나게 해주세요. 십 분이면 돼요! 아니, 오 분이요. 아니면 일 분이라도! (애원하는데)

홍비 미리 약속하지 않았음 만나실 수 없습니다. (무시하고 걸어가면)

윤희 꼭 만나야 한다니까요! 제발요!! 저한텐 진짜 중요한 일이라고요!!

홍비 (지나가는 호텔 직원에게 손짓하고) 이 사람, 끌어내요!

직원들 (달려와 윤희를 끌어내면)

윤희 이봐요! 로건 리씨 지금 어딨어요?! 네?!! 제발 만나게 해달라고요!!

5. 파크원 호텔 앞(밤)
    직원들 손에 내팽개쳐지는 윤희. 직원들, 윤희 버려두고 들어가면.

윤희 내가 이런다고 포기할 줄 알고?! 나도 목숨 걸었다고!! (이 악무는)

6. 파크원 호텔 로비/펜트하우스 단태 수련의 방/전화통화(다음 날 저녁)
    윤희, 챙이 큰 모자에 선글라스, 붉은 립스틱에, 하이힐까지 완벽하게 변장하고 다시 로비로 들어서는데. (뭔가 꾸몄다기보다는 촌스런 모습)
    호텔 직원들, 굳은 표정으로 윤희에게 다가서면. 윤희, 살짝 쫄고.
    호텔 직원들, 윤희 알아보지 못하고, 정중하게 인사하고 지나가면.

윤희 휴.. 괜히 쫄았네. (직원들 시선 피해서 소파에 가서 앉는데. 핸드폰 울리고, 보면 수련이고) 어, 언니. 나야. 아직 못 만났어. 비서라는 사람도 오늘은

127

코빼기도 안 보이고.

수련 고생해서 어떡해. 로나 저녁은 내가 방금 챙겨주고 왔어.

윤희 고생은 무슨... 나 완전 오기 만땅이야! 로건 리, 무조건 만나고 만다, 내가!

수련 그래, 좋은 소식 있음 바로 연락해. (전화 끊는데)

단태(E) 좋은 소식이라니?

수련 (놀라서 돌아보면, 단태가 서있고) 언제 왔어요?

단태 누구랑 그렇게 다정하게 통화를 하는 거야? (핸드폰 뺏어서 보면, "로나 엄마"라고 뜨고) 로나.. 엄마? (얼굴 일그러지면)

수련 학교 일로 상의할 게 있어서 통화한 거예요.

단태 내가 말했지! 그 여자 마음에 안 든다고! 거리 두라고 했을 텐데... 당신 한테 일부러 접근한 걸 수도 있어.

수련 내가 뭐라고 일부러 접근해요? 난 학교 일도 잘 모르는 사람인데. 근데, 오늘 중요한 약속 있다고 안했어요?

단태 (발끈) 또 취소됐어! 개자식이 어찌나 비싸게 굴던지! 돈이 많으면 얼마나 많다고... (하다가) 별거 아냐. 곧 해결될 거야. (욕실로 들어가면)

수련 (표정)

7.　파크원 호텔(저녁)

위스키를 마시며 투명보드를 보고 있는 로건 리.

투명보드에 붙여져 있는 사람들의 사진과 인물 관계표. (설아 살인사건 용의자들/헤라펠리스 사람들/주단태, 심수련, 하윤철, 천서진, 이규진, 고상아, 강마리, 주석훈, 주석경, 하은별, 이민혁, 유제니/각각 인물별로 간단하게 메모 기재되어있고)

로건 리, 투명보드 한쪽에 새롭게 "오윤희"라고 적는데.

설아(E) (밝은 목소리로) 아줌마가 나한테 5만 원이나 주셨어. 다른 알바 자리도 알아봐주신대. 정말 좋은 분인가 봐, 오빠.

로건   (적으면서) 친절... 왜? (로건의 미묘한 표정)

8.   **파크원 호텔 로비(밤)**
    늦은 밤. 윤희, 하품을 하며 로비를 주시하면서 로나와 통화하고 있는.

윤희   미안해~ 딸. 엄마가 누굴 꼭 좀 만나야 해서. 기다리지 말고, 먼저 자. 사
    랑해~ (핸드폰 끊는데. 엘리베이터에서 걸어 나오는 홍 비서를 발견하고)
    어? (벌떡 일어나 홍 비서에게 달려가 막아서는) 안녕하세요. 저 또 왔어
    요. 로건 리 씨 좀 만나게 해주세요. 부탁드려요. 만나게 해줄 때까지 저
    매일매일, 계속 올 거예요. 그러니까 제발...
홍비   따라오시죠, 오윤희 씨!
윤희   (멈칫) 네?

9.   **파크원 호텔 스위트룸(밤)**
    긴장한 표정으로 홍 비서를 따라 들어가는 윤희.
    로건 리, 창 쪽을 보며 위스키 잔을 든 채로 돌아서있고.

윤희   (떨리는 목소리. 챙 달린 모자 벗어던지고. 영어로 인사를 건네는) 이렇게
    만나주셔서 정말 감사합니다. 저는, 오윤희라고 합니다.
로건(E)   (등 돌린 채, 영어로) 용건이 뭐죠?
윤희   (영어로) 주단태 회장님과 미팅을 주선하기 위해 왔습니다.
로건   (그제야 고개를 돌려서 윤희를 보는데. 선글라스 끼고, 짧고 단정한 머리.
    스포티하면서도 고급스런 옷차림. 샤프한 인상이고. 영어로) 그 사람이 보
    냈나요? 그럼, 더 이상 할 말이 없을 거 같은데. (홍 비서에게) 그만 돌려
    보내!
홍비   (윤희에게 다가서는데)
윤희   (다급하게 사정하는, 영어로) 이렇게는 못 가요! 전 꼭 당신을 주단태 앞
    에 데려가야 해요! 제 목숨이 달린 일이에요! 제발 저 좀 도와주세요.

절 도와줄 수 있는 사람, 로건 리, 당신밖에 없어요!! (그러다 가져온 자료 내밀고, 더듬거리는 영어로, 명동 투자 건에 대한 브리핑을 하는데) 명동은 대한민국 상권 1번지예요. 쇼핑 타운이 세워질 경우 예상되는 투자 수익률을 분석해본 자룐데.. (떨려서 말 막히고. 미치겠는. 혼잣말로 한국어) 왜 이렇게 생각이 안 나? 달달 외웠었는데! (그러다 애써 미소 지으며) 웨이러미닛. (몸 돌려 가방에서 노트 꺼내서 보는데. 너덜거리는 종이에 체크된 메모들. 오래 연습한 느낌 들고)

로건   (그런 윤희의 애쓰는 모습을 보는. 그러다 홍 비서에게 눈짓하면)

홍비   그냥 한국말로 하셔도 됩니다. 리스닝은 가능하십니다.

윤희   아, 그래요? (구세주를 만난 듯, 눈 번쩍하고) 이렇게 된 거, 솔직하게 말씀드릴게요. 주단태 회장한테 속아서 큰돈을 잃었어요. 그 돈, 다시 찾아오려고요. 그러려면, JKing홀딩스에 꼭 취직해야 돼요! 당신한테 피해 가는 일 절대 없을 거예요. 그냥 만나주기만 하면 돼요. 이 은혜, 꼭 갚을게요! (너무도 절실한데)

로건   (윤희를 보며 잠시 생각하다, 영어로) 미팅 날짜는 내일로 하죠!

윤희   (놀라 눈 휘둥그레져서 로건을 보는)

10.   12화 80신 연결/단태 사무실 (낮)
       단태, 면접자 서류를 하나씩 넘겨보는데. 순간 멈칫하고. 표정 굳어지는.
       그때, 들어서는 사람, 윤희고.

윤희(E)   안녕하세요, 오윤희입니다.

단태   (천천히 고개 들어, 윤희를 보는데. 윤희와 눈 마주치면. 묘하게 일그러지는 표정) 늘 상상 이상으로 사람을 놀래키네요. 기분 더럽게.

윤희   그게 제 단점이자 장점이죠. 곧 적응하실 거예요. 투자팀에 경력자를 뽑는다고 해서 지원하러 왔습니다.

단태   뻔뻔한 것도 참 마음에 안 들고요. 용기는 가상하지만, 면접은 여기까집니다. 더 이상 물어볼 게 없네요. 그다음!

윤희   (자신 있는 말투) 후회하실 텐데요!

단태   (조소하는) 그럴 리가요! 그쪽 상대할 여유가 없는데, 그만 꺼져주실
        래요?

윤희   (갑자기 문 밖을 향해, 영어로) 들어오시죠!

하면, 들어오는 사람, 선글라스를 끼고, 왁스로 잘 빗어 넘긴 짧은 머리
에, 캐주얼한 슈트 차림의 로건 리고.

로건   (영어로) 드디어 뵙네요, 주단태 회장님. 제가 바로... 회장님이 찾으시
        던 로건 립니다.

단태   로건 리?!!! (순간 놀라서 벌떡 일어서고. 어안이 벙벙한 표정으로, 윤희와
        로건 리의 얼굴을 번갈아 보는데)

로건   (여유롭게 창가 쪽으로 가는. 영어로) 뷰가 아주 근사하네요.

윤희   (의기양양하게 단태를 보며) 어떠세요? 이제 면접할 마음이 생기셨나요?

단태   (잠시 당황했다가, 이내 피식 웃으며) 하마터면 오윤희 당신한테 깜빡 속
        을 뻔했네요. 이 사람이 로건 리라는 걸 어떻게 믿죠? 나도 로건 리 얼굴
        을 한 번도 본 적이 없는데. 그런 사람을 당신이 데려왔다? (코웃음 치면)

윤희   그 말씀, 진짜 후회하실 텐데요. (로건에게, 영어로) 당신이 로건 리라는
        걸 증명해달라는데요?

로건   (어이없다는 듯, 과장스러운 제스처 취하고. 영어로) 어쩔 수 없죠. (핸드폰
        으로 단태에게 전화하면. 곧바로 단태의 핸드폰 울리고)

단태   (보면, 발신자에 로건 리라고 뜨고. 놀란 눈으로 로건을 보면)

로건   (전화 받으라는 제스처하는)

단태   (믿기 어렵다는 듯 핸드폰의 통화 버튼을 누르면)

로건(F) (영어로) 아주 훌륭한 직원을 두셨네요. 주단태 회장님. 본격적으로 사
        업 얘기를 시작해볼까요?

윤희   참고로, 한국말은 잘 알아듣는 편입니다. 편하게 말씀하셔도 됩니다.

단태   (놀란 눈으로 로건과 윤희를 보는)

11.　　12화 엔딩 연결/헤라팰리스 서진 레슨실(낮)
　　　　서진, 피아노 연주를 하고 있으면.
　　　　노크 소리 들리고, 들어서는 사람, 도 비서고.

서진　　뭐죠?

도비　　퀵서비스로 꽃다발이 왔습니다. 주단태 회장님이 보내셨습니다.

서진　　(금세 표정 좋아진) 주 회장이요? (받고, 기분 좋게 꽃향기를 맡는데)

　　　　그때, 들어서는 수련.

수련(E)　　이쁘네요. 사랑받는 여자 모습.

서진　　(고개 들어보면, 수련이 들어와 있고. 은근히 수련에게 과시하듯 웃으며) 그
　　　　래 보여요? 꽃 선물은 언제나 기분 좋죠. 앉으세요. 할 얘기라는 게 뭐예
　　　　요? 궁금하네요.

수련　　그것부터 열어보시죠. 선물도 있는 것 같은데. (꽃과 함께 있는 강렬한
　　　　붉은 케이스를 가리키면)

서진　　그럴까요? (보란 듯이 미소 띠며, 단태가 보낸 선물상자를 열어보는데. 순
　　　　간 얼음처럼 굳어지고. 붉은 케이스 안에 들어있는 건, 자신이 버린 루비 반
　　　　지고!) 이건....!!! 악!! (불에 덴 것처럼 놀라서, 루비 반지를 놓치면)

수련(E)　　(확신에 찬 듯, 서진을 보며) 역시 너였어! 내 딸을 죽인 범인!!

　　　　바닥에 나뒹구는 루비 반지 슬로우로 보여주며.
　　　　경악해서 얼굴을 감싸는 서진, 바들바들 떨면서 머릿속에 스치는 기억.

　　　　(인서트) 4화 73신
　　　　거칠게 설아의 뺨을 후려치는 서진. 루비 반지의 날카로운 금속이 설
　　　　아의 뺨을 할퀴고. 설아 얼굴에 선명하게 그어진 상처!

(인서트) 5화 7신
신경질적으로, 루비 반지를 파우더룸 휴지통에 버리는 서진.

수련   (걱정하는 척하며, 떨고 있는 서진에게 다가서는) 왜 그래요, 서진 씨!

서진   (애써 떨리는 손을 마주 잡아 진정시키고) 아, 아무것도 아니에요! (바닥에 떨어진 루비 반지를 주우려는데)

수련   (알 수 없는 미소 지으며, 먼저 루비 반지를 줍고) 이거 서진 씨가 그날 꼈던 반지 아니에요?

서진   (당황해서) 네?

수련   헤라팰리스 1주년 기념식에서요. (반지를 찬찬히 보며) 서진 씨한테 너무 잘 어울려서 특별히 기억이 나네요.

(인서트) 4화 42신

마리   루비 반지 신경 쓰다 그런 거죠? 대체 알이 얼마짜리야? 오늘 너무 신경 썼다, 천 쌤!

수련   (순간 서진의 루비 반지를 보는 시선)

수련   (의미심장하게 서진을 보며) 근데, 같은 반지를 또 선물 받은 거예요?

서진   (하얗게 질리는데) 이리 줘요! (수련의 손에 든 반지를 확 뺏어 들려는데)

수련   (루비 반지의 꽃받침 금속으로, 서진의 손등을 확 긁어버리면!)

서진   아! (서진의 손등을 할퀴고 지나가는 루비 반지의 날카로운 금속!)

수련   어머! 괜찮아요? 어떡해요. 피가 나요. (서둘러 휴지를 뽑아 손등에 대주며) 반지가 여간 날카로운 게 아니네요. 얼굴이라도 긁었으면 어쩔 뻔했어요. 고운 얼굴에 흉터 지면 안 되잖아요. (떨고 있는 서진의 손을 느끼며) 근데, 왜 이렇게 떨어요? 잃어버린 반지를 찾았으면 기쁠 텐데...

서진   (갑자기 신경질적으로, 버럭) 무슨 말을 하는 거예요?! 난, 이런 반지 가진 적 없어요! 뭔가 착각하는 모양인데...

수련   (여유 있게) 왜 이렇게 예민해요? 무슨 사연이라도 있는 반지예요?!

서진   (얼른 반지를 챙기며) 할 말이나 빨리 하세요! 뭣 때문에 보자고 한 거죠?

수련   이번 주말에 헤라클럽 식구들하고 파티를 하려고요. 석경이 석훈이가 홍보 모델로 뽑혔는데, 서진 씨한테 제대로 감사 인사를 못한 거 같아서요.

서진   (기막힌) 고작, 홍보 모델 축하 파티 얘기하려고 만나자고 한 거예요?

수련   파티는 서진 씨가 전문이잖아요.

서진   펜트하우스 안주인이면, 그 정도는 혼자 알아서 해야 하는 거 아니에요? 전 바쁜 일이 있어서 그만 나가봐야겠는데요! (급히 가방과 반지를 챙겨들고 나가려다, 문득 멈춰 서서 돌아보는. 수련과 눈 마주치면. 팽팽한 긴장감... 서로가 서로를 잘 알고 있는 듯, 물러서지 않고 똑바로 바라보는데. 그러다 서둘러 나가면)

수련   (표정 싸늘해지고, 혼잣말로) 그래, 어서 달려가. 주단태한테로!

12.   **단태 사무실(낮)**
      단태와 윤희, 로건, 마주 앉아 얘기하고 있는.

단태   (영어로) 말이 잘 통할 줄 알았습니다. (만족한 미소 짓는데, 그때 핸드폰 울리고. 보면 서진이고. 얼른 꺼버리면)

로건   (영어로) 그럼 구체적인 진행사항은, 여기 오윤희 씨랑 얘기하면 되겠죠.

단태   (떨떠름하지만, 로건에게 영어로) 편하신 대로 하시죠. 아, 주말에 시간 어떠세요. 저희 헤라팰리스에서 파티를 하는데, 초대하고 싶어서요.

로건   (영어로) 그런 자리라면 기꺼이! 저도 헤라팰리스에 꼭 가보고 싶네요. 아주 멋진 분수대가 있다고, 오윤희 씨한테 들었어요. (윤희 보고 미소 지으면)

단태   (친근해 보이는 두 사람이 신경 쓰이지만, 애써 아무렇지 않게) 최고의 파티가 되도록 준비해보죠.

로건   (영어로) 기대하겠습니다. (일어서면)

윤희   (단태의 눈을 피해, 소파 깊숙이에 뭔가를 숨기는데)

13.   JKing홀딩스 주차장(낮)
로건 리, 차에 올라타고. 비서와 함께 출발하면.
단태와 윤희, 정중히 차를 향해 인사하는데.

단태   (윤희 쪽 보며, 갑자기 싸늘해진 표정) 자, 이제 얘기해볼까요? 오윤희 씨
가 굳이 내 회사에 입사하려는 이유!

윤희   (주저함 없이) 돈이 필요해서요. 구인광고란을 뒤지다가, JKing홀딩스
에서 경력직 사원을 모집한다는 공고를 봤어요. 그래서 서치를 했죠.
회장님께서 지금, 원하는 게 뭔지! 운 좋게도, 이규진 변호사께서 로건
리라는 사람에 대해 쉽게 입을 여셨죠.

단태   이 변호사한테 들었다? 원래 그렇게 누구한테나 엉겨 붙는 게 특기신가?

윤희   그 특기를 살려서 로건 리를 설득한 건데요. 로건 리가 여기에 온 건, 순
전히 내 능력 때문이에요! 회장님 능력이 아니라!! 앞으로 명동 땅을
팔려면, 내가 있어야 된다는 거, 잊지 마세요! (만만치 않게 받아치면)

단태   보기와 달리, 재주가 아주 좋은가 봐요? 좋아요! 그럼, 계약서에 도장
찍는 것까지 반드시 성사시켜요! 하지만, 딱 거기까지예요. 계약 건이
끝나면, 더 이상 볼 필요 없을 거 같은데....

윤희   아마 그땐, 회장님이 날 잡을지도 모르죠!

단태   (불쾌한 듯, 이 악물고 윤희에게서 돌아서서 뚜벅뚜벅 건물 안으로 들어가
며) 미친년!

윤희 역시, 자신만만하게 자신의 차 있는 쪽으로 걸어가는데.
그때, 급하게 멈춰 서는 서진의 차 보이고. 서진, 차에서 내려 건물 쪽으
로 달려가면. 서진은 윤희를 보지 못하고.

윤희   (얼른 핸드폰으로 수련에게 전화를 거는) 언니! 천서진이 왔어.

수련(F)   그래? 부탁한 건?

윤희   걱정 마! 소파 안쪽에 잘 숨겨놨지. (의미심장한 표정이고)

14.   단태 사무실(낮)

     단태, 씩씩대며 자리에 앉으면. 벌컥 문 열리고 서진이 뛰어 들어오는.

단태   (놀라) 무슨 일이야? 사무실엔 오지 말랬잖아!

서진   그러니까 왜 이렇게 전화를 안 받아!!

단태   중요한 미팅 중이었어!

서진   (급하게 루비 반지를 꺼내서 들이밀며) 이거, 당신이 보낸 거야? 무슨 생
       각으로 이걸 보냈어?!

단태   (멈칫) 뭔 소리야? 내가 이걸 왜 보내?!

서진   (순간 겁에 질려) 당신... 아냐? 꽃이랑 이 반지가 당신 이름으로 왔어!

단태   뭐?! (반지를 낚아채서 보면)

서진   이 반지... 민설아가 죽은 날, 내가 우리 집 쓰레기통에 버린 거야. 벌써
       몇 달도 지난 일인데... 누가 이 반지를 당신 이름으로 보냈어. 분명, 우
       리가 한 짓을 알고 있는 거야!! 우리한테 협박을 하고 있는 거라고!!

단태   소리 낮춰! 듣는 귀 많아. (하더니, 사무실 문을 열고, 사람이 없는 거 확인
       하고, 스스로 다독이듯) 겁낼 거 없어! 민설아는... 자살이야!!

서진   자살 아닌 거, 당신도 알잖아!!

단태   (순간, 흔들리는 눈빛)

서진   눈동자가 그려진 협박 편지... 그자가 우릴 노리고 있어!

단태   민 원장은 이미 죽었어!! 교도소에서!! 내가 처리했다고 했잖아!!

서진   민 원장이 아냐!! 협박 편지도, 꽃다발도, 이 루비 반지도... 심수련! 당
       신 와이프가 보낸 거야!!

단태   뭐? (얼굴 하얗게 질린)

     소파 아래쪽에서 빨간 불빛이 반짝이고 있는. (윤희가 몰래 설치해둔 도
     청장치)

15.   헤라팰리스 수련의 방(낮)
        이어폰을 낀 채로, 핸드폰 도청 어플로 두 사람의 대화를 듣고 있는 수련.

단태(E) 대체 뭣 때문에 그 사람을 의심하는 거야!! 그 사람이 왜 그런 짓을 해?!!

서진(E) 우리가, 민설아한테 한 짓을 밝히려고!! 아직도 모르겠어? 당신 와이프, 지금 우릴 피 말려 죽이려는 거야! 우리한테 복수하려고!

        수련, 순간 눈 반짝하고. 두 사람의 대화를 녹음 중인데.

16.   단태 사무실(낮)

서진 분명 당신 와이프, 민설아와 관련이 있어!! (작정한 듯) 어쩜 민설아가, 당신 와이프의 숨겨진 딸일지도...

단태 (버럭) 말도 안 되는 소리!!

서진 말도 안 되는 소리가 아냐!!

단태 그 사람 딸은 이미 죽었어!! (불쑥 말 나와버리고)

서진 (멈칫) 뭐?

단태 납골당에 있다는 아이... 와이프가 결혼 전에 낳은 딸이야.

서진 납골당? (마리가 했던 말 생각나고, 놀라) 그 애가 심수련 아이란 말야?

단태 (끄덕하고) 그래! 결혼 전에, 그 사람도 나도, 다른 상대가 있었고, 각자 아이도 있었어. 석훈 석경이는 그 사람이 낳은 자식이 아냐!

서진 (놀라면)

단태 애들 갓난아이 때, 새 가정을 꾸린 거고, 애들도 그 사람을 친엄마로 알고 자랐어.

서진 (모든 게 혼란스럽고) 난... 상상도 못했어. 석훈 석경이가 심수련의 친자식이 아니라니... 그럼, 심수련 전 남편은?

단태 죽었어! 아이가 태어나기 전에. (그러다 날카롭게, 서진을 몰아세우듯) 난, 오히려 당신 남편이 의심스러운데?

서진	무슨 뜻이야?
단태	이 반지, 당신 집 휴지통에 버렸다며? 그럼, 누구 손에 들어갔겠어? 당신 남편이 우리 관계를 알고 있다면... 민설아를 이용해 우릴 협박하고 싶지 않겠어?!

17. **펜트하우스 수련의 방 (낮)**
수련, 두 사람의 대화를 듣고 있는.

서진(E)	설마... 아닐 거야. 못나긴 했어도, 그 정도로 후진 사람은 아냐!
단태(E)	아직도 하윤철을 믿는 거야? 이제라도 확인해보면 되겠네. 퀵서비스를 보낸 사람이 누군지....

수련, 무표정하게 뭔가 생각하는.

18. **서진 레슨실 (저녁)**
서진, 레슨실로 다시 들어서면. 꽃다발이 테이블에 그대로 놓여있고.
꽃다발을 자세히 보면, 꽃집 이름이 조그맣게 쓰여있는.

서진	(도 비서에게) 이 꽃다발 가져온 퀵서비스에 연락해서, 보낸 사람이 누군지 자세히 알아봐. 꽃집이 어딘지도.
도비	네, 선생님. (나가면)
서진	(설마... 하면서도, 의심스러운 눈빛)

19. **파크원 호텔 (저녁)**
로건 리, 투명보드를 보고 있으면. 홍 비서가 들어와서 보고하는.

홍비	오윤희 씨 말이 맞았습니다. 최근에 투자 사기를 크게 당했고, 그게 주단태 회장과 관련이 있었습니다.

로건	그래? 재밌는 악연이군. 오윤희에 대해 더 알아보라는 건?
홍비	오윤희 씨 역시, 점등식이 있던 날 밤, 헤라팰리스에 있었습니다.
로건	(멈칫) 헤라팰리스? 확실해?
홍비	네. 천서진 레슨실에 들어가서 난동을 피웠다고 합니다. CCTV에도 찍혀있었고, 천서진의 남편 하윤철이 목격자라고 합니다.
로건	(윤희의 사진을 손에 들고, 생각하는) 오윤희... 딸은 설아 대신 청아예고에 합격했고, 모녀는 설아가 살던 보송마을 아파트로 이사했다...?

로건, 투명보드의 "오윤희" 이름 위에, 윤희의 사진을 붙이고.

로건	이걸로, 모든 게 완성됐어. 그날, 그 시간에 헤라팰리스에서 있던 사람들! 설아를 죽인, 용의자들! (눈빛 매서워지고)

20. **헤라팰리스 아이들 커뮤니티 (저녁)**
    석훈, 석경, 은별, 제니, 민혁, 교복 입은 채로 모여있고.

석훈	민설아한테 또 연락 온 거 없지?
민혁	며칠 잠잠하네. 불안하게.
석경	불안할 게 뭐 있어. 틀림없이 누가 장난친 거야. 우리가 민설아 괴롭힌 건 전교생이 다 알고 있는 사실이고, 그걸 이용해 우릴 흔들려는 거지!
은별	운동화는? 민설아 운동화가 사라졌잖아!
석경	(애써 침착하게) 그것도 누가 우릴 지켜보다가 장난친 거겠지. 헤라팰리스에 산다는 게, 평민들한텐 타깃이 될 수 있어.
제니	누가 이런 악질적인 장난을 쳐. 청아예고에 이 정도로 수준 낮은 평민이 있단 말야? 잡히기만 해봐, 그냥!!
민혁	혹시, 배로나 아냐? 평민은 아무리 생각해도 배로나밖에 없는데.
석훈	(갑자기 단호하게) 배로나는 아냐!
석경	(멈칫, 보는) 오빠가 그걸 어떻게 알아?

139

석훈	걔는 연습실에 들어오지도 않았어. 괜한 애 끌어들이지 마! (일침하고, 일어나서 문 쪽으로 가면)
은별	(따라 일어서고) 나도 가볼게. 곧 중간고사잖아. 공부해야 돼. (가면)
제니	(석경에게 뒷담화하는) 은별이 쟤, 완전 약 빨고 공부하는 것 같지? 홍보 모델 날아가고, 악이 받친 모양이야. 눈에 아주 독이 올랐어, 독이!
석경	(건성으로 제니 말 듣고 있는. 석훈의 뒷모습 보며, 뭔가 찜찜한 기분 들고)

21. **헤라팰리스 분수대/엘리베이터 앞(저녁)**

윤철, 엘리베이터 쪽으로 걸어가면. 책을 읽으며 엘리베이터 앞에 걸어가는 은별이 보이고.

윤철	은별아, 뭐해. 그러다 넘어지겠다.
은별	(계속 책 보면서) 괜찮아. 오늘 중간고사 범위까지 역사 끝내야 돼.

윤철과 은별, 엘리베이터 앞에 서는데.

로나(E)	안녕하세요.
윤철/은별	(고개 돌려 보면. 로나가 서있고)
은별	(로나를 본 순간, 홱 고개 돌려버리는데. 그 바람에 들고 있던 겉옷이 바닥에 툭 떨어지고)
윤철	(다정하게) 헤라팰리스에 이사 오니까 좋지? 친구들도 많고.
로나	네. (그러다 은별이가 떨어뜨린 겉옷을 주워서 내밀며) 아픈 건, 좀 나았어?
은별	(갑자기 버럭) 누가 너더러 남 걱정하래? 그리고, 누구 맘대로 내 물건 만지랬어! 그딴 더러운 손으로 왜! 울 아빠 앞에서 착한 척하고 싶어 이래?! (옷을 잡아채서, 바닥으로 내던져 마구 밟아버리면)
윤철	은별이 너! 뭐하는 짓이야? 친구한테 왜 그렇게 못되게 굴어?!
은별	(바락 대는) 친구? 누가 내 친군데?! 난 저런 그지 같은 애, 친구로 둔 적 없어! 짜증 나 진짜! 저층부 엘리베이터는 고층부랑 아예 떨어져있음

안 돼? 구질구질하게, 저런 애랑 마주치며 살아야 돼?! (그러다 엘리베이터 문 열리면, 로나를 확 밀어버리고 올라타는데)

로나   (은별에 밀쳐져 휘청하면)

윤철   괜찮아? 다친 데 없어? (놀라서 쓰러진 로나를 붙잡는데)

은별   (그런 윤철 보면 눈물 나오고. 엘리베이터 닫힘 버튼 누르면)

윤철   은별아! 은별아!! (이미 문 닫혔고, 엘리베이터 올라가버리는. 난감한 윤철이고)

22.   헤라팰리스 윤철 서진 거실(저녁)
      굳은 표정으로 와인을 마시고 있는 서진. 그 위로, 도 비서의 말 떠오르고,

도비(F)   어떤 남자가 꽃집에 와서 퀵 배달을 주문했답니다. 그런데... 핸드폰 번호가, 하 박사님이셨습니다.

서진   (기막히고) 의료사고까지 다 덮어줬는데, 이런 유치한 장난을 쳐? 끝까지 찌질한 모습을 보이겠다? (헛웃음 나오고)

      그때, 씩씩대며 들어오는 은별.

윤철   (그런 은별을 따라오며) 왜 그래, 은별아. 거기 서! 아빠랑 얘기 좀 해!

은별   말하기 싫어! (방으로 문 꽝! 닫고, 들어가버리면)

서진   (차갑게 윤철 보며) 무슨 일이야?

윤철   모르겠어. 왜 저렇게 예민해졌는지. 그러게 좀 쉬게 했어야지! 왜 애한테 시험 스트레스는 줘? (탓하면)

서진   스트레스는 당신이 주는 거 같은데?

윤철   또 내 탓인가?

서진   은별인 내 딸이야! 내가 젤 잘 알아! 그러니까, 시험 준비로 정신없는 애, 들쑤시지 좀 마. 남편 역할은 바라지도 않아. 다른 아빠들 흉내라도 내라고! (싸늘하게 노려보다, 방으로 들어가 버리면)

윤철   (이래저래 답답하고)

23.   헤라펠리스 은별의 방(저녁)
      은별, 방으로 들어오면. 책꽂이에 있던 문제집들이 모두 사라져있고.

은별   (화들짝 놀라) 내 참고서! 내 문제집! (책장이고 침대고 마구 찾는데. 없고)
윤철   (방으로 들어오는) 은별아...
은별   내 참고서 어딨어? 아빠가 버린 거야? 그래?!! 왜 아빠 맘대로 내 물건
      에 손대?!! 내 허락도 없이!! (바락 대면)
윤철   너, 지금 공부할 때 아냐. 며칠 쉰다고 세상 어떻게 안돼!!
은별   (눈 돌아가서, 불안한 눈빛) 무슨 소릴 하는 거야! 중간고사가 1주일도
      안 남았는데!! 1분 1초도 아까워 죽겠는데!! 당장 내 참고서 가져와!!
      어디다 숨겼어!! 장난하지 말고 빨리 가져오라고! 빨리!! (윤철을 잡고
      난리치는데)
윤철   (은별 말리며) 제발 그만해! 다 너 위해서 이러는 거야!!
은별   (흥분했다가, 갑자기 싸늘하게) 아빤, 내가 로나한테 지길 바래?
윤철   뭐?
은별   아까 로나 엘리베이터 왜 태워준 거야? 내가 걔 싫어하는 거 몰라서 그
      래? 한 공간에서 숨 쉬는 것도 싫은 애한테 왜 말 섞고, 친절하게 굴어?
윤철   너랑 같은 반 친구잖아!!
은별   (갑자기 눈물 그렁해서) 왜? 배로나가 불쌍해? 신경 쓰여? 아빠 첫사랑
      딸이라서? 아빠 없이 크니까 안쓰러워 죽겠어?
윤철   (당황하는) 너 그게.. 무슨 말도 안 되는 소리야?
은별   엄마한테 다 들었어! 아빠, 배로나 엄마 만난다며?
윤철   (기겁하고) 은별아!!
은별   엄마랑 나랑 버리고, 첫사랑한테 가고 싶었어? 그래서 배로나한테 잘
      해주는 거야?!!
윤철   (와락 은별을 끌어안고) 너 왜 이래! 엄마 말 듣지 마!! 아빠가 세상에서

제일 사랑하는 사람은 은별이 너야!!

은별 (그런 윤철을 확 밀치고) 거짓말!! 아까 로나 보며 웃었잖아. 나보다 로나를 더 걱정했잖아!! 아빤 내 편 아냐!! 나한테 엄마밖에 없어!! 엄만 나 때문에 무슨 짓까지 했는데!!! 민설아를... (하다가 말 멈추면)

윤철 오해야, 그건!! 제발 아빠 말 좀 들어봐!!

은별 (신경질적으로 책상 다 쓸어버리고) 당장 내 참고서 갖다놔! 안 그럼 나, 민설아처럼 죽어버릴 거야!!

윤철 (순간 충격 받은 얼굴. 은별의 양어깨를 잡아 세우며) 너... 왜 이렇게 됐어? 언제부터 이리 망가진 거야?!! 어!! (마구 흔들면)

은별 (독기 품은 눈으로 머리카락을 확 넘기고, 윤철을 노려보며 차갑게) 짜증 나. 아빤 비겁하고, 가장으로서도 빵점이야!! 나가!! 아빠 얼굴 보기 싫으니까 당장 나가라고!!

윤철 (그런 은별 모습이 낯설고. 절망스러운데)

24. **헤라팰리스 서진 윤철의 방 (저녁)**
    윤철, 열 받아서 방으로 들어오고.

윤철 애한테 오윤희 얘긴 왜 했어? 애까지 상처받게 해야 돼?

서진 (옷 갈아입으며) 왜? 없는 말 한 것도 아니고... 은별이도 진실을 알아야, 배로나를 상대하는 데 도움이 되지 않을까?

윤철 설마, 애 경쟁심 부추기려고? (기막힌) 소름 끼친다, 너 진짜!!

서진 (순간 참고 있던 게 터지는) 누가 할 소리! 깔끔하게 정리할 것처럼 굴더니, 뒤에서 지저분한 짓 하고 다니는 사람이 누군데! 내 약점 잡았다고 신난 모양인데, 나중에라도 은별이한테 아빠 소리 듣고 싶음, 조용히 엎드려있다 도장이나 찍어!

윤철 (분노에 찬 표정으로 서진을 노려보며) 넌, 뭐가 그리 떳떳해? 니가 한 짓도 온 세상에 떠들어볼까.

서진 (조롱하듯) 용기 있으면 해봐! 더 바보 되는 건 당신일 텐데.. 괜찮겠어?

윤철	(말문 막히고)
서진	우리 제발 이혼할 때까지 페어플레이하자. 이런 식으로 뒤통수치는 거, 17년을 같이 산 사람으로서 예의는 아닌 거 같은데.
윤철	(이 악물고, 싸늘하게) 더 이상... 나 자극하지 마. 나도, 더는 못 봐줘. (무슨 짓이라도 저지를 표정이고)

25. 펜트하우스 거실(밤)

평소와 다름없이 평온한 표정으로, 정성스럽게 파티 초대장을 쓰고 있는 수련.

단태, 그런 수련을 물끄러미 보고 있는.

서진(E)	협박 편지도, 꽃다발도, 이 루비 반지도... 심수련! 당신 와이프가 보낸 거야!! 아직도 모르겠어? 당신 와이프, 지금 우릴 피 말려 죽이려는 거야! 우리한테 복수하려고!

단태, 서진의 말을 떠올리며, 수련의 행동을 주시하는데.

수련	(초대장을 빨간색 봉투에 넣으며) 이 정도면 되겠죠? 더 초대할 사람 있어요?
단태	(수련의 시선에 정신 차리고) 추가할 사람이 있어. 로건 리라고... 중요한 손님이니 특별히 신경 써야 될 거야.
수련	당신이 꼭 만나야 된다는 그 사람이요? 어떻게, 연락이 됐나 봐요. 잘됐어요. 나도 어떤 사람인지 궁금한데요?
단태	(머뭇하다) 한 사람 더 있어! 4502호도 초대해.
수련	(놀라는 시늉) 윤희 씨 말하는 거예요? 그래도 돼요?
단태	내키지는 않지만, 그 여자가 로건 리와 연관돼있어. 어쩔 수 없이 초대하는 거야.
수련	당신과 좋은 인연이 되려나 보죠. 너무 날 세우지 말고, 친절하게 대해

쥐요.

단태　묘하게... 기분 나쁜 여자야. 도무지 속을 알 수가 없어.

수련　그럼, 초대장은 내가 줄게요. 모처럼 헤라클럽 사람들 전부 모이니까, 설레는데요?

단태　내일 같이 드레스 몇 벌 맞추러 가지. 로건 리 그 자식, 보통 안목이 아니니까.

수련　(좋아하는) 그럴까요? 마땅한 게 없어서 걱정하던 참인데... 예쁜 걸로 사줘요. (밝게 웃으면)

단태　(그런 수련에게서 의심스러운 점 찾기 힘들고, 그러면서도 경계하는 표정)

　　　그런 두 사람의 모습을 한쪽에서 지켜보고 있던 양씨. 호동에게 문자 보내는.

26.　**파크원 호텔 스위트룸**(밤)
　　　운동하고 있는 로건 리, 스마트 워치로 문자 온 걸 확인하고, 테이블 위에 놓여있는 호동의 핸드폰으로 양씨한테 온 문자를 확인하는데. (호동의 핸드폰과 로건의 핸드폰, 두 개 따로 사용)

양씨(E)　주말에 회장님 주최로 파티를 하신답니다. 내일은 두 분이 같이 드레스 샵에 쇼핑을 가신다는 말씀도 나누셨습니다.

호동　(양씨의 문자 확인하고) 우리 사모님이 왜 이렇게 여유를 부리실까. 대체 뭘 믿고...?

27.　**펜트하우스 분수대**(다음 날 아침)
　　　수련, 파티 초대장을 윤희에게 건네면.

윤희　진짜 날 초대한대? 언니네 남편이?

수련　지금 당장은 윤희 씨가 필요할 테니까. 하지만 쓸모없다고 생각되면,

145

언제든지 냉정히 버릴 사람이야.

윤희   어떻게든 버텨야지. 그 자식 마음에 들게! 근데, 언니는 로건 리가 진짜
         명동 땅을 사길 바라는 거야? 그럼, 주단태만 좋은 일 시키는 거 아냐?

수련   (의미심장한 표정) 그럴 순 없지. 앞으로 윤희 씨 역할이 중요해! 로건 리
         가 윤희 씨를 믿고 의지할 수 있게! 할 수 있겠어?

윤희   걱정 마! 자신 있으니까!! 내 능력이 그 자식한테 필요하게 만들면 되
         는 거잖아!! 주단태는 이제 언니랑 나, 공공의 적이야! 펜트하우스에서
         그지 꼴로 쫓아내버리자고! (의지 불태우면)

수련   윤희 씨가 있어서 정말 든든해. (그때, 핸드폰으로 문자 오고, 보면)

호동(E)   D-2, 이제 이틀 남았습니다, 심수련 사모님!

수련   (표정 굳어지는, 점점 조여오고. 불안해지는)

28.   청아예고 성악과 교실(아침)
         두기, 칠판에 "중간고사 시창시험"이라고 적고.

두기   (아이들을 보며) 이번 성악과 중간고사는, 화성학 이론시험과, 시창청
         음시험, 성악 실기를 합쳐서 점수를 낼 생각이다. 오늘은 그중에서 시
         창시험을 실시하겠다!

아이들   (놀라서 술렁이고)

제니   (손을 번쩍 들고) 갑자기 시험을 어떻게 봐요? 예고도 안 하셨잖아요!

두기   시창시험은 예고할 필요가 없지! 어차피 같은 조건에서 악보만 보고,
         정확한 음으로 부를 수 있나를 테스트하는 거니까. 총 10곡 중에 하나
         를 뽑아서 부르면 된다. 자, 1번, 엄장대 나와! (뽑기함을 교탁 위에 올려
         놓으면)

장대   (죽을상을 하고 앞으로 나오고. 뽑기함에서 한 곡을 선택하고) 3번인데요.

두기   자, 3번. (악보를 주면)

장대   (악보를 보고, 그대로 멜로디를 부르는데. 약간의 실수하면서 부르고)

아이들   (모두 떨면서 듣고 있는)

두기	그만! (점수 기록하고) 다음! 주석경 나와!
석경	(역시 나와서, 뽑기로 한 곡을 선택하고. 악보가 주어지면, 멜로디를 부르는데. 완벽하게 구사하지는 못하고)
두기	그만! (점수 기록하고) 다음! 하은별!
은별	(컷 되면. 이어서 악보를 보며 노래 부르는데, 역시 약간의 실수를 하는)
두기	다음! 배로나 나와!
로나	(나와서, 뽑기함에서 한 곡을 선택하고) 5번인데요. (악보 받아서, 잠시 보다가, 악보를 손에서 내려놓고) 시작하겠습니다.
두기	(놀라고) 악보를 안 보고 하겠다고?
로나	네. 다 외웠는데요?
두기/아이들	(술렁이고)
두기	벌써 음을 다 외웠다고? 처음 보는 곡인데? (픽 웃고) 니 자신을 너무 믿는구나, 배로나. 좋아! 시작해! (하면)

로나, "인형의 노래"를 청량한 목소리로 부르기 시작하는데. 완벽하게 모든 음 정확하게 구사하고. 다들 놀라면.

두기	(갑자기 노래 끊고) 그만!! 솔직하게 말해! 이 곡, 원래 알던 거지? 전에 연습한 적 있지?!
로나	아뇨! 없는데요. (아이들 다시 술렁이고)
두기	(얼굴 벌게진) 내가 못 믿겠다면? (다른 악보 내밀며) 이걸로 다시 해봐!
로나	(받아서 잠시 보다가, 다시 악보 내려놓고, 외워서 완벽하게 노래 부르면)
두기	(당황해서 로나를 보는)
은별	(그런 로나가 죽일 듯이 밉고. 매서운 눈으로 로나를 노려보는데)
석경	(석경 역시, 로나를 견제하는 눈빛으로 보고)

29. 청아예고 일각 (낮)

서진에게 보고하는 두기.

두기	처음 보는 곡을 정확하게 외워서 완벽하게 불렀습니다. 파사지오로 갈아타는 법이나, 마스께라를 울리는 법이나, 호흡, 발성, 뭐 하나 흠잡을 데가 없었습니다.
서진	무슨 곡이었죠?
두기	인형의 노래였습니다. 근데!
서진	(보면)
두기	고음부 스케일 테크닉이.. 보통 실력이 아니었습니다. 거의 천재라는 말밖엔... (스케일: 충계식으로 오르락내리락하는 음의 구조)
서진	잘 지켜보고, 수시로 보고하도록 해요. (새삼 긴장하는데)

30. **청아예고 음악부 교실(낮)**
로나, 중간고사 공부하고 있으면. 석경, 그런 로나를 보고 있는데.
제니가 석경에게 다가서고.

제니	배로나 진짜 어이상실 아냐? 봤지? 지 잘났다고 일부러 악보 안 보고 부르는 거! 누군 못 외워서 안 부른대? 혹시라도 실수할까봐 보는 거잖아!
석경	(무시하듯 제니에게) 넌, 보고도 다 틀렸잖아.
제니	(무안하고) 아 그거야... 떨려서 그랬지! 짜증 나. 이번 중간 완전 망했어! 매점이나 가자.
석경	귀찮아. 나 잘래. 이어폰이나 빌려줘.
제니	내 꺼 벌써 방전됐는데.
석경	넌 어떻게 쓸모라곤 없니. (확 밀치더니, 석훈 자리로 가고. 석훈 가방을 열어서 무선 이어폰을 찾아서 꺼내는데. 문득, 케이스에 끼워져있는 키링이 눈에 들어오고) 이건...?!

(인서트) 12화 45신/펜트하우스 석경의 방(밤)

석경	와... 배로나 진짜 놀랍다. 어떡하면 이런 싸구려를 선물할 생각을 해?
석훈	(말없이 보고만 있으면)

석경　오빠도 참. 아무리 내가 부탁했대도, 어떻게 이따위 선물을 보고 예쁘단 말을 해? 좋아하는 척도 적당히 해. 애들이 진짜 오해하겠다. (쓰레기통에 버려버리고)

　　　석경, 석훈의 이어폰 케이스에 달린 키링을 굳은 표정으로 보는. 로나가 선물한 싸구려 키링이 맞는데. 순간 이상한 느낌 들고.

석경　(혼잣말로) 다시 주워왔다?

　　　그때, 석훈과 민혁이 교실로 들어서면. 석경, 얼른 이어폰을 다시 넣어두고.
　　　석훈, 자리에 가서 앉는데. 로나와 다정하게 얘기 주고받으면.
　　　석경, 석훈과 로나를 번갈아보는 불안한 시선! 얼굴 벌게지고!
　　　그때, 석경에게 단톡이 오는. 은별이고.

은별(E)　다들 연습실로 와.

31.　**청아예고 연습실(낮)**
　　　석경, 석훈, 은별, 민혁, 제니, 연습실에 모인.

제니　왜 또 소집이야? 뭔 일 생긴 줄 알고, 심장 떨어지는 줄 알았잖아.
은별　(작정한 듯) 아무래도, 민설아 흉내를 내고 있는 사람, 배로나 같아!
석경　배로나?
은별　학교에서 운동화가 없어진 것도 그렇고, 민설아랑 관련 있는 사람, 걔밖에 더 있어?
제니　(맞장구치는) 완전 맞지! 배로나가 민설아 집에도 살았었잖아. 어쩜, 민설아 핸드폰도 배로나가 갖고 있을지도 몰라.
민혁　그 집은 불에 탔다고 안 했어?

제니	집 어딘가 꼭꼭 숨겨놨으면, 아주 불가능한 것도 아니지!
은별	민설아가 죽고, 대신 학교에 들어온 것도 그렇고, 보송마을로 이사 간 것도 그렇고, 다 이상해! 헤라팰리스까지 우릴 쫓아온 것도 수상하지 않아? (분위기 몰아가면)
제니	그럼 일부러? 완전 소름 끼친다. 걔 혹시, 민설아 귀신이라도 씌인 거 아냐?
석훈	(버럭) 그만해, 쫌!!
아이들	(일제히 그런 석훈을 쳐다보면)
석훈	다 추측이잖아. 로나가 그랬다는 확실한 증거도 없고!!
석경	(그런 석훈이 더 의심스럽고) 증거는 찾아보면 되는 거 아냐?
제니	(솔깃해서) 뭐, 좋은 방법이라도 있어?
석경	(뭔가 생각하는 듯) 나한테 맡겨!
석훈	(불안한데)

32. 청아예고 복도(낮)
석경을 잡아 세우는 석훈.

석훈	그만둬! 무슨 짓을 하려고 이래?!
석경	(싸늘하게 석훈 보며) 오빠! 요즘 연기하는 데 너무 심취한 거 아냐? 안 되겠다. 이제 배로나 좋아하는 척, 그만해. 내가 괜한 부탁을 했나 봐.
석훈	(대답 못 하면)
석경	설마... 진짜 그 앨 좋아하는 건 아니지? (헛웃음) 말이 안 되잖아. 천하의 주석훈이... 어떻게 그딴 급도 안 맞는 추잡스러운 애를...
석훈	(갑자기 욱해서) 말조심해!!
석경	(기막힌) 지금 나한테 화낸 거야? (배신감에 분노하면)
석훈	(애써 가라앉히고) 그런 거 아냐. 하지만, 그런 식으로 함부로 평가하는 거, 듣기 싫어.
석경	(단단히 삐친, 부르르 하고) 오빠! 나한테 제대로 실수한 거야! (확 가버

리면)

석훈　석경아! (난감한데)

33.　드레스 숍(낮)

수련, 드레스로 갈아입고 나오면.

단태　잘 어울려. 역시 우리 와이프는 뭘 입어도 멋지다니까.

점원　정말 너무 아름다우세요, 사모님. 다 잘 어울리셔서 뭘 추천해야 될지 모르겠어요.

수련　당신이 골라줘요. 당신이 좋으면 나도 좋아요.

단태　다른 것도 더 입어봐. 무조건 최고로 멋진 걸로 준비해야 돼. 내일 파티에선, 당신이 가장 눈에 띄어야 되니까. (점원에게) 입어본 거 전부 결제해줘요. 내 옷도 가져와요. (남자 피팅룸으로 가면)

수련　(미소 짓다가 표정 변하고. 문득 마네킹에 걸려있는 화려한 스카프 하나가 눈에 들어오는데. 단태 별장의 옷장에서 봤던 그 스카프고. 11화 38신. 뭔가 생각하다, 점원에게) 저 스카프도 살게요!

점원　네, 사모님. (다른 드레스 내밀며) 이것도 입어보시겠어요?

34.　드레스 숍 여자 피팅룸/남자 피팅룸(낮)

인접해있는 두 개의 피팅룸, 조금 떨어져있고. 위쪽에서 카메라가 잡고 있는.

단태, 남자 피팅룸에서 깔끔한 연미복을 입고 있으면.

수련, 아무 생각 없이 여자 피팅룸으로 들어가는데. 순간 화들짝 놀라고. 보면, 그 안에 호동이 서있고!

호동　(고개 돌려서 수련을 보고, 싸늘하게 웃으면)

수련　(기겁하는) 아악! (비명 내지르고)

단태　(옷 입다가 멈칫) 무슨 일이야?!

수련   아.. 아무것도 아니에요. (놀란 수련, 호동을 보는데)

호동   (여유롭게 수련에게 귓속말로) 아주 아름다우시네요, 민설아 어머니.

수련   (낮게) 지금 뭐하는 짓이야?! 여긴 어떻게 알고...

호동   난 심수련 씨에 대해 모르는 게 없지. 여유 부릴 땐 언제고, 왜 이렇게 쫄
        으셨을까. 내 경고 무시하고, 지금 남편이랑 파티 준비하느라 정신없어
        보이는데...

수련   내 일에 상관 마! 당장 나가!!

        그때, 밖에서 점원이 노크하는.

점원(E) 사모님? 들어가도 될까요. 제가 도와드릴게요.

수련   (당황하며) 아뇨! 혼자 할 수 있어요.

호동   (나직이) 내가 생각이 좀 바뀌었어. 당신이 민설아 엄마라는 사실, 내일
        당신네 파티 때 얘기해!

수련   뭐?

호동   관객이 많을수록 재밌을 거 같거든! 서프라이즈하기에 딱 알맞은 날
        이야!

수련   (부들부들한데) 때가 되면 내가 다 말할 거야! 그러니까 당신은 빠져!! 내
        일에 방해되면 가만두지 않겠다고 경고했을 텐데!! (매섭게 받아치면)

호동   (픽 웃고) 내일이 디데이야. 타협안 따윈 없어! 마침 그 파티에, 민설아
        를 아는 모든 사람이 모인다니, 더할 나위 없이 좋은 자릴 거 같은데...

수련   (간곡하게) 조금만 기다려줘! 내가 꼭 해야 될 일이 있다고!!

호동   아줌마 사정 봐줄 만큼, 내가 성질이 좋지 못 해서 말야.

수련   난 이미 벌받고 있어! 행복하지 않단 말야!!

단태(E) 당신 다 갈아입었어? 여보?! (뚜벅뚜벅 구두 소리 들리고, 수련 쪽으로 가
        다가오는 소리. 점점 가까워지는데)

수련   (심장이 터질 거 같고, 호동에게 나직이) 뭐하는 거야? 빨리 가!! 제발!!

그러다, 단태가 피팅룸 문을 확 열면.
수련, 화들짝 놀라서 문 쪽을 보는!! 기겁하는 수련 표정!

단태   당신, 무슨 일 있어? (피팅룸 둘러보면, 수련 외엔 아무도 없고)

수련   (순간 휘청하는데)

단태   (얼른 수련을 잡고) 왜 이래? 괜찮아?

수련   괜찮아요. 좀 어지러워서... 파티 준비하느라 좀 무리했나 봐요. 미안해요. 얼른 갈아입고 나갈게요. (단태 내보내고, 얼른 문을 닫으면)

호동   (커튼 뒤쪽에 숨어있다가 모습 드러내고) 잊지 마. 내일이야. 똑딱똑딱. (손목에 시계 가리키며, 뒷문으로 빠져나가는데)

수련   (마구 떨리는 손. 그대로 주저앉아버리고. 불안해 미치겠는)

35.   드레스 숍(낮)
      단태, 뭔가 이상한 느낌으로 피팅룸을 나오면. 뭔가 휙 지나가고.
      이상한 듯 주변을 둘러보는데, 아무도 없고.
      호동, 단태의 시선을 피해서 조심스럽게 숍을 빠져나가는.

36.   청아예고 음악부 교실(낮)
      쉬는 시간.
      로나, 앉아서 공부 중인데 문자 오는. 확인하려고 핸드폰 패턴을 입력하면.
      제니, 스윽 지나가다가 패턴을 보는. 석경에게 눈짓하면.
      석경, 로나 옆을 슬쩍 지나가는 척하다가, 몰래 로나의 핸드폰을 손에 움켜쥐는.

37.   청아예고 연습실(낮)
      문을 걸어 잠그는 석경의 손. 로나의 핸드폰 패턴을 푸는 제니.
      긴장한 표정으로 로나의 핸드폰을 보고 있는 석훈과 석경, 은별, 민혁이고.

제니, 급하게 카톡으로 들어가면. 단톡방 안 보이고.

제니	뭐야. 단톡방 같은 거 없잖아?
석경	그건 이미 없었겠지. (핸드폰 뺏어서 사진첩을 열어보는데)
석훈	그 정도 했음 그만해! 남의 핸드폰을 왜 봐? (핸드폰을 가져가려는데)
은별	잠깐! (핸드폰을 가까이에서 보면)
아이들	(은별의 말에, 다들 집중해서 핸드폰을 보는데. 사진첩에, 설탕이와 로나가 같이 찍은 사진이 보이고)
은별	이 강아지.... (자신의 핸드폰을 열어서, 민설아 카톡의 프로필 사진을 보여 주면, 똑같은 설탕이 사진이고!)
제니	(기겁하고) 설마, 같은 강아지야?
은별	(두 개의 사진을 확대해서 보면. 목줄에 걸린 이름표에 "설탕이"라는 이름 분명하게 써있고) 설탕이?!! (다들 경악하는데)
석경	정말, 배로나 짓이었어? 민설아인 것처럼 우리 협박한 게?! (그러다 석훈에게 따지듯) 이래도 아냐?!! 오빠 눈으로 직접 봐!! 민설아랑 배로나가 같은 강아지를 안고 있어. 이게 우연이야?!
은별	내가 뭐랬어? 배로나가 확실하다고 했잖아.
민혁	와... 진짜 쩐다. 이게 뭐야. 이럼 얘기가 좀 심각해지는데?
제니	그 기지배, 우릴 갖고 놀았네, 완전!
석경	배로나, 사람 대접 좀 해줬더니, 진짜 재밌는 애네?! (싸늘하게 굳어지면)
석훈	(혼란스러운. 미치겠고)

38. 청아예고 음악부 교실(낮)
수업 시작하는 종소리 울리고.
로나, 그제야 핸드폰이 없어진 거 알고 찾고 있는.

로나	(은후에게) 미안한데, 핸드폰 한 번만 빌려줄래? 내 핸드폰이 없어져서.

은후	(핸드폰 건네면)

로나, 자기 번호로 전화를 거는데. 진동으로 울리는 소리 나고.
로나, 소리 나는 쪽을 둘러보면. 책상 아래에 떨어져있는 핸드폰이 보이고.

로나	찾았다! (핸드폰 주워들면)
은후	뭐야~ 그러게 잘 찾아보라니까.
로나	이상하다. 아깐 분명히 없었는데...

한쪽에서 그런 로나를 싸늘하게 보고 있는 헤펠 아이들.

39. 고급 바(밤)

윤희와 로건 리, 나란히 앉아서 술 마시고 있는.

윤희	낮에 비서 분께 명동 부지 자료들은 보내놨는데, 확인해보셨어요?
로건	아직요. 급한 건 아니니까. 일단 오윤희 씨가 부탁해서 주 회장을 만나긴 했지만, 바로 계약을 허락하겠단 뜻은 아니었어요. 계약도 사람 일인데, 서로 좀 알아야 진행할 수 있지 않겠어요?
윤희	당연히... 그렇긴 하죠.
로건	(갑자기 정색하며) 그래서 말인데... 오윤희 씨는 어떤 사람이죠?
윤희	어떤 사람이라뇨?
로건	헤라팰리스에 드라마틱하게 입성했다고 들었어요. 오래된 아파트를 사서 큰돈을 벌었다고.
윤희	주 회장님께 들으셨어요? 사연이 좀 있어요.
로건	궁금하네요. 무슨 사연인지.
윤희	그 아파트가 시세보다 많이 싸게 나온 집이었어요. 거기서... 어떤 아이가 죽었거든요. 자살이었대요.

로건	(눈 반짝하고) 자살이요? 그런 집을 굳이 산 이유가...
윤희	처음엔 저도 몰랐어요. 근데, 그 집이 이상하게 흉가라고 생각되지 않았어요. 거기 살던 아이를 본 적이 있는데, 아주 착한 아이였거든요.
로건	(떠보듯) 잘 아는 사이였어요?
윤희	조금요. 제 딸아이랑 동갑이어서 그런지, 그 아이 생각하면 아직도 맘이 아파요. 부모만 있었어도 그렇게 죽진 않았을 텐데...
로건	(그런 윤희를 찬찬히 보는)

40. 파크원 호텔 스위트룸(밤)

스위트룸으로 들어서는 로건 리. 윤희의 말을 다시 떠올리는데.

윤희(E)	거기 살던 아이를 본 적이 있는데, 아주 착한 친구였거든요. 제 딸아이랑 동갑이어서 그런지, 그 아이 생각하면 아직도 맘이 아파요.

로건 리, 투명보드의 윤희 사진을 노려보고.

로건	당신! 진짜 우리 설아한테 진심이었어? (혼란스러운데)

그때, 테이블 위에 놓여있는 빨간색 봉투가 보이고.
열어보면. 주단태와 심수련이 헤라펠리스 저녁 만찬에 부르는 초대장이고.

로건	기대해. 잊을 수 없는 파티가 될 거야. (의미심장한 표정으로 초대장을 구겨버리는)

41. 헤라펠리스 엘리베이터(밤)

윤희, 취한 상태로 엘리베이터에 오르면. 층수가 적힌 버튼들이 쭉 늘어서있고.

윤희, 45층을 찾아 더듬거리며 손가락을 움직이고 있던 순간! 문득, 블랙아웃된 어떤 순간이 겹쳐서 떠오르고.

42. 회상/8화 80신 연결/헤라팰리스 엘리베이터 안/밖/민설아 죽던 날(밤)

술에 취해 비틀거리며 엘리베이터에 올라탄 윤희, 흥분해서 정신없고. 몇 층을 눌러야 하나 더듬거리며 손가락 움직이는데, 손에서 피 나고 있는.

윤희   아아... (피 나는 손을 움켜쥐는 사이, 엘리베이터가 위로 올라가는데)

철거덕! 갑자기 47층에 멈춰선 엘리베이터. 문 열리고.
엘리베이터에서 내리던 윤희, 누군가와 부딪히는데. 설아고.

윤희   (취한 상태에서 설아를 알아보고) 너는...?
설아   (초췌한 얼굴로 반갑게 윤희를 보는) 아줌마...!! (그러다 윤희 손에 흐르는 피 보고 놀라서) 아줌마... 손에 피가... (주머니 뒤져서 휴지 한 조각을 찾아, 윤희의 피 나는 손을 휴지로 동여매주면)
윤희   (그런 설아를 보며) 근데, 니가 여기 왜 있어. 무슨 일 있어?
설아   (고개 들어, 절절한 표정으로 윤희를 보는) 헤라팰리스 사람들이 절 죽이려고 해요! 무서워요, 아줌마! (다급하고 간절하게) 제발 도와주세요. 저 좀 살려주세요, 아줌마!!

43. 현재/헤라팰리스 엘리베이터 안(밤)
설아(E)   헤라팰리스 사람들이 절 죽이려고 해요!

윤희, 메아리치는 설아 목소리가 생생하게 떠오르는데. 갑자기 술이 확 깨고!

윤희	(굳어지는) 맞아... 헤라팰리스 사람들이라고 했어! 틀림없어! (벼락처럼 그날 일이 떠오르면서, 가슴이 마구 뛰기 시작하는데)

44.   헤라팰리스 외경 (다음 날 저녁. 토요일)

45.   헤라팰리스 서진 윤철 드레스룸 (저녁)
       서진 앞에 빨간색 봉투에 담긴 초대장이 놓여있고.
       정성스럽게 화장을 하며 꾸미고 있는 서진. 그러다 가방에서 뭔가를
       꺼내는데. 별장 옷장에 따로 걸려있던 화려한 스카프고!

46.   헤라팰리스 윤희 집 안방 (저녁)
       윤희, 평범한 원피스 정도 입고, 딴생각하는 듯 멍하니 화장하고 있는
       데. 계속 콤팩트로 같은 곳을 두드리고 있는.

설아(E)	제발 도와주세요. 저 좀 살려주세요, 아줌마!!

       윤희, 절절한 설아 목소리가 떠오르면. 정신이 번쩍 들고.

윤희	민설아가 왜 그날 헤라팰리스에 있었을까. 설마, 자살이 아니고 누군가 죽인 거라면... 말도 안 돼.... (끔찍한 듯 고개 내젓는데. 갑자기 노크 소리 들리고. 순간 화들짝 놀라는 윤희!)

       방문 열고 로나가 선물상자를 들고 들어오는.

윤희	(놀란 표정으로 보며) 뭐야, 그건?
로나	펜트하우스 아줌마가 뭐 보내셨나 봐. (선물상자 보여주면)
윤희	언니가? (상자 열어보는데, 멋진 드레스와 구두, 클러치, 불가리 주얼리 박스들이 들어있는. 놀라서, 상자 안의 카드 읽어보면)

수련(E)	당당하게 들어와. 기죽지 말고. 오늘 파티의 주인공은 윤희 씨야.
윤희	(순간 눈물 핑 돌고. 그런 수련이 너무 고마운데)
로나	(감탄하는) 이거 엄마 입으라고 보낸 거야? 너무 예쁘다. 영화에서나 봤던 드레스야. (불가리 목걸이 박스 열어서 보며) 아줌마 센스 장난 아니네. 아 뭐해, 얼른 해봐!
윤희	이렇게 좋은 걸 아까워서 어떻게 하니.
로나	(불가리 박스들을 하나씩 열어가면서) 색이랑 디자인이랑 죽여! 그냥 딱 엄마 꺼야. (불가리 팔찌 케이스에서 팔찌 꺼내서 건네주면)
윤희	(팔찌 건네받아 돌리면서 착장하고, 반지도 껴보고 로나에게 보여주며) 어때?
로나	완전 예쁘다! 온몸에서 빛이 나. 부와 명예를 다 가진 헤라신 같아, 울 엄마~ (좋아하는데. 그때, 핸드폰으로 문자 오고. 보면 석훈인데. 얼른 돌아서서 문자 확인하면)
석훈(E)	할 얘기가 있어. 이따 6시에 커뮤니티에서 볼래? 석훈.
로나	(괜히 얼굴 빨개지는. 석훈의 문자에 설레는데)

47.   펜트하우스 거실 (낮)

로나(E)	그래. 이따 봐.

로나의 답장을 받는 사람, 석경이고.
석경, 석훈의 핸드폰에서 문자 기록을 지우는데. 그때, 거실로 걸어오는 석훈.
석경, 놀라서 얼른 석훈의 핸드폰을 테이블 위에 올려두고, 책 보는 척하면.

석훈	(핸드폰 집어서 열어보는데)
석경	(얼른 석훈 시선 피하며 일어서고) 아줌마. 나 배고파. (주방으로 가다가, 은별에게 잽싸게 톡하는. E) 미션 클리어!

48.　헤라팰리스 은별의 방(저녁)

은별, 핸드폰으로 석경 문자 확인하고. 시계를 보는. 그러다 뭔가 결심한 듯한 표정으로 일어서는!

49.　헤라팰리스 파티장(저녁)

전문 요리사들이 즉석요리를 하고 있고. 파티 음식들이 하나씩 착착 세팅되고 있는.

마리, 규진, 상아, 잔뜩 힘준 스타일로 빼입고, 파티장 한쪽에서 샴페인을 마시고 있는데.

상아　(규진의 옷매무새를 만져주며) 주 회장님 부부가 오늘 파티에 엄청 힘 좀 주셨는데. 호텔 쉐프들까지 부르고, 요리도 스페셜이고. 로건 리라는 사람이 그렇게 대단해? 당신보다 더?

마리　(갑자기 크게 웃고) 민혁 엄마, 그게 뭔 소리야. 나 10년 중에서 방금 제일 크게 웃었다. 로건 리가 누군지 몰라? 재미교포 중에 가장 성공했다는 제임스 리 아들이잖아. 민혁 엄마도 고학력치고 지식은 상당히 저렴해~

규진　(상아 보고 타박하는) 그러니까 신문 좀 읽어! 이럴 때 당신이 나서서 다이렉트로 인맥 좀 뚫고 그럼 좀 좋아? (타박하면)

상아　(발끈해서) 그래서 이렇게 뻗쳐 입고 왔잖아!

마리　그런 일을 아무나 하나요. 주 회장님 정도 되니까, 그런 분이랑 물꼬도 트고 그런 거지. 펜트하우스 사는 분은 달라도 한참 달라요.

그때, 수련이 등장하고. 수련, 드레스에 스카프를 두른 모습인데. 다들, 수련의 아름다운 모습에 멈칫하고.

상아　어머나. 못 보던 드레슨데... 너무 아름다워요, 수련 씨. 이 스카프도, 벨라지오 신상 맞죠? 드레스랑 너무 잘 어울려요.

수련　그래요? 그이가 사줬어요. 오늘 특별한 날이잖아요.

마리	역시 주 회장님 안목을 누가 따라가겠어. 제니 아빠도 이런 날 같이 있어야 되는 건데.. (부럽고. 드레스 허리를 있는 대로 졸라매면)
규진	회장님은요?
수련	로건 리 씨 마중 나갔어요. 금방 도착할 거예요.
규진	아이고, 그럼 저도 나가봐야죠. 첫인상이 중요한 건데. (헐레벌떡 뛰어가면)

그때, 잔뜩 신경 쓴 서진이 위풍당당한 자세로 파티장으로 들어서고.
서진의 등장에 다들 표정 굳어지는. 시선들, 서진의 스카프에 몰리는데.
서진, 수련과 같은 스카프를 두르고 왔고.

상아	(스카프를 보고) 천 쌤! 수련 씨랑 같은 스카프네요.
서진	(순간 당황하면)
마리	뭐야. 수련 씨는 주 회장님이 사줬다는데, 그 집은 하 박사님이 사줬을 거 같진 않고, 천 쌤이 직접 사신 거예요? 왜 하필, 굳이 그걸?
상아	(마리를 툭 치면)
서진	(굳어진 표정으로 수련 보며) 드레스코드가 겹쳤네요. (스카프를 벗어서 손에 움켜쥐며) 난, 남이 하는 건 안 하는 성격이라서요.
수련	그래요? 난 그 반댄 줄 알았는데... 니 꺼 내 꺼 안 가리는 소탈한 성격 아니었나요? 난 상관없으니까 그냥 하고 계세요. 신경 써서 골랐을 텐데. (의미심장하게 보면)
서진	(수련의 눈빛이 심상치 않게 읽히고) 화장실 좀 다녀올게요. (급히 자리 피하고)
상아	(뒷담화하는) 천 쌤 많이 당황한 거 같죠? 갑자기 화장실로 내빼는 게..
마리	혹시 일부러 같은 걸로 샀나? 자존심 쎈 척하면서, 은근히 따라쟁이라니까.
수련	(사라지는 서진 뒷모습을 보다가, 표정 바꿔서 미소 띠고) 다들 와주셔서 감사해요. 와인이랑 요리는 충분하니까 많이 즐겨주세요~

50. 헤라팰리스 화장실(저녁)

서진, 화장실에 들어오자마자, 스카프를 쓰레기통에 처박아버리는데.
분한 듯 씩씩대다가, 클러치에서 빨간 립스틱을 꺼내서 진하게 덧바
르고.

서진   (거울 보면서 독한 표정) 난 한 번도, 내가 갖고 싶은 걸 못 가진 적이 없
         었어! 주단태도 마찬가지야, 심수련! 펜트하우스, 영원히 니 꺼일 거 같
         아? (눈빛 반짝하는 서진이고)

51. 헤라팰리스 파티장(저녁)

문이 양쪽에서 열리면서, 단태와 규진, 로건 리가 등장하는데.
헤라클럽 사람들, 로건 리를 보고 환호와 함께 박수로 맞는. 서진도 들
어오다가 뒤에서 보고.

단태   (다정한 척 수련의 허리를 감싸고, 로건에게) 제 와이픕니다.
서진   (단태의 행동을 지켜보고 있는. 단태의 다정한 표정이 신경 쓰이고)
로건   (미소 지으며 수련과 인사하는, 영어로) 반갑습니다. 로건 립니다.
수련   (영어로) 처음 뵙겠습니다. 심수련이에요. 초대에 응해주셔서 감사드
         립니다.
로건   (미소 짓지만 눈빛 싸늘하고, 영어로) 두 분 사이가 아주 다정한 거 같아
         서 부러운데요. 이럴 줄 알았으면 저도 파트너를 데려오는 건데... (하
         면, 다들 웃고)
마리   (혼자 못 알아듣고. 알아듣는 척, 한 박자 늦게 따라 웃는데. 오버하고)
단태   귀한 손님께서 외로우시면 안 되죠. 그래서 제가 파트너를 모셨습니다.
         (문 쪽 보며) 들어오시죠!

단태 말이 떨어지면. 문 열리고. 드레스를 입은 윤희가 파티장으로 들
어서는.

서진, 윤희를 보자 놀라서 눈 휘둥그레지고.

윤희, 그전과는 완전 다르게 세련되고 고급스러운 드레스 차림으로 등장하는데. 다들 놀라고.

규진	어떻게 된 거예요, 주 회장님! 윤희 씨도 초대한 거예요?
단태	네. 제가 초대했습니다.
서진	헤라클럽 멤버들 허락도 없이, 파티에 초대하다뇨! 주 회장님답지 않습니다!
단태	헤라클럽 멤버가 아니라, 제이킹홀딩스 투자팀 직원으로 참석한 겁니다.
윤희	(인사하는) 주 회장님과 투자팀에서 같이 일하게 됐어요. 좋은 자리에 불러주셔서 감사합니다. 너무 멋진 파티네요. (하더니, 로건 리 보며 친근하게, 영어로) 오늘따라 더 멋있으시네요, 로건 리. 슈트가 참 잘 어울려요.
마리	이게 다 뭔 소리야. 뭐가 어떻게 돌아가는 거냐고. 나만 몰라? (정신없는데)
서진	(당황해서) 언제부터 오윤희 씨가 회장님 회사에 직원이 된 거죠?!
수련	(서진 말 자르며) 윤희 씨, 축하해요. 유능한 직원이라고 남편이 칭찬하더라고요. 로건 리 미팅을 주선했다면서요?
규진/서진/마리/상아	(놀라고)
규진	오윤희 씨가요?! 아니, 무슨 수로! 로건 리랑 아는 사이였어요?
윤희	(얼른 화제 바꾸며) 밤도 긴데 차차 설명드리죠. 그보다 맛있는 냄새 때문에 배가 너무 고픈데요. 우리, 먹으면서 얘기 나누면 어떨까요.
수련	그게 좋겠네요. 이쪽으로들 오세요. (안내하면)
단태	식사 후에, 헤라팰리스 분수대에서 점등식을 할 예정입니다. 로건 리 씨가 특별히 보고 싶어 하셔서.
로건	(영어로) 헤라팰리스의 시그니처라고 하니, 기대되는데요. (의미심장한 미소 띠는)
모두들	(요리가 준비된 곳으로 이동하는데)

서진   (꿈짝 않고 서서, 샴페인을 원샷으로 들이키는. 무시당한 듯 모욕감 드는데)

52.   헤라팰리스 커뮤니티(저녁)
         로나, 커뮤니티로 들어서는데 아무도 없고.
         자리 잡고 기다리고 있는 로나, 거울에 비친 자신의 모습을 체크 중인데.

제니(E)   데이트한다고 신경 쓰는 것 좀 봐라.

         로나, 놀라서 돌아보면. 제니와 민혁, 은별이 비웃으며 서있는.

로나   뭐야.. 니네들? 석훈인 어딨어?

은별   석훈이가 만나자니까 달려 나온 거야? 진짜 어이없어. 제발 주제 파악
            좀 해.

로나   (뭔가 이상함 느끼고) 비켜! 니들하고 할 얘기 없어! (문 쪽으로 나가려
            는데)

석경   (문 열고 들어서는) 석훈 오빠 불러줄까? 후회할 텐데? 갠 진짜 장난 없
            게 무섭거든.

민혁   (발로 문을 탁 가로막고. 문을 잠그는)

석경/은별/제니   (로나 앞에 버티고 서는데)

로나   (달라진 석경 모습에 놀라) 석경이 너까지 왜 이러는데!!

석경   버러지 같은 거랑 말 좀 섞어줬더니 내가 진짜로 니 친구라도 된 줄 알
            았어? 석훈 오빠랑 내가 내기했거든. 누가 더 그럴싸하게 속여먹나. 설
            마 진짜 우리 오빠가 널 좋아한 줄 착각한 거야? (재밌다는 듯 웃으면)

로나   (충격 받고) 뭐어? (하얗게 질리면)

은별   순진한 척 가식 좀 그만 떨어!! 니가 민설아 흉내 내면서 우리 협박한
            거 다 알고 있으니까!

로나   그게 무슨 소리야? 내가 누구 흉내를 내?

민혁   이것 봐라, 이것 봐. 완전 개뻔뻔에 소름이다.

164

제니	당연히 모른 척할 게 뻔한데 뭘 물어. 되지도 않는 연기하는 꼴이라곤.
석경	결론만 말할게. 너 같은 애하곤 같이 학교를 못 다니겠어. 그러니까, 니가 한 짓 제대로 사과하고, 자퇴해! 그럼 쿨하게 덮어줄게.
로나	내가 왜 그래야 되는데? 내가 뭘 잘못해서?!!
제니	이거 완전 또라이에 싸패잖아?! 민설아 운동화 훔쳐간 것도 너지? 이런 애가 어떻게 청아예고를 다녀? 질 떨어져 진짜!
로나	(순간 어이없는 표정) 그렇게 할 일들이 없니? 내가 청아예고 다니는 게 그렇게 겁나?!! 나한테 질까봐? 그래서 이래?!!
은별	(눈 돌아가고, 매섭게) 니깟 게 뭔데 겁이 나? 니깟 게 뭔데?!!!
석경	(은별을 제지하고, 의기양양하게) 흥분할 거 없어. 곧 진실을 말하게 될 거야!

석경, 은별, 제니, 민혁, 구석으로 로나를 점점 압박하는데.
로나, 겁에 질려 뒷걸음질 치고.

로나	왜들 이래... 그만해!! 가까이 오지 마...!!!
아이들	(로나에게 무표정하게 한 걸음씩 다가서는, 사악하게 일그러진 표정들)

53. 펜트하우스 석경의 방 (저녁)
      노크하고 문을 여는 석훈.
      석경은 없고, 양씨만 방 청소하고 있으면.

석훈	석경이 어디 갔어요?
양씨	아까 나가던데?
석훈	곧 과외 쌤 오실 건데... (석경에게 핸드폰 하는데, 받지 않고)

54. 헤라팰리스 파티장 (밤)
      윤희, 음식을 담고 있으면 슬쩍 다가오는 마리와 상아.

마리	사람 놀래키는 재주 있네. 대체 어떻게 주 회장님을 꼬신 거야. 그 회사가 만만히 들어갈 데가 아닌데. 윤희 씨는 진짜 볼수록 놀랍다니까.
상아	로건 리를 데려왔다면서요? 대단해요. 어떻게 한 거래요? (호감 보이면)
윤희	진심이 통했달까요? 하하.. (어색하게 웃으면)
마리	잉글리쉬는 어디서 배웠어요? 딕션은 뭐, 쓸 만하던데.
윤희	공부 좀 했죠. 관심 있으면, 제가 회화 쌤 소개시켜드릴까요.
마리	(괜히 발끈하고) 나도 리스닝은 완전 돼! 스피킹이 딸려서 그렇지!

다른 쪽에 단태, 로건, 규진, 샴페인 마시고 있으면.
서진, 단태 쪽으로 걸어가는데. 수련이 먼저 단태에게 다가서고.

수련	(단태에게 속삭이듯) 오늘 호스트니까 술 과하게 하지 마요. (단태 입술에 묻은 와인을 다정하게 닦아주고. 서진을 자극하면)
서진	(멈칫, 멈춰 서고. 다정한 수련과 단태 모습이 신경 쓰여 미칠 거 같은데. 들고 있던 술잔을 확 비우고 돌아서려는데)
수련	(서진에게) 하 박사님은 안 오신대요? 제가 따로 초대했는데...
서진	(멈춰 서고, 홱 돌아보면)
규진	오겠어요? 지금 집안이 전쟁 중인데.. (하다가 멈칫, 서진 눈치 보면)
수련	화해한 거 아니었어요? 지난번에 보니, 하 박사님이 꽃다발에 반지 선물까지 보내셨던데... 웬만하면 마음 풀어주세요. 부부 사이에 가끔 싸우기도 하고, 속이기도 하고, 그런 거죠. 안 그래요, 여보? (단태 팔짱을 끼고, 애교스럽게 웃으면)
단태	(뭔가 뜨끔하지만, 가증스럽게 마주 보며) 글쎄... 난 당신한테 속이는 게 없어서... 거짓말 못하는 거 알잖아, 당신! (로건 리 의식하며, 수련 이마에 가볍게 입 맞추면)
로건	(가증스럽단 듯 보다가, 참을 수 없는 듯 짧은 목례하고 자리를 피하는데)
서진	(로건 리가 아웃하자마자, 샴페인을 한가득 잔에 따라 마시고. 이미 취한) 브라보! (갑자기 박수를 치며) 진짜 대단한 거 같아요, 수련 씨는! 알죠?

내가 얼마나 수련 씨를 존경하는지... 늘 우아하고, 친절하고, 내조도 잘 하는 최고의 아내이자 엄마잖아요. 석훈 석경이가 공부도 잘하고, 나란히 홍보 모델까지 돼서 이런 축하파티까지 여니, 얼마나 부러운지 몰라요. 친자식도 아닌 아이들을 어떻게 그렇게 잘 키워낸 거예요?! (확 질러버리면)

모두들 놀라서 서진을 보고. 윤희도 놀란 듯 수련을 보는데.

마리　그게, 뭔 소리예요? 친자식이 아니라니.. 천 쌤, 취했어요?

서진　모르셨어요? 어머, 제가 괜한 말을 했나보네요. 난 다들 아시는 줄 알고... 미안해요, 수련 씨. 근데 요즘 세상에 그게 비밀일 것도 없지 않아요?

수련　(잠시 당황했다가, 애써 담담하게) 석훈이, 석경이, 제 아이가 아니라고 생각한 적 한 번도 없었어요. 지금껏 그렇게 키웠고요. 그런 말은 조심해주셨음 좋겠네요.

서진　(충고하듯) 뭐든 숨기고 은밀한 건 좋은 게 아니에요! 떳떳하면 숨길 이유가 없잖아요? 사실, 친엄마 아닌 거, 티는 좀 났거든요. 친엄마라면 죽었다 깨나도 절대 할 수 없는 대담함이 있다 했어요. 안 그래요, 다들? (동의 구하면)

모두들　(충격 받은 얼굴로 수련을 보는데)

수련　(시선 느끼며) 그랬어요? 부모는 늘 부족하기 마련이죠. 더 노력해야겠네요.

서진　(조롱하듯 수련을 보며) 그건 노력한다고 되는 게 아니에요. 그냥 본능적으로 자식을 사랑하는 거지.

수련　(그런 서진을 매섭게 마주 보는데. 팽팽한 두 사람의 시선. 그때 핸드폰으로 문자 오고. 보면)

호동(E)　즐거운 파티를 즐기고 있나요? 곧 점등식이 열린다니, 그때가 좋겠네요. 당신이 민설아 엄마라는 걸 사람들 앞에서 말해요! 내가 들을 수 있게 큰소리로, 또박또박! 당신이 안 하면, 내가 나설 수밖에 없어요...

수련	(순간 표정 굳어지고. 주위를 둘러보면. 호동의 모습 보이지 않고. 뭔가 일이 터질 거 같은 불안감에 하얗게 질린. 식은땀 나고)
단태	(표정 일그러져있는. 서진에게 눈짓하고, 나오라는 신호를 보내는)

55. 헤라팰리스 일각(밤)
서진을 다그치는 단태.

단태	뭐하는 짓이야! 그런 얘길 왜 해?! 하필 이런 자리에서?!
서진	(폭발하는) 그런 당신은! 나 보란 듯이, 와이프한테 똑같은 스카프를 사주고, 사랑이 넘치는 얼굴로 하하호호, 그렇게 좋니. 신나 죽겠어?! 그렇게 와이프를 사랑하면서 나는 왜 만나?!!!
단태	오늘 중요한 자린 거 몰라? 이런 식으로 불편하게 만들 필요 없잖아!!
서진	(갑자기 단태를 확 끌어안고, 입에 키스하는데)
단태	(놀라서 서진의 팔을 풀려면)
서진	(더 세게 단태의 목을 감싸 쥐고 키스하고)
단태	(확 밀쳐내고) 미쳤어? (주위 둘러보면)
서진	(갑자기 불안한 듯, 울컥해서) 모르겠어. 갑자기 당신이 다른 사람이 된 거 같아. 말해줘... 날 얼마나 사랑하는지.
단태	당신답지 않게 왜 이래?! 내 마음 몰라서 이래?
서진	몰라!! 그러니까 당장 확인시켜달라고!! 빨리!! (소리치면)
단태	(주위 둘러보다가, 서진의 얼굴을 양손으로 잡고 진하게 키스하는데)

한쪽에서 그런 두사람을 보고 있는 사람, 로건 리고.
로건, 두사람 관계를 알고 충격 받은 표정인데.

단태	(서진에게 달래듯이) 술 그만 마셔. 취했어. 끝나고 별장에서 기다릴게. (다독이고) 사람들 보니까 먼저 들어가.
서진	알았어. (그제야 만족한 미소 지으며, 들어가면)

로건   (몸을 숨겨, 얼른 서진을 피하는데)

단태   (옷매무새 만지고, 다시 파티장으로 들어서려는데, 갑자기 날아드는 주먹
         에 얼굴을 얻어맞고)

윤철(E)   개자식!!

단태   (기습으로 당하고 비틀하는. 보면 윤철이다!)

윤철   (단태와 서진의 모습을 다 본 듯, 이성 잃고) 어떻게 여기서까지 그딴 짓을
         해? 짐승이야, 니들?!!

단태   (입술의 피를 닦으며 윤철을 보는데)

윤철   처음부터 너 마음에 안 들었어, 주단태!! 쓰레기 같은 새끼! (주먹을 다
         시 날리는데)

단태   (손으로 막고, 비꼬듯) 알고 있었나 보지? 하지만 맞아주는 건 딱 한 번이
         야! 그 정도면 충분하지 않아?

윤철   뭐? 죽어!! (욱해서 다시 단태에게 주먹 날리면. 단태, 피하면서 그대로 윤
         철에게 주먹 날리고. 윤철, 제대로 맞고 쓰러지면)

단태   열등감에 쩔어 있는 새끼. 넌, 그 여자랑 살 자격이 없어! 최소한의 양심
         이라도 있으면, 이제라도 그 여자 놔줘. 여잘 사랑할 줄 모르는 새끼잖
         아, 너!

윤철   뭐, 이 개자식아!!!!

         윤철, 단태에게 달려들어 쓰러뜨리고. 단태도 지지 않고 달려드는데.
         윤철과 단태, 서로 주먹 날리고, 엎치락뒤치락 무섭게 주먹다짐하면.

규진   (기겁해서 달려오고) 뭐하는 겁니까?!! 손님 모셔놓고!! 그만하지 못해
         요!!

단태/윤철 (서로를 쳐다보며, 죽일 듯이 씩씩대고 있는. 그러다 다시 이성 잃고 달려들
         면) 죽여버릴 거야, 저 자식!!

규진   (필사적으로 뜯어말리다가, 몇 대 얻어맞고 나가떨어지고. 거의 울듯이) 로
         건 리가 찾아요!! 점등식 시작 안 해요?!! 이러다 우리 계약 쫑나도 상

관없냐고?!!

단태/윤철 (그제야 멈춰 서고. 씩씩대면서 서로를 노려보는. 가쁜 숨 몰아쉬고...)

56. 헤라팰리스 파티장(밤)
     마리와 상아, 수련을 힐끗 보며 수군거리고 있는.

마리   그래서 석경이가 수련 씨한테 까칠하게 군 거였어. 어쩐지 이상하다 했
        지. 친엄마라면 애들 공부에 그렇게 관심이 없겠어? 석경이 석훈이가
        어두운 이유가 있었네.

상아   그러게요. 걸핏하면 애들 잘못 짚어댔잖아요. 이제야 다 이해가 되네요.

        서진, 마리와 상아의 대화 들으면서, 승자의 미소 짓는데.
        윤희, 수련에게 조심스럽게 다가서고.

윤희   언니, 정말이야? 천서진이 한 말.

수련   미안해. 미리 말했어야 했는데.

윤희   언니가 왜 미안해. 저 기지배가 미친 거지. 지가 뭔데, 남의 사생활을 까
        발려? 그거 다 주단태 그 자식이 말해준 거지? 벼락 맞을 것들! 아니, 낳
        아야만 부몬가? 지금껏 지극정성 키워준 사람이 누군데! 천서진 말 신
        경 쓸 것도 없어. 언니 애쓴 거, 세상 사람들이 다 알아!! (흥분하면)

수련   나 괜찮아, 정말이야.

윤희   (짠하고) 그동안 맘고생 많았겠다, 언니... (수련이 안쓰러워 보이는데)

57. 헤라팰리스 비상구(밤)
     석훈, 민혁에게 전화를 걸지만 받지 않는. 은별 제니도 받지 않는.
     석훈, 비상구 문 열어젖히고, 여기저기 뛰어다니면서 로나를 찾는데.
     안 보이고.
     점점 불안해지는 석훈.

민혁(E) 자~ 여기를 보세요~

58.   헤라팰리스 커뮤니티(저녁)
      은별과 제니, 양쪽에서 로나를 꽉 잡고 있고.
      민혁, 핸드폰으로 겁에 질린 로나를 찍고 있는.

민혁 앵글 좋고. 준비 완료! 이제 자백만 하면 돼.

로나 뭐하는 짓이야, 니들!! 이거 놔! (뿌리치려고 몸부림치지만 역부족이고)

석경 (매섭게) 그러니까 말하라고! 니가 한 짓 전부 다!

로나 (이 악물고) 난 잘못한 거 없어! 자퇴할 이유도 없고!!

제니 민설아 집에 살더니, 민설아 귀신이라도 씌인 모양이지?

은별 솔직히 말해! 민설아, 니가 죽인 거지? 민설아가 죽어서 가장 혜택받은 게 너잖아! 그래 놓고 우리한테 덮어씌울 참이야?

로나 니네 다 미쳤어!! 민설아를 괴롭힌 건 너네잖아! 난 그 애 본 적도 없어!!

은별 닥쳐!!! 사과도 안 한다... 자퇴도 안 한다? 그럼 할 수 없지!

석경 니가 한 짓에 대한 대가니까, 너무 억울해하진 마!

      석경, 애들에게 눈짓하고, 로나만 두고 밖으로 나가면.
      갑자기 암전이 되는.
      당황한 로나, 기듯이 문 쪽으로 가서 문 열려는데, 밖에서 잠겨있는.

로나 문 열어줘!! 열어달라고!! (있는 힘을 쥐어짜 발악해보는데)

      그때, 문틈 사이로 매캐한 연기가 스며들어오면.
      로나, 당황하고. 극한의 공포가 덮쳐오면서 숨이 막혀오는. 오열하며 문을 두드리는 로나...

로나   문 열어!! 문 열라고!! (실신 직전인데)

59.   헤라펠리스 분수대(밤)
           수련, 로건, 윤희, 서진, 상아, 마리, 기다리고 있는.

마리   주 회장님 어디 간 거야?
상아   (핸드폰 하면서) 그이도 전화를 안 받아요. 무슨 일 있는 건가?
로건   (서진과 단태의 키스를 떠올리며, 수련을 보는데)
수련(E)   난 이미 벌받고 있어! 행복하지 않단 말야!!
로건   (불안해 보이는 수련을 유심히 보는 로건)

           그때, 단태와 규진, 그 뒤로 윤철이 걸어오는.
           단태와 윤철, 입술 터져있고. 규진은 만신창이 돼서 쩔뚝거리며 들어
           오고. 다들 분위기 싸한데.

서진   (윤철을 보고 놀라서 다가서고. 나직이) 여긴 뭐 하러 왔어? 올 거면 좀 신
           경을 쓰던지. 꼴이 그게 뭐야?
윤철   (작정한 듯) 나, 생각이 바뀌었어. 당신이랑 이혼 안 해!
서진   뭐어? (놀라서 보면)
윤철   이혼 안 한다고!! 죽을 때까지... 딴 남자 만나도 상관없어. 대신, 내 마누
           라로 평생 불행하게 살다 죽어!! (홱 나가버리면)
서진   (기막힌데)
단태   (로건에게, 부드럽게) 기다리게 해서 죄송합니다. 잠깐 일이 좀 있어서.
로건   괜찮습니다.
단태   점등식을 직접 하실 수 있게 준비했습니다. (리모컨을 건네면)
로건   (받고) 영광이네요.
규진   다 같이 카운트할까요? (애써서 분위기 띄우는데)
다 같이   (이래저래 분위기 싸하지만, 어쩔 수 없이 이구동성으로 카운트다운 시작

하는) 텐! 나인! 에잇! 세븐!

수련   (긴장해서 안절부절못하는 모습이고. 눈으로 계속 호동을 찾는데)

다 같이   식스! 파이브! 포! 트리! 투! 원! 제로!!

그와 동시에 버튼을 누르는 로건 리!

혜라상과 분수대에 오색찬란한 불빛이 환하게 밝혀지는데.

일제히 가증스럽게 박수 치며 환호하는 그 순간!

쿵! 하는 엄청난 굉음을 내며 떨어지는 어떤 물체! 청아예고 교복을 입은 사람의 형태인데. 곧장 분수대로 낙하하고!

모두들 기겁하는. 아아악!!!

순간 분수대의 물이 시뻘겋게 물드는데. 공포의 사로잡힌 저마다의 얼굴.

그때, 정적을 깨는 마리의 비명.

마리   (분수대에 뭔가를 가리키며) 민설아!!!!

시뻘건 물 위로 둥둥 떠있는 설아의 운동화.

규진, 마리, 상아, 얼음처럼 굳어지고.

기겁한 단태와 서진의 얼굴과, 그들을 날카롭게 지켜보고 있는 로건 리, 그리고 뭔가 기억이 떠오르는 듯한 윤희, 절규하는 수련 얼굴에서 엔딩!!!

14화

공공의 적을 제거하라

1.　파크원 호텔/파티 시작하기 전 상황(낮)
　　파티 준비를 마친 로건, 슈트 차림으로 거울 앞에 서고.
　　홍 비서, 로건에게 보고하는데.

홍비　모든 세팅 마쳤습니다.
로건　(한쪽에 놓여있는 상자 뚜껑을 열면, 설아의 운동화 한 짝이 보이고. 결심한
　　듯 홍 비서에게 상자 건네고) 이걸로 마무리 짓도록 해.

2.　헤라팰리스 60층(저녁)
　　검은 옷에 검은 모자 쓴 홍 비서. 벽에 있는 CCTV를 보며 노트북으로
　　CCTV 화면을 조작하고 있는.
　　홍 비서를 비추고 있던 CCTV 모니터 화면에서 홍 비서가 사라지고,
　　다른 화면이 덧씌워지는.

3.　헤라팰리스 파티장(저녁)
　　홍 비서, 파티에 배치할 직원들에게 뭔가 지시하고 있는.
　　직원들 은밀하게 흩어지고.
　　파티장 곳곳에 화분과 꽃병을 놓는 직원들. 화분 안에는 몰카가 설치
　　되어있고.
　　즉석요리를 하고 있는 요리사의 안경에도, 서빙하는 직원들의 명찰에
　　도, 몰카가 설치되어 찍고 있는.

4.　헤라팰리스 분수대/13화 59신(밤)
　　단태, 입술 터진 상태로 로건에게 다가서며.

단태　점등식을 직접 하실 수 있게 준비했습니다. (리모컨을 건네면)
로건　(받고) 영광이네요.
규진　다 같이 카운트할까요? (애써서 분위기 띄우는데)

다 같이 (이래저래 분위기 싸하지만, 어쩔 수 없이 이구동성으로 카운트다운 시작하는) 텐! 나인! 에잇! 세븐!

5.   헤라펠리스 60층 (저녁)
       홍 비서, 청아예고 교복에 민설아의 운동화를 신은 마네킹을 스탠바이 시켜놓은.

다 같이(E) 식스! 파이브! 포! 트리! 투! 원! 제로!!

       그와 동시에 마네킹을 놓아버리는 홍 비서.

6.   헤라펠리스 분수대/13화 59신 엔딩 연결 (저녁)
       헤라상과 분수대에 오색찬란한 불빛이 환하게 밝혀지는데.
       일제히 가증스럽게 박수 치며 환호하는 그 순간!
       쿵! 하는 엄청난 굉음을 내며 떨어지는 어떤 물체! 청아예고 교복을 입은 사람의 형태인데. 곧장 분수대로 낙하하고!
       모두들 기겁하는. 아아악!!!
       순간 분수대의 물이 시뻘겋게 물드는데. 공포의 사로잡힌 저마다의 얼굴.
       그때, 정적을 깨는 마리의 비명.

마리 (분수대에 뭔가를 가리키며) 민설아!!!!

       시뻘건 물 위로 둥둥 떠있는 설아의 운동화.
       규진, 마리, 상아, 얼음처럼 굳어지고.
       기겁한 단태와 서진의 얼굴과, 그들을 날카롭게 지켜보고 있는 로건 리, 그리고 뭔가 기억이 떠오르는 듯한 윤희 얼굴, 절규하는 수련!

마리	(충격 받아) 민설아가... 어떻게 또...
상아	(그런 마리의 입을 막으며) 정신 차려요. 사람들이 듣잖아요. (주위 살피면)
단태	(재빨리 규진에게 눈빛으로 신호 보내고)
규진	(얼른 화단 정리용 집게로 물체를 뒤집어보는데) 마네킹이에요!
마리	누, 누가 이런 돼먹지 못한 장난을 친 거예요, 누가!!
규진	여기, 쪽지가 있어요! (마네킹에 붙어있는 메시지를 확인하고) 민설아를 죽인 범인은 이 중에 있다? (재빨리 단태에게 쪽지를 보여주는데)
단태	(분노하며) 대체 어떤 자식이....!!!
수련(E)	(설아의 운동화를 보고 충격 받은 상탠데) 분명 우리 설아 운동화야.. 대체 누가...!!! (혼란스러운데)

윤희, 역시 충격에 빠져있고. 순간 찌릿! 엄청난 두통이 엄습하면서 머리를 움켜쥐는데.
그때, 떠오르는 기억의 조각들.

7. 회상 1/13화 42신 연결/헤라펠리스 엘리베이터 앞/민설아 죽던 날(밤)

설아	(윤희 손에 흐르는 피 보고 놀라서) 아줌마... 손에 피가... (주머니 뒤져서 휴지 한 조각을 찾아, 윤희의 피 나는 손을 휴지로 동여매주는)

컷 되고.

설아	(절절한 표정으로 윤희를 보는) 헤라펠리스 사람들이 절 죽이려고 해요! 무서워요, 아줌마! 제발 도와주세요. 저 좀 살려주세요, 아줌마!!

8. 회상 2/헤라펠리스 일각
    "47층"이라고 써있는 표시.

9. 회상 3/47층 난간(밤)
누군가 거친 힘으로 민설아를 난간 밖으로 밀어서 떨어뜨리는데. (민설아를 밀고 있는 실루엣은 어둠 속에 가려져있고)

10. 현재/헤라팰리스 분수대(밤)
윤희, 마네킹과 핏빛으로 변해있는 분수대를 보며,

윤희(E)   누군가 민설아를 밀었어! 47층에서... (멍해져서 주위 둘러보는데. 헤라 클럽 사람들, 공포와 두려움에 찬 얼굴이고. 그때, 충격 받은 수련이 비틀하면. 얼른 다가가 붙잡는. 대사로) 언니, 괜찮아?

수련   (간신히 기댄 채) 응.. 괜찮아. (이 악물고 버티는데)

단태   (당황해서 로건에서, 영어로) 죄송합니다. 누군가 심한 장난을 친 모양인데, 오늘 파티는 여기서 마쳐야 할 거 같네요. 제가 다시 연락드리죠.

로건   (영어로) 썩 좋은 인상은 아니네요. 멋진 파티를 기대했는데...

단태   오윤희 씨, 배웅 부탁드려요.

윤희   네.. (충격 받은 얼굴로 로건 리와 함께 나가면)

규진   (서둘러 직원들에게) 모두 파티장 밖에 대기해주세요! (직원들 쫓아내고 문 닫아버리면)

수련   (애써 정신 차리며 단태에게) 이게 다... 무슨 일이죠? 저 마네킹은 뭐고?!

단태   별일 아니니까 신경 쓸 거 없어. 집에 올라가 있어. (그러다 조 비서에게) 뭐해? 당장 저 물건 치워!

조비   네, 회장님. (얼른 마네킹을 건져내서 가져가는데)

그때, 수련에게 다시 호동의 문자가 오고.

호동(E)   내가 보낸 선물은 마음에 들었나?

수련(E)   (호동의 문자에 답하는) 당신 누구야? 왜 이렇게까지 하는 건데?!!

호동(E)   민설아를 죽인 사람이... 니 남편이니까. 이제 니 차례야. 죽은 민설아가

니 딸이라는 걸 밝혀! 지금 당장!

수련 (미치겠고)

호동(E) 1분 주겠다. 빨리 말해! 지금 말하라고! 50초... 40초...

수련 (계속해서 문자가 오면. 미칠 거 같은데. 시계 초침 소리가 째깍째깍 크게 들리는 거 같고. 핸드폰을 손에 쥔 채 덜덜 떨고 있으면)

호동(E) (다시 문자 오고) 20초... 10초...

수련 (사람들 시선 피해서, 문 쪽으로 급히 돌아서는데)

서진 (초조해하는 수련의 모습을 놓치지 않고 지켜보다가, 갑자기 수련 앞으로 성큼성큼 다가가 수련의 어깨를 확 젖히며) 당신 짓이지?!

수련 (놀라서 서진을 보면)

서진 이 모든 걸 꾸민 사람, 심수련 당신 맞지?!! 처음부터 당신 짓이었어. 처음부터 전부 다!

단태 (역시 의심스럽게 수련을 보면)

마리 그게 무슨 말이에요? 수련 씨가 왜 이런 짓을 해요?

규진 천 쌤 너무 가는 거 아니에요? 수련 씬 아무것도 모르는데.

서진 (수련을 몰아붙이며) 아니! 심수련 당신이 분명해! 우릴 전부 불러놓고, 이런 엄청난 쇼를 벌일 사람, 당신밖에 없어!

상아 그러니까, 수련 씨가 왜요? 괜히 애먼 사람한테 덮어씌우면 안 되죠.

서진 증거가 있어요! 심수련이 그동안 우릴 협박했다는 확실한 증거!

헤라클럽 사람들 (웅성이고. 수련을 주목하는데)

서진 (도 비서에게) 그거, 가져와!

도비 네! (재빨리 어딘가로 가는데)

11. **로건의 차 안/헤라펠리스 주차장(밤)**

그 모습을 태블릿 화면으로 보고 있는 건, 로건이다.

분수대 화분에 설치해둔 몰카로, 다양한 각도로 보이는 화면들.

분수대에서 일어나고 있는 일들을 지켜보고 있는 로건의 심각한 표정.

수련(E)   서진 씨가 지금 무슨 말을 하고 있는지 하나도 모르겠는데요.

서진(E)   글쎄, 언제까지 발뺌할 수 있을까...

12.   헤라팰리스 분수대 (밤)
       도 비서, 수련에게 그림을 건네면.

서진   이 그림, 오늘 아침, 당신 사무실에서 가져온 거야! 한 번은 날 속였지
       만, 내가 또 갈 거라곤 생각 못 했겠지?

       서진, 모두가 보는 앞에서 수련의 그림을 공개하는데. 애플 목걸이를
       한 민설아의 초상화고.

서진   이 애플 목걸이를 어디서 봤나 했더니, 역시 민설아였어! 왜 하필 민설
       아를 그렸을까. 당신과 아무 상관이 없다면, 그릴 이유도 없었겠지! 안
       그래? (매섭게 몰아붙이면)

규진   (경악하며) 저... 저 눈! 민설아 맞아!

마리   이걸 진짜 수련 씨가 그렸단 말야..?!!! 그럴 이유가 없잖아! (수련을
       보면)

수련   (잠시 당황한 표정으로, 말없이 서있으면)

서진   그동안, 우리 애들의 녹음 파일을 공개한 것도, 우리한테 협박 편지를
       보내 압박한 것도, 모두 심수련 당신 짓이야! 왜? 왜 그랬을까...?

단태   (충격 받은 듯, 수련에게 다가서고) 이 아이, 정말 민설아야? 당신이 그렸
       냐고!! 대답해!!! 대체 왜 이런 짓을 한 거야?

서진   민설아가... 심수련 딸이니까!!

단태   말도 안 되는 소리!!!

서진   당신이 직접 말해! 아니라면 아니라고....

헤라클럽 사람들   (차가운 눈으로 수련의 대답을 기다리는데)

수련   (어렵게 입 떼는) 그래요! 맞아요. 이 그림, 내가 그렸어요.

182

헤라클럽 사람들   (경악하면)

단태   정말.. 당신이야? 왜 그랬어?! 왜!!!! (소리치면)

수련   내가 봤어요. 그날 밤, 민설아가 여기 헤라팰리스에서 떨어지는 거!

단태/서진 (경악해서 수련을 보면)

수련   그날부터 매일 밤 악몽에 시달렸어요. 민설아, 자살 아니에요. 누군가
         가 그 아이를 저 위에서 밀었어요! 얼굴은 보지 못했지만, 발버둥치는
         아이를 밀던 손은 똑똑히 봤어요!

단태/서진 (순간 얼굴 하얘지면)

규진/마리/상아   (믿을 수 없다는 듯 서로를 보는데)

마리   민설아가 자살이 아니라 타살이라고?

상아   말도 안 돼요! 그럼 우리가 무슨 짓을 한 거예요?

규진   살인사건에 동조한 거였어? 우리가?! (그러다 수련 보며 아차 해서 입
         닫고)

마리   근데 왜 지금까지 입 꾹 다물고 있었어? 살인사건을 목격한 거잖아!

수련   (결심한 듯, 단태와 서진 보며) 남편과 서진 씨가 범인이라고 생각했으
         니까!

상아   그게 무슨...?

수련   서진 씨와 내 남편, 불륜 관계예요! 민설아가 그걸 알고 협박하고 있었
         고! (충격적으로 터트려버리면)

단태/서진/마리/상아   (경악하는데)

규진   알고 있었구나...

마리   (경악하며) 불륜이라니? 천 쌤이 주 회장님이랑? (서진 보며) 천 쌤, 아
         니죠? 주 회장님! 수련 씨가 뭘 잘못 안 거죠?

수련   (미처 부인하기도 전에, 핸드폰에 찍어둔 별장 사진 보여주며) 거짓말할
         생각은 마요. 양평 별장을 드나든 증거까지 이미 내 손에 있으니까!

단태/서진 (당황해서 서로를 보면)

수련   민설아한테 약점이 잡혀서, 그 아일 기계실에 가둔 거죠? 두 사람이 하
         는 얘기, 다 들었어요. 그래서 두려웠어요. 민설아를 죽인 사람이 혹시

두 사람이 아닐까...

단태　난 아냐!! 내가 왜!!!

수련　(싸늘하게 서진 돌아보며) 그럼, 서진 씨가 밀었나요? 민설아가 불륜을 알고 있어서, 그 아일 죽인 거냐고요?! (승기 잡은 듯, 서진에게 다가서며) 당신이 직접 말해요! 아니라면 아니라고....

서진　(얼굴 하얗게 질려서 뒷걸음질 치며) 쇼하지 마! 나한텐 안 통해!! 민설아랑 무슨 사인지나 말해!!

수련　난, 내 가정을 지키고 싶었어요. 서진 씨한테 내 방식으로 줄곧 경고했고요! 오늘 이 스카프도, 그래서 일부러 매고 온 거고. 하지만 결국 여기까지 왔네요... 당신이 알아듣고 멈춰주길 바랐는데! (그러다 서진의 귀에 대고, 속삭이듯) 내가 봤어. 그 아이를 밀치던 손... 빨간색 루비 반지... 그것까진 말하지 않을게.

서진　(화들짝 놀라지만, 애써 이 악물고 버티는. 손이 부들부들 떨리고)

서진과 수련, 팽팽하게 서로를 보는데.
헤라클럽 사람들, 패닉에 빠진 표정들이고. 분수대에 핏빛을 보는 시선들...

13.　**로건의 차 안/헤라팰리스 주차장(밤)**
로건, 화면 속으로 수련과 서진의 얼굴을 보고 있으면.

홍비　지금 공개할까요?

로건　(잠깐 생각하다가) 아니! 접어! (태블릿 화면으로 수련의 다부진 얼굴을 뚫어지게 보면서) 심수련이.. 다 알고 있었다?

14.　**헤라팰리스 커뮤니티 안/밖/13화 58신 연결(밤)**
커뮤니티 밖에서 은별, 석경, 제니, 민혁이 소화기를 들고 문 아래쪽 틈새로 마구 연기를 뿜어대고 있으면.

매캐한 연기가 커뮤니티 안에 자욱하게 깔리는데. 밖으로 걸어 잠가진 문.

어둠에 갇힌 채 극도의 공포감에 마구 문을 두드리며 발악하던 로나, 결국 쓰러지고.

로나, 쓰러져있으면. 문 열리며 들어오는 여학생의 발. 카메라가 얼굴 비추면 은별이고.

은별   (로나를 발로 툭툭 차면, 정신이 드는 로나. 크크크 웃으며) 완전 개꼴 됐네, 배로나. 석훈이가 이 꼴을 봐야 되는데.

로나   (간신히 몸 일으키며) 이게.. 뭐하는 짓이야? 니네들 다, 가만 안 둬!!

은별   아직도 기운이 남아있나 봐? 하긴 그런 간댕이니까, 민설아 흉내도 내고 다녔겠지.

로나   이런 식으로 민설아도 괴롭힌 거야? 그래서 그 애가 죽은 거야?! 니들은, 살인자야!!! 악마야!! 하지만, 나까진 어떻게 못 해!! 난 절대 안 질 거니까!!

은별   (로나 앞에 앉으며) 난 너랑 니 엄마가 죽을 만큼 싫어! 석훈이 옆에 알짱대는 너도 재수 없고! 첫사랑이랍시고 울 아빠한테 접근하는 니 엄마도 천박하고!

로나   뭐?

은별   몰랐어? 니네 엄마가 우리 아빠한테 꼬리치고 다닌 거! 그래서 울 엄마랑 싸워서 집까지 나갔는데.

로나   웃기지 마!! 우리 엄마 그럴 사람 아냐!!

은별   지 엄마 닮아서 뻔뻔하기는... 니네 엄마 때문에 우리 집은 엉망 됐어!! 이혼할지도 모른다고!! 얼마 전에 울 아빠가 너네 집에서 자고 온 건 알아?

로나   (열 받고) 거짓말!! 내가 그딴 말에 속을 거 같아?!! (하다가 문득 뭔가가 떠오르고)

(인서트) 11화 22신
간발의 차이로 엘리베이터에서 내리는 로나, 언뜻 비상구로 사라지는 윤철의 뒷모습을 보는. 갸웃하다가 집으로 들어가고.

(인서트) 11화 24신

로나 어젯밤에 누구 왔었어?

윤희 (당황하고) 어? 아니. 아무도 안 왔는데, 왜?

로나 (술잔 두 개 놓여있는 것 보면)

윤희 잠이 안 와서 엄마 혼자 한잔했어.

로나, 그날 일 떠오르면 기겁하고.

로나 말도 안돼... 아냐!! 아니라고!! (고개 내저으며 부정하면)

은별 못 믿겠으면, 니가 직접 확인해봐! 내 말이 진짠지 아닌지... (일어서고) 앞으로 내 말 잘 듣는 게 좋을 걸? 안 그럼, 너희 엄마가 한 짓, 세상 사람들한테 다 까발릴 거야! 그럼 너도, 니 엄마도, 완전 인생 쫑나는 거야!

석훈(E) 로나야! 배로나! (밖에서 석훈 목소리 들리면)

은별 오늘 일, 아무한테도 발설하지 마. 이제야, 우리가 진짜 친구가 될 거 같은데? 둘만의 비밀도 공유하고 말야. (픽 웃고 나가버리면)

15. **헤라팰리스 일각**(밤)
로나의 영상을 찍은 걸 보며 킥킥대며 걸어가는 민혁에게서 핸드폰을 뺏어드는 건 석훈이고. 당황하는 민혁.

민혁 석훈아... (쫄면)

석훈 (민혁에게 그대로 주먹을 날리고) 배로나 지금 어딨어!!

16.   헤라팰리스 커뮤니티(밤)
        로나, 충격 받아서 멍한데. 그때 석훈이 뛰어 들어오고.

석훈   (로나의 몰골 보고 놀라) 배로나? 괜찮아? 일어날 수 있겠어? (부축하려면)
로나   (멍한 눈으로 석훈을 보는데, 분노 치솟고. 차갑게) 비켜!
석훈   (놀란 눈으로 로나를 보면)
로나   내 말 안 들려? 비키라고!! 쇼 그만해. (경멸하는 눈빛으로 석훈을 보다가
        나가버리면)
석훈   (멈칫하고, 그런 로나를 잡지 못하는데)

17.   펜트하우스 석경의 방(밤)
        석경, 머리 감고, 노래 흥얼거리며 드라이기로 말리고 있으면.
        문 확 열고, 화난 표정의 석훈이 들어오는.

석훈   석경이 너! 로나한테 무슨 짓을 한 거야?!
석경   (재밌다는 듯 웃으며) 진실을 알려줬지. 오빠가 걜 좋아하는 게 아니라,
        내가 시켜서 어쩔 수 없이 연기한 거라고!
석훈   너, 왜 이렇게 못됐어?!! (버럭 하면)
석경   (차갑게 굳어지고) 그런 표정 짓지 마, 오빠. 오빠가 그럴수록, 난 배로나
        걔 더 괴롭히고 싶어지니까. (그러다 다시 노래 흥얼거리며 머리 말리는데)
석훈   (미치겠고)

18.   헤라팰리스 윤희 집 안방(밤)
        윤희, 두통약을 꺼내 먹는데. 아까 떠올랐던 기억들이 재생되고.
        자신의 손을 휴지로 감아주던 설아 모습... 47층 표시... 살려달라는 목
        소리...

윤희   47층... 휴지... 민설아...

그때, 문 열리고, 초췌한 표정의 로나가 들어오는.

윤희　(보는) 언제 왔어? 친구랑 약속 있다더니, 재밌게 놀았어?

로나　(다짜고짜) 엄마, 요즘 누구 만나? 남친 있냐고!

윤희　남친이라니..?

로나　나, 그때 석경이네서 자고 온 날, 우리 집에 엄마 남친 왔었던 거 아냐?

윤희　(순간 뜨끔하고) 아냐. 엄마 그런 거 없어. 너 뒷바라지하고, 취직해서 돈도 벌어야 되고, 몸이 열 개라도 부족한데. 남친 같은 거 언제 키워?

로나　(울컥하고) 나 잘래. (휙 방에서 나가면)

윤희　로나야... 왜 그러는데? 무슨 일이야? (뭔가 이상한데)

19.　헤라펠리스 로나의 방(밤)
　　　로나, 방에 들어와서, 눈물 쓱쓱 닦고.

로나　하은별, 아니기만 해봐. 내가 가만 안 둬!!

20.　헤라펠리스 규진의 집 거실(밤)
　　　규진, 상아, 마리, 심각하게 모여있고.

마리　(열나는 듯 손으로 연신 부채질하며) 내 눈앞에서 버젓이 불륜을 저지르고 있었는데, 그걸 감쪽같이 몰랐네. 천하의 강마리가!

상아　교육자로서 완전 자격 없는 거 아니에요? 애들이 뭘 보고 배우겠어요? 어떻게 남의 남자나 꼬시고 다니고, 거기다 살인 의혹까지.. 정말 천 쌤이 민설아를 민 거예요? 자기 불륜 감추려고?

마리　아유, 끔찍해! 그럼 너무 악랄한 거잖아.

규진　악랄하지 않은 살인자가 어딨어요. 아씨, 똥바가지 제대로 뒤집어썼네. 두 사람이 작당해서 민설아를 죽여놓고, 우리까지 끌어들여 사체유기 시킨 거잖아요!

상아	(호들갑) 지금이라도 신고할까. 우린 진짜, 자살로 믿고 있었잖아. 정상 참작 되지 않을까.
규진	이 철딱서니야! 우린 지금 두 손 두 발 꽁꽁 묶였다구. 사체를 유기한 순간, 지옥이든 천당이든, 공동운명체가 돼버린 거라구! 공범! 몰라?
상아	공범? (파랗게 질리는데)
마리	우리가 왜 공범이에요? 암것도 모르고 순진해서 당한 건데. (상아에게, 흥분해서) 가만있을 거야? 천 쌤 뻔뻔하게 나대는 꼴 보고 있을 거냐고!!
상아	뭘 어쩌려고요?

21. 펜트하우스 단태 수련 침실(밤)

수련과 단태, 어색한 분위기에서 마주하고 있고.

단태	언제부터 알았지?
수련	몇 달 됐어요. 당신도 모르진 않았을 텐데요. 심부름센터에서 내가 당신 뒷조사한다는 것도 알고 있었을 거고...
단태	왜 나한텐 한 번도 묻지 않았어?
수련	곧 정리될 거라 생각했어요. 잠깐 흔들린 거라고... 당신 스스로 가정으로 돌아오길 기다렸어요.
단태	그렇다고 사람들 앞에서 다 까발리면 어떡해! 앞으로 어쩌려고?
수련	이혼해야죠! 그만한 각오도 없이 입을 열었겠어요?
단태	이혼은 절대 안돼!!
수련	당신이 원하던 거 아닌가요? 이미 헤라클럽 사람들까지 다 알았는데, 우리가 어떻게 같이 살아요? 비웃음만 당할 거예요.
단태	변한 건 아무것도 없어. 나한텐 당신뿐이야!
수련	(차갑게) 두 사람, 생각보다 깊은 관계라는 거, 알고 있어요. 내 생각, 변함없어요!
단태	이혼이 그렇게 쉬워? 석훈이 석경이는 어쩌고? 시간을 줘. 내가 정리할 테니까. (하다가 의심스럽게) 확인하고 싶은 게 있어! 오늘 일 꾸민 거,

정말 당신 아냐? 우리한테 협박 편지를 보낸 것도, 분수대에 눈동자 그
림을 붙인 것도, 정말 당신 짓 아니냐고?

수련   (단호하게) 아니에요! 되레 내가 묻고 싶어요. 누군가 그런 일을 꾸몄다
        면... 당신이 민설아 학생을...

단태   (강하게) 아니야! 난 죽이지 않았어!!

수련   (차갑게) 내가 믿지 못하겠다면?

단태   내가 그만한 조무래기 상대로, 내 인생을 걸 거 같아? (하는데, 핸드폰으
        로 문자 오고. 보면)

서진(E) 별장이야. 기다리고 있어. 지금 만나.

단태(E) (빠르게 문자로 답하는) 오늘은 안 되겠어. 다음에.

서진(E) 내가 펜트하우스로 쳐들어가길 원해?

수련   (문자 하는 단태를 보며, 서진임을 눈치채고) 당분간은 당신이 서재에서
        지내요. 당신이랑 한 침대... 불편해요. 그만 나가줘요. (돌아앉으면)

단태   날 믿고, 딴생각하지 말고 기다려줘! (나가고)

수련   (표정 확 바뀌고, 어딘가로 급하게 전화하는) 저예요. 지금 상태가 어떤가
        요? (그러다 눈물 차오르고) 제가 바로 갈게요.

22.   헤라팰리스 주차장/단태의 차 안(밤)
       단태, 차에 올라타면. 조 비서를 추궁하는.

단태   오늘, 집사람 일거수일투족 다 확인했어?

조비   네. 메이크업 받으시고, 줄곧 댁에 계셨습니다. 양 집사한테도 확인했
        습니다. (사진 내밀면)

단태   (사진 받아서 보는, 집에서 메이크업 받고, 차 마시고, 평범한 일상들만 찍혀
        있는. 열 받아 던져버리고) 물체가 떨어진 쪽 CCTV는?

조비   그 시각 CCTV가 전산오류로 작동을 멈췄다고 합니다.

단태   최고 보안 시스템을 갖춘 헤라팰리스에서 전산오류? 있을 수 없는 일
        이야! 분명히 누군가 조작한 거라고! 어떤 새끼가 감히 내 파티를 망쳤

는지 꼭 찾아내야 할 거야!! 반드시!!!

조비   네, 회장님.

단태   별장으로 가.

23.   단태의 별장(밤)

서진, 기다리고 있으면. 단태가 별장으로 들어서고.

단태   (불편한 표정 역력한) 다음에 보자고 했잖아! 어린애처럼 왜 이래?

서진   (휙 돌아보고) 지금 그게 나한테 할 말이야? 당신 와이프 때문에, 내 치부가 만천하에 드러났어! 내가 지금 제정신일 거 같아?

단태   당신이 먼저 도발했어. 와이프를 협박범으로 몰았잖아. 민설아 엄마니 뭐니, 말도 안 되는 소리까지 하고.

서진   당신 와이프 말 믿어? 심수련... 무서운 여자야! 우리 관계를 알면서도 지금껏 모른 체했어. 그동안 쭈욱 연기를 해왔다고!! 그런 여자가 자기가 협박범이라고 자백할 거 같아?

단태   나도 알아볼 만큼 알아봤어! 사람 붙여서 스케줄도 죄다 확인했구!

서진   당신이 사람 붙인 것까지 죄다 꿰뚫고 있단 생각 안 해?

단태   (갑자기 무섭게 버럭) 그만해. 피곤해 미칠 거 같으니까!!!

서진   (서슬 퍼런 단태 모습에 살짝 수그러들고) 오윤희는 어떻게 된 거야? 그 여잘 당신 회사에 앉힌 이유가 뭐야!

단태   말했잖아. 로건 리 때문에 잠깐 데리고 있는 거라고.

서진   그깟 기지배가 능력이 있으면 얼마나 있다고! 부동산 자격증도 없이 집이나 보여주던 여자야. 당장 짤라! 필요한 게 있으면 내가 도와줘!

단태   당신 왜 이렇게 감정적이야? 파티장에서도, 지금도! 모두가 우리 관계 알아버린 마당에, 서로를 위해서라도 조심해야 되지 않아? 잃을 게 없는 사람처럼 왜 이렇게 막무가내야?

서진   난 오늘, 가장 중요한 걸 잃었어. 내 자존심! 헤라클럽 사람들 앞에서 개망신을 당했다고!! 지금껏 내가 지켜왔던 프라이드가 한꺼번에 박살

났는데, 그게 아무것도 아냐? 난 아버지 외에 그 누구한테도 고개 숙인 적이 없어. 그런 내가! 그들한테 약점이 잡혔다고!! 당신까지 돌아선다면... 미쳐버릴 거야. (눈물 그렁해지면)

단태 (그런 서진이 안쓰럽고, 안아주는) 흥분하지 마. 내가 당신 사랑하는 거 알잖아? 아무도 당신을 건드릴 수 없게 해줄게. 나, 주단태야.

서진 (그런 단태를 더 힘 있게 끌어안으며) 심수련과 이혼해. 당장 나한테 오란 소리 아냐. 당신이 그런 여자 옆에서 잠자고, 밥 먹고 산다는 게 끔찍해.

단태 기다려. 그 사람한테 마지막으로 받아내야 될 게 있어.

서진 (궁금한 듯 보는) 그게 뭔데?

단태 (뭔가 의미심장한 표정 짓다가) 나중에. (묘한 눈빛) 그보다 당신 정말 민설아와 아무 일 없던 거지?

서진 (멈칫하고) 그러는 당신은?!

단태와 서진, 서로를 마주 보는. 서로가 의심스러운데.

24. 혜인의 병실(밤)
      수련과 간병인, 초조하게 지켜보고 있으면.
      병실 침대에 혜인이 앉아있고.

혜인 (입 여는) 나는... 주... 혜... 인... 입니다.

수련 (감격하고, 와락 혜인을 끌어안는) 혜인아. 잘했어! 정말 잘했어!

혜인 (떼엄떼엄, 아기처럼) 아... 파.

수련 미안... 엄마가 너무 좋아서... 우리 혜인이가 자기 이름도 말하다니... 이런 날이 올 거라곤 생각도 못 했는데...

혜인 엄... 마. 울지... 마. (천천히 손 들어서, 수련의 눈물 닦아주면)

수련 (눈물 주르륵) 그래.. 엄마 안 울게... 혜인이 말 잘 들을게... 우리 딸, 너무 예쁘다... (혜인이 볼 쓰다듬며, 감동의 눈물 흘리는데)

25. 혜인의 병실 앞(밤)
   수련, 간병인과 함께 병실에서 나오는.

수련   모든 게 아주머니 덕분이에요. 그동안 너무 애 많이 쓰셨어요.

간병인   혜인이 엄마가 더 고생했죠. 매일매일 전화하고, 책 읽어주고... 의료진
들도 기적이라고 하네요. 하루가 다르게 좋아지고 있어요.

수련   (울컥하고) 우리 혜인이, 앞으로도 잘 부탁드릴게요. 제가 자주 오지 못
하더라고, 말도 자주 걸어주시고, 재활치료랑 산책도 빠뜨리시면 안돼
요. 나이는 열일곱이지만, 아직 애기나 마찬가지예요.

간병인   잘 알죠. 걱정 마시고 얼른 가보세요.

수련   (목례하고, 떨어지지 않는 걸음을 옮기는. 눈물 훔치며 걸어가는 수련)

26. 파크원 호텔 스위트룸(밤)
   로건, 투명보드 앞으로 다가와 수련의 사진을 뚫어져라 보고.

수련(E)   난, 내 가정을 지키고 싶었어요. 서진 씨한테 내 방식으로 줄곧 경고했
고요!

로건   (수련의 말 떠올리며) 그게, 당신이 주단태 옆에 붙어있는 이유야? 이해
할 수가 없어. 당신이란 여자... (고심하는 표정이고)

27. 헤라팰리스 윤희의 방(새벽)
   조심스레 문 열리고 들어서는 건, 로나고.
   잠이 든 윤희를 보고 핸드폰을 몰래 들고 나오는데.

28. 헤라팰리스 윤희 집 거실(새벽)
   윤희의 핸드폰을 열어보는 로나. 윤철과 주고받은 문자들 보이고. 불
   안해지기 시작하는데, 사진첩을 열어보는 로나.
   윤희와 로나의 사진들 넘기다 보면, 윤철의 사진이 있는데. 소파에 누워

자고 있는 윤철. 상의 단추가 벗겨진 윤철의 모습들이 몇 장 찍혀있는!
로나, 부들부들 떨리는 손. 충격 받은 표정인데.

로나   엄마가... 어떻게 엄마가.... !!!!

그때, 메시지가 도착하고. 놀라서 보면, 윤철이가 보낸 문자고.

윤철(E)   윤희야... 이렇게 사는 게 맞는 거니. 차라리 나, 이혼해버릴까.

로나, 윤철이 보낸 문자에 더욱 절망감 들고, 눈물이 주르륵 흐르는데.

29.   헤라팰리스 전경(다음 날 아침)

30.   헤라팰리스 윤희 집 로나의 방(아침)
윤희(E)   로나야, 일어나!

윤희, 문 열고 들어서면. 텅 빈 방안.

윤희   언제 나간 거야?

31.   헤라팰리스 일각(아침)
로나, 무표정하게 걸어가고 있으면. 뒤에서 은별이 모습 드러내고.

은별   표정을 보니, 이제 내 말을 믿는 것 같다? 엄마 구해줄 준비는 됐어?
로나   (멍한 듯 그냥 걸어가면)
은별   우리 엄마 서랍에 이런 사진이 있더라. (윤철과 윤희가 함께 있는 사진들을 척척 벽에 붙이면)
로나   (사진 보고 기겁하고. 얼른 달려가 재빨리 사진들을 뜯어내며) 니네 아빠한테도 책임 있는 거 아냐? 따질 거면, 니네 아빠한테 가서 따져!!

은별 멀쩡하게 가정 있는 남자한테 꼬리 친 건 니네 엄마잖아! 니네가 이사 오기 전까진, 우리 집은 아무 문제없이 행복했어. 니네 엄마 때문에 박 살 난 거야. 왜 우리 집만 그래야 돼? 니 엄마도 당해야지!! (바락 대면)

로나 우리 엄마 건드리지 마! (은별을 보는. 더없이 슬픈 표정으로) 내가, 뭘 어 떻게 하면 돼? 니가 하라는 거... 할게.

은별 (회심의 미소를 짓는데)

32. 헤라펠리스 주차장/단태의 차 안(아침)

단태, 차에 올라타면. 갑자기 옆자리에 올라타는 규진.

규진 조 비서님. 잠깐 자리 좀 비켜주실래요? 주 회장님과 긴히 할 말이 있 어서.

단태 (조 비서에게 눈짓하면, 조 비서 차에서 내리고. 규진에게) 무슨 일이죠?

규진 마네킹 쇼 범인은 찾았나요? 내가 궁금해서 잠이 안 오더라고요. 누군 진 몰라도, 민설아를 죽인 살인자한테 단단히 원한이 있지 않음, 그런 일을 벌였겠어요? 안 그래요?

단태 아침부터 그런 험한 얘기 듣고 싶지 않은데요. 마네킹 쇼 범인은 찾고 있으니, 곧 잡힐 거예요.

규진 (깐죽대듯) 민설아 죽인 사람, 주 회장님 맞죠?

단태 (날카롭게) 이 변호사!!!

규진 (갑자기 손에 들고 있던 걸 보여주며) 내가 몇 달 전에 이걸 손에 넣었지 뭐예요? 민설아 휴대폰...

단태 (순간 화들짝 놀라면) 그걸 어디서!! 근데 왜 지금껏 말을 안 했어요?!!

규진 이 안에 하도 엄청난 게 들어있어서요. 주 회장과 서진 씨의 불륜 동영 상이 잘 간직되어있더라고요. 감상 잘했습니다, 주 회장! 아주 후끈 하던데요?

단태 (잠시 생각하다, 가소롭단 듯 픽 웃고) 이 타이밍에 깔 패는 아니지 않나요? 나랑 서진 씨 관계는 이미 다 알려졌고... 기왕이면 조금 서두르지 그랬어요?

규진 그럼, 이건 어떤가요? (하더니, 녹음 파일 눌러서 들려주는데, 설아의 목소리가 나오고)

설아(E) 오늘은 11월 14일, 토요일입니다. 나는 지금 헤라팰리스로 가고 있습니다. 석경이 아버지가 만나자고 연락이 와서요. 만일... 만일 나한테 무슨 일이 생긴다면, 아니, 내가 죽는다면... 그건 석경이 아버지 짓일 거예요. 백 프로!

단태 (기함하는) 미친년!!

규진 이 타이밍에 깔 패 맞죠? 이 정도면, 주 회장이 민설아를 죽였다는 증거로 빼박 아닐까요? 최소한, 죽이지 않았다는 알리바이를 증명하기 전엔, 아주 많이 불리할 텐데... 변호사로서 드리는 조언이에요.

단태 (버럭) 뭐하는 짓이야, 이게!! (죽일 듯이 덤벼들면)

규진 (갑자기 말투 확 바뀌어서, 싸늘하고 사악한 표정으로) 나한테 반말 짓거리 할 때가 아닌 거 같은데, 주단태! 어떻게? 경찰에 넘겨?

단태 (다급한) 원하는 게 뭐야?

규진 (냉정하게) 명동 땅에 투자한 내 돈 백억, 바로 빼줘. 나도 살아야겠거든.

단태 로건 리랑 지금 계약 진행하고 있잖아!

규진 로건 리고 뭐고 난 그딴 거 모르겠고! 그 자식 변덕 참아줄 시간도 인내심도 없어! 그러니까, 당장 내 돈부터 토해. 우리 로펌 건물 넘어가게 생겼다고!

단태 (애써 태연하게) 조건이 그거뿐인가?

규진 일단은!

단태 그렇게 하지. 그깟 현금 백억 융통하는 게 뭐 그리 어렵다고...

규진 오늘 안으로 내 계좌로 쏴. 그리고 다시 얘기해. (밀리지 않고 보는데)

단태 (이글이글 분노로 불타는 눈빛)

33. 펜트하우스 거실 (아침)

마리와 상아, 수련을 응원해주고 있는.

마리 누구 좋으라고 이혼이야? 절대, 절대 도장 찍어주지 마! 이 아름다운 펜트하우스를 천 쌤한테 넘긴다는 게 말이 돼? 고개 빳빳이 쳐들고 콧대 세워봤자, 천서진은 상간녀고, 자기가 조강지처야.

상아 그럼요. 지금껏 석훈이 석경이 친자식처럼 키워준 사람이 누군데요. 걱정 말아요, 수련 씨. 우리도 가만있지 않을 거니까.

수련 그러지 않으셔도 돼요. 이건 제 부부 문제예요.

마리 이게 왜 남의 일이야? 헤라클럽 안에서 일어난 치정문젠데. 아무리 주워 먹을 게 없어도, 어떻게 옆집 밥을 훔쳐 먹어. 하 박사님한테 그게 할 짓이야?

상아 말도 안 되죠! 우리가 피붙이만 아니다 뿐이지, 서로 알고 지낸 세월이 얼만데요. 은별이 보기 부끄럽지도 않나. (죽이 척척 맞고)

마리 나만 믿어. 아주 가루가 되도록 본때를 보여줄 테니까! (비장한데)

34. 헤라펠리스 레슨실 (아침)

마리와 상아, 서진과 당당하게 마주 앉아있고.

서진 할 말이라는 게 뭐죠. (시계 보고) 출근할 시간인데.

마리 지금 그렇게 뻔뻔하게 나올 처지가 아니지 않나요? 정식으로 청아예고에 진정서 넣을 생각이에요. 그쪽처럼 부도덕하고 파렴치한 사람한테 우리 애 절대 못 맡겨요. 교육자가 불륜이라니! 거기다 같은 학교 학부모랑!

서진 그래서요?

상아 뭐가 그래서예요? 당연히 사표 써야죠! 스스로 물러날 기회는 줄 테니까, 예술부장 자리에서 당장 내려와요!

서진 (조소하는) 고작 그 말 하려고 아침부터 쫓아온 거예요?

마리	(기막히고) 웃어? 지금 우리 말이 같잖다 그거야? 좋아! 현실감이 안 드는 모양인데, 이사장님을 만나는 수밖에! 아님, 교육청에 바로 찌를까.
서진	얼마든지요! (갑자기 자리에서 일어서고. 열쇠로 서랍 열어서 파일 두 개를 꺼내, 각각에게 툭툭 던지면)
상아	이게, 뭐예요? (보는데)
서진	민혁이랑 제니의 중학교 성적표예요. 보시면 알겠지만, 내신성적도 실기점수도 현저하게 미달인 아이들이 어떻게 청아예고에 들어올 수 있었을까요. 누구 덕인지 벌써 잊었어요?
마리/상아	(순간 움찔하면)
서진	(마리를 보며) 우리 집 인테리어 대금, 거실에 걸려있는 블루칩 그림, 청아예고 졸업공연 대관료, 다 제니 엄마가 내신 거죠? 제니 잘 봐달라는 뇌물로! (상아를 보며) 학교 행사 때마다 딜리버리로 파티 음식 보내주고, 명절 음식은 기본이고, 냉장고에 김치 다섯 종류에 밑반찬까지 그득그득 쌓아놓고 간 거, 민혁 어머니 맞으시죠? 그게 다 우리가 한배를 탄 사이여서 그런 거 아니었나요?
마리/상아	(당황하면)
서진	원하신다면, 제가 청아예고에서 물러나 드리죠. 하지만 잊지 마세요. 제가 없으면, 애들 인생도 여기서 끝난다는 거! 자격도 안 되는 하위권 애들이 과연 청아예고에 남아있을 필요가 있을까요. 서울음대, 보내기 싫으세요? (세게 나오면)
마리	아니, 그게 아니라... 나야 뭐, 수련 씨가 하도 부탁하니까... 그냥 슬쩍 말이라도 전해주자, 그런 심정으로 온 거죠. 천 쌤, 나 몰라요?
서진	그럼, 선택하시죠!
상아	선택하고 말고가 어딨어요. 저는 무조건 천 쌤만 믿고, 끝까지 갈 거예요. (마리 탓하는) 그러게 내가 안 온다고 했잖아요. 왜 나까지 끌고 와서...
마리	왜 이래, 이거. 난 수련 씨하곤 원래가 상극이야. 수련 씨랑 친한 건 자기잖아. 내가 남의 집 일에 미쳤다고 총대를 메?
서진	(은밀하게) 좋아요. 곧 중간고사 실기시험이 시작될 텐데... 제가 제니와

민혁이한테 힘이 돼주죠. (자신감 넘치는 표정이면)

마리/상아 (자기도 모르게 납작 엎드리는)

35.   청아예고 복도(낮)

석훈, 석경, 은별, 제니, 민혁 모여있는데, 다가오는 로나.

로나   (은별 보고 쭈뼛했다가) 그동안... 민설아처럼 군 거 사과할게. 앞으로 그
런 일 없을 거야.

석경/제니/민혁   (병찐 듯 보면)

제니   뭐야. 이 멘트는? 어젠 죽어도 니가 한 짓 아니라며?

로나   내가 한 거 맞아. 미안해.

석훈   (진심 아니란 거 아는데) 배로나! 너 왜 이래?

석경   (기막히고, 로나 이마를 툭툭 밀며) 야, 너 진짜 개소름이다. 이게 사과로
끝날 일이야? 자퇴는? 당연히 학교도 관두는 건가?

은별   자백까지 했으니, 지가 양심껏 알아서 하겠지. (로나 보며) 앞으로 다신
우리한테 기어오르지 않겠다고 약속해.

로나   (수치심에 은별을 보면)

은별   왜? 못 해?

로나   (눈빛 흔들리는데, 아침 일이 떠오르고)

36.   회상/헤라팰리스 일각(아침)

로나, 은별이 부르는 대로 각서를 쓰고 있는.

은별   1. 민설아와 관련된 협박은 모두 내가 한 짓이다. 2. 어제 커뮤니티에서
있었던 일을 아무한테도 발설하지 않는다. 3. 하은별이 시키는 일은 모
두 다 한다!

로나   (로나가 말하는 대로 각서 쓰면)

은별   (각서를 뺏어서 보고. 핸드폰으로 찍어두는데) 여기서 하나라도 어기면,

니 엄마는 헤라팰리스에서 얼굴 못 들고 살 줄 알아!! (으름장 놓는)

37.   현재/청아예고 복도(아침)
      로나, 눈물 그렁해서 은별을 보고 있는.

로나   (분하지만 주먹 꽉 쥐고) 약속할게.
은별   (만족한 듯 미소) 가봐. (하면)
로나   (울컥해서 뛰어가는데)
민혁   쟤 좀 이상하지 않아? 저렇게 순순히 엎드릴 애가 아닌데...
은별   이제야지 위치를 파악했나보지 뭐.
석훈   (갑자기 화난 듯, 뛰어가는 로나를 따라가면)
제니   뭐야, 석훈이 왜 저래? 지가 배로나 흑기사라도 돼?
석경/은별 (굳어진 표정으로 석훈을 보는)

38.   청아예고 일각(낮)
      로나의 앞을 가로막는 석훈.

석훈   얘기 좀 해! 석경이가 한 말, 다 거짓말이야. 너한테... 다 진심이었어.
로나   (싸늘하게) 진짜면? 뭐가 달라져? 앞으로 나한테 아는 척하지 마. (돌아
             서면)
석훈   (확 붙잡고) 너 상처받은 거 알아! 애들이 그런 거, 내가 사과할게.
로나   (조소하며) 너도 걔들이랑 똑같아. 민설아한테 똑같은 짓 했잖아! 나도
             봤어. 민설아 괴롭히던 영상...
석훈   (멈칫, 말 못 하는데)
로나   당해보니까 알겠던데? 개자식! (그런 석훈을 밀치고 가버리면)
석훈   (로나의 말이 틀리지 않고. 괴로운데)

      한쪽에서 그런 두 사람을 보고 있는 은별의 미소.

39.   빅토리 로펌 규진 사무실(낮)
       설아의 핸드폰을 보고 있는 규진. 서진과 단태의 키스 동영상이고.

규진   주단태, 한입거리도 아닌 게 어디서 까불고 있어. (그러다 설아 핸드폰
       에 뽀뽀를 쪽 하며) 니 덕분에 내가 살았다! (기세등등한데. 소파에 벌러덩
       누우며 핸드폰 어플로 은행 잔고 확인하는) 내 돈 백억은 쐈쳤나. 뭐야, 왜
       입금을 안 해. 영 말을 들어 처먹질 않는구만.

       그때, 문이 확 열리면서, 사무실로 쳐들어오는 왕미자.

규진   (놀라서 벌떡 일어나 앉고) 엄마! 규진이 놀랐잖아.
미자   (대뜸 버럭) 놀래서 뭐? 어쩌라고!! (손에 들고 있던 자료를 규진 얼굴에
       내던지고) 이 미친놈아!! 그동안 우리 로펌 이름 팔아서 투기하고 다녔
       어? 이게 다 사실이야?!!
규진   (서류 보다가 기함하고) 아니, 이걸 누가... (하다가) 주단태, 이 개자식!!
미자   대체 뭔 짓을 하고 다니는 거야? 우리 로펌이 어떤 회산데, 이런 불법 투
       자에 연루되게 하냐고?!!
규진   엄마, 그게 아니라... 일단 캄다운하고, 내 말 좀 들어봐. (하는데)
미자   (등짝 후려치는) 니 아빠가 알면 어떻게 되는지 알지? 너랑 나, 쫓겨나
       는 건 당연지사고, 합동장례식이라고 이놈아. 미쳤어! 미쳤어! 빌딩 잡
       혀먹은 것도 모자라, 세무조사까지 받게 할 거야? 어떻게 수습할 거냐
       고!! (아무거나 손에 집어 들고 또 때릴 듯이 쫓아오면)
규진   (필사적으로 도망치면서) 아, 왜 나만 갖고 그래? 엄마도 불법 투자해서
       돈 모은 거잖아.
미자   뭐? 내가 언제! (테이블을 사이에 두고 대치하는. 당장이라도 죽여버릴 눈
       빛인데)
규진   엄마한테 내가 배운 게 그거밖에 더 있어? 이 빌딩도 그래서 산 거...
미자   이 자식이 그래도! (기어이 이단옆차기 날리는 왕미자)

규진   (바닥에 대자로 쓰러지는)

40.   단태 사무실(낮)
      문 박차고 들어서는 규진. 단태는 여유롭게 컴퓨터 보고 있으면.

규진   (코피 막은 휴지, 팽 해서 버리고. 왕미자한테 받은 서류를 책상에 탁 내려놓
      으며) 이게 다 뭡니까. 왜 내가 총알받이가 되냐고요?!!
단태   (재밌다는 듯 웃고) 몰라서 물어요? 이 변이 먼저 내 손을 놨잖아요. 난
      더 이상 이 변을 케어해줄 필요가 없을 거 같은데. 곧 로펌에 세무조사
      가 들어갈 겁니다.
규진   (기막히고. 발악하는) 나 혼자 죽으라고? 다 같이 한 짓이잖아!
단태   당연히 모든 자료엔 내 이름은 빠져있을 겁니다. 그 정도 보험도 안 들
      고, 내가 일을 벌이진 않았겠죠.
규진   (미치겠는) 꼭 이렇게까지 해야겠어?! (그러다 꼬리 팍 내리고, 납작 비
      는) 해야겠죠? 내가 경솔했어요. 백억 앞에서 잠깐 눈이 돌았나 봐요.
      그래도 우리가 어떤 사인데... 그동안의 정도 있고.. 안 그래요?
단태   (냉정하게 보면)
규진   어떡하면 우리 주 회장님 마음이 풀릴까요? 꿇어요? 무릎 이까짓 꺼!
      (소파 위로 무릎 꿇고) 반성하는 내 진실된 마음을 꺼내서 보여줄 수도
      없고.
단태   (싸늘한 표정) 당장 가져와!! 민설아 핸드폰.

41.   심부름센터(낮)
      수련, 심부름센터 직원과 마주 앉아있고.

수련   (놀라는) 구호동이라는 사람이... 병원에 있다고요?
직원   네. 5년 전에 교통사고가 크게 나서 아직까지 의식이 돌아오지 않고 있
      어요. (진짜 구호동의 사진을 보여주고) 이 사람이, 진짜 구호동입니다.

202

강원도가 고향이고, 전국체전에 입상한 경력으로 체육 교사가 됐고요.

수련 그럼, 청아예고에 있는 그 사람은, 누구죠?

직원 전혀 신원을 확인할 수가 없습니다. 아마도 구호동의 신분을 사서 위장 취업한 경우라고 봐야죠. 이 정도로 캐도 아무것도 안 나오는 사람이라면...

수련 (보면)

직원 위험한 자일 수 있습니다. 고급호텔 스위트룸에 묵고 있는 것도 수상하고, 되도록 접촉을 하지 않는 게 좋을 거 같습니다.

수련(E) (점점 더 불안해지고) 대체, 당신 정체가 뭐야?.....

42. **청아예고 복도(낮)**

호동, 호루라기를 불며 아이들 체육수업을 하고 있는데.

그때, 핸드폰으로 전화 오면. 아이들과 떨어져서 한쪽으로 가 전화 받는.

호동 무슨 일이야?

홍비(F) 민설아 핸드폰이 켜졌습니다!

호동 (놀라고) 어디야? 거기가!!! 내가 지금 가. (그대로 정신없이 뛰어가는)

43. **빅토리 로펌 규진 사무실(낮)**

규진, 금고 문을 열고, 설아의 핸드폰을 꺼내서 가방에 넣는. (전원 켜진 상태)

규진 굿바이, 내 돈줄! (허겁지겁 가방 들고 나가고)

44. **빅토리 로펌 엘리베이터(낮)**

불안한 표정의 규진, 급하게 일 층을 누르는.

45.   빅토리 로펌 로비(낮)
      규진, 빠르게 걷는데. 누군가 규진과 부딪히고. 규진의 가방을 떨어뜨
      리는.

규진   아씨, 바빠 죽겠는데.
모자남 죄송합니다. (규진의 가방을 주워주면)
규진   (가방 받아들고, 후다닥 밖으로 나가는데)

      한쪽으로 돌아서는 모자남, 호동이고. 손에 핸드폰이 쥐어져있는.
      핸드폰을 누르면 바탕화면에 뜨는 설아의 사진. 손에 꽉 쥐는 호동이고.

46.   단태의 사무실(낮)
      테이블 위로 후드득, 떨어지는 규진의 가방 속 물건들. 아무리 헤집어
      봐도 핸드폰은 보이지 않고.

단태   (굳어지는) 지금, 장난합니까?!
규진   (얼굴 하얗게 질려서) 분명히 있었다고요! 금고에서 꺼내서 가방에 넣었
          는데!! 나 진짜 억울해요. 배라도 갈라서 보여줘요? (옷까지 탈탈 털면)
단태   (사악해지는 눈빛. 조 비서에게 눈짓하면)
조비   (문 잠그고, 가죽장갑 끼고, 규진에게 다가오는데)
규진   (두려움에 떨며) 주 회장, 아니 회장님! 우리, 말로 해요. (덜덜 떨며 뒷걸
          음질 치고) 사, 살려주세요!! 오지 마!! 오지 말라고오!!! (겁먹고 절규하
          는데)

47.   파크원 호텔 앞(낮)
      수련의 차, 멈춰 서고.
      수련, 선글라스를 끼고, 머리에 챙 넓은 모자를 눌러쓴 채 차에서 내
      리는.

48. 파크원 호텔 복도(낮)
　　수련, 복도를 뚜벅뚜벅 걸어와서 스위트룸 앞에 멈춰 서는데. 벨 누르면, 안에서 아무 반응 없고.
　　그때, 호텔 메이드가 청소 카트를 끌고 다가오고. 카드를 꽂아서 문 열고 스위트룸으로 들어가려면.
　　수련, 재빨리 그 앞을 가로막고.

수련 　(상냥하게 영어로) 청소는 한 시간 후에 부탁드릴게요. 지금 남자친구가 취침 중이라서요. (메이드, 못 알아듣고 당황하면. 문 앞에 'Please do not disturb' 종이를 문고리에 뒤집어 거는데)
메이드 　알겠습니다, 손님.
수련 　땡큐. (팁 주고, 열린 문 안으로 자연스럽게 들어가는)

49. 파크원 호텔 스위트룸(밤)
　　수련, 모자를 벗고, 스위트룸 안을 찬찬히 살펴보는데.
　　깔끔하게 정돈되어있는 럭셔리한 공간이 드러나고.
　　옷장 문을 열어보면, 고급스러운 슈트들이 각 잡고 걸려있는. 호동이 평소 입던 옷들이 아니고.
　　그때, 문득 거울 앞에 호동이 벗어놓은 가발이 보이면. 가발을 들어보는 수련. 뭔가 이상한 느낌 들고, 이리저리 닥치는 대로 뒤지기 시작하는데.
　　그때, 발밑에 뭔가 툭... 부딪히고. 보면, 침대 아래쪽에 뭔가 튀어나와 있는.
　　수련, 침대 아래쪽을 살펴보면, 노트북이 보이고.
　　노트북을 꺼내서 열어보는 수련. 로건 리의 모습이 바탕화면에 깔려 있는.
　　그제야 거울 앞의 가발과, 낯익은 고급스러운 슈트가 눈에 들어오는데.

수련	(화들짝 놀라는) 구호동이... 로건 리였어!! (급히 노트북에 있는 사진들을 열어서 보면, 미국에서 설아와 로건이 함께 찍은 사진이 나오고. "With Anna at Central Park"라고 적힌) 안나 리... 로건 리..?!! (경악하는)

(인서트) 6화 11신/채취실/4년 전(낮)
설아의 골수를 채취하는 의사.

(인서트) 2화 49신/미국 제임스 리 저택/2년 전(밤)
양쪽에서 설아를 결박하는 미국 경찰들. 설아를 끌고 가고.
설아, 억울해하며 울음 터진.

설아	(영어로) 난 안 훔쳤어요!! 난 도둑 아니라구요! (뒤돌아보며, 간절히 한국말로) 오빠!! 오빠!!!! 뭐라고 말 좀 해줘. 오빠!!!

구호동의 정체를 알고, 분노하는 수련!

수련	그 인간이야!! 설아의 양오빠!!!!

50. 단태 사무실(낮)
　　　무릎 꿇고 앉아있는 규진. 얻어터진 듯 눈탱이가 밤탱이 돼있고.
　　　그 옆으로 조 비서가 굳은 표정으로 서있으면.

규진	(억울해 죽겠단 얼굴로 거의 울듯이) 누군가가 가져간 게 분명해요. 사무실에서 나올 때까지도 분명히 있었다니까... (그러다 번쩍 생각나고) 아! 로비에서 어떤 놈이랑 부딪혔는데, 그때 그놈이 훔쳐간 건가?
단태	로비면 CCTV에 찍혀있을 거 아냐? (갑자기 분노의 주먹을 쥐고) 혹시...
규진	맞네! 마네킹 쇼 범인! 그놈일 거예요, 그놈! 틀림없어요, 주 회장! 그놈만 찾으면 설아 핸드폰도 찾을 수 있을 거고...

단태 (발로 까고) 닥쳐!! 그러게 왜 망할 놈의 물건은 아직까지 갖고 있어서 이 사달을 만들어?!

규진 우씨, 맞은 데 또 때리냐? (하다가 금세 깨갱하고, 입 쑥 들어가면)

그때, 노크 소리 나고. 윤희가 들어오는.

윤희 회장님.. (그러다 무릎 꿇고 있는 규진을 보고 놀라) 이 변호사님?

규진 (놀라서 후다닥 일어서고, 애써 얻어터진 얼굴을 숨기는데)

단태 (윤희에게) 무슨 일이죠?

윤희 그게... 방금 로건 리 씨랑 연락이 돼서요. 지금 호텔로 들어가시는 중이랍니다. (규진의 모습을 흘깃 보는)

단태 (조 비서에게) 차 대기시켜. 오윤희 씨도 같이 움직일 거야.

51. **파크원 호텔 스위트룸(저녁)**
룸으로 들어서는 로건, 모자와 가발을 벗고, 소파에 털썩 주저앉아 눈을 감는데.
그때, 천천히 로건의 등 뒤로 다가가는 나이프를 든 손의 누군가. 나이프를 든 손 부들부들 떨리고. 로건을 찌를 듯 손을 번쩍 쳐드는데.
눈을 번쩍 뜬 로건, 유리창에 비친 실루엣을 보며, 나이프를 쥔 손목을 잡아채는데. 보면 수련이고.

로건 당신 뭐야? 여긴 어떻게 들어왔어?!

수련 너였어? 우리 설아 양오빠가?!! (분노 폭발하는데)

로건 (당황하면)

수련 내 딸한테 그런 짓을 해놓고, 니가 날 협박해? 우리 설아 이름을 팔아서?!! 우리 설아를 골수 받으려고 입양한 거지? 그래 놓고 도둑 누명을 씌워 파양을 시켜?!! 차라리 그냥 버릴 것이지, 왜 불쌍한 애한테 상처를 줘? 그 어린 것한테 미안하지도 않아?!! (흥분해서 난리치면)

로건	나도 몰랐어!! 나중에야 진실을 알았고, 그래서 어떻게든 책임지려고 했는데, 설아가 죽어버렸다고!!
수련	거짓말!! 조상헌 의원이랑 얼마에 거래했어? 내가 널 얼마나 찾았는데... 대단한 집 배경으로 꼭꼭 잘도 숨어있다가 왜 나타난 거야? 내 딸 목숨 받고 살아났으면, 사람답게 살았어야지!! 넌 인간도 아냐!!
로건	(수련의 손목을 잡고, 폭발하는) 그래서 왔어!! 인간도 아닌 내가, 한 번은 염치 있게 살아보려고!!
수련	개자식!! 끝까지 발뺌할 거야? 매일같이 널 죽여버릴 거라고 다짐했어!! 죽어!! 죽어!!! 죽어!!! (무섭게 달려드는데)

수련과 로건의 몸싸움, 계속되고.

로건	(갑자기 수련을 막던 손을 풀고, 포기한 듯) 그래, 죽여!
수련	(나이프로 로건을 내리꽂는데)
로건	(옷을 뚫고 들어간 나이프. 깊은 상처를 내진 못하지만 옷 위로 피가 약간 스며들면) 그전에, 주단태 먼저 죽이고!!
수련	(나이프를 손에서 툭 떨어뜨리고. 부들부들 떨며 노려보면)
로건	왜? 당신 그 알량한 가정은 도저히 못 깨겠어? 주단태가 당신 딸을 죽였다고 해도 남편이니까 못 버리겠어?
수련	닥쳐!! 주단태도 천서진도 내가 죽여!! 너도 마찬가지고!! 설아 복수는 내가 할 거야!! 그게 내가 그 애한테 해줄 수 있는 유일한 거니까. (눈가 발개져서 돌아서면)
로건	설아를 죽인 범인부터 찾아야지! 기회를 줄게. 한번은 엄마 노릇할 기회. (하더니, 핸드폰에서 녹음 버튼을 누르는데, 설아의 목소리가 나오고)

설아(E)	오빠, 우리 엄마 찾아준다고 했지? 꼭 찾아줘야돼.
호동(E)	이제 와서 엄마는 왜 그렇게 찾아? 너 버린 사람인데.
설아(E)	확인해볼 게 있어서. 엄마가 어떻게 사나...

호동(E) 어떻게 살면 좋겠는데?

설아(E) 엄마도 나처럼 불행했으면 좋겠어... (하다가, 씁쓸하게 웃고) 어릴 땐 그렇게 생각한 적도 있었는데, 지금은 아냐. 나, 엄마가 진짜 행복했음 좋겠어. 아주 많이 행복하게 살았으면 좋겠어 오빠. 우리 엄마 꼭 찾아서, 행복하게 잘 사는지만 확인해줘. 그럼 나, 엄마 평생 안 만나도 괜찮아.

수련, 설아의 마지막 멘트를 듣는 순간 무너져 내리고. 털썩 주저앉으면.

수련 (털썩 주저앉는) 설아야... 엄마가... 엄마가 미안해.... 엄만 행복할 자격 없어.... (오열하는데)

로건 (그런 수련에게 다가서는) 같이해요. 설아 복수. 내 벌은, 그다음에 받을게. (같이 눈물 흘리면)

수련 (정신 차리고, 눈물 쏙쏙 닦고) 너 같은 놈이랑 손잡을 일 없어!!

로건 (그런 수련을 붙잡고) 내가 당신을 오해했듯이 당신도 날 오해하고 있는 거야! 우린 같은 목표를 가지고 있어.

수련 당신은 자격 없어! 설아를 입양했으면 끝까지 책임졌어야지! 무슨 수를 써서든 지켰어야지!!

로건 변명하고 싶지 않아. 하지만 속죄할 방법은 알아. 그래서 찾는 거야. 설아 죽인 사람! 찾아서 백배, 천배, 더 고통스럽게 응징해주겠어!

수련 아니! 난 당신 못 믿어! 난 이번 일에 내 목숨을 걸었어. 설아의 억울한 죽음, 내가 풀어줄 거야. 그 일에 방해되는 사람은 모조리 쓸어버리겠어!! (로건을 확 밀치고, 밖으로 나가는데)

52. 파크원 호텔 스위트룸 앞 (저녁)

문을 열고 나가는 수련의 앞에 서있는 건 단태고.

단태 (수련을 보고 놀라고) 당신이 여긴 웬일이야?!

수련 (순간 당황하면)

윤희	(단태 뒤에서 난감한 표정으로 서 있는데)
단태	(의심쩍게 보며) 묻잖아. 당신이 로건 리를 왜 찾아왔냐고?!!

그때, 로건이 급하게 카디건을 걸치고 수련을 뒤쫓아 나오고. 그러다
단태와 마주치면. 역시 당황하는데.

단태	(매서운 표정, 영어로) 어떻게 된 건지, 설명을 좀 해주시겠습니까, 로건? 내 와이프가 왜 당신의 룸에서 나오는지.
수련	(긴장하는데)
로건	(여유 있게, 영어로) 아주 훌륭한 와이프를 두셨더군요.
단태	무슨 말이죠?
로건	(영어로) 사실, 어제 파티에서 불미스러운 일로, 회장님과 계약을 진행하지 않을 생각이었어요. 근데 당신 와이프가 날 찾아와서 대신 사과를 했어요.
단태	(싸한 표정 짓고 있다가, 놀라면)
윤희	(얼른 나서고) 이런 걸 내조라고 하는 거죠? 수련 씨가 큰일을 했네요.
로건	(수련에게, 영어로) 오늘 대화는 감명 깊었습니다. 이번만큼은 제가 한 수 물러나서 재고해보겠습니다.
수련	잘 부탁드립니다. (깍듯이 고개 숙이면)
단태	(그런 수련을 보는)

53.　청아의료원 윤철의 진료실(저녁)
　　　윤철, 환자의 허리를 살피고 있는.

윤철	점점 좋아지고 있어요. 오늘까지만 물리치료 받고 가세요.
환자	고맙습니다, 선생님. (인사하고 나가면)
	그때, 진료실 문을 밀치며 들어오는 친구1, 친구2.

윤철	(친구들 보면 표정 굳어지는데)
친구1	하 박사! 어떻게 된 거야? 쇼핑센터 물 건너갔다며? 우리 돈 다 날려먹었어?
윤철	아냐, 지금 잘 진행되고 있어. 계약만 성사되면...
친구2	(물건들 툭툭 건드리며) 그놈의 계약 얘긴 언제까지 할 거야? 5부 이자 준대서 전 재산 털어줬더니, 어떻게 이자 한 번을 안 줘? 어쩌자는 거야? 어!!!
윤철	(그때, 핸드폰 울리고. 보면 서진인데)

54. 청아예고 이사장실 (저녁)
      서진 역시, 윤철의 친구들에게 붙잡혀있는 상황이고.

친구3	솔직히, 우리가 하윤철 그 자식 보고 빌려줬겠어요? 서진 씨 보고 빌려준 거죠. 설마, 청아재단 따님이 내 돈 떼먹을까 해서!!
서진	(표정 안 좋고) 난 전혀 모르는 돈이에요. 처음 듣는 얘기고요.
친구4	그렇다고 책임이 없는 건 아닐 텐데요. 어쨌든 부부잖아요.

      그때, 윤철이 뛰어 들어오고.

윤철	(당황해서) 여긴 왜 찾아왔어? 할 말 있음 나랑 해!!
친구3	니가 내 전화를 씹잖아. 그래서 왔지, 뭐 심심해서 놀러온 줄 알아?
윤철	나가! 내일 연락할 테니까!!
친구4	(윤철에게 그대로 주먹 날리는) 의사 새끼가 신용 없게 뭐하는 짓이야? 당장 내 돈이나 갚아! 이 사기꾼 새끼야! (난리치면)
서진	(소파에서 벌떡 일어서고) 누가 사기꾼이에요? 사기꾼한테 돈은 왜 빌려줬는데?! 고향 친구라더니, 5부 이자가 말이 돼요? 친구 등쳐서 재벌 되게?!
친구3	이봐!!

서진	(받아치는) 뭘 봐? 나한테 돈 빌려줬니? 왜 반말이야? 남의 학교에서 난동 피우지 말고, 당장 꺼져! 끌려 나가고 싶어?!! (매섭게 소리치면)
친구4	(그제야 기 꺾여서) 오래는 못 기다려요. 담엔 병원이든 학교든, 이불 싸들고 쳐들어올 거니까! (친구3과 함께, 홱 나가면)
서진	(윤철 보며) 하윤철... 나랑 살더니 간이 커졌더라? 그 돈으로 뭐했는데? 사업이라도 시작했어? 아님, 시댁 당고모쯤이 또 사고라도 치셨나?
윤철	신경 꺼. 내가 어떻게든 해결할 거야. (돌아서면)
서진	70억이라며? 친구들 주머니 턴 게! 당신이 무슨 능력으로 그 큰돈을 갚아? (윤철 앞으로 뚜벅뚜벅 걸어오고) 내가 해결해줄게.
윤철	(멈칫해서 보면)
서진	이혼합의금이야! 대신, 은별이에 대한 양육권, 집, 공동재산, 청아의료원 과장자리, 다 포기해! 아, 하나 더! 내가 이사장 될 때까지 무조건 협조하겠다는 조건까지! 그럼 당신 채무, 내가 떠안아줄게.
윤철	(기막히고, 처참한데) 70억으로 당신 부정을 퉁치겠다고?
서진	(갑자기 큰소리로 웃다가, 웃음기 싹 걷고) 내 부정? 꽤 남편 같은 멘튼데? 우리가 언제 부부였었나? 우리, 잠자리 안 한 지 10년도 넘었어. 당신한테 돈이든 사랑이든, 받아본 적 없고! 내 불행에 대해선 당신은 어떻게 보상할 건데?!!
윤철	(말문 막히면)
서진	정확히 말하면, 우리 결혼이 깨진 귀책사유는 당신한테 먼저 있어. 난 17년 동안 내내 외로웠고, 그 흔한 월급통장 한번 받아본 적 없었어. 평생 와이프를 아끼지도 돌보지도 않았던 당신이, 이제 와서 나 때문에 상처받았다고 책임을 물을 건가? 내가 딴 남자를 만난 건 당신 때문이야! 그럼에도 70억이나 위자료를 주겠다는데, 솔깃하지 않아?
윤철	자기밖에 모르는 건 불치병인가? 어림없어! 당신 뜻대론 안 될 거야!! (나가버리면)
서진	과연 그럴까? (그러면서도 표정 어두워지고. 힘 빠진 듯 털썩 주저앉는)

55.   펜트하우스 거실(밤)
       수련과 단태, 거실로 들어서면.

단태   나 때문에 로건 리를 찾아간 거야? 날... 용서하겠다는 건가?
수련   아뇨. 이혼하겠다는 생각, 변함없어요.
단태   근데, 거긴 왜 갔어? 날 위한 게 아니면...
수련   어제 파티의 호스티스로서, 사과하러 간 거예요. 이혼 전까진 당신 와
       이프로서 성실하고 싶으니까. 중요한 계약이라면서요.
단태   (그런 수련에게 감동받은 표정인데)

56.   펜트하우스 단태 수련 침실(밤)
       수련, 한숨 돌리는데 호동에게 문자가 오는.

로건(E) 잘 생각해봐요. 설아를 위해서 뭐가 더 좋은 길인지.

       수련, 생각에 잠기는데.

57.   헤라팰리스 윤희 집 로나의 방(밤)
       윤희, 살짝 문을 열고 들어서면 잠들어있는 로나.

윤희   우리 딸, 일찍 자네? (이불 덮어주고 나가려는데, 문득 책상 위에 놓인 문제
       집이 보이고. 펜으로 마구 낙서되어있고, 여기저기 찢어져있는 문제집. 놀
       라는데. 로나를 걱정스럽게 보는 윤희고)

58.   헤라팰리스 윤희 집 거실(다음 날 아침)
       무표정하게 등교 차림으로 나오는 로나.
       그때, 로나에게 급하게 다가서는 윤희.

윤희	(선물상자 내밀고) 풀어봐. 선물이야.
로나	(말없이 선물상자 열어보면, 명품 지갑이 들어있고. 윤희를 보는)
윤희	요즘 이거 유행이라며. 중간고사 준비하느라 스트레스 많을 텐데, 힘내 배로나!! 어때? 예쁘지?
로나	(무표정하게 지갑을 보는데)
윤희	괜찮아~ 엄마 이제 취직했잖아. 이 정도 사줄 능력 돼. 왜? 맘에 안 들어? 다른 걸로 바꿀래?
로나	(갑자기 지갑을 던져버리고) 누가 이딴 거 사달래? 누가 명품 지갑 필요하댔냐고?!!
윤희	로나야. 지금 뭐하는 거야?
로나	지겨워!! 왜 헤라팰리스는 들어와서... 짜증 나, 진짜!! (휙 나가버리면)
윤희	(기막히고) 기집애, 왜 저래? 사춘기야 뭐야?! (속상한데)

59. 헤라팰리스 서진 윤철 집 거실(아침)
방에서 전화를 받으며 나오는 윤철.

윤철	걱정 마세요. 제가 알아서 할 거니까. 정말 별일 아니라니까요, 엄마. 금방 다 해결할 거예요. (괴로운데)

그때, 안마의자에 앉아있는 서진.
윤철, 서진을 보자 바로 전화 끊는데.

서진	빚쟁이들이 과수원까지 찾아갔나 봐? 어머님 아버님이 걱정이 많으시겠네. 그러게 남의 돈은 함부로 쓰는 게 아닌데.
윤철	(미치겠고. 시선 피하면)
서진	(여유롭게) 내 제안, 잘 생각해봐. 나쁜 조건은 아닌 거 같은데? 은별이한테는 당분간 비밀로 해줄게. 애 충격 받을 수 있으니까. (안마의자 작동 멈추고 옆 테이블에 있던 이혼서류 건네며) 사인해. 바로 입금해줄게.

더 시달려봤자 답은 없어. (테이블 위에 이혼서류를 툭 던지고 나가면)

윤철　(머뭇하다, 말없이 서류를 집어 들고 보는데. 비참하고)

60.　청아예고 음악부 교실(낮)

칠판에 〈중간 실기시험〉이라고 적혀있고.

실기시험 중인 교실. 노래를 부르고 있는 은별.

고음까지 완벽하게 처리하는데. 은별, 실수 없이 노래 끝내면.

두기　엑셀런트!! 완벽해, 완벽해! 대단하다, 하은별! 실력이 엄청 늘었는데?
역시, 피는 못 속이는 건가? 어머니 음색을 쏙 빼닮았다니까.

은별　(기분 좋게 웃으며) 감사합니다, 쌤! 요즘 기분 좋은 일이 있어서 컨디션
이 좋았어요. (로나 보며 미소 짓는데)

로나　(열 받고, 표정 굳어져있으면)

두기　다음은 배로나.

로나, 앞으로 나가면. 두기가 반주를 시작하는데.

로나의 흔들리는 눈빛.

61.　회상/헤라펠리스 분수대(낮)

로나 앞에 팔짱을 끼고 있는 은별.

로나　뭐? 실기시험을 망치라고? 나더러 일부러 노래를 못 부르라는 거야?

은별　응. 일부러!

로나　싫다면?!

은별　잊었니? 넌 청아예고 설립 이래 최초의 예비 1번 합격자야. 누가 봐도
꼴등이라고! 니가 시험 망치는 건, 하나도 이상한 일이 아냐. (어깨 툭툭
치고) 앞으로 너네 엄마 인생은 니가 하기 달렸어.

62.   현재/청아예고 음악부 교실(낮)
        두기의 반주에 이어서 노래 도입 부분이 시작되는데.
        로나, 노래 부르지 않고.

두기   (반주 멈추고) 뭐해? 박자 놓쳤잖아?!

로나   (대답 안 하고, 은별만 매섭게 노려보고 있으면)

두기   뭐야. 시험 안 칠 거야? 빵점 받고 싶어? 이게 마지막 기회야. (다시 반주
            시작하면)

은별   (팔짱 낀 채, 비웃듯 로나를 보는데)

로나   (갈등하다가 결심한 듯, 아름다운 목소리로 노래 시작하고)

은별   (순간 놀라는. 어이없는 표정 지으면)

로나   (애써 은별의 시선 피해서, 집중해서 계속 노래 부르는데. 클라이맥스 부분
            으로 접어드는 순간!)

은별   (급하게 종이에 뭔가 써서 들어 올리는데. "배로나 엄마는 불륜녀!"라고 써
            있고)

로나   (순간 눈빛 흔들리는. 그러다 절정의 고음 부분에서 삑사리 내고. 노래 멈춰
            버리면)

석경/은별/제니/민혁/아이들 (수군대며 비웃는데) 쟤 왜 저래?

두기   배로나, 연습 안 했어? 음이탈이라니! 청아예고 학생의 수치다, 수치!

로나   (눈물 그렁해서 서있으면)

은별   (만족스러운 미소)

63.   헤라팰리스 커뮤니티(낮)
        마리와 상아, 차 마시다가 띠링! 띠링! 문자 받고.

마리   이게 뭐야! 우리 제니가 실기시험 3등이래, 3등! (호들갑 떨면)

상아   우리 민혁인 4등이래요! 음악반 4등이면, 스카이 음대는 문제없는 거죠?

마리   그러엄. 청아예고에서 5등 안에 들면, 스카이 삐끗한 사람 아무도 없지~~

상아	정말, 천 쌤이 능력 발휘하신 거예요? 어떻게 우리 민혁이가 4등을 해요. 맨날 맡아놓고 꼴찌였는데.
마리	나 이번에 확실히 노선 정했어! 우리 제니, 서울대 들어갈 때까진 천 쌤한테 무조건 충성할 거야.
상아	저도요. 내 남편이랑 바람난 것도 아닌데, 눈 딱 감고 모른 척하면 그만이죠 뭐. 충성! 충성! (신이 났고)

64. 헤라펠리스 윤희의 집 (낮)

윤희, 학교에서 온 메시지를 보면, '1학년 음악 1반, 배로나 23등/23명'이라고 써있고.

윤희	(충격 받은) 우리 로나가 23등?!! (뭔가 불길한 예감에 사로잡히는 윤희)

65. 청아예고 복도 일각 (낮)

두기, 실기시험 등수를 벽에 붙이면. 아이들 우르르 나가서 성적 확인하는데.
1등, 하은별. 2등, 주석경. 3등, 유제니. 4등, 이민혁..... 그리고, 맨 끝 23등에 배로나가 써있는.

은후	와, 하은별이 실기 1등이야?
장대	오늘 하은별 날던데? 연습 무지 많이 했나 봐.
유정	그러게. 오늘은 깨끗하게 실력 인정!
은별	고마워. 필기시험까지 잘 봐야지.
석훈	(아이들 밀치고 들어와, 로나의 등수를 보고 굳어지면)
제니	배로나, 이제 좀 주제 파악이 되냐?
은별	(석훈 들으란 듯이, 큰소리로) 그래도, 너무했다 너. 박자도 놓치고, 거기다 빽사리까지... 마 쌤이 두 번이나 기회 줬는데 그걸 날려먹니.
로나	(뭔가 결심한 듯 돌아서서, 복도를 말없이 걸어가면)

석훈   (걱정스럽게 그런 로나를 보는데)

66.   청아예고 교무실(낮)
       두기, 서진에게 실기점수를 은밀하게 보고하고 있는.

두기   은별이가 압도적인 실력 차이로 실기 1등을 했습니다, 부장님. (나직
          이) 말씀하신 아이들도 제 선에서 특별히 신경 썼습니다.
서진   (만족한 듯) 수고했어요. 배로나는요?
두기   로나는, 꼴찌를 했습니다.
서진   마 선생, 아이들 눈도 있는데 뭐 그렇게까지...
두기   제가 일부러 최하점을 준 게 아니라, 그 애가 뭔 약을 잘못 먹었는지, 음
          이탈을 했습니다.
서진   (놀라는) 음이탈이요?
두기   시험이라면 세상 악바리처럼 굴던 애가 왜 그런 실수를 한 건지 모르겠
          어요.
서진   알아서 떨어져 나가주니 고맙죠 뭐.

       그때, 로나가 교무실로 들어서고. 서진 앞에 서는.

서진   얘기 들었어. 최하점을 받았다고.
로나   네!
서진   너한테 무슨 일이 있는지는 관심 없지만, 시험 준비도 안 해 와서 학업
          분위기 망치는 건 용서 못 해! 다른 아이들한테까지 악영향을 끼칠 수
          있어!
로나   (서진에게 자퇴서를 내밀고) 그래서 그만두려구요, 이 학교.
서진/두기 (놀라서 보며) 뭐어?
로나   쌤이 맞았어요. 저 같은 건, 애초에 청아예고에 어울리지 않았어요. 이
          제 그만 꺼져드릴게요.

218

서진	네 엄마랑은 상의한 거니? 보호자 동의가 필요한 일인데...
로나	곧 말씀드릴 거예요. 그동안, 재수 없게 해드려 죄송합니다. (눈가 발개져서 돌아서 가면)
서진	(로나가 두고 간 자퇴서를 보는. 두기와 눈 마주치고. 이상하단 표정인데)

67. 청아예고 운동장/청아예고 교무실/교차편집 (낮)

로나, 가방을 메고 운동장을 가로질러 걸어가는. 눈물이 비 오듯 쏟아지고.

아이들, 교실 창문에 매달려서 로나를 향해 손가락질하고 야유를 퍼붓고 있는.

서진, 교무실에서 로나가 쓴 자퇴서를 읽고 있는.

로나(E)	저는 처음부터 자격미달의 청아예고 학생이었습니다. 저는 거짓말쟁이고, 폭력적이고, 비뚤어진 성격 때문에 학교생활이 불가능하며 친구들에게 피해만 줄 뿐입니다.

이를 악물고 운동장을 걸어가는 로나, 뒤를 돌아보지 않고, 비참한 심정으로 교문을 벗어나는데.

뒤늦게 로나 이름을 부르며 미친 듯이 운동장을 뛰어오는 석훈, 이미 로나는 떠난 뒤고. 숨 헉헉대며 허탈한 듯 서있는 석훈이고...

68. 파크원 호텔 스위트룸(저녁)

벨소리에 문을 여는 로건. 그 앞에 서있는 건 수련이고.

수련	물어보고 싶은 게 있어요. 내가 설아 엄마인 건 어떻게 알았죠?
로건	민형식 원장한테 들었어요. 죽기 전에 구치소로 찾아갔었어요.
수련	(결심한 듯 보는) 나, 당신 용서한 거 아니에요! 우리 설아를 위해서 잠깐 참는 것뿐이니 오해하지 마요.

로건	그래요. 일단은 공공의 적부터 처리하자고요. (악수 건네면)
수련	(로건의 손 무시하고) 그다음은 뭐죠? 분수대 쇼를 계획했으면, 다음 계획이 있을 거 아니에요? 주단태를 만만히 본 건가요?
로건	그럴 리가요. 주 회장과 곧, 명동 땅을 매개로 손을 잡을 겁니다!
수련	좋은 생각이에요. 앞으로 남편과의 모든 거래는, 오윤희 씨를 이용하세요.
로건	(멈칫) 오윤희?
수련	오윤희... 내 사람이에요. (의미심장한 표정으로 로건을 보는)

69.   헤라팰리스 분수대(저녁)

단태, 조 비서와 함께, 설아의 마네킹이 떨어진 분수대를 돌아보고 있으면.

조비	파티가 있던 날에, 헤라팰리스를 찾은 방문객 명단입니다.
단태	수상한 인물은?
조비	아직까진 특별한 사람은 없었습니다.
단태	(순간 버럭) 없다는 게 말이 돼? 그럼 마네킹이 저절로 공중에서 떨어졌다는 거야?!! 최근 일주일 내 방문객 명단과 대조해서, 방문객 전부 신원 파악해! 개미새끼 한 마리까지 죄다 뒤져!!
조비	알겠습니다, 회장님!
단태	반드시 찾아내고 말 거야!! 쥐새끼 같은 놈!!

그때, 규진이 헐레벌떡 뛰어오고.

규진	주 회장! 찾았어요, 찾았어!
단태	(보면)
규진	로비 CCTV를 샅샅이 뒤졌더니, 핸드폰 훔쳐간 놈 얼굴이 나왔어요!!
단태	누구예요, 그 자식?!!

규진 로비에선 모자를 써서 안 보였는데... 건물 밖에 CCTV를 보니까 얼굴이 확실히 잡히더라고요! 주 회장도 아는 사람이에요. (로펌 건물 밖의 CCTV 화면을 보여주면, 오토바이를 타고 있는 호동의 얼굴이 보이는데)

단태 (놀라는) 구호동?!! 이자가 왜?!!

규진 (CCTV 사진을 눈여겨보며) 당연히 민설아와 관련 있겠죠! 마네킹 쇼를 벌인 놈도 이놈일 테고!!

단태, 순간 분수대 위, 까마득한 높이로 47층을 올려다보는데. 그날의 일이 선명하게 떠오르고.

설아(E) 살려주세요!! 살려주세요, 아저씨!!

70. **회상/헤라팰리스 47층 난간/민설아 죽은 날(밤)**
난간에 기댄 채 살려달라고 발버둥 치는 설아. 그런 설아의 목을 조르는 누군가.
설아, 필사적으로 휘젓던 팔의 힘이 점점 빠지면.
누군가, 그런 설아를 난간 너머로 던져버릴 듯 힘 있게 밀어붙이는데.
범인의 얼굴, 단태고!

71. **현재/헤라팰리스 분수대(저녁)**
단태, 47층 난간을 올려다보면, 민설아를 난간 너머로 밀어뜨리고 있는 자신의 모습이 보이고.
단태, 그날의 잔인한 자신의 얼굴을 대면하는 데서 엔딩!!

아버지를 위한 진혼곡

1.　　14화 69신 연결/헤라팰리스 분수대(저녁)
　　　단태, 순간 분수대 위, 까마득한 높이로 47층을 올려다보는데. 그날의
　　　일이 선명하게 떠오르고.

설아(E)　　살려주세요!! 제발 살려주세요!!

2.　　회상/헤라팰리스 47층 난간/민설아 죽은 날(밤)
　　　난간에 기댄 채 살려달라고 발버둥 치는 설아. 그런 설아의 목을 조르
　　　는 누군가.
　　　설아, 필사적으로 휘젓던 팔의 힘이 점점 빠지면.
　　　누군가, 그런 설아를 난간 너머로 던져버릴 듯 힘 있게 밀어붙이는데.
　　　범인의 얼굴, 단태고!

3.　　14화 엔딩 연결/현재/헤라팰리스 분수대(저녁)
　　　단태, 47층 난간을 올려다보면, 민설아를 난간 너머로 밀어뜨리고 있
　　　는 자신의 모습이 보이고. 그날의 잔인한 자신의 얼굴을 대면하는데.
　　　단태, 설아의 목을 졸랐던 손을 들어서 보며,

단태(E)　　그러게 적당히 나댔어야지, 민설아....

　　　그 위로 설아의 목소리 들려오고. (7화 64신)

설아(E)　　내가 만일 잘못되면, 우리 오빠가 당신 찾아서 가만두지 않을 거예요!

　　　순간, 묘하게 일그러지는 단태의 표정.

단태　　구호동... 그 자식이 그년의 오빠인가?
규진　　오빠라뇨? 민설아한테 오빠가 있었어요? 고아라면서요!

225

단태	보육원에서 같이 자란 오빠가 있지 않겠어요?
규진	그럼, 청아예고 체육 쌤이 민설아랑 같은 보육원 출신이라고?
단태	(으름장) 그걸 왜 나한테 물어? 뭐든 발로 뛰어서 알아내야 될 거 아냐! 민설아 핸드폰부터 당장 찾아오랬지!!
규진	(순간 욱해서 배로 치며) 내가 지금 노냐?! (하다가, 단태 서슬 퍼런 눈빛에 바로 깨깽해서) 그러니까, 찾아온다니까요. 학교 선생이면 일이 쉬워지겠는데요? 이 일은 나한테 맡겨요. 내가 친 사고, 내가 수습할 테니까! 주 회장, 나 믿죠? (가슴 툭툭 치면)
단태	(그런 규진 무시하고) 조 비서!
조비	네, 회장님.
단태	구호동 그 자식, 밀착 감시해. 어디서 뭐하는지, 과거에 뭐했던 놈인지, 싹 다 알아와! (하더니, 속마음으로 E) 아무도 내 인생을 흠집 낼 수 없어! 내가 여기까지 어떻게 왔는데!! 내 인생은 완벽해!!

4.   청아예고 교무실(저녁)
     서진, 로나의 자퇴서를 손에 들고 윤희에게 전화를 거는.

서진	배로나 어머니? 청아예고 예술부장 천서진입니다. 배로나 학생이 자퇴 의사를 밝혔는데, 알고 계셨나요? 2주 동안 숙려기간이 있긴 하지만, 필요치 않다면, 바로 자퇴 처리하겠습니다. (미소를 짓는)

5.   헤라팰리스 윤희 집 거실(저녁)
     윤희, 멍한 듯 핸드폰 내려놓으면. 로나가 방에서 나오다가 보고.

윤희	어떻게 된 거야!! 자퇴라니!!
로나	(담담하게) 학교 다니기 싫어.
윤희	무슨 소리야!! 어떻게 들어간 학곤데!! (로나 붙잡고) 갑자기 왜 이러는데? 무슨 일이야? 누가 또 괴롭혀? 이유가 있을 거 아냐!! (발 동동대면)

로나	다 지겨워. 학교도... 노래도... 다...
윤희	너 뭔 일 있는 거지? 엄마한테 말해봐. 엄마랑 얘기해!! 엄마가 해결할게.
로나	(짜증 내며) 이유 없다고!! 다 싫어졌다니까!!
윤희	왜 싫어졌냐고?!! 며칠 전까지도 열심이었잖아!! 중간고사가 코앞인데, 무슨 말 같지도 않은 소리야!! 엄마 청아예고 트로피 갖다 주겠다며!! 서울음대 간다며!! 유학도 가고, 오페라 극단에도 설 거라며!! 근데 왜 이러는데!!
로나	그런 약속 하는 게 아니었어...
윤희	뭐?
로나	(눈물 그렁해서 보는) 헤라팰리스에 왜 이사 왔어? 아니! 청아예고에 왜 가게 했어? 다 엄마 때문이야!! (울먹이며 방으로 들어가버리면)
윤희	쟤가 왜 저래, 진짜... (영문 몰라서 미치겠고)

6.　청아예고 교무실/규진의 집 거실/전화통화(저녁)
　　　드르륵, 조심스럽게 문이 열리며 들어오는 사람, 규진이고.
　　　비어있는 교무실 안.

규진	괜히 주 회장은 협박했다가 이게 뭔 고생이야. 가만, 구호동 자리가... (두리번거리다가, 마두기 책상에 자기애 넘치는 사진 보이면) 아우, 눈 버렸네. (액자 제자리 두면. 그때, 핸드폰 요란하게 울리고. 자지러지게 놀라서 보면. 상아고. 얼른 받는. 작지만 날카롭게) 아, 왜!
상아	어디야? 또 술 처먹니.
규진	(작게) 바빠. 끊어!
상아	왜 바쁜데? 당신도 주 회장처럼 바람피우니. 왜 목소리가 기어들어가?
규진	(순간 버럭) 이 아줌마가 뭐라는 거야! 야!! (소리 지르면)
서진(E)	(문 벌컥 열고) 거기 누구예요?!
규진	아씨, 들켰네! (천천히 돌아보면, 서진이고. 반가운) 서진 씨!

　　　컷 되면. 서진과 마주 서있는 규진.

서진	(인사기록 건네며) 왜, 구호동 쌤 인사기록이 필요하죠?
규진	그게... 말하자면 사연이 길어요. 어쨌든 결론은, 마네킹 쇼를 벌인 사람이 구호동 쌤으로 의심된다는 거죠. CCTV에 딱 걸렸어요.
서진	(멈칫, 놀라) 구 쌤이요? 그럴 리가... 구 쌤이 민설아를 어떻게 알고?
규진	(인사기록의 사진 보면서) 구호동 이 남자, 어떻게 채용된 거예요?
서진	아버지 지인께서 추천하셨어요.
규진	(갸우뚱) 누구한테 추천받을 비주얼이 아닌데. 지인 분께서 안목 특이하시네. (인사기록 뒤적이다) 구 쌤 자리는요?
서진	저쪽이요. (가리키면)
규진	아으, 드러워. 뭐가 이렇게 지저분해. (마구 책상 뒤지는데, 온통 지저분하고 요상한 물건들뿐인데) 뭐야, 이건 또! (더러운 양말 꼬불쳐서 나오면, 질색해서 내던지고) 핸드폰은 어디다 숨겼어. 정체가 뭐냐고, 구호동!!

7. 펜트하우스 거실(밤)
　　단태, 거실로 들어서면. 양씨가 맞고.

양씨	회장님, 들어오십니다.
수련	(소파에 앉아서 책 읽다가, 단태 시선 피하며 일어서고) 늦었네요.
단태	볼일이 좀 있어서. 마네킹 사건 범인이 곧 잡힐 거 같아.
수련	(멈칫) 찾았어요? 누구.. 예요?
단태	아직은. 확실해지면 얘기하지. 그 자식 꼭 찾아서 내가 민설아랑 아무 상관이 없다는 거, 밝히고 말 거야.
수련	(안도하며) 쉬어요. (안방 쪽으로 걸어가면)
단태	(날카로운 눈빛으로 보는) 잠깐 얘기 좀 하지! 와인 한잔해.

8. 펜트하우스 다이닝룸(밤)
　　단태와 수련, 마주 앉아있고.
　　양씨, 와인 세팅 끝나면 빠지고.

단태 (슬쩍 분위기 잡고) 당신과 오붓한 시간, 오랜만이군.

수련 (냉랭한) 할 얘기가 뭐죠? 이렇게 마주 앉아있는 거 불편해요.

단태 오늘 세무사한테 들으니, 아직 혜인이 사망신고를 하지 않았더군.

수련 (멈칫하면)

단태 당신 힘든 거 알아. 하지만 붙잡고 있다고 혜인이가 살아 돌아오는 건 아니잖아.

수련 당신 꼭, 혜인이가 죽길 기다린 사람 같네요.

단태 (표정 일그러지고) 말이... 지나치군.

수련 그렇잖아요. 16년을 누워만 있다가 떠난 아이예요. 사망신고가 뭐가 그리 급하다고...

단태 혜인이 명의로 된 땅도 있고, 상속 문제가 간단하질 않아! 마냥 미룰 수 있는 일이 아냐!

수련 그 땅은, 돌아가신 아버지가 혜인이에게 물려준 거예요. 내 것도 당신 것도 아니에요!

단태 혜인인 죽었어. 우린 그 애 부모고! 당신이 원하면, 좋은 가격에 팔아서 의미 있는 일에 쓰면 돼! (설득하면)

수련 누구 맘대로 그 땅을 팔아요?! (일어서고) 아직 혜인이 떠나보낼 준비 안 됐어요. 그 문젠 내가 알아서 해요. (차갑게 내뱉고 나가버리는데)

단태(E) (분노한 눈빛으로, 와인 잔 거칠게 움켜쥐고) 미안하지만.. 혜인이 그 땅은 내가 가져야겠어!!

9.　펜트하우스 단태 수련 침실(밤)
　　수련, 방으로 들어와 로건에게 급히 문자 보내는.

수련(E) 조심해요. 남편이 분수대 마네킹 범인을 찾고 있어요.

10.　파크원 호텔 스위트룸(밤)
　　로건, 수련의 문자를 읽고 답하는.

로건(E) 고마워요. 그쪽도 조심해요. (문자 남기고, 테이블에 있던 위스키 잔을 들며) 주단태, 신경이 꽤나 거슬렸나 봐. (위스키를 목으로 넘기는. 자신만만한 미소)

11.   헤라팰리스 서진 윤철 집 거실(밤)
      서진, 거실로 들어서면. 기다리고 있는 윤철.

윤철 원하는 대로 해줄게. 정리하자. (이혼 서류를 내밀면)
서진 (의외라는 듯 받고) 생각보다 빨리 결심했네. 빚 독촉이 심했나 봐.
윤철 약속 지켜. 은별인 절대 알게 해선 안돼.
서진 당신이나 지켜. 아버지한텐 당분간 비밀이야. 이혼 때문에 내 이사장 자리에 문제 생기면, 그땐 합의금이고 뭐고 다 토해내야 할 거야.
윤철 은별이, 정신과 상담 스케줄 잡았어.
서진 멀쩡한 애는 왜?!
윤철 나 의사야. 내 딸 위해서 내린 결정이니까 당신도 협조해. 끝까지 반대하면, 당신한테 양육권 못 줘!
서진 (생각하다) 좋아. 굳이 확인하고 싶다면야. 내일 일찍 서류 접수해! 미룰 이유 없잖아? 서로에게 좋은 일인데... 70억 위자료면 꽤 좋은 조건이야.
윤철 (먹먹한) 고마워라도 해야 되나? (쓸쓸하게 보며) 후회 안 할 자신 있어?
서진 (픽 웃고) 후회를 왜 해? 결혼은 내가 태어나 처음으로 겪어보는 열등감이었어. 가난한 포도밭집 며느리라는 색다른 경험 하나 해보겠다고, 대가를 너무 혹독하게 치렀잖아? 이제야 진짜 천서진으로 돌아간 거 같아. (기분 좋게 서류를 보는데. 그때, 벨소리 들리고. 비디오폰을 보면. 윤희가 보이는)

12.   헤라팰리스 서진 레슨실(밤)
      윤희와 서진, 마주 서있고.

윤희	우리 로나, 절대 자퇴 안 돼. 난 동의할 생각 꿈에도 없어!
서진	애가 싫다는데, 니가 무슨 수로 버티려고?
윤희	분명 이유가 있을 거야. 조금만 시간을 주면, 내가 마음잡을 테니까... 우리 로나 얼마나 노래하고 싶어 했는데... (미치겠고)
서진	니 욕심은 아니고?
윤희	뭐?
서진	내가 보기엔 니가 갖지 못한 걸, 니 딸한테 강요하고 있는 걸로밖에 안 보여. 지친 딸은 안중에도 없고, 대리만족에 열을 올리고 있는 한심한 널 보니, 그동안 로나가 얼마나 힘들었을지 이해가 되는데? (윤희를 비난하면)
윤희	헛소리 지껄이지 마! 내 딸, 어떻게든 내가 설득해! 자퇴! 절대 못 시켜!! 난 너 때문에, 니 아빠 때문에, 졸업장 못 받았지만, 내 딸은 반드시 청아예고에서 졸업시킬 거야!!! 꼭, 그렇게 할 거야!!!
서진	(조소하며) 니 딸, 오늘 실기시험도 연습 전혀 안 해 와서 꼴등했어. 스물세 명 중에서 23등! 문자 받아봤을 텐데.
윤희	뭔가 잘못된 거야!! 얼마나 열심히 연습했는데!!
서진	아무리 청아예고라도 꼴등까지 좋은 대학을 보낼 수는 없어. 이참에 검정고시로 돌리는 것도 방법이지 싶은데... 머리가 나쁜 애는 아니니, 찾아보면 길은 있을 거야.
윤희	(당당한 서진 미소에 불안해지고)

13. 포장마차(밤)

답답한 맘에 혼자 술을 마시고 있는 윤희. 속상해 연거푸 술잔 비우는데.
수련, 급하게 포장마차로 들어와 윤희 앞에 앉고.

수련	여깄었어? 로나가 자퇴서를 냈다니... 그게 뭔 소리야?
윤희	나도 모르겠어. 아무 말도 안 해. 근데 자꾸 나 때문인 거 같아서 미치겠어.

수련 자기만큼 로나 생각하는 엄마가 어딨다고! 괜한 생각하지 말고, 차분히 앉혀놓고 물어보자. 술 그만 마시고.

윤희 이제 쫌 살 만한가 했더니... 혼자 자식 키우는 게 왜 이렇게 어렵냐, 언니... (울먹이면)

수련 (속상한데)

14. **헤라팰리스 윤희 집 로나 방(다음 날 아침)**
윤희, "로나야...." 부르면서 방문 앞으로 가는데. 문 앞에 버려져있는 성악 관련 책들, 악보들....
윤희, 기막히고 화나는데.

15. **헤라팰리스 윤희 집 로나 방(아침)**
문 확 열어젖히고 들어서는 윤희.

윤희 너, 밖에 저거 다 뭐야?! (그러다, 로나 보고 놀라는)

로나 (거울 앞에 앉아서 교복 대신 짧은 치마를 입고, 화장을 하고 있는) 버리는 거야. 이제 악보 같은 거 필요 없잖아.

윤희 (기막혀) 배로나... 학교 갈 시간에 그 옷은 뭐고 화장은 뭐야?!

로나 (귀찮은 듯, 마스카라로 눈썹 올리며) 말했잖아. 자퇴했다고! 당분간 아무것도 안 하고 그냥 놀 거야.

윤희 너 진짜 왜 이러는 건데? 엄마 속 뒤집어지는 거 보고 싶어?! 말해!! 이유를 알아야 승낙을 하든 뜯어말리든, 할 거 아냐?!

로나 이유가 뭐든! 달라지는 거 없어. 학교 이제 안 가!

윤희 학교를 왜 안 가? 청아예고 가고 싶어 했잖아! 니가 원했잖아!!

로나 싫어졌다고 몇 번을 말해? 노래 부르기 싫다고!! 악보만 봐도 지긋지긋해! 제발 나 좀 내버려둬!! (소리 지르고, 핸드백을 어깨에 메고 일어서면)

윤희 아니!! 엄마 포기 못 해!! 니가 말 안 하면, 이유는 엄마가 찾아! 따라와!! (로나 손목 잡은 채 끌고 나가면)

로나	이거 놔!! 가기 싫어!! 싫다구!!! (그러다 윤희 힘에 끌려 나가고)

16. 청아예고 일각(아침)

석경, 은별, 제니, 민혁, 속닥이고 있고.

제니	배로나, 진짜 자퇴한 거야? 무슨 변덕으로? 나가라 나가라 해도, 죽어 라 버티던 애가 웬 심경 변화?
은별	(의미심장한 미소 짓고) 주제 파악했나 보지.

그때, 지나가던 호동, 몸을 숨겨 대화 듣는데.

석경	은별이 니가 시킨 거야? 뭘로 쫀 거야?
은별	알 거 없어. 어쨌든 배로나, 이제 우리 앞에서 영영 못 까불어.
제니	민설아인 척 까불며 톡 하더니, 꼬셔 죽겠네.
민혁	생각할수록 열 받는다니까. 지깟 게 뭔데, 민설아 흉내질이야?
호동	!!! (놀라서 듣고, E) 로나가 오해받은 건가? 나 때문에?

그때, 윤희가 로나 손을 잡아끌며 복도를 성큼성큼 걸어오고.
석경, 은별, 제니, 민혁, 놀라서 보는데.

로나	(끌려가며) 이거 놔!! 놓으라고!! 나, 맘 안 변해!! 죽어도 이 학교 안 다 녀!! (윤희한테서 벗어나려고 발버둥 치는데)
윤희	소용없어!! 따라와!! (무서운 힘으로 끌고 가고)
제니	배로나 아냐? 쟤 얼굴 왜 저래? 화장한 거야? 옷 꼴은 뭐고?
민혁	대박! 엄마 허락도 없이 자퇴한 거였어?
석경	뭐야. 이러다 슬쩍 다시 돌아오는 거 아냐?
은별	그럴 리 없어! 내가 약점 하나 제대로 잡았거든.
석경	확실한 거지? 지겨워, 저 꼬라지 보는 거. 참 끈질긴 기지배야.

호동, 윤희 손에 끌려가고 있는 로나를 보면 마음 안 좋은데.

17. 청아예고 교무실(아침)
     문 벌컥 열고 교무실로 들어서는 윤희와 로나.

윤희 천서진! 천서진 나와!!

두기 (막아서며) 무슨 일입니까, 배로나 어머니!

윤희 당신은 빠져! (두기 확 밀치면)

두기 (얼떨결에 뒤로 확 밀려났다가, 얼른 자세 잡고 당황해서) 학교에서 이게 무슨 행패예요? 경찰 부르기 전에 당장 나가세요!!!

서진(E) 예의 좀 갖추시죠, 배로나 어머니! (서진이 모습 드러내고) 여긴, 교무실입니다. 아이들도 보고 있어요.

윤희 (당당하게 서진 앞에 서고) 우리 로나, 자퇴 취소해주세요. 난 허락한 적 없어요!

서진 (로나에게 태연하게) 배로나? 니 뜻도 엄마랑 같니?

로나 (분명하게) 아뇨. 전 이미 결심했어요. 자퇴할 거예요!

윤희 (로나 붙들고) 로나야!! 안 돼!! 얼른 말해!! 아니라고!! 학교 다니겠다고!! (애타 죽는데)

로나 (문득, 교무실 창밖으로 은별의 모습이 보이면, 서러움과 억울함에 울컥해서) 나도 할 만큼 했어!! 너무 힘들어서 못 하겠어!! 더는 버틸 힘 없단 말야!! 실기시험도 망쳤고, 어차피 나 서울음대 못 가!!

서진 들으셨죠? 우린 학생의 의견을 존중해요. 무엇보다 로나 스스로 이곳 청아예고에 부적합한 학생이라는 걸 고백했고요. 자신의 가치를 안 거겠죠.

윤희 (서진과 마두기를 향해) 아니! 선생으로서 부적합한 건 당신들이야! 학생이 엇나가면 똑바른 길로 인도해줄 생각은 않고, 왜 낭떠러지로 등을 떠미는데!! 우리 로나, 청아예고 들어오려고 얼마나 피땀 흘려가며 노력했는데!! 내 딸은 내가 제일 잘 알아. 절대 쉽게 포기할 애 아냐!! 따

	돌림이든, 학폭이든, 교사의 학대든, 조사해봐야 되는 거 아니냐고!!
서진	(순간 표정 싸늘해지고) 지금 누굴 탓하는 거죠? 로나 어머니의 그 집착,
	콤플렉스가 자식을 사지로 몰고 있다는 생각 안 들어요?!! 결국, 자식
	을 망친 건 어머니 자신이에요! 로나가 그 증거고!! (팽팽히 맞서면)
로나	(모욕감에 윤희를 뿌리치고 뛰쳐나가는데)
윤희	로나야! 어디 가? 로나야!! (미친 듯이 따라가고)

18.   교무실 앞(아침)

로나, 교무실 앞에서 보고 있는 은별을 보고 멈칫했다가 급하게 뛰어
가면.

윤희가 뒤따라 나와서 쫓아가고.

호동, 가는 로나와 윤희를 안타까운 눈빛으로 보는데.

교무실에서 서진과 마두기가 나오고.

서진	아, 구 선생. 곧 중간고사니까, 오늘 체육수업은 자습으로 돌려요.
호동	(싸늘하게 서진 보는) 월권 아닙니까, 부장님? 체육수업은 내 권한인
	데요.
서진	(멈칫, 호동을 불쾌하게 보며) 우리 청아예고는 지필고사 주간엔 진도를
	나가지 않는 게 관례예요. 대체, 뭘 하느라 바빠서 그런 것도 모르고 있
	었죠? 요즘 자주 자리를 비우는 거 같던데... (유심히 보면)
두기	(나서는) 아, 죄송합니다, 부장님. 제가 따로 알아듣게 설명하겠습니다.
서진	(애써 표정 관리하며) 그러는 게 좋겠네요. 난, 개인적인 일이 있어서 잠
	깐 외출해요. (가면)
두기	구 쌤! 왜 이래? 찍히려고 작정했어?
호동	(심각한 표정으로 두기를 보는) 배로나... 왜 그만둔 거예요, 학교?
두기	첫 중간고사 앞두고 자퇴한 거 보면 몰라? 자신 없으니까 포기한 거지!
	걘 이미 글렀어. 학생 수가 하나 줄었으니, 내신이 더 치열해지겠는데...
호동	(순간 욱하고) 말을 그렇게밖에 못 해?! 뭣 때문인지 물어는 봤어? 설득

	은 해봤냐고? 최소한 담임이라면, 잡는 시늉은 했어야 되는 거 아냐?!!
두기	(열 받고, 호동의 멱살을 움켜쥔 채) 짜식이, 이게 어디서 반말이야!! 니가 언제부터 배로나한테 관심이 있었는데?! 그럴 시간 있으면, 니 밥줄이나 신경 써! 누구 빽으로 들어왔는지는 몰라도, 천 부장님이 지금 예의 주시하고 있다는 것만 알아둬!! (씩씩대며) 짤리고 싶어 환장을 했나. 미친 자식!
호동	(심호흡하는. 로나의 자퇴가 자기 때문인 거 같아서 착잡한데)

19. 청아예고 일각(아침)
     뛰어가는 로나를 한쪽으로 확 잡아끄는 손, 석훈이고.

로나	(놀라 보는) 뭐하는 짓이야?! 놔! (뿌리치면)
석훈	너 자퇴서 냈다는 거 사실이야? 갑자기 왜!!
로나	시시해졌어. 이딴 학교. 니들이 이겼어. (돌아서면)
석훈	(붙잡고) 가지 마. 니가 잘못한 것도 없는데, 왜 니가 포기해야 되는데?!
로나	민설아도 잘못한 것 없는데... 죽었잖아.
석훈	(멈칫, 표정 굳어지면)
로나	이제, 니가 무슨 짓을 한 건지 알겠지? (석훈 손 뿌리치고) 놔줄래? 앞으로 헤펠에서 만나더라도 아는 척하지 말아줘. 내 이름도 부르지 마. 역겨워. (차갑게 내뱉고 가버리면)
석훈	(가는 로나를 잡을 수 없는 석훈이고)

20. 법원 앞(낮)
     서진과 윤철이 법원에서 걸어 나오고.

서진	방금 70억 입금했어. 확인해봐.
윤철	당신, 계산은 확실하잖아. 우리, 악수나 하고 헤어질까. (손 내밀면)
서진	악수는 무슨. 당분간 집에서 계속 볼 건데. (그러면서도 악수하면)

윤철	(서진의 손을 잡고, 날 선 목소리에서 달라져서 희미하게 미소 지으며) 앞으론 서로 자유롭게 살자. 각자 원하는 대로.
서진	처음이네. 서로 마음이 맞는 거.
윤철	집은 은별이 좋아지는 대로 얻어서 나갈게. 병원은 고향 쪽으로 알아보는 중이야.
서진	서둘러줬음 좋겠어. (손 놓고) 그럼 난 수업이 있어서 먼저 갈게. (돌아서서 당당하게 걸어가면)
윤철	(그런 서진 뒷모습을 쓸쓸하게 보는)

21.   청아의료원 윤철 진료실(낮)

윤철, 병원 진료실로 들어가면. 규진이 기다리고 서있고.

규진	(돌아보며) 하 박사! 이혼 도장 찍더니, 얼굴이 쫙 폈네.
윤철	(표정 굳어지고) 벌써 소문이 돌았나?
규진	(서류봉투 흔들며) 몇 가지 공증 받아둘 게 있어서 왔어요. 서진 씨가 은근 완벽주의잖아. 집 소유권과 은별이 양육권 포기! 청아의료원 퇴직! 추가 금전 요구 불가! 다 동의하시죠? 서류는 내가 작성해왔으니까 인감 몇 개만 찍어주면 돼요.
윤철	(자포자기 표정으로, 도장 꺼내서 내밀고) 좋으신 대로.
규진	아쉽네. 좀 지저분하게 가줘야 내가 버는 게 있는 건데... 너무 합의를 쉽게 해준 거 아니에요? 청아재단이 얼마짜리 덩어린데... 하긴, 명동 땅 때문에 돈이 급했죠? (도장을 서류 여기저기에 꾹꾹 눌러 찍으면)
윤철	입 조심해요. 우리 은별인 모르니까... 입 잘못 놀렸다간 변호사 일 못 하게 될 줄 알아요.
규진	(무시하면서도 벌벌 떠는 척) 아이고, 무서워라. 집도 절도 없는 놈이, 입만 살았네. (놀리듯) 하 박사 이제 빈털터리잖아. 자유가 쫌 부럽긴 한데, 돈 없는 자유는 뭐 그닥... (큭큭 웃어대면)
윤철	이 변 걱정이나 하시지! 명동 땅 묶여서, 아버지 로펌 건물 넘어가게 생

겼다며! (욱해서, 도장을 확 뺏어 드는데)

규진 빌딩이 그거 하나만 있는 것도 아니고. 우리 집은 하 박사네하곤 사이 즈가 다르다고요. (서류 챙기며) 그럼 이제, 오윤희 씨랑 어떻게 되는 건 가? 피차 싱글인데 거리낄 거 없잖아요? (하다가) 설마, 배로나 새아빠? 맞네! 그래서 배로나가 자퇴한 거야? 새아빠랑 떠나려고?!

윤철 (놀라는) 자퇴?

22. **몽타주(낮)**

코인 노래방/로나, 룸에서 격렬하게 춤추면서, 목이 망가져라 고래고 래 가요 부르고 있으면. 문 밖에서 쓱 지나가면서 흘낏 보는 호동.

오락실/로나, 신나게 초집중해서 오락하고 있으면. 호동, 한쪽에서 오 락하며 지켜보고 있고.

만화방/로나, 만화책 읽으며 킥킥대며 웃으면. 호동, 역시 한쪽에서 만 화책을 보면서 로나를 주시하고 있는.

23. **분식집(낮)**

입이 터져라 마구 떡볶이며 순대며 쑤셔 넣고 있는 로나. 맘껏 먹고 있 는데.

로나 옆으로 다가와 앉는 사람, 호동이고.

호동 (음료수 내려놓고) 천천히 먹어. 입 터지겠다.

로나 (놀라 호동을 보는) 쌤?!

호동 아주 신났고만. 남들 공부하는 시간에 떡볶이에 순대에... 입가심할래? (전자담배 내밀면)

로나 (아무렇지도 않게, 가져가서 입에 물면)

호동 까분다. 나도 자퇴시킬래? (놀라서 얼른 뺏고, 정색하며) 헤라팰리스 애 들이 너 괴롭힌 거 알아. 주석경, 하은별, 유제니, 이민혁... 민설아가 보 낸 단톡 때문에, 니가 의심받은 거야?

로나	(보는) 쌤이 그걸 어떻게 알아요?
호동	솔직하게 말해줘. 걔들이 뭘로 협박한 거야? 말을 해야 도울 수 있어.
로나	(픽, 조소하는) 쌤이 뭘 해줄 수 있는데요?
호동	잘못한 게 있으면 처벌받게 해야지. 사과도 받아낼 거고!
로나	(휴지로 입 쓱쓱 닦고, 경멸하듯) 고작 벌점 몇 점에, 무늬만 봉사활동이 요? 쌤은 걔네 못 건드려요. 이길 수도 없고요.
호동	(화나고) 그렇다고, 피해자인 니가 도망친다는 건 말이 안 되잖아! 너 어렵게 이 학교 들어왔다며! 근데 벌써 포기할 거야?
로나	(벌떡 일어서고) 쌤이 뭘 알아서 그딴 소릴 해요? 내 일에 신경 끄세요! 난 이제 청아예고 학생 아니니까, 쌤도 내 쌤 아니에요! (나가버리면)
호동	(죄책감 들고)

24. 청아예고 일각(낮)

서진, 청아예고 주차장에 차 세우고 내리면. 도 비서가 급히 다가서고.

도비	이사장님이 급히 찾으십니다!
서진	(보는)

25. 청아예고 이사장실(낮)

서진, 급하게 이사장실로 들어서면.
서진부와 서진모, 여동생(서영)이 기다리며 앉아있고.

서진	(밝고 공손하게) 부르셨어요, 아버지? (그러다, 서진모와 서영을 보고, 표정 굳어지는) 엄마도 나오셨어요?
서영	나도 왔어, 언니.
서진	(애써 미소) 어, 그래. 왔어? (긴장해서 소파에 앉으며) 근데, 무슨 일로... 다 모이신 거예요?
서진부	오늘, 중요한 결정을 하게 돼서 불렀다.

서진모	니 아버지가 감기를 오래 앓으시더니, 맘이 많이 약해지신 모양이야. 청아재단 이사장 자리, 이번에 내려오시겠단다!
서진/서영	(놀라고, 긴장하면)
서진	진짜... 에요, 아버지? (서진부를 보면)
서진부	(결심한 듯) 그래! 오래 기다렸다. 이제 청아재단, 서진이 니가 맡아!
서진	(놀라고 감격해서) 아버지?!!! (순간 눈물 차오르면)
서영	저는요? 저는 왜 안 되는데요? (실망한 표정 역력한데)
서진부	넌 든든한 시댁이 있잖아. 지금의 청아예고가 있기까지 서진이 공이 컸어. 성악가로서 명망보다도, 학교를 지키겠다고 들어온 것도 기특하고.
서영	저도 언니만큼은 잘할 수 있어요, 아버지!
서진모	욕심내지 마. 그 자린 니 언니 꺼야. 서진이가 어릴 때부터 얼마나 꿈꿔왔던 자린 거, 너도 알잖아.
서진부	오기 전에, 벌써 박 변호사랑 서류 정리까지 끝냈어.
서진	(왈칵 눈물 쏟아지고) 감사합니다, 아버지. 정말... 정말 열심히 할게요. 절대 실망 안 시켜드릴게요... 앞으로 청아재단 더 발전시켜서, 우리나라에서 가장 존경받는 최고의 사학재단으로 만들 거예요, 아버지.
서진부	당연히 그래야지. 청아의료원, 청아학원, 모두 내 인생을 다 바친 곳이다. 절대, 하나의 결점도 용서 못 해!! 이사장 취임 전까지, 예술부장으로서 마무리 잘하고, 특히 남들 입에 구설수 오르지 않게 처신 잘해!
서진	명심, 또 명심하겠습니다. (눈물이 주르륵 흐르는데)
서진모	축하한다. 우리 반대 무릅쓰고 하 서방이랑 결혼했을 땐, 미운 맘도 있었지만, 그래도 가정 지키느라 애썼다. 니 아버지가 반듯한 가정을 최고로 치시잖니.
서진	(멈칫하면)
서영	(질투하는 듯, 그런 서진을 보며) 요즘 형부랑 괜찮아? 병원에서 자고 오는 날도 많다던데, 두 사람 심각한 거 아니었어?
서진	요즘 수술환자가 늘어서 며칠 못 들어왔어. 걱정해줘서 고맙다. 근데, 우리 아주 잘 지내! (서진부 보며, 애써 태연하게) 더 열심히 살게요, 아

버지...

26. 청아예고 복도(낮)
     환희에 찬 서진, 복도를 걸어가는데.
     학생들, 교직원들, 서진에게 깍듯하게 인사를 하는.
     서진, 모든 걸 다 가진 듯 기분 좋은. 참을 수 없이 웃음 나오고, 기뻐 어
     쩔 줄 모르는 표정인데...

27. 단태 사무실(낮)
     투자팀, 명동 땅에 대해 회의를 하고 있는데. 딴 생각 중인 윤희.

단태   (설명하다가, 문득 그런 윤희가 신경 거슬리고) 오윤희 씨!

윤희   (멍한데)

단태   오윤희 씨! 회의에 집중하지 않을 건가요?

윤희   (그제야 정신 차리고) 네? 죄송합니다. 집에 일이 좀 있어서...

단태   (마음에 안 들고) 프로답지 못하군요. 실망이에요! 지금 로건 리 빽을 믿
       고 대충 일을 하겠단 심산인가요? 이 프로젝트가 우리 회사에 얼마나
       중요한 건인지 몰라요?!!

윤희   아닙니다. 집중하겠습니다. (팀원들 눈치 보면)

단태   아직도 로건 리 마음에 드는 계약 조건을 만들어내지 못했다면, 능력이
       없는 거 아닌가요? 계약은 타이밍이에요. 이미 기다릴 만큼 기다린 거
       같은데... (날카롭게 보면)

직원1   (역시 윤희를 못마땅하게 보며) 로건 리가 우리 제이킹홀딩스를 신뢰하
       지 못하는 거 아닙니까, 오윤희 씨!

직원2   그러니까 차일피일 계약을 미루고 있는 거겠죠! 자격도 안 되는 사람
       을 투자팀 요직에 앉혀놨더니, 회의 시간에 집안 걱정이나 하고... (한심
       해하면)

윤희   (진땀 나고) 정말 죄송합니다. 보고서는 다시 만들어보겠습니다. 이번

엔 반드시 통과시키겠습니다.

단태 로건 리가... 오윤희 씨 어떤 점을 맘에 들어 했는지 모르겠지만, 우리가 많이 과대평가한 거 같네요. 기본적인 회의 에티켓도 갖추지 않은 직원이라니... 상당히 불쾌하군요! (그때, 서진에게 문자 오고. 핸드폰 확인하면)

서진(E) 지금 만나. 스카이라운지에서 기다릴게.

단태 회의는 여기까지 하죠. (싸늘하게 윤희 흘겨보고 일어서는데)

윤희 (당황하고 난감한 윤희)

28. 레스토랑(저녁)

　　　단태와 서진, 와인 잔을 사이에 두고 마주 앉아있고.

단태 (표정 보며) 뭐 좋은 일이라도 있는 모양인데?

서진 (기분 좋고) 오늘 내 인생에서 가장 멋진 일이 일어났어.

단태 뭘까, 그게.

서진 드디어 하윤철이랑 이혼했어. 서류도 법원에 접수했고.

단태 (멈칫) 잘됐군. 축하해.

서진 (흥분해서) 그게 다가 아냐. 더 놀랄 일이 있어! 아버지가 청아재단을 나한테 맡기시겠대. 내가 차기 이사장이 됐다고!!

단태 정말이야? 불안해하더니... 정말 기쁜 소식이네.

서진 (감격해서 떨리는 목소리) 나도 아직 믿기지가 않아. 서영이가 시댁 재력을 내세워 치고 올라왔거든. 아버지 맘이 바뀐 거 같아서 초조했는데... 이제 모든 게 다 해결됐어. 게다가, 눈엣가시 같던 배로나도 알아서 학교를 나가준다니, 어떻게 이런 좋은 일들이 한꺼번에 일어난 거야?

단태 (멈칫) 배로나가 학교를 나가?

서진 자퇴하겠대. 오윤희가 아침부터 학교로 쳐들어와서 한바탕 야단이 났는데, 뭘 어쩌겠어. 애가 떠나겠다는데.

단태 (그제야 윤희의 그늘진 얼굴이 이해되고) 그래서 오윤희가 넋을 놓고 있었나?

서진	아마 제정신 아닐 거야. (문득 웃음기 거두고) 근데, 그 여자는 언제까지 회사에 둘 거야? 내가 싫다는데, 왜 아직 정리를 못 해? 오윤희만 내 앞에서 사라지면, 모든 게 완벽해지는 거야.
단태	(달래는) 걱정 마. 로건 리 계약만 마무리 지으면, 어차피 옆에 계속 둘 생각 없어! 얼굴 펴라고. 이렇게 좋은 날, 그런 여자 때문에 기분 망치면 안 되지. (와인 잔 들고) 축하해. 천서진 이사장님?!
서진	고마워. 당신한테 제일 먼저 얘기한 거야. 사랑해. (잔 부딪히는데, 마냥 행복하고)

29. 혜인의 병실(저녁)
수련, 혜인이에게 환자복 대신 예쁜 원피스로 갈아입히고 있는.

수련	너무 잘 어울린다. 우리 혜인이 누구 닮아서 이렇게 예쁜 거야? 혜인이도 맘에 들어?
혜인	(이리저리 보며 천진하게) 예쁘.. 다.
간병인	혜인이가 기분 좋은 모양이에요. 이렇게 활짝 웃는 거 처음 봐요.
수련	원피스 몇 개 더 사왔으니까, 산책할 땐 가끔씩 갈아입혀주세요. 태어나서 쭈욱 환자복만 입고 산 게 너무 미안해서요.
간병인	그럼요. 열일곱이면 한창 꾸밀 나인데.. 너무 안쓰럽죠. (혜인 보며) 혜인이 좋겠네? 엄마한테 예쁜 옷도 선물 받고.
혜인	(수련의 손바닥에 뭔가 쥐어주고) 나도... 엄마 선물.
수련	(손바닥 펴보면, 종이로 접은 꽃이고, 울컥하는) 엄마 주려고 혜인이가 접은 거야?
혜인	(고개 끄덕끄덕하면)
간병인	요즘 재활치료에서 종이접기 배우거든요. 손 근육이 정말 좋아졌어요. 이거 주려고 혜인이가 아침부터 창밖만 내다봤나 봐요. 엄마 기다리느라...
수련	(감동이고) 엄마는 혜인이한테 해준 것도 없는데, 늘 받기만 하네. 고마

워, 혜인아... (꼭 끌어안고) 엄마가 우리 혜인이 많이 사랑해...

혜인   (그런 수련의 눈물 닦아주며) 울지 마... 속상해.

수련   응, 안 울게. 엄마 더 씩씩해질게. (혜인의 얼굴 쓰다듬어주며) 이제 얼마
안 남았어. 곧 집으로 데려갈 거야. 조금만 더 기다려줘... (뭔가 비장해지
는데)

30.   청아예고 앞(저녁)
호동, 오토바이를 타고 교문 밖으로 나오면.
검은 차, 그 뒤를 조심스레 따라붙는.

31.   파크원 호텔 앞(저녁)
호동의 오토바이, 호텔 앞에서 멈춰 서고. 안으로 들어가는 호동.
그 뒤로 멈춰 서는 검은 차. 내리는 사람, 규진과 검은 양복 사내들이고.

규진   (의아하게 호텔 올려다보며) 저 자식이 왜 여기로 들어가? 호텔에 살 리
는 없고... (급하게 단태에게 전화하는) 주 회장님? 구호동 미행 중인데
요. 그 자식이 바이크를 호텔 앞에 세웠어요. (호동을 따라서 호텔 안으로
들어가면, 양복 입은 사내들도 민첩하게 규진의 뒤를 쫓아가고)

32.   레스토랑/파크원 호텔 로비/전화통화(저녁)
단태, 규진의 전화 받고 있고.

단태   그자가 거긴 왜?

규진   (호동의 뒤를 조심스럽게 밟으며, 은밀하게 전화하는) 그러니까요. 왜 하필
로건 리가 묵고 있는 호텔에... (하다가, 소스라치게 놀라며) 혹시 이 자식
이, 로건 리를 만나려는 거 아니에요? 우리 뒤를 캤으면, 로건 리가 우리
쪽 VIP인 건 알았을 테고, 뭐라도 불어버릴 작정으로 만나는 거면...

단태   (순간 표정 굳어지고) 설마...

244

그때, 홍 비서가 호동에게 다가서면.

규진 (홍 비서 보고, 눈 휘둥그레져서) 어떡해요! 지금 구호동이 로건 리 비서
랑 만나고 있어요! 내 말이 맞았다고요!! (안절부절못하면)

단태 (벌떡 일어서고) 그 자식 당장 끌고 와! 절대 로건 리랑 만나게 해서는
안돼!! 무슨 짓을 해서든 막아!! (핸드폰 확 끊고)

서진 (멈칫, 놀란 눈으로 보며) 무슨 일이야? 뭐가 잘못된 거야?

단태 미안해. 나 지금 가봐야겠어. 나중에 연락할게. (급히 뛰어나가는데)

서진 (어이없어) 그냥 간다고? (이미 가버렸고, 뭔가 불안해지는)

33. **파크원 호텔 스위트룸 앞**(저녁)
아무것도 모르고, 스위트룸 앞으로 걸어가는 호동.
그때! 호동 뒤로, 짐을 실은 크라운 러기지 카트를 밀고 가는 직원 두
사람 보이고.
호동, 스위트룸 문을 열려다, 카트가 와서 부딪히면 뒤를 돌아보는데.
직원들(사내들), 재빨리 호동의 입을 수건으로 막으면. 그대로 정신을
잃는 호동.
쓰러진 호동을 태우고 카트가 다시 움직이는데. 비상구 쪽에서 기다리
고 있는 사람, 규진이고.

34. **자코모 쇼룸**(저녁)
마리와 상아, 소파를 구경 중인데.

마리 이게 더 멋스럽지 않아. 우리 천 쌤 집 거실이 확 업그레이드될 거 같은데.

상아 (고심하며 둘러보는) 천 쌤 안목이 보통이어야 말이죠. 컬러가 유니크하
면서도 싫증 나지 않으려면... 이건 어때요? 기왕 선물하는 건데 비싸더
라도 확실하게 가자고요. 제니 엄마는 은근 손이 작더라. 제니가 언감
생심 3등으로 치고 올라왔는데, 지금 돈이 아까워요?

마리	(발끈) 뭔 소리야. 내가 지금 이 매장을 통째로 사다 바쳐도 시원치 않을 판에, 그깟 잔돈 몇 푼 아끼겠어. 맘 같아서는 천 쌤 집 인테리어를 싹 다 바꿔주고 싶고만. 아니, 집 한 채는 못 사줘?! (큰소리 뻥뻥 치면)
상아	저는 아주 재산 반이라도 뚝 떼어고 싶다니까요. 민혁이가 태어나서 첨으로 5등 안에 든 거잖아요. 우리 아버님이 약속하셨어요. 민혁이 서울 대만 합격하면, 송파에 있는 상가건물 쏘시겠대요.
마리	웬일이래. 그 짠돌이 영감이. 민혁이 덕에 백억 떨어지는 거 아냐. (깔깔 대며 웃다가) 이럴 게 아니라, 우리 선물 레벨을 더 올릴까.

그때, 외출했다가 들어온 수련.

수련(E)	오셨어요?
마리/상아	(돌아보면, 수련이 와서 서있고. 놀라는데)
수련	연락을 하고 오지 그랬어요. 잠깐 외출했었는데...
마리	(얼른 표정 관리하고) 그랬어? 우리도 방금 왔어. 기분전환으로 소파 좀 바꾸려고... 우리 집 꺼!
수련	(이미 다 들었다) 그러세요? 천천히 둘러보시고, 마음에 드시는 거 있음 말씀해주세요.
상아	(못 참겠다는 듯) 근데... 그 집은 어때요? 지금 난리 났죠?
수련	네?
상아	로나네요. 로나가 자퇴서 냈다면서요. 대체 이유가 뭐래요? 멀쩡하게 잘 다니는 거 같더니, 갑자기 왜 그랬대요?
마리	아, 말 좀 해봐. 두 사람 친하니까 뭔 얘기라도 들었을 거 아냐? 혹시, 천 쌤이 손쓴 거야? 은별이 위해서? 이번 실기시험 보니까, 천 쌤 말 한마디면 대학이 바뀌겠더라고. 맡아놓고 꼴등 하던 민혁이가 4등 했으면 말 다했지 뭐. 천 쌤 파워가 아주 어마무시... (하는데)
상아	(그런 마리 쿡 찌르고, 당황해서) 지금 뭔 소릴 하는 거예요?
마리	(아차 싶고) 하하.. 민혁이도 빡쎄게 하니까 되더라.. 뭐 그 소리 한 거지.

수련	(알 수 없는 미소) 로나, 자퇴 안 할 거예요.
마리	뭐? 그럼 쇼하는 거야, 지금?
수련	세상 겁날 게 없는 서진 씨가 왜 로나를 경계하겠어요. 그만큼 실력이 뛰어나다는 얘기 아니겠어요? 그럼, 당연히 서울음대 가야죠. (하더니, 직원 부르는) 이 실장님. 여기 사모님들, 그레이 톤으로 추천해주세요. 서진 씨 집은 그게 어울려요. (가면)
마리/상아	(뜨끔, 서로 마주 보고 놀라는 표정)

35.   야외 사격장(저녁)

단태, 분노한 듯 연타로 과녁에 탕탕탕! 총을 쏘면.
총소리에 놀라서 그제야 정신을 차린 호동, 바닥에 쓰러진 채, 흐릿한 눈으로 주위를 둘러보는데.
총을 쏘고 있는 단태와, 그 옆으로 규진의 모습이 보이는.

규진	(박수 치면서) 자세 좋고, 명중률 완벽하고! 우리 회장님, 사격 좀 하셨나 봐요.
단태	(의기양양하게 뒤돌아보면, 정신을 차린 호동이 눈에 들어오고) 이제야 깨셨습니까, 구호동 선생님!
호동	(가까스로 몸 일으키며, 매섭게 단태 노려보고) 이게 뭐하는 짓이에요?! 이건 명백히 납치라고!!
단태	(태연하게) 저런... 조심히 모시라고 그렇게 일렀는데, 우리 이 변호사가 무례하게 굴었나 보네요. 제가 대신 사과드리겠습니다. (깍듯하게 인사하면)
호동	날 데려온 이유나 말해요!!
규진	(주머니에서 호동의 인사기록을 꺼내서 펴보며) 우연한 기회에 구 선생 인사기록을 봤지 뭡니까. 전국체전에서 사격으로 입상한 경력이 있던데... 실력 좀 볼 수 있을까 해서요.
호동	(순간 움찔하면)

단태	마침 저도 요즘 사격에 흥미를 느끼던 찬데... 한 수 가르쳐주시겠어요?
호동	내 뒷조사라도 한 건가요? 근데 어쩌죠. 총 놓은 지 너무 오래돼서... 까딱하다간 오발탄이 석훈 아버지 머리통을 뚫을 수도 있는데...
단태	민설아가 아니고? (하더니, 과녁을 향해서 다시 총을 겨누면)

호동, 단태의 시선 따라 과녁을 보다가 소스라치게 놀라는. 과녁에 설아의 사진이 크게 걸려있고.

단태	(과녁을 뚫어지게 보며) 민설아, 알고 있지?!
호동	(당황했다가, 애써 태연하게) 지금 공포영화 찍으시나. 왜 사람 사진을 저기다 걸어놔요? 오싹하게!
단태	장난하는 거 아니니까 똑바로 말해! 너, 뭐하는 새끼야! 정체가 뭐냐고!!
규진	(있는 힘 다해 선빵 날리고) 내 가방 턴 게 너지? 그쪽이 훔쳐간 핸드폰 때문에 내가 주 회장님한테 뒤질 뻔했다고!!
호동	(휘청하고) 도통 무슨 말을 지껄이시는지 모르겠네.
규진	(멱살 움켜쥐고) 이게 겁대가리 없이! 당장 핸드폰 뱉으라고! 내 가방에서 빼간 민설아 핸드폰!! (멱살 움켜쥐면)
호동	민설아? 혹시, 청아예고에 수석 입학했다던 그 천재소녀? 그 아이 핸드폰을 왜 나한테 찾죠?
단태	(순간 참지 못하고, 총구를 호동의 관자놀이에 겨누며) 너.. 민설아랑 무슨 사이야? 소망보육원에서 같이 자랐나? 신분 위장해서 청아예고에 들어온 거야? 분수대 마네킹 쇼도 니가 꾸몄지?! 어서 말해!! (당장이라도 총을 쏠 것처럼 다그치면)
호동	(갑자기 규진에게서 총을 뺏어들더니, 단태의 관자놀이를 겨누고)
규진	(화들짝 놀라, 얼른 단태 뒤로 숨으며) 악!!! 엄마!!

단태와 호동, 서로의 관자놀이에 총을 겨누고 서있으면. 팽팽한 긴장감. 두 사람, 한 치의 양보나 공포 없이 서로를 주시하고 버티는데.

호동, 갑자기 총구의 방향을 돌려서 과녁을 향해 방아쇠를 당기는데.
탕탕탕!!

호동 (깔끔하게 세 발을 쏘고) 저에 대한 오해가 깊으신 거 같은데, 이게 답이
됐는지 모르겠네요. (총 놔두고, 돌아서 가면)

규진 (숨어있다가 나와 과녁을 보는데. 정확히 얼굴 가장자리만 뚫린 걸 보고) 이
거 예술인데? 얼굴은 하나도 안 건드리고 쐈어요!

단태 (그런 호동이 더욱 의심스럽고. 걸어가고 있는 호동 뒷모습을 노려보면)

규진 아니, 그냥 보낼 거예요? 입을 열 때까지 줘 패야죠! 아 뭐해요?! 안 잡
아요? 진짜 민설아 오빠면 어쩌려고!! (씩씩대다) 난 몰라. 나중에 딴소
리만 해봐라. 난 최선을 다한 거예요.

단태 (문득 호동의 걸음걸이를 보다가) 뭔가... 낯이 익어. 어디서 본 거 같은
데... (생각하다) 저 자식 집이 어디랬죠?

36. **헤라팰리스 서진 윤철 집 다이닝룸(저녁)**
서진, 주방으로 들어서면. 윤철과 은별, 식사 중인데.
윤철, 청국장에, 시골 반찬에, 쌈거리들 잔뜩 쌓아놓고 맛있게 밥 먹고
있으면.

서진 은별아... 이제 저녁 먹는 거야? (그러다 갑자기 인상 쓰고) 이게 뭔 냄새야?

윤철 (청국장 맛있게 퍼먹으며) 청국장 냄새도 몰라?

서진 (기막혀 도우미에게) 아줌마, 환기 좀 시켜요! (따지듯 윤철에게) 애 생각
해서 집안에 음식 냄새 퍼지게 말랬잖아! (반찬들 보며) 성악 하는 애한
테 이딴 걸 먹으라고? 맵고 짜고, 죄다 고춧가루 범벅에...

윤철 유난 떨지 마. 청국장에 김치 먹고 노래해도, 목 어떻게 안 돼! 은별아,
어서 먹어. 안 먹어봐서 그렇지, 이게 진짜 영양식이야. 영월 할머니가
은별이 먹으라고 보내준 거야.

서진 (은별의 국그릇을 싱크대에 버려버리고) 옷에 냄새 배니까 방에 가있어!

아줌마, 은별이 샐러드 좀 준비해요!

윤철 (욱하는) 뭐하는 짓이야?! 맨날 샐러드만 먹고 어떻게 노랠 불러?

서진 (윤철 막 막으며, 버럭) 엄마 말 안 들려?! 방에 가 있으라니까!

은별 어? 알았어... (서진과 윤철 눈치 번갈아 보다가, 나가면)

서진 (화난) 당신이야말로 이게 뭐하는 짓이야? 꼭 이렇게 티를 내야겠어?!

윤철 (갑자기 숟가락을 소리 나게 탁 놓더니, 시니컬하게) 티 좀 내면 안 되나? 촌놈이 촌티 좀 내겠다는데! (일어서서, 서진 앞으로 뚜벅뚜벅 걸어와 서는) 평생 당신 눈치 보며, 좋아하지도 않은 시리얼에, 빵에, 비위 맞춰준 거야. 찌개 한 그릇, 김치 한 조각, 내 맘대로 못 먹었어. 고춧가루 든 건 목에 안 좋다, 소금 간도 안 된다, 커피도 탄산음료도 안 된다, 세상에 온 갖 까탈 다 맞춰주고 살았다고! 이제 남남인데, 내 맘대로 해도 되는 거 아냐? (매섭게 눈빛 번득이면)

서진 (달라진 윤철 모습에 당황했다가, 지지 않고) 남남이니 지킬 건 더 지켜야 지! 냄새 나. 내 집에선 저런 음식 못 먹어! 먹고 싶으면 오늘이라도 짐 빼서, 당신 시골집으로 가!

윤철 그러잖아도 주말에 은별이 데리고 영월에 다녀올 거야. 어머니가 은별 이 보고 싶다셔. 생각해보니 집에 간 지 7년도 넘었더라고.

서진 (기막혀) 은별이를 어딜 데려가? 가뜩이나 예민한 앤데, 화장실 냄새 나 고 불편하잖아. 애 컨디션 망치지 마!!

윤철 (폭발하는) 나 이제 당신 남편 아냐! 나한테 이래라저래라 하지 마! 17 년간 처갓네 데릴사위, 노예 생활했으면, 그깟 70억, 내 위자료로 과한 것 같진 않은데? 개똥밭에 굴러도 의사 사윈데. 아냐?

서진 은근히 셈이 빠르네.

윤철 은별이 상담 예약했어. 후배가 특별히 시간 내준대서. 늦을 거야. (나 가면)

서진 (놀라) 과외 쌤 오실 시간에 어딜 가?! 다음 주 중간고사라고!

윤철 (그런 서진 말 듣지도 않고 쌩하니 나가버리는)

서진 (기막히지만, 애써 참고) 그래... 이사장 취임식까지만 참으면 돼. 큰일 앞

두고, 자극할 필요 없지! (이를 악무는 서진이고)

37.   병원 심리 상담실 복도(저녁)
       윤철, 은별과 같이 걸어오는.

윤철   학업 스트레스 체크하는 거니까, 너무 겁먹지 말고. 지금 느끼는 감정,
        솔직하게 얘기해주면 돼.
은별   (살짝 긴장해서) 걱정 마. 친구들도 상담받는 애들 꽤 있어.
윤철   그래.. (도닥여주고) 우리 딸 파이팅!
은별   (겉옷 벗어서 윤철에게 맡기고, 상담실 안으로 들어가는)

38.   병원 심리 상담실(저녁)
       상담실 의사와 마주 앉아있는 은별.
       은별, 의사의 명찰 보면, "신경정신과 이윤경"이라고 써있고.

의사   우리 딸은 되게 예민하거든. 다른 집 애들도 스트레스 많이 받고 그런
        가, 궁금하네. 성악에다 공부까지 해야 되니, 많이 힘들지?
은별   (표정 확 바뀌어서, 밝고 과장되게 연기하듯) 노래하는 게 너무 좋아요. 서
        울음대를 꼭 가야 한다, 막 그런 것보다... 그냥 노래하고 싶어서, 공부
        도 더 열심히 하게 돼요.
의사   기특하네. 혹시, 시험 땐 더 잘하고 싶어서 잠이 안 온다거나, 식욕이 없
        다거나, 악몽 같은 건 안 꾸니? 징크스 같은 건? 실수할까 봐 걱정돼서
        그럴 수 있잖아.
은별   글쎄요... 제가 성격이 좀 무덤덤한 편이라서요. 잠도 잘 자고, 잘 먹고,
        특별히 힘든 일은 없어요. 아! 제가 좋아하는 말이 있어요. 어두우면 불
        을 켜라! 되도록 부정적인 생각에 빠지지 않으려고 하는 편이에요. (씽
        긋 웃는)

39.　심리 상담실 복도(저녁)

　　윤철, 은별의 옷을 한쪽에 놓는데. 옷 주머니에서 뭔가 툭 떨어지고.

　　보면, 로나가 쓴 각서다. ("1. 민설아와 관련된 협박은 모두 내가 한 짓이

　　다. 2. 어제 커뮤니티에서 있었던 일을 아무한테도 발설하지 않는다. 3. 하은

　　별이 시키는 일은 모두 다 한다!" 써있고)

　　문득 규진의 말이 떠오르는 윤철.

규진(E)　그래서 배로나가 자퇴한 거야?

　　굳어지는 윤철.

40.　심리 상담실(저녁)

　　의사와 은별, 상담하고 있는.

의사　친구들이랑은 어때? 싫어하는 친구.. 있어?

은별　특별히 그런 건 없어요. 사람들은 다 장단점이 있는 거잖아요. 워낙 누

　　굴 미워하거나 질투하는 성격이 아니기도 하고... 친구가 좀 싫은 짓을

　　하면, 제가 한 번 더 참으면 되니까요. 크게 스트레스 받지도 않고요.

　　(해사하게 웃는 은별이고)

41.　심리 상담실 복도(저녁)

　　상담을 마치고 나온 은별.

은별　아빠! 나 끝났어. 아빠 잠깐 들어오래.

윤철　(굳은 표정으로 은별을 보는데)

은별　뭐해. 빨리 끝내고 나와. 나 저녁 못 먹어서 배고파. (어리광 부리는)

42. 윤철의 차 안/병원 주차장(저녁)

차에 올라타는 윤철과 은별.
굳은 표정의 윤철과 달리, 은별, 기분 좋아 보이고.
핸드폰을 하는 은별을 보는 윤철의 위로,

43. 회상/병원 심리 상담실(저녁)

의사, 윤철에게 상담 결과 얘기하는.

의사 지극히 긍정적이고, 밝고, 배려심도 많은 친구처럼 보여. 근데, 다 가
     짜야!

윤철 가짜라니.

의사 가면증후군! 주변의 높은 기대심리 때문에 실패에 대한 두려움 지수가
     높으면 그럴 수 있어. 자신이 실패했을 때 올 충격을 완화하려는 방어
     라고 할까.

윤철 (충격적인데. 심각해지고)

44. 현재/윤철의 차 안/병원 주차장(저녁)

은별 (밝게 웃으며) 아빠! 우리 청담동 가자. 제니가 핫플 추천해줬어. 알리오
     올리오 먹고 싶어. 출발 안 해? 들어가서 빨리 공부해야돼. 실기시험도 1
     등 했는데, 필기도 1등 해야지. 꼭 엄마랑 할아버지 기쁘게 해드릴 거야.

윤철 (굳은 표정으로) 은별이 너.. 상담 제대로 받은 거 맞아?

은별 (태연하게) 그러엄.

윤철 솔직하게 다 말한 거 맞냐고!

은별 (살짝 짜증 내며) 맞다니까! 아빠 너무한 거 아냐? 아빠는 딸이 정상인
     게 싫어? 진짜 내가 어디 아프길 바라는 거야 뭐야?!!

윤철 (은별에게 각서 건네며) 너! 이게 뭐야?

은별 (각서 보고 당황해서) 아빠, 미쳤어? 남의 옷은 왜 뒤져? (낚아채려면)

윤철 (안 뺏기고) 뭔지 설명해!! 로나 각서를 왜 니가 갖고 있어? 니가 쓰라

고 한 거야? 민설아 얘기는 뭐고, 커뮤니티에선 뭔 일이 있었던 건데?!! (다그치면)

은별 난 잘못 없어!! 걔가 먼저 민설아 흉내 내면서 우리 겁 줬다구!

윤철 그렇다고 이런 걸 쓰게 해? 설마 이걸로 로나 협박했어?!! 그래서, 걔가 자퇴한 거야?!!

은별 (순간 분한 듯, 눈물 그렁해서) 그래!! 그랬어!! 학교 관두라고 협박했어!! 안 그럼, 걔네 엄마가 아빠 꼬신 거 소문낼 거라고!!!

윤철 (기겁하는) 뭐어?

은별 (눈 돌아서 바락 대는, 이성 잃은 표정으로) 왜? 그럼 안 돼? 나 걔 싫어! 미치게 싫어!! 걔네 때문에 엄마랑 아빠 싸우는 것도 싫고, 이혼하려는 것도 싫고, 아빠가 지금 그 애 편드는 것도 싫어서 미쳐버릴 거 같아!! 그래서 걔 죽이고 싶어!! 내 눈앞에서 사라지게 하고 싶다고!! 걔가 자퇴하는 게 그렇게 걱정되면, 걔 데리고 살아, 아빠가!! 엄마랑 나 버리고, 배로나 아빠로 살라고!! (차에서 내려, 막 뛰어가는 은별이고)

윤철 하은별!!! (기막힌데. 참담한 심정이고...)

45. 헤라팰리스 윤희 집 주방(저녁)
   수련, 로나 저녁을 차려두고 기다리고 있는데, 로나 안 오고.
   할 수 없이 메모 남기고 일어서는.

46. 헤라팰리스 윤희 집 거실(저녁)
   수련, 옷 챙겨서 가려는데, 현관문 열리는 소리 나고.
   거실로 들어서는 로나와 마주치는데.

로나 (멈칫) 아줌마...

수련 로나야, 이제 와? 늦었네. 엄마가 오늘 야근이래서 아줌마가 저녁 챙겨주려고 왔어. 못 보고 가나 했는데, 얼굴 봐서 다행이다.

로나 (굳은 표정) 감사합니다. (대충 인사하고, 방으로 가려는데)

수련	아줌마랑 잠깐 얘기 좀 할래?
로나	(가다가 수련을 보면)
수련	자퇴 얘기 들었어. 근데... 왜 자꾸 그게, 로나 진심이 아닌 거 같지? 아줌마 생각이 틀린 거야?
로나	(망설이는데)
수련	아줌마가 괜한 거 물은 거니? 싫음 얘기 안 해도 돼. 저녁 꼭 먹어. 밥 안 먹으면 엄마가 걱정하셔. 아줌마 갈게. (도닥여주고, 돌아서서 가는데)
로나	흑... (갑자기 울음 터지는 로나)
수련	(놀라서 보면)
로나	아줌마... (울컥해서 수련을 보며) 우리 엄마... 불륜녀래요.
수련	뭐?
로나	저 진짜 어떡해요? 엄마 얼굴을 볼 수가 없어요. 너무 미워서 미쳐버릴 거 같아요!!!

컷 되면. 눈물 훌쩍대는 로나를 달래는 수련.

수련	(차분하게) 로나야, 누구한테 무슨 말을 들었는지 모르겠지만, 로나가 뭘 오해하고 있는 거 같아. 너... 엄마 믿지?
로나	모르겠어요. 진짜 아무것도 모르겠어요. 모든 게 뒤죽박죽이에요. (마구 고개 내저으면)
수련	아줌만, 로나 엄마 믿어. 로나 엄마는 누구보다 로나 널 사랑하고 아끼셔. 세상에서 널 위해서라면 못 할 일이 없는 사람이야. 니가 생각한 것보다 훨씬 더 강하고 현명해. 그러니까... 니가 생각하는 그런 일, 절대 없었을 거야. 아줌마가 장담해.
로나	아뇨! 그때, 아줌마 집에서 자고 온 날... 우리 엄마, 은별이 아빠랑 있었어요. 제가 봤어요. 은별이 아빠가 우리 집에서 나오는 거...
수련	(놀라고) 로나야!!! 그건... (당황하는데)
로나	왜 남의 남편을 만나요? 왜 하필 은별이 아빠예요?!! 천서진 쌤이 싫어

서, 복수하려고 은별이 아빠 만나는 거예요? 치졸하고 창피해요!! 딴 사람은 몰라도, 엄마는 그러면 안 되는 거잖아요! 아빠 바람 때문에 지옥에서 살았다면서, 왜 똑같은 짓을 해요? 왜!!! 천 쌤보다, 엄마가 더 나빠요!!! (진심으로 상처받은 모습이고. 서러움 폭발하면서 울음 터지면)

수련 (그런 로나가 가엽고 미안해서, 와락 로나를 끌어안고) 울지 마, 로나야... 그런 거 아닐 거야... 로나가 지금 오해하는 거야... 우리 얘기하자. 아줌마가 다 들어줄게... (가슴이 무너져 내리는. 죄책감에 어쩔 줄 모르겠는 수련인데)

로나 아아아.... 아아아.... (서럽게 우는 로나)

47. 헤라팰리스 서진집 안방(밤)

로나의 각서를 읽고 있는 서진, 담담한 표정으로 각서를 내려놓는데.

서진 (싸늘하게) 그래서? 이게 뭐?

윤철 (기막힌) 아무렇지도 않단 말야? 우리 딸이, 이런 짓을 했다는데?!

서진 사춘기 장난이잖아. 고작 이런 걸로, 은별이 기분을 바닥까지 치게 한 거야? 담 주에 첫 시험이야. 서울대 가려면, 1학년 성적부터 중요한 거 몰라?

윤철 지금 그깟 중간고사가 중요해? 이건 심각한 범죄야!!

서진 (비웃는) 은별이한테 다 들었어. 배로나 걔가, 민설아 흉내 내면서 헤팰 애들을 괴롭혔대. 이미 자백까지 했다잖아!

윤철 그래서 이게 잘못이 아니라고? 당신 교육자 맞아?!

서진 당신만 입 닫으면 조용히 끝날 수 있어. (각서를 박박 찢으며, 냉정한 표정) 그냥 다... 원래대로 자리를 찾아가는 거야. 배로나도, 오윤희도, 이제 다신 안 보고 살 수 있으니... 그걸로 다 끝이라고! (희미하게 미소 지으면)

윤철 (그런 서진을 소름 끼치는 표정으로 보며) 중요한 건!!! 은별이가 오해하고 있어. 윤희랑 내 관계! 그래서 로나한테 자퇴하라고...

서진	(윤철 말 끊고, 우습다는 듯) 그러게 애초에 왜 이런 문제를 만들었어? 당신이 잘못한 거네~
윤철	(욱하고) 천서진!! 니가 그런 말할 자격이 있어? 은별이한테 쓸데없는 소리만 안 했어도, 이런 일 안 일어났다고!!
서진	(조롱하는 말투) 그럼 당신도 가서 말해. 은별이한테. 니 엄마도 바람 폈다고! 상대는 주석경 아빠...
윤철	닥쳐!!! (못 참겠다. 서진의 뺨을 후려치면)
서진	(곧바로 윤철의 뺨을 후려치고, 싸늘하게) 우리 이혼했어! 이제, 내가 누굴 만나든, 좋아하든, 당신한테 맞을 이유 없어!! 내 방에서 나가줘. 당장!
윤철	(부들부들 떨면서 충혈된 눈으로 서진을 보다가, 획 돌아서서 문 쪽으로 걸어가는. 그러다 문득 멈춰 서고. 뭔가 생각난 듯) 아! 얘기한다는 걸 깜빡했네. (주머니에서 루비 반지를 꺼내서 내밀고) 이거, 당신 꺼 맞지? 쓰레기통에 버렸길래...
서진	(순간 당황, 애써 태연하게) 실수로 떨어뜨렸나 봐. (윤철의 손에서 반지를 가져가려면)
윤철	(움켜쥐고, 의미심장한 표정) 전에도 버렸었잖아. 이 루비 반지! 민설아 학생이 죽던 날 밤.
서진	(얼굴 하얗게 질리면) 뭐어?
윤철	내가 봤어. 당신이 쓰레기통에 버리는 거... 근데, 왜 이 루비 반지가 다시 당신한테 돌아온 거지?
서진	(당황해서) 무슨 말을 하는지 모르겠는데... 당신이 뭔가 착각하는 모양이야. 내가 왜 반지를 버려? 그런 적 없어.
윤철	(순간 매서운 눈빛) 당신! 민설아 죽음과 관련 있는 거지?
서진	(미세하게 떨리는) 그게, 무슨 뜻이야?
윤철	(예전과 완전 다르게 싸늘한 말투) 몰라서 입을 다물었던 게 아냐. 내 아내여서 말할 수가 없었던 거지. 이젠 그럴 이유가 없잖아? 당신을 지켜줄 이유! 이 변호사가 그러던데? 민설아 죽음에, 주단태와 당신이 제일 유력한 용의자라고! 민설아한테 협박당하고 있었다며? 불륜남녀, 주

단태! 천서진!

서진   (얼굴 일그러지며) 뭐하는 수작이야?!!

윤철   (문득 야비한 미소) 몰랐어? 나 개자식인 거. 나, 부잣집 사위 되려고 6년 만난 여자도 버린 잡놈이야. 내 의대 등록금까지 댄 불쌍한 여자를 차버린 쓰레기라고!! 근데, 이번엔 진짜 개자식이 돼보려고! 그러니까 앞으로 조심해야 될 거야!! (루비 반지를 흔들어서 보여주고, 나가면)

서진   비겁한 자식!! 대체 뭘 본 거야? (온몸이 부르르 떨리는데, 긴장되고)

48.   파크원 호텔 로비(밤)

윤희, 서성이고 있으면. 홍 비서가 다가오고.

윤희   밤늦게 죄송합니다. 로건 리 씨에게 꼭 전해야 될 게 있어서요. (서류봉투 내밀고) 새로운 투자 보고섭니다. 꼭 읽어보시고 검토해달라고 해주세요. 저한텐 아주 아주 중요한 일이에요. 잘 좀 부탁드립니다. (정중하게 꾸벅 인사하고 가면)

홍비   (그런 윤희를 보는)

49.   파크원 호텔 스위트룸(밤)

로건, 호텔 앞과, 로비, 복도의 CCTV를 확인하고 있으면.
규진과 사내들이 호동을 쫓아서 미행하는 모습이 그대로 찍혀있고.
그때, 서류봉투 들고 홍 비서가 들어서는.

로건   학교에서부터 미행당한 모양이야. 주의를 했어야 했는데, 내가 오늘 정신이 없었어.

홍비   그쪽에서 구호동을 의심하고 있습니다. 조심하셔야 됩니다.

로건   (끄덕하고) 계획을 좀 더 빨리 앞당겨야겠어. 눈치채기 전에.

홍비   (서류봉투 내밀며) 방금 오윤희 씨가 두고 간 새로운 보고섭니다.

로건   이 시간에? (시계 보면, 11시가 넘었고. 보고서를 받아서 넘겨보는데) 공동

투자개발... (문득, 수련 말 떠오르고)

수련(E) 오윤희... 내 사람이에요.

로건 (생각하다, 결심 굳힌 듯) 주단태와 미팅 약속 잡아. 이 보고서대로 진행시키도록 해!

홍비 (놀라) 네? 아직 검토도 안 했는데...

로건 오윤희를 한번 믿어보자고! (눈빛 반짝하는)

50. **헤라펠리스 분수대(밤)**

윤희, 지친 얼굴로 걸어오면. 기다리고 있는 윤철이 보이고.

윤철 윤희야... 할 말 있어.

윤희 (기진맥진해서 쓰러질 지경이고) 다음에 해. 나 피곤해. (가려는데)

윤철 우리 은별이가... 오해를 좀 했어. 너랑 내 사이를.

윤희 (문득 멈춰 서고. 윤철을 돌아보는) 무슨 소리야, 그게?

윤철 (어렵게 말 꺼내는) 그것 때문에... 은별이가 로나한테 협박을 한 모양이야. 미안하다...

윤희 (흥분한. 윤철에게 뚜벅뚜벅 걸어오고) 알아듣게 말해! 무슨 오해를해?!! 니 딸이 우리 로나한테 무슨 짓을 했냐고?!! (불안한 듯 다그치면)

윤철 (괴로운데)

51. **헤라펠리스 윤희 집 거실(밤)**

윤희, 급하게 뛰어 들어오면. 수련이 거실에서 기다리고 있다가 맞는.

윤희 (제정신 아니고) 로나야...! 로나야...!! (허둥대며 로나 방으로 뛰어가면)

수련 (그런 윤희 붙잡고 진정시키는) 방금 잠들었어. 할 얘기 있어서 기다렸어.

윤희 (수련 보자 울컥하고) 언니...

52.　헤라팰리스 윤희 집 침실(밤)

　수련과 윤희, 나란히 앉아서 얘기하고 있는.

수련　(차분하게 얘기하는) 그날 아침에, 하 박사가 너네 집에서 나가는 걸 봤대. 니 핸드폰에서 하 박사 사진이랑 문자도 봤고.

윤희　미쳤어... 미쳤어... 그 사진은 왜 안 지워서... 내가 미친년이야... 엄마도 아냐, 난! 벌받아도 싸... (마구 머리 쥐어박으며 자책하면)

수련　충분히 오해할 만한 상황이긴 해. 아무리 사실이 아니라고 해도, 쉽게 납득시키긴 힘들 거 같아. 상처가 워낙 깊어.

윤희　(흥분해서) 근데! 천서진은 왜 은별이한테 그런 말을 한 거래? 자기 딸한테 뭔 도움이 된다고, 아빠를 부정한 남자로 몰아?

수련　자기 잘못 덮으려고 그랬겠지. 아니면...

윤희　아니면?

수련　은별이가 로나를 미워하게 만들려고 그랬을 거야.

윤희　말도 안돼! 우리 로나를 왜!!

수련　그래야 은별이가 경쟁심에 로나를 이겨줄 테니까... 윤희 씨를 질투해서 트로피로 목을 그은 천서진이잖아. 이보다 더한 짓도 할 수 있는 여자야!

윤희　맞아. 충분히 그럴 수 있는 애야! 난 것도 모르고... 로나한테 소리 지르고, 막말하고... 미안해서 어떡해... 우리 로나, 혼자 맘고생하고 끙끙댔을 거 생각하니, 가슴이 찢어져 언니... 못난 엄마 때문에 우리 딸이 왜 아파야돼. 왜!!!

수련　진정해, 제발... 로나 깨겠어.

윤희　다 나 때문이야. 이런 엄마 만나서, 우리 로나가 그 좋아하는 노래도 포기한 거잖아.. (미치겠고. 가슴 치며 절절하게 울면)

수련　(같이 눈물 흘리는) 그게 왜 윤희 씨 때문이야? 천서진이 잘못한 거지! (고개 숙이며) 나도.. 미안해... (진심으로 미안하고 맘 아픈. 다독여주는데)

윤희　(갑자기 정신 번쩍 들면서, 눈물 쓱쓱 닦더니) 언니! 나 더 이상은 안 당해!

천서진 그 기지배도 똑같이 당해봐야 알아!! (뭔가 결심하는 표정이고, 비장해지는 윤희)

53.   헤라팰리스 서진 집 안방(다음 날 아침)
       서진, 골똘히 뭔가 생각하는 표정으로 서성이고 있는.
       윤철의 말이 찜찜하게 계속 떠오르고.

윤철(E)   당신! 민설아 죽음과 관련 있는 거지?

       서진, 기계실에서 민설아 뺨을 루비 반지 낀 손으로 후려치던 거 떠오르고.
       괴로운 듯 마구 고개 내젓는데.

윤철(E)   몰라서 입을 다물었던 게 아냐. 내 아내여서 말할 수가 없었던 거지. 이젠 그럴 이유가 없잖아? 당신을 지켜줄 이유!

       서진, 반항하는 민설아 목을 조르며 죽일 듯이 압박하던 모습 떠오르고.
       떨쳐버리려는 듯, 더 강하게 고개 내젓는데.

서진   (혼잣말로, 다부지게) 이미 다 지난 일이야! 증거는 없어! 아무것도....

54.   헤라팰리스 윤희 집 거실(아침)
       로나, 퉁퉁 부은 눈으로 방에서 나오다가 멈칫하는.
       윤희가 상자에 로나의 악보와 성악 책들을 쓸어 담고 있으면.
       로나, 윤희 쪽으로 다가서는데.

로나   뭐하는 거야?
윤희   (애써 아무렇지 않게, 시선 안 주고) 노래 안 하겠다면서. 싹 다 태워버리

	려고. 괜히 놔둬봤자 짐만 되고 미련만 남아. 어차피 버리려고 했잖아.
로나	그래, 다 갖다 버려. 꼴도 보기 싫어.
윤희	(거침없이 상자에 악보들 쑤셔 넣으며) 엄만, 청아예고 자퇴한 걸 평생의 오점이라고 생각했어. 거기서부터 인생이 꼬였다고 원망했고. 그래서 그 순간을 얼마나 되감기했는지 몰라. 꾸역꾸역 청아예고 졸업장이라도 받았으면 내 인생이 조금은 달라졌을까? 나도 노래를 포기하지 않았을까?
로나	그런 얘길 왜 해? 그런다고 내가 돌아갈 거 같아?
윤희	(그제야 손 멈추고, 보는) 아니! 니가 싫으면, 엄마도 싫어. 니가 노래하는 게 싫고, 행복하지 않은 게 이유라면.... 노래 부르지 않아도 돼! 진심이야.
로나	(보는) 자퇴... 허락하는 거야?
윤희	(담담하게) 미안해, 로나야. 그동안 엄마가 못 한 걸, 너한테 욕심내고 강요한 거 같아. 앞으로 니가 하고 싶은 거 해. 너 위해선 엄마 뭐든지 다 할 수 있어. 엄만 항상 니 편인 거 알지? (눈물 꾹 참고, 상자 들고 나가면)
로나	(잡으려다가, 차마 못 잡고. 손 툭 떨어뜨리는. 멀어지는 상자를 보면, 아쉽고 미치겠는 심정이고)

55.   헤라팰리스 쓰레기장(아침)

윤희, 쓰레기장으로 상자를 들고 가, 잠시 망설이다 상자를 던져버리고 돌아서는데. 결심한 듯 서진에게 전화하는.

윤희	나야. 자퇴 동의서... 쓸게. 오늘 좀 만나자.

56.   한정식집 룸(저녁)

윤희, 다부진 표정으로 앉아있으면. 한정식집 룸으로 들어서는 서진.

서진	(윤희 앞자리에 앉으며 짜증스럽게) 자퇴 동의서를 쓰려면 학교로 오면

되지, 왜 여기서 보자는 거야.

윤희　학교는 보는 눈도 많고 그래서. 끝내는 마당에 너랑 따로 밥 한번 먹으려고.

서진　(어이없는) 우리가 마주 앉아 밥 먹을 사이니? (자퇴 서류 건네주며) 로나가 쓴 자퇴서니까 읽어봐. 부모 란에 싸인만 하면 돼.

윤희　천천히 하자. 얘기도 좀 하고. 이번 일 겪으면서 내가 느낀 게 많거든.

서진　그래. 부모 욕심 때문에 자식을 얼마나 망칠 수 있는지, 잘 알았을 거라 생각해. 애초에 청아예고를 꿈꾼 게, 니 불행의 시작이었어.

윤희　(픽 웃으며) 그건 니 얘기 아니니?

서진　뭐?

윤희　실력 모자란 니 딸을 청아예고에 입학시킨 게, 진짜 불행 아니었을까? 아빠 눈치는 보이니까, 어떻게든 합격시켜서 최고로 만들어야겠고, 그래서 심사위원들 매수해서 실기 점수 조작하고, 남의 딸 교통사고까지 사주하고...

서진　(말 막고) 미쳤어, 너?!! 지금 무슨 소릴 하는 거야?!!

윤희　(여유 있으면서 쪼듯) 이 마당에 좀 솔직해지자구. 내가 그동안 등신같이 당한 것들, 읊어보는 거야. 니 힘이 얼마나 센지, 다시 한번 생각하게 되더라. 근데, 아무리 그래도, 니 딸한테 그런 얘기까지 할 줄은 몰랐어. 하윤철이랑 내가 첫사랑이라는 거.. 하윤철이 나한테 또 흔들린 거..!

서진　그게 뭐? 둘이 몰래 만났던 거 사실이잖아?!

윤희　역시, 대단해, 천서진! 니 남편한테 이제 아무 감정도 없나 봐. 니 남편이 아직도 날 못 잊는 걸 니 입으로 시인하다니.. 하긴 넌, 불륜남도 있구나? 주단태 회장... 내가 봐도 매력적이긴 하더라.

서진　(발끈하는) 니가 그 사람 이름을 왜 입에 올려? 같은 회사 좀 다닌다고, 친한 척이라도 하는 거야?

윤희　왜? 내가 입에 올리면 안 되는 사람이야? 니 것도 아니잖아. 놀랍네. 너 설마, 사랑이라도 하는 거야? 상간녀치고는 너무 당돌한데? (계속 자극하면)

서진	떳떳하지 못할 이유가 뭐 있어? 주단태, 내 남자야. 하윤철과는 이미 이혼했고!
윤희	(미소) 이혼? 벌써 갈라선 거야? 그럼 은별이, 새아빠 맞을 준비해야겠네. 헤펠 사람들이 알면 놀라겠는데?
서진	(주먹으로 쾅! 테이블 내리치고) 지금 뭐하자는 건데!! 이미 주단태와 내 관계는 알 사람은 다 알아!!
윤희	알 사람은 다 알아도.. 한 사람은 모르고 있는 거 같아서. 그분도 꼭 아셨으면 해서 모셨어.
서진	(멈칫) 뭐?

그때, 룸의 중문이 확 열리면. 옆방에 앉아서 듣고 있는 사람, 서진부고!
서진, 서진부를 보고 기겁하는데!

서진	(벌떡 일어서고) 아버지!!!
윤희	(서진부에게) 잘 보셨죠? 이사장님 잘나신 따님께서 여지껏 이렇게 사셨다네요. 정말 잘 키우셨어요. 이혼녀에, 불륜녀까지... 축하드려요!
서진	(서진부 눈치 보며, 어쩔 줄 몰라) 아버지... 그게 아니라... 제가 다 말씀 드릴게요. (미칠 지경인데)
윤희	25년 전, 이사장님께서 딸의 잘못을 덮어줬기 때문에, 딸이 이렇게밖에 못 산 거예요. 이사장님은 알고 계셨죠? 내 목을 트로피로 그어버린 사람이.. 천서진인 거! 근데도 오히려 나한테 정학 처분을 내렸어요. 덕분에 전, 졸업장을 잃었고요... 왜 그러셨어요? 딸이 부탁하던가요? 아님, 제가 사라져주는 게 딸을 위하는 거라고 생각했나요?
서진부	(윤희를 보는) 오윤희... 넌 여전히 변한 게 없구나?
윤희	(멈칫, 보면)
서진부	하는 짓이 천박하고 무례해!
윤희	(당황한) 그게 무슨...
서진부	니가 이런 식으로 발악한다고, 내 딸한테 무슨 스크래치라도 날 거라

생각하는 모양인데, 착각하지 마. 너 따위한테 발목 잡힐 만큼 만만한 집안이 아냐, 우린!! (서진에게) 그만 가자! 쓸데없는 시간만 뺏겼어! (나가면)

서진　(벌벌 떨면서도 안도하고) 네.. 아버지... (따라 나가다가 멈칫, 다시 윤희를 돌아보고) 당황스럽니? 그때나 지금이나 우리 아빠는 내 편이야. 니가 할 수 있는 건 아무것도 없고! 아빠 없이 컸으니, 아빠의 그늘이라는 걸 알 리가 없겠지. (홱 룸을 나가버리면)

윤희　(참았던 눈물이 후드득 떨어지는데. 분하고 비참한데)

57.　한정식집 앞 (저녁)
서진, 서진부에게 변명하려는데.

서진　아버지.. 미리 말씀 못 드려서 죄송해요.

서진부　됐다. 하 서방과 인연은 거기까진가 보지. 이혼은 잘 마무리된 거야?

서진　네, 아버지. 걱정하실 일 없어요. 은별이도 제가 키우기로 했고, 재산분할도 문제 될 거 없이 깔끔하게 정리했어요.

서진부　그럼 됐네. (차에 올라타고, 차 출발하면)

서진　(그제야 안도하는. 다리가 휘청하고. 간신히 정신 붙잡고, 두기에게 전화하는) 마 선생! 배로나 자퇴 건, 최대한 빨리 정리해요. 배로나 집을 찾아가서라도, 부모 동의서 받아내요!! (전화 확 끊는데, 윤희가 허탈하게 한정식 집에서 나오는 게 보이고. 승자의 미소 지으며) 오윤희... 니가 아무리 발버둥 쳐도, 넌 나 절대 못 이겨!!

58.　서진의 차 안 / 한정식 집 앞 (저녁)
서진, 의기양양하게 차에 올라타고, 차 출발시키려는데. 전화 오고.
보면, 박 변호사다.

서진　(전화 받는) 박 변호사님? 그러잖아도 연락드릴 참이었는데... 이사장

승계 절차 때문에 의논드릴 것도 있고요.

박변   서진 씨. 근데 이게 어떻게 된 거예요? 이사장님이 방금 전화하셔서, 차기 이사장을 교체하시겠다는데.

서진   (화들짝 놀라고) 그게.. 무슨 소리예요?! (굳어지면)

박변   이사장 자리에 서영 씨를 선임하셨어요. 지금 유언장도 다시 쓰시겠다고 연락 왔어요!

서진   말도 안 돼... 아버지 지금 어딨어요?!! (기겁해서 전화기 던져버리고. 벌벌 떨리는 손으로 시동 걸고. 정신없이 액셀 밟아서 달리는데)

59.   청아예고 전경(밤)

60.   청아예고 주차장(밤)
서진의 차 달려와서 끼익 멈춰 서고. 뛰어내리듯 급히 내리는 서진.
한쪽에 세워진 서진부의 차를 보고, 학교 쪽으로 정신없이 뛰어가는데.
그 위로 뚝뚝 떨어지기 시작하는 빗방울. 하늘로 검은 먹구름이 몰려
오면서 빗방울이 점점 굵어지고.

61.   청아예고 이사장실(밤)
서진부, 이사장 선임장을 다시 쓰고 있는.
"차녀 천서영을 청아재단 이사장으로 선임한다"는 내용이고.
그때, 문 벌컥 열리며 들어서는 서진.

서진   아버지!! 아까 그 일 때문이에요? 괜찮다고 하셨잖아요!! 근데 왜?!!

서진부   (돌변해서, 무서운 눈빛) 감히 니가, 내 얼굴에 먹칠을 해?!! 이혼한 것도 모자라 바람을 펴? 집안 망신시킨 주제에, 무슨 낯짝으로 청아를 욕심내? 내가 널 용서할 거 같아?!! (쩌렁쩌렁 소리 지르면)

서진   (그대로 무릎 꿇고) 잘못했어요, 아버지! 한 번만 용서해주세요. 하지만 저, 여기까지 오는 동안 한 번도 아버지 말 거역한 적 없어요. 아버지가

266

원하는 대로 서울음대 합격했고, 매일 세 시간씩 자면서 최고가 되려고 죽을힘 다했어요!! 서영이한테 공부든 뭐든 진 적 없잖아요!!

서진부 넌 날 실망시켰어! 반대한 결혼을 했으면, 최소한 실패하진 말았어야지!!!

서진 실패하고 싶어서 실패한 게 아니에요!! 하나부터 열까지 맞지 않은 걸 저더러 어쩌라고요!! 그 사람한테 평생 사랑받지 못했어요. 늘 미치게 외로웠어요!! 그래도 최선을 다했어요. 아버지 때문에 17년이나 참고 산 거예요!

서진부 니가 선택한 결혼이야!! 이제 와 누굴 원망해?! 이 시간부로 너, 청아재단 이사에서 제명이다! 청아예고도 그만둬!! 상속한 재산도 다 환수할 거야!

서진 (두 손으로 싹싹 빌며) 아버지! 저 버리지 마세요. 청아재단은 저한테, 전부예요! 청아 없인 제 인생도 없어요! 어렸을 때부터 말씀하셨잖아요. 청아의 주인은 저라고! 내가 곧 청아라고! 그걸 뺏으면 전, 어떻게 살라구요!

서진부 딴 남자랑 바람 펴서 이혼당한 주제에 어디서 큰소리야?!! 당장 꺼져!! 박 변호사랑 이미 얘기 끝났어!!

서진 (서진부 다리를 붙잡고, 간절히 애원하는) 잘못했어요, 아버지! 노여움 푸시고, 한 번만 더 기회를 주세요. 다신, 다신 실망시켜드리는 일 없을 거예요!! 이사장 맡겨주시면, 죽을힘 다해, 청아재단 최고로 만들게요. 약속할게요, 아버지이이이!!!! (울며 매달리는데)

서진부 더 이상 기회는 없어!! 비키라니까!! (빌고 있는 서진을 확 밀쳐버리고, 서류봉투에 종이를 넣어서 나가버리면)

서진 아버지.. 아버지... 아아악!! (절규하다가, 눈 반쯤 돌아서 쫓아나가는데)

62. **청아예고 일각(밤)**

빗줄기가 거칠게 쏟아붓고 있는 청아예고 교정.

검은 우산을 쓰고, 성큼성큼 걸어가는 서진부의 앞을 필사적으로 가로

막는 서진.

서진   (비 맞으며, 절박하게 붙들고) 가실 거면 절 죽이고 가세요. 그냥은 못 가세요!!

서진부   한심한 것! 지금 니 꼴을 봐. 그런 나약해빠진 모습으로 내 청아를 물려받겠다고?! 청아는 이제, 서영이 꺼야!!

서진   (순간 눈 뒤집히고, 싸늘하게 표정 변해서 버럭) 적당히 좀 하세요!!!

서진부   (놀라서 보면)

서진   (참고 있던 원망의 목소리가 터져 나오는) 제가 잘못 살았다면... 그건 다 아버지 때문이에요! 끊임없이 서영이랑 절 비교하고, 경쟁시키고, 채찍질에 또 채찍질에... 한 번도 진짜 사랑 준 적 없잖아요! 아버지 인생의 도구로 자식을 쓰신 거잖아요!! 늘 사랑받는 데 굶주려 있었어요. 그래서 딴 남자도 만난 거고요!!

서진부   (서진의 뺨을 날리는데) 어디서 버릇없이 말대꾸야! 넌 이제 내 딸 아냐!!

서진   (뺨 맞고 쓰러졌다가, 필사적으로 서진부 손에서 서류봉투를 뺏으려고 달려들고) 안돼요!! 청아는 내 거예요!! 아무한테도 못 줘요!!

서진부   (실랑이하다 우산 놓치고) 이거 놔!! (발로 확 밀쳐내고 걸어가면)

서진, 나가떨어지면서 손 다치고. 손에서 피 나는. 다시 일어나 서류봉투를 뺏으려고 안간힘 쓰는데.
서진부와 서진, 밀고 당기고 몸싸움하다가, 누군가 돌계단 아래로 빠르게 굴러 떨어지고. 떨어진 사람, 서진부다!
계단 위에 서있는 놀란 서진, 얼어붙은 듯 굳어지는데.
계단 아래로 정신없이 뛰어 내려가는 서진, 피 흘리며 쓰러진 서진부에게 다가가는.
그러나 서진의 눈, 서류봉투에 꽂혀있고. 서진부 손에서 서류봉투를 뺏어 드는 서진, 서류봉투를 소중한 듯 품에 움켜잡는데.
서진을 잡으려고 손을 뻗는 서진부를 보며, 천천히 뒷걸음질 치는 서진의 구둣발...

서진부 (온 얼굴 일그러뜨리며) 니가 날... 니가 어떻게... (그러다 힘없이 손을 툭 떨어뜨리는)

점점 더 강해지는 빗줄기....
서진, 여기저기 고여있는 빗물 웅덩이를 첨벙첨벙 뛰어서 달리기 시작하는데. 미친 듯이 뛰고 또 뛰고.
비를 맞으며 쓰러져있는 서진부, 눈을 뜬 채 죽어있다! 부릅뜬 눈으로 세차게 빗물이 쏟아져 들어가는.

63. **서진 레슨실**(밤)
서진, 비에 온몸이 홀딱 젖어서 레슨실로 뛰어 들어오면.
온몸이 바들바들 떨리고, 눈이 초점 없이 마구 흔들리는.
설 수도 앉을 수도, 아무것도 생각할 수도 없는 불안감과 혼란이 엄습해오는데.
서진, 문득 피아노 앞에 앉더니, 건반 뚜껑을 열고 피아노를 치기 시작하는. ("La valse de Paul", 〈마담 프루스트의 비밀정원〉)
아찔한 높이의 하이힐로 피아노 페달을 밟으면서, 모든 것을 잊으려는 듯, 현란한 손놀림으로 광란의 연주를 하는 서진.
서진의 손에서 흐르는 붉은 피가 건반을 타고 흐르고 있다.
점점 절정을 향해 치닫는 연주... 마지막 엔딩 부분에서 꽝꽝!!! 피아노 건반을 무섭게 내리치며, 섬뜩하게 미소 짓는 서진.

서진 억울해 마세요, 아버지. 그래도 저한테 하나는 해주고 가셨으니!

서진의 광기 어린 모습에서 엔딩!!

16화

악몽의 조각

1.   15화 62신/청아예고 일각(밤)

빗줄기가 거칠게 쏟아붓고 있는 청아예고 교정.
검은 우산을 쓰고, 성큼성큼 걸어가는 서진부의 앞을 필사적으로 가로
막는 서진.

서진   (비 맞으며, 절박하게 붙들고) 가실 거면 절 죽이고 가세요. 그냥은 못 가
         세요!!

서진부   한심한 것! 지금 니 꼴을 봐. 그런 나약해빠진 모습으로 내 청아를 물려
         받겠다고?! 청아는 이제, 서영이 꺼야!!

서진   (순간 눈 뒤집히고, 싸늘하게 표정 변해서 버럭) 적당히 좀 하세요!!!!

서진부   (놀라서 보면)

서진   (참고 있던 원망의 목소리가 터져 나오는) 제가 잘못 살았다면... 그건 다
         아버지 때문이에요! 끊임없이 서영이랑 절 비교하고, 경쟁시키고, 채
         찍질에 또 채찍질에... 한 번도 진짜 사랑 준 적 없잖아요! 아버지 인생
         의 도구로 자식을 쓰신 거잖아요!! 늘 사랑받는 데 굶주려있었어요. 그
         래서 딴 남자도 만난 거고요!!

서진부   (서진의 뺨을 날리는데) 어디서 버릇없이 말대꾸야! 넌 이제 내 딸 아냐!!

서진   (뺨 맞고 쓰러졌다가, 필사적으로 서진부 손에서 서류봉투를 뺏으려고 달
         려들고) 안돼요!! 청아는 내 거예요!! 아무한테도 못 줘요!!

서진부   (실랑이하다 우산 놓치고) 이거 놔!! (발로 확 밀쳐내고 걸어가면)

         서진, 나가떨어지면서 손 다치고. 손에서 피 나는. 다시 일어나 서류봉
         투를 뺏으려고 안간힘 쓰는데.
         서진부와 서진, 밀고 당기고 몸싸움하다가, 누군가 돌계단 아래로 빠
         르게 굴러 떨어지고. 떨어진 사람, 서진부다!
         계단 위에 서있는 놀란 서진, 얼어붙은 듯 굳어지는데.
         계단 아래로 정신없이 뛰어 내려가는 서진, 피 흘리며 쓰러진 서진부
         에게 다가가는.

그러나 서진의 눈, 서류봉투에 꽂혀있고. 서진부 손에서 서류봉투를 뺏어 드는 서진, 서류봉투를 소중한 듯 품에 움켜잡는데.
서진을 잡으려고 손을 뻗는 서진부를 보며, 천천히 뒷걸음질 치는 서진의 구둣발...

서진부   (온 얼굴 일그러뜨리며) 니가 날... 니가 어떻게... (그러다 힘없이 손을 툭 떨어뜨리는)

점점 더 강해지는 빗줄기....
서진, 여기저기 고여있는 빗물 웅덩이를 첨벙첨벙 뛰어서 달리기 시작하는데.
비를 맞으며 쓰러져있는 서진부, 눈을 뜬 채 죽어있다! 부릅뜬 눈으로 세차게 빗물이 쏟아져 들어가는.

2.   청아예고 주차장(밤)
    미친 듯이 달려오는 서진. 차문을 열어젖히는 순간! 그제야 정신 돌아오고.
    손의 붉은 피를 보며 자신이 무슨 짓을 했는지 아는데. 손 마구 떨려오고.
    다시 차 문을 닫는 서진, 매섭게 고개 돌리는데.

3.   청아예고 경비실(밤)
    텅 빈 경비실.
    서진, CCTV 살펴보면 서진과 서진부의 실랑이가 그대로 담겨있고.
    정신없이 모든 영상들 삭제하는데.
    옷으로, 경비실에 묻은 자신의 지문들을 완벽하게 지우는.
    문득 품에서 비에 젖은 서류봉투를 꺼내 유언장을 빼서 보면. "서진의 청아재단 이사 자격 박탈, 서진에게 상속한 재산 환수, 청아재단 이사장을 천서영에게 물려준다"는 내용 담겨있는데.

서진   (무섭게 얼굴 굳어지며) 저한테 이러시면 안 되는 거잖아요. 저한테!!!
절 버린 건, 아버지가 먼저예요!!

서진, 한쪽에 놓인 라이터로 유언장을 태워버리는.
활활 타오르는 종이... 그 모습을 지켜보는 서진의 독한 눈빛!

4.   **서진의 차 안/청아예고 주변(밤)**
서진, 거칠게 쏟아붓는 비를 뚫고, 미친 듯이 운전해서 달리고 있는.
와이퍼가 빠르게 움직이고 있고. 갑자기 끼익! 급브레이크를 밟아 차
를 세우는 서진.
서진, 차 운전대에 얼굴을 파묻었다가, 천천히 고개 들어보면. 도 비서
가 우산을 쓴 채 차 앞에 서있고.
도 비서, 급하게 서진의 차에 올라타는.

도비   괜찮으십니까? 방금, 강 기사한테 전화가 왔습니다. 이사장님이 쓰러
지셨다고...
서진   (화들짝 놀라고. 손이 미친 듯이 떨리기 시작하면)
도비   (그 모습을 찬찬히 보며) 선생님은 오늘 저와 함께 있었고, 이후엔 레슨
실에 계셨던 겁니다.
서진   뭐?
도비   정신 똑바로 차리셔야 합니다! 이대로 무너지실 겁니까?
서진   (강하게 고개 내젓고) 안 돼! 절대 그럴 순 없어!
도비   가세요! 나머진 제가 처리합니다! (차에서 내려, 청아예고 쪽으로 뛰어가면)

서진, 뭔가 생각난 듯, 블랙박스 메모리칩을 꺼내서 박살 내고. 창문 열
어서 대로변 쓰레기통에 메모리칩을 던져버리는.

서진(E) 난여기 온 적 없어! 아버지를 만난 적도...

서진, 창문 닫고 급하게 차 출발시키는.

5. **15화 엔딩 연결/서진 레슨실(밤)**
서진, 비에 온몸이 홀딱 젖어서 레슨실로 뛰어 들어오면.
온몸이 바들바들 떨리고, 눈이 초점 없이 마구 흔들리는.
설 수도 앉을 수도, 아무것도 생각할 수도 없는 불안감과 혼란이 엄습
해오는데.
서진, 문득 피아노 앞에 앉더니, 건반 뚜껑을 열고 피아노를 치기 시작
하는. ("La valse de Paul", 〈마담 프루스트의 비밀정원〉)
아찔한 높이의 하이힐로 피아노 페달을 밟으면서, 모든 것을 잊으려는
듯, 현란한 손놀림으로 광란의 연주를 하는 서진.
문득 25년 전 오래된 일이 떠오르고.

6. **회상 1/1화 60신/청아예고 예술관 대기실/25년 전(낮)**
고등학생인 서진과 윤희, 대상 트로피를 두고 격렬하게 몸싸움하고
있는.

윤희 (의기양양하게) 3년 내내 실력으로 한 번도 나 못 꺾었잖아. 그러니 열
받았겠지. 그래서 아빠 찬스 써서 점수 조작한 거잖아! 그래, 좋아! 그
렇게라도 일!등! 한번 해봐! 죽을 만큼 소원이면! 그깟 대상, 너 줄게!
(미소 보이면)

밖에서 빨리 문 열라고 소리치는 서진 부모의 격한 목소리와 흔들리는
문고리!

서진부(E) 서진아! 괜찮아?! 아빠야!! 너 안에 있어?! (쾅쾅쾅)

서진   (순간 울컥하는데)

윤희   (매섭게 서진 노려보며) 근데 넌, 죽었다 깨나도 나 못 이겨. 가짜 일등 천
       서진! (말에 힘줘서) 도.둑.년!

서진   (이 악물고, 눈물 참으며) 오윤희! 한마디만 더하면 죽여버릴 거야!!

윤희   (서진 앞으로 얼굴 가깝게 다가서며) 왜? 쪽팔려? 그럼 지금이라도 내 트
       로피 내놔! 마지막 자존심이라도 있으면!

       윤희, 서진의 손에 들린 트로피를 뺏으려는데.
       바들바들 떨리는 서진의 손! 갑자기 트로피 든 손을 휙 들어 윤희의 목
       으로 내리치는데!
       꺄악!!!! 윤희의 비명소리와 함께 거울에 튄 핏자국!!!
       놀란 윤희, 목을 감싸 쥔 손가락 사이로 새어나오는 핏줄기.

윤희   너.... 너.... (그대로 쓰러지는)

       서진, 눈빛 반쯤 돌아버린 상태로 돌아보면. 윤희가 도와달라는 듯 손
       을 뻗는데.
       서진, 그런 윤희에게 천천히 다가서다가, 문이 덜컥 열리는 소리 들리면.
       갑자기 윤희의 피를 손으로 더듬어 자신의 얼굴에 마구 묻히고, 쓰러
       지는 서진!
       동시에, 문 확 열리고 들어서는 서진 부모와 경비원, 사람들.
       서진 부모와 사람들, 기겁해서 서진에게 달려들고.

서진모 (쓰러진 서진을 안고) 서진아, 왜 이래?! 누가 이랬어? 누가!!!!

서진부 빨리 구급차 불러!!! 구급차!!!

경비원 네, 이사장님!

       서진, 기절한 척 쓰러져있으면. 사람들한테 다급히 업혀나가고.

7.   회상 2/청아의료원 병실/25년 전(밤)
       고등학생 서진, 환자복을 입은 채 입원해있는. 눈 감고 자는 척하고 있
       으면.
       담당의가 서진부에게 서진의 상태 설명하는데.

의사   (차트 보면서) CT 결과로도, 외상은 전혀 없습니다, 이사장님.

서진부   전혀? 온몸이 피투성이였는데?

의사   몸싸움 중에 상대의 피가 묻은 거 같습니다. 정밀검사까지 마쳤으니,
        안심하셔도 됩니다.

서진부   (의미심장하게) 그래도 진단서는... 적당하게 만들어봐.

의사   네? (하다가) 알겠습니다, 이사장님. (꾸벅 인사하고 나가면)

서진부   (누워있는 서진을 물끄러미 보다가) 연기 그만하고 일어나!

서진   (뜨끔해서, 눈 뜨고 몸 일으켜 앉으면)

서진부   니가 그런 거니? 오윤희 목에서 피가 많이 나던데...

서진   (변명하는) 죄송해요, 아버지. 근데 참을 수가 없었어요! 오윤희 그게
        아버지까지 모욕하는데...

서진부   (갑자기 서진의 뺨을 후려치는)

서진   (놀라) 아버지...

서진부   니가 왜 맞았는지 알아? 그깟 계집애 하나 다치게 해서가 아냐! 그깟
        계집애한테 진 게 잘못된 거야! 니가 왜 져?! 넌 청아재단 이사장 딸이
        야!! 근데, 애비도 없는 가난한 계집애한테 밀려서, 아버지가 심사위원
        들한테 머리까지 조아려서 대상을 받아내야 해?! 내 딸이 그것밖에 안
        되는 애야?!

서진   죄송해요, 아버지.... 잘못했어요...

서진부   다신, 이런 일 없길 바란다. 최고가 되어야 해!! 아님, 청아재단을 가질
        자격이 없어!! (무섭게 내리깔면)

서진   네, 꼭 최고가 되겠어요. 절대 누구한테도 지지 않겠어요!! (다짐하는)

8.   현재/서진 레슨실(밤)
       현란한 손놀림으로 광란의 연주를 하는 서진. 서진의 손에서 흐르는
       붉은 피가 건반을 타고 흐르고 있는.
       점점 절정을 향해 치닫는 연주... 마지막 엔딩 부분에서 꽝꽝!!! 피아노
       건반을 무섭게 내리치며, 섬뜩하게 미소 짓는 서진.

서진   날 이렇게 만든 건 아버지예요. 그러니 억울해 마세요, 아버지. 저한테
       하나는 해주고 가셨으니!

       이때! 한쪽에서 날카롭게 울리는 서진의 핸드폰. 서진, 기다리던 것이
       왔다는 표정이고.
       핸드백이 있는 쪽으로 걸어가, 천천히 핸드백을 열고 전화를 받는.

서진   (어느 때보다도 담담한 목소리로) 여보세요. 그래 나야, 서영아. (서진의
       눈빛 날카롭게 빛나는)

9.   청아의료원 응급실 앞(밤)
       다급하게 복도를 걸어오는 서진. 옷을 갈아입고 서둘러 뛰어오는데.

10.   청아의료원 응급실(밤)
       응급실로 들어서면. 서진모, 서영, 윤철, 먼저 와서 기다리고 있는.
       얼어붙은 듯 멀리서 서진부의 시신을 보는 서진.

서진모   서진아...
서영   언니...
서진   (서진부에게서 시선 떼지 못한 채) 어떻게... 된 거예요?
원장   급성 심근경색이 와서 계단에서 굴러 떨어지신 거 같습니다.
윤철   강 기사가 발견해서 병원으로 옮겼는데... 도착하시기 전에 이미 사망

279

하셨어.

서진모 서진아, 어떡하니. 니 아빠... (오열하면)

서진, 천천히 서진부 앞으로 다가서는데. 시신의 머리칼이 젖어있는
채고.
순간, 서진부와 다퉜던 마지막 모습들이 빠르게 컷 되며 지나가는.

서진부(E) 감히 니가, 내 얼굴에 먹칠을 해?!! 이혼한 것도 모자라 바람을 펴? 집안
망신시킨 주제에, 무슨 낯짝으로 청아를 욕심내? 내가 널 용서할 거 같
아?!!

서진 (서진부에게 들었던 말이 비수가 되어 꽂히고. 한 치의 흐트러짐 없이 독한
표정. 눈물 한 방울 안 나오는)

서진부(E) 이 시간부로 너, 청아재단 이사에서 제명이다! 청아예고도 그만둬!! 상
속한 재산도 다 환수할 거야!

서진 아니야!! 아니야!! (강하게 고개 내젓는데)

서진부(E) 청아는 이제, 서영이 꺼야!! 넌 이제 내 딸 아냐!!

서진 아니야!! 아니야!! (미친 듯이 고개 내저으며 소리치면)

윤철 은별 엄마... 진정해.

서영 언니... (서진을 붙잡으면)

서진 (격하게 서영의 손을 뿌리치고) 거짓말!!! 우리 아버지가 왜 죽어!! 그럴
리가 없어!!! (순간 응급실 전체가 빙글빙글 도는 듯 현기증 느끼며) 거짓
말이야!! 아니야!! 아니라고오!!!

서진부 얼굴 위로 씌워지는 흰 천. 서진, 그대로 푹 고꾸라지며 실신
하고.
놀란 윤철, 그런 서진을 부축하는데. 여보!! 서진아!! 언니이이!!
기절한 서진의 눈에 한 방울 눈물이 또르륵 흐르는. 서진의 얼굴 C.U.

11. 헤라팰리스 서진 윤철 집 거실(며칠 뒤, 낮)
     서진의 얼굴, 그대로 C.U. 연결되며, 천천히 거실로 들어서는 서진, 상
     복을 입은 채고.
     옆으로 윤철과 은별이 서진을 부축해서 들어오는데.

윤철   당신, 고생했어. 3일 동안 거의 잠도 못 잤잖아.

서진   (잠긴 목소리로) 괜찮아.

은별   엄마, 얼굴 너무 안 좋아. 또 쓰러질 거 같아.

서진   그래, 좀 쉴게. (방으로 들어가면)

윤철   (그런 서진을 안쓰럽게 보다가, 헬퍼에게) 전복죽 좀 준비해주세요. 며칠
          먹지도 못했어요.

헬퍼   네, 박사님.

윤철   (지친 듯 소파에 쓰러져 앉는데. 실감이 안 나는 표정이고)

12. 헤라팰리스 커뮤니티(낮)
     조문객 복장으로 모여있는 규진, 마리, 상아.

마리   쯧쯧쯧. 딱해 죽을 뻔했어. 바늘로 찔러도 피 한 방울 안 나올 거 같던 천
          쌤이 아버지 초상에 무너지는 거 보니까, 내가 다 아리더라. 장례식장
          에서 몇 번을 혼절한 거야.

규진   그러게요. 링거까지 꽂고서 자리 지키는 거 보고 놀랐어요. 세상 반쪽
          을 잃은 기분이겠죠. 작고하신 이사장님이 큰딸이라고 서진 씨를 얼마
          나 예뻐했게요.

상아   하필 수행원도 없을 때 실족을 하고... 좀만 더 일찍 발견했어도 살 수 있
          었다면서요.

마리   원래 심장이 안 좋았다잖아. 그렇게 건강 신경 쓰면서 부귀영화 다 누
          리신 분인데... 하루아침에 길바닥에서 비 맞으며 죽다니 누가 믿겠어.

상아   그나저나 이사장 자리가 공석인데, 누가 차기 이사장이 되는 거예요?

규진	당연히 서진 씨지! 돌아가시기 전에 공표하셨대.
마리	그럼 이제 천 쌤이 청아예고의 태양왕, 절대 권력으로 등극하는 거네요.
규진	하 박사 팔자도 참.. 어떻게 이혼하자마자 와이프가 더 잘나가?
마리	(놀라며) 그 집 진짜 이혼 도장 찍은 거예요?! 완전히 갈라섰어요?
상아	쉿! 소문내면 안 돼요. 은별이 때문에 쉬쉬하는 거 같더라고요. 은별이 상처받을까봐.
마리	개뿔! 은별이가 상처받을 애야? 할아버지 상중에도 장례식장에 엎드려서 문제 푸는 거 안 봤어? 지 엄마보다도 그게 더 독종이라니까! (흥분하면)
규진	그렇게 아득바득 공부할 게 뭐 있대요. 엄마가 이사장으로 취임하면, 가만히 샤프만 돌리고 있어도, 알아서 전교 일등 만들어줄 텐데.
상아	이런 기세라면, 로나가 학교 다녔어도 졸업하긴 힘들었겠어. 이 꼴 저 꼴 안 당하고 빨리 자퇴하길 잘했네, 배로나.

13.   헤라팰리스 윤희 집 거실(낮)
       놀란 수련, 윤희와 얘기하고 있는.

수련	그게 무슨 소리야? 윤희 씨 때문이라니.
윤희	내가 이사장한테 천서진 불륜을 터트리고, 그날 밤에 사고가 난 거야. 충격을 받고 심정지가 온 거 아닐까?
수련	들었을 때, 이사장 반응은 어땠어?
윤희	나한테 되레 면박을 주더라고. 천박하고 무례하다고.
수련	이상하네. 소문대로라면 남 시선과 명예를 뭣보다 중시하던 분이야. 딸의 불륜에 이혼 사실까지 알았다면, 천서진을 가만뒀을 리 없어.
윤희	(놀라고) 언니 설마.. 천서진을 의심하는 거야?
수련	이사장이 죽고 가장 이득을 본 사람이 천서진이야. 자신의 치부도 묻고, 이사장 자리까지 꿰찼으니... 청아예고 CCTV가 이틀 전에 고장 났었단 것도, 우연치고 너무 절묘해. 내가 좀 알아볼게.

윤희 만약 천서진이 정말 자기 아빠 죽음에 관련된 거라면... 말도 안 돼! 어떻게 자기 아빠를!! 설마... 아닐 거야. (그러다 자기 머리 때리며) 아.. 정신 좀 차려야지. 언니도 커피 마실래?

수련 부탁할게. (윤희 일어나서 다이닝룸 쪽으로 돌아서면) 아 참, 로나는? 아직도 마음 바꿀 생각 없는 거야?

윤희 (보는) 더 이상 설득 안 하려고.

수련 정말 학교 그만두게 할 거야? 로나가 얼마나 노래 좋아하는지 알잖아.

윤희 그래서 더 강요 못 하겠어. 내가 해줄 수 있는 것도 없는데, 무작정 맷집으로 버티라고 할 순 없잖아. 지금은 기다려주는 수밖에... 거기다 이젠, 천서진이라는 벽도 더 단단해졌고. (애써 씩씩하게) 커피 마시자. (부엌으로 가면)

수련 (급히 로건에게 문자 보내는, E) 청아예고 이사장이 사망한 날, 경비 선분을 찾아봐줘요. 천서진과 관련된 일이에요.

로건(E) 출근해서 바로 알아보죠.

수련 (문자 확인하고, 표정)

14. **편의점 (저녁)**
주류 냉장고에서 맥주를 꺼내는 손. 안주 몇 개를 골라 담고, 계산대에 올리는데.
직원, 물건들을 확인하다가,

직원 (물건들을 확인하다가) 민증 좀 볼게요. (앞의 손님을 보면, 서있는 사람, 로나고)

로나 (화장도 하고, 굽 높은 구두에, 염색한 노란 가발까지 쓰고, 스타일 완전 달라져있는. 애써 껄렁거리는 말투로) 민증 안 가져왔는데요. 대학생이에요. 그냥 계산해주세요.

직원 (앳된 목소리에 더 의심스럽게) 진짜 미성년자 아니에요?

로나 아니라니까요! 제가 어딜 봐서 미성년자예요? 빨리 계산이나 해요!

(실랑이하는데)

제니(E) 혹시, 예비?!

로나, 놀라서 돌아보면. 서있는 건, 제니와 민혁이고.

제니 헐... 진짜 배로나네. 화장에 머리 꼴 하며... 너 집 나왔니? 우린 셤 공부
하느라 머리 지진 나는데... (하다가 계산대 앞에 놓인 맥주를 보며) 대박!
술까지 마셔?

로나 신경 꺼! (짜증 내며 나가버리는데)

제니 뭐야, 쟤. 자퇴하더니 맛탱이 갔나 봐.

민혁 잠깐. 이 좋은 장면을 놓칠 수 없지! (로나 모습을 찍는)

15. 헤라팰리스 서진 윤철 집 은별의 방(저녁)
은별, 공부하고 있으면. 윤철이 방으로 들어오고.

윤철 은별이 저녁 먹어야지.

은별 생각 없어. 낼부터 시험이야. (문제 푸느라 정신없는데)

윤철 시험 좀 못 보면 어때. 할아버지 생각하면서 충분히 슬퍼해도 돼.

은별 할아버지도 내가 시험 잘 보길 바라실 거야. 알잖아. 할아버진 불성실
한 걸 제일 싫어하셔. 중간고사 기간에 안 돌아가신 것도 다 나 도와주
신 거야. (급하게 다음 장으로 넘기고, 또 문제 풀기 시작하면)

윤철 (멈칫, 그런 은별이 걱정스럽지만) 그래도 뭐라도 먹고 공부해. (나가면)

은별 (단톡방 알람 소리 나고. 보면. 민혁이 보낸 로나 사진이고)

민혁(E) 배로나, 민설아에 빙의. 가짜 대학생 행세하며 맥주 플렉스! 쩔지?

은별 (순간 픽 웃는) 인생 망치는 거 한순간이네?

16. 헤라팰리스 서진 윤철 거실(저녁)
윤철, 거실로 나오면 한쪽에 놓여있는 사진 액자들 보이고. (서진부와

함께 찍은 가족사진들)

윤철   (사진 들어서 보며) 아주머니, 이거 뭡니까?
헬퍼   아.. 금방 치울게요. 사모님께서 정리하라고 하셔서요.
윤철   이걸.. 정리하라고요? (멈칫하는 윤철, 사진 속의 서진부와 서진의 얼굴을
        보는데)

17.   헤라팰리스 서진의 침실(저녁)
       서진, 도 비서와 은밀히 통화하고 있는.

서진   확실하게 정리된 거지?
도비(F) 박 변호사 입은 단단히 막았습니다.
서진   그날, 당직이던 경비원은 만나봤어? 허튼소리 안 나가게 입단속 시켜.
도비(F) 이미 다른 곳으로 이직시켰습니다. 문제 되지 않게 잘 처리하겠습니다.
서진   도와줘서 고마워. 반드시 보상할게, 도 비서.

       서진, 핸드폰 끊고 돌아서면. 그 앞에 서있는 사람 윤철이고.

서진   (화들짝 놀라) 뭐야?! 당신... 왜 여기 있어?
윤철   당신 걱정돼서. 몸은 좀 어때?
서진   (애써 놀란 티 안 내며) 괜찮으니까, 나가봐. 앞으로 일없이 내 방에 들고
        나는 일, 없었으면 해.
윤철   그러지. (문득 테이블을 보면, 쟁반에 죽 그릇이 싹 비워져있고) 죽... 다 먹
        었네. 시장했었나 봐.
서진   기운 차리려면 어쩔 수 없잖아.
윤철   그래, 잘했네. 쉬어. (몸 돌려서 나가려다가 멈칫하고, 갑자기 서진의 팔목
        을 확 잡아서 보면. 손에 상처 나있고) 이거 왜 이런 거야? 어디서 다쳤어?
서진   (손 확 뿌리치며) 실수로 넘어졌어. 별거 아냐.

윤철	그날 밤, 당신 어디 있었어? 아버님 돌아가시던 날 말야.
서진	(태연하게) 레슨실에서 공연 연습했는데? 도 비서랑. 뭐가 궁금해서 묻는 거야?
윤철	아냐, 아무것도. (나가면)
서진	(가슴 터질 듯이 뛰는데. 그런 윤철이 거슬리고)

18. 헤라팰리스 서진 윤철 거실(저녁)
    굳어진 채 나오는 윤철.

서진(E)	그날, 당직이던 경비원은 만나봤어? 허튼 소리 안 나가게 입단속 시켜.
윤철	(서진 말 떠올리며) 설마.... 아닐 거야. 그건... 진짜 안 되는 거야. (하면서도 의심 지울 수 없는데)

그때, 서진이 따라 나오고.

서진	할 얘기 있어!
윤철	(돌아보면)
서진	장례식도 끝났고, 약속대로 짐 싸서 나가줘.
윤철	무슨 소리야? 은별이 상태 얘기했잖아! 계속 상담받아야 된다고...
서진	(말 막고) 은별이 핑계 대고 은근슬쩍 눌러앉을 참이야? (들고 있던 공증합의서 보여주며) 내가 이사장 될 때까지만, 우리 이혼, 비밀에 부치기로 한 거 잊었어? 이제 숨길 이유 없을 거 같은데...
윤철	은별이 아파! 당신 기대 때문에 우리 딸 속이 곪아 썩어 문드러지고 있다고!!
서진	우리 은별이! 당신같이 나약한 사람 아냐!! 은별이 멘탈 케어는 나도 할 수 있어!! 위자료로 70억까지 챙겼으면... 깨끗하게 나가는 게 마지막 예의 아냐?

은별(E)	엄마 아빠 이혼했어?

서진과 윤철, 놀라서 돌아보면. 은별이 다 듣고 서있고.

윤철	은별아... 그게 아니라... (놀라서 둘러대려면)
서진	(냉정하게) 시험 끝나고 말하려고 했는데... 이미 들었으니 어쩔 수 없네. 엄마랑 아빠, 이혼했어. 아빠 이제 따로 살 거니까, 너도 그렇게 알아!
은별	싫어!! 절대 안 돼!! 나더러 배로나처럼 아빠 없는 애로 살라고? 애들이 수군댈 거 아냐?! 그냥 가짜로라도 같이 살아!! 이혼하지 말라고!! 엄마가 아빠 한번만 봐주면 안 돼? 아빠도 요즘 우리한테 잘하잖아. (사정하면)
서진	이미 다 끝났어. 한 집에서 안 사는 것뿐이고, 니가 원할 땐 언제든 볼 수 있어.
은별	그래도 싫어!! (애원하듯) 아빠, 가지 마! 나랑 같이 살아! 아무 데도 가지 마!
윤철	(은별이 안아주며) 걱정하지 마. 아빠 안 가. 은별이 옆에 있을 거야.
서진	(윤철에게서 은별이 떼어내며) 넌 이제 청아재단 이사장 딸이야! 천서진의 딸이라고! 배로나 따위랑 비교가 안 돼!! 너한테 아빤, 있어도 없어도 그만인 액세서리였을 뿐이야. 넌 엄마만 있으면 돼!! 너한테 모든 걸 해줄 수 있는 엄마가 있잖아!!
은별	나한텐 아빠도 필요해!! 그 기지배한테 아빠 뺏기기 싫다고!!
서진	뭐?
은별	(윤철을 향해 비난 퍼붓듯) 내가 모를 줄 알아? 나 버리고, 로나한테 가려는 거지?!! 더러워!!
윤철	(충격 받은) 그런 거 아냐, 은별아!!
서진	(차갑게) 어린애처럼 굴지 마, 하은별. 니가 이런다고 되돌릴 수 있는 건 아무것도 없어. 들어가서 얼른 공부해. 쓸데없는 일로 벌써 몇 분 까먹었어.

은별	(서진 똑바로 보며) 엄마도 나한테 이러면 안돼! 나, 절대 아빠 못 보내!!
	아빠 나가면 나도 나갈 거야!! (문 꽝! 닫고 방으로 들어가면)
윤철	(서진한테 빡쳐서) 당신 정말 이렇게까지 해야겠어?!
서진	이미 약속된 거 아냐? 가서 조용히 짐이나 싸! (홱 돌아서 방으로 가고)
윤철	(분노의 표정!)

19. **헤라팰리스 분수대(밤)**
    윤철, 담배 만지작거리며 앉아있는데. 다가오는 윤희.

윤희	그놈의 담배, 아직도 못 끊었어?
윤철	(주머니에 다시 넣고) 끊으려고 할 때마다 일이 생기네.
윤희	(옆에 앉고) 힘든 일 잘 치렀지? 서진이는 좀 어때?
윤철	멀쩡해. 아주.
윤희	혹시... 서진이한테 들었어? 이사장님 돌아가시던 날, 나랑 이사장님 만났다는 거.
윤철	(놀라서 보는) 아버님이 너를 왜?!
윤희	이사장님... 다 알고 돌아가셨어. 당신 딸이 이혼했다는 거... 주단태랑 불륜 관계라는 거...
윤철	(기겁하는. 뭔가 한 대 맞은 듯한 얼굴인데)

20. **펜트하우스 단태의 서재/헤라팰리스 서진의 침실/전화통화(밤)**
    단태, 서류 보고 있는 서진과 통화 중인.

서진	빈소 와줘서 고마워.
단태	이사장님 일은 너무 안타까워. 아직 한창 일하실 나인데... 좀 쉬었어?
서진	(서류 넘기면서) 쉴 틈이 어딨어. 재단 일도 많고, 정신이 없네. 취임식은 이사회 끝나야 할 거 같고, 인수인계 땜에 곧바로 일 시작해야 돼.
단태	이사회야 당연히 통과되겠지?

서진	그러겠지. 엄마랑 여동생이 반대할 이유도 없고. 이제, 내가 원하는 건 모두 손에 넣었어. 당신만 빼고. 지금 당신 품이 미치도록 그리워.
단태	내일 저녁에 별장에서 기다릴게. 몸 아끼면서 일해.

21. 펜트하우스 단태 서재 앞(밤)
    손에 쟁반을 든 채, 은밀히 단태의 대화를 듣고 있는 수련이고.

22. 헤라팰리스 서진 윤철 거실(다음 날 아침)
    서진, 쫙 빼입고 방에서 나오는. 캐리어들이 한쪽에 놓여있고.

서진	그사람 물건 싹 치워요. 하나도 남기지 말고.
헬퍼	네, 사모님.
서진	짐은 그사람 병원으로 보내고, 현관 번호키도 바꿔요.
은별	(교복 입은 채 그런 서진을 노려보다가, 획 나가면)
서진	(흔들림 없이 냉정한 표정이고)

23. 헤라팰리스 엘리베이터(아침)
    서진, 엘리베이터 타고 내려오는데. 45층에서 멈추면, 윤희가 올라타는.
    서진과 윤희, 어색한 침묵. 서로 움직이는 숫자만 올려다보는데.

윤희	(침묵 깨고) 파티라도 가는 거 같다. 장례식 끝나자마자 그런 차림으로 출근이라니. 누가 보면 아버지 돌아가시길 기다린 거 같잖아.
서진	입조심해!
윤희	자식 키우며 사는 니가, 더 큰 죄를 짓지 않길 바랄 뿐이야.
서진	이런 말까지 안 하려고 했는데... 우리 아버지 죽인 건, 너야! 니가 그날 우리 아버지한테 지껄인 말들 때문에 충격 받으셔서 돌아가신 거야. 시끄럽게 만들기 싫어서 꾹 참고 있으니, 고소당하기 싫으면 가만히 엎드려있어!

윤희	(그런 서진을 보며) 지금 내 탓하는 거야? 불륜은 누가 저질렀는데? 니 아빠 넘어뜨린 사람이 누군데?!! 넌 잘못이 없다?
서진	남의 집안사 간섭하기 전에 니 딸 자퇴 정리나 끝내. 미련 갖고 질질 끄는 거 구차해 보여. 어차피 니 딸, 더는 가망 없잖아? 자퇴한 김에... 헤라팰리스에서 사라져주는 것도 주제 파악에 도움 될 거 같은데.
윤희	(이를 악무는) 장담하지 마! 여기서 사라지는 게 누가 될지는 두고 봐야 알지 않겠어? 죄라는 게 끝이 있는 거니까.
서진	그래, 파이팅해봐. (가소롭다는 미소. 먼저 엘리베이터에서 내리는)
윤희	(유심히 지켜보는 윤희고)

24. 청아예고 교무실(낮)

서진, 교무실 문을 활짝 열고 안으로 들어서면. "천서진 차기 이사장님, 고생 많으셨습니다!" 플래카드 걸려있고.

두기와 혜미 등 교직원들, 규진과 마리, 상아, 양쪽으로 쭉 도열해서 기다리고 있다가 열화와 같이 박수 치면.

두기	큰일 겪으시느라 애 많이 쓰셨습니다, 부장님. (깍듯이 인사하고)
마리	천 쌤, 우리도 왔어요. 세상에. 고운 얼굴 상하신 것 좀 봐. 얼마나 놀라고 힘드셨으면.
규진	이건 순금으로 만든 명팬데, 우리 운영위원회의 작은 성의예요, 천 쌤. (금으로 된 이사장 명패 건네면)
상아	천 쌤이 뭐예요? 이제 이사장님이시죠. 차기 이사장님 되신 거, 너무너무 축하드려요~ (꽃다발 주고, 친한 척하는데)
서진	아직 이사장은 아니죠. 정식으로 이사회 찬반도 거쳐야 하고...
마리	어차피 되실 거잖아요. 진짜 카리스마 장난 아니시다. 우리가 아는 분 맞아요? 미리 감축 드립니다, 이사장님. (아부하면)
서진	(사무적이고, 냉랭하게) 죄송하지만, 오늘부터 아이들 중간고사 기간이라, 학부모님들의 학교 출입을 철저히 제한하고 있습니다. 저희 선생님

들이 실수를 하신 모양이네요. 투명한 학교 운영을 위해, 지금 당장 나
가주시죠!

규진   (차가운 서진의 태도에 당황하고) 네? 아네, 죄송합니다.

규진, 상아, 마리, 눈치 보며 쫓겨나면.
명패와 꽃다발을 들고, 양쪽으로 늘어선 교직원 사이를, 당당히 걸어
가는 서진.

서진   (사람들 앞에 서고) 감사합니다! 갑자기 큰 기둥을 잃어 상심한 저에게
이렇게 따뜻한 위로를 보내주셔서 얼마나 힘이 되는지 모르겠어요. 우
리 청아재단은 교육이 핵심입니다. 앞으로 청아예고가 인재 양성의 더
욱 큰 나무가 될 수 있도록 제가 온 힘을 다하겠습니다. (고개 숙여 인사
하면, 다들 박수로 화답하고)

두기   이런 말씀드리기 뭣하지만, 돌아가신 이사장님께서 미리 차기 이사장을
지명해놓으신 건 정말 신의 한 수였습니다. 이사회가 끝나는 대로, 이사
장실도 싹 다 보수하고, 성대하게 취임식을 준비하도록 하겠습니다.

서진   그럴 필요 없어요! 취임식은 최대한 간소하게 치를 거예요. 오늘부터
중간고사가 시작되는데, 다들 혼란 없이 시험이 치러지도록 평소처럼
자기 자리를 지켜주세요.

교직원들   지당하신 말씀이십니다! (열렬히 박수 보내면)

혜미   그럼 이제 수업에선 완전히 손을 떼시는 건가요? 당장 예술부장 자리
도 비는데...

서진   청아예고엔 능력 있는 분들이 많으시잖아요. 안 그래도, 차기 예술부장
으로 점찍어둔 분이 있는데...

두기   (은근 기대하는 표정이고. 심장 벌렁대는)

25.   청아예고 주차장(아침)
규진과, 상아, 마리, 걸어가면서 서진 뒷담화 까고 있는.

마리	상간녀 주제에 뻔뻔하고 당당한 것 좀 봐. 인두겁을 쓰고 어쩜 저래. 아주 뭔 나라를 구한 표정 아냐?
상아	누가 아니래요. 교육자가 학부모랑 바람까지 펴놓고, 지금 누굴 내쫓아요? 우리가 교육청에 확 불어버리면 이사장 짤리는 건 시간문젠데. (규진 보며) 당신! 금명패는 너무 과한 거 아냐? 지금 금값이 얼만 줄 알아?
규진	학교 운영위원회 공금으로 산 거야. 주 회장이 결재했다고! 아이씨, 기분 구려. 그렇다고 면전에서 쫓아내는 건 뭐야. 투명한 학교 운영 좋아하네. 청아예고 선생이 3년 안에 집 못 사면 등신이라는 소문이 왜 생겼는데?!
마리	그래도, 천 쌤 앞에선 말실수하면 안 돼요! 대세를 읽어야죠. 내가 요즘 입단속하느라 몸에 사리가 생길 지경이라니까요. 대놓고 확 디스하고 싶어 미치겠어요.
상아	그래도 어떡해요. 자식 맡기고 있는 우리가 약잔데.
마리	앞으로 수련 씨는 어떻게 되는 거야. 천 쌤이 이혼까지 했으니, 펜트하우스 비워줘야 되는 거 아냐?
규진	서진 씨가 펜트하우스를 차지한다? 상상만 해도 소름인데요. 주단태, 천서진, 최강조합이네, 최강!

그때, 수업 시작종 울리는 소리(E).

26. 청아예고 음악부 교실(아침)
칠판에 시간대별 시험 과목 적혀있고.
띄엄띄엄 정렬된 책상 사이로, 로나의 자리만 빈자린데.
중간고사 시험을 치르고 있는 아이들. 초긴장된 상태의 아이들 표정 잡아주고.
호동, 시험지 돌리면.
은별, 시험지 받아들고. 집중해서 풀기 시작하는데. 자신 있게 거침없이 답을 적어 내려가는.

반대로 석경, 표정 굳어져있는. 호동의 눈을 피해, 앞에 앉은 석훈에게 신호를 보내지만. 석훈, 들은 척도 하지 않고, 자기 시험에만 집중하는.

석경 (호동 눈치 살피며, 석훈을 뒤에서 콕콕 찌르고. 다급한 마음에 석훈의 옷을 잡아당기는데. 그 바람에 필통이 떨어져 와르르 펜들이 바닥에 떨어지면)

호동 뭐하는 거야?!

석경 (화들짝 놀라서 멈춰 서고! 천천히 고개 돌려 호동을 보는데)

은후 (다급하게) 잘못했어요, 선생님! 한 번만 봐주세요! (손바닥에 적어놓은 거 커닝하려다 들킨 상태고)

호동 안은후! 교실 밖으로 나가! 얼른! (시험지와 OMR 카드 빼앗으면)

은후 쌤! 한 번만요! 저 울 엄마한테 죽어요. 네? (사정사정하면서 쫓겨나가는데)

석경 (그 참에, 석훈에게 더 적극적으로 사인 보내지만. 꿈쩍도 않고)

호동 (으름장 놓듯) 부정행위 적발 시, 무조건 답안지 압수에, 빵점 처리된다. 내 교정시력, 2.0이야. 딴짓할 생각, 꿈도 꾸지 마! 주석경, 책상 똑바로 해! (석경이 책상을 뒤로 밀어내며, 아예 석경이 앞에 딱 멈춰 서있으면)

석경 (미치겠고. 태연하게 문제 풀고 있는 석훈을 보면 울컥하는)

27. **청아에고 복도(낮)**
     종소리 울리고.

제니(E) 완전 망쳤어!

울상인 제니와, 인상 팍 쓰고 있는 석경, 자신만만한 은별, 무표정한 석훈, 해맑은 민혁, 복도로 나오는데.

제니 분명 시험 전까진 딸딸 다 외웠는데, 어떻게 시험지를 보자마자 머릿속이 하얘지냐고. 아유, 이 똥멍충이! (자기 머리 쥐어박으면)

민혁 걱정 마. 꼴등은 내가 받쳐줄 거니까. 이 얼굴에 공부까지 잘하면 너무

사기캐 아니냐.

제니 완전 맞지! 민혁이 넌, 그냥 숨만 쉬고 있어도 태어난 이유 이해돼. (은별 보고) 오호~ 하은별. 섬 잘 친 거 같은데? 배로나도 사라지고 컨디션 짱이지? 세 과목 다, 하나도 안 나갔어?

은별 틀릴 만한 문제가 있었나? 이 정도 난이도면, 그렇게 열심히 안 해도 될 뻔했는데. 아쉽네. 문제가 확 어려워야 변별이 되는 거잖아.

석경 (그런 은별이 꼴사납고) 할아버지 돌아가셨는데, 너무 아무렇지도 않은 거 아냐? 할아버지랑 관계가 그닥이었나 봐.

은별 할아버지 위해서 꼭 1등 하려고. 그게 할아버지한테 내 마지막 선물이야. 나 먼저 갈게. 오늘 밤새야 되거든. (서둘러 가면)

제니 우리도 오늘 밤샐까. 이럴 때 게임 레벨을 확 올려줘야 하위권이랑 확실히 차이가 나는 거야. 그치? (민혁 팔짱 끼고 가면)

석경 (석훈과 둘이만 남으면, 화난 표정) 왜 안 넘겼어?

석훈 (그냥 걸어가면)

석경 (갑자기 가방을 던져서 석훈을 맞히고) 내 말 안 들려? 왜 안 넘겼냐고?!

석훈 너도 이제, 니 앞가림은 스스로 할 때 되지 않았어?

석경 그 말! 내가 외국으로 쫓겨나도 상관없단 거야? 죽어버려도 괜찮단 거야?

석훈 그런 협박, 지겹다, 정말! (먼저 휙 가버리면)

석경 (기막혀 돌 지경이고. 발로 가방 차버리는. 그러다 뭔가 생각난 듯 누군가에게 급하게 핸드폰 하는) 아빠, 저 석경이요!

28. 청아예고 경비원실 (낮)
    호동, 경비에게 음료수 캔 따주며 다가서고.

호동 아이고, 고생이 참 많으시네요. 이것 좀 드시고 천천히 하세요.

경비 (받고) 어유, 감사합니다, 선생님.

호동 (두리번 하고) 근데, 최씨 아저씨가 며칠 안 보이시네. 이사장님 돌아가

시던 날 당직이셨죠? 충격을 받으셨나...

경비 관뒀어요.

호동 (놀라) 네? 왜요?

경비 연봉 짱짱하게 받고, 어디 관리소장으로 간다던데.

호동 거기가 어딘데요?

경비 나도 모르죠. 뭔 로또를 맞았는지, 핸드폰 번호까지 싹 다 바꿨던데요?

호동 (능청스레) 그래요? 암튼 좋은 일이네요. (돌아서고) 번호까지 바꿨다...
(뭔가 의심쩍고)

29. **청아예고 일각/자코모 쇼룸/전화통화(낮)**
      수련과 호동, 통화 중인.

호동 당직이었던 경비원이 사표를 냈대요.

수련 제 짐작이 맞다면.. 천서진이 손을 쓴 거 같네요.

호동 정말 이사장 죽음과 관련이 있는 걸까요?

수련 증거가 없으니 좀 더 캐봐야겠지만, 우연이란 생각이 안 드네요. (하다
가) 오늘 남편하고는 미팅 약속 잡았어요?

호동 네. 일단 공동투자로 안심시켜놓고, 주단태의 목을 졸라야죠. (주위 둘
러보다가, 두기가 지나가는 거 보면) 다시 전화 드리죠. (얼른 전화 끊는)

30. **청아예고 이사장실(낮)**
      서진, 금으로 된 이사장 명패를 쓰다듬으며 보고 있으면.

두기 부장님! 지금 뭐라고 하셨습니까. (놀라서 서진을 보면)

서진 뭘 그렇게 놀라요? 차기 예술부장으로 마 선생만 한 적임자가 없지 않
아요?

두기 (감격한 듯, 벌떡 일어나 꾸벅 인사하고) 감사합니다! 부장님께 평생 충
성을 다하겠습니다!! 정말 열심히 하겠습니다!!

서진	(야릇한 미소) 그럼, 말보다 행동으로 보여주셔야죠.
두기	네?
서진	서울대는 전공 이외의 활동도 입학 시 적극 반영하는 건 알고 계시죠? 그래서 얘긴데... 은별이 생기부 관리는 마 선생한테 전적으로 맡기고 싶네요.
두기	(빠르게 머리 굴리고) 무슨 말씀이신지, 제대로 알아들었습니다! 걱정 마십시오, 부장님! 아니, 이사장님! 제가 열과 혼을 갈아 넣어, 믿어주신 것만큼 반드시 기대에 부응하겠습니다! (깍듯이 고개 숙이는)

31. 청아예고 교무실(낮)

두기, 혜미를 비롯한 몇몇 선생들과 모여서 작당 모의를 하고 있는.

두기	(은밀한 목소리로) 서울대 학생부종합전형 안내문이에요. 학종에서 가장 중요한 건 뭐다?
혜미	당연히 내신이죠.
두기	빙고! 내신이 가장 중요한 스펙인 건 다들 알고 계실 테고, 그다음이 뭐다?
혜미	자소서 아닌가요?
두기	딩동댕! 특히, 자소서 2번 문항이, 학업 이외에 교내 활동을 기술하는 건데... (갑자기 주위 살피더니, 나직이) 앞으로 우리 학교의 독서상이든, 토론상이든, 소논문상이든 따지지 말고, 자소서에 기재할 수 있는 건 죄다 하은별 학생한테 몰아주죠. 은별이가 속한 동아리 활동도 팍팍 밀어주고.
혜미	교내상을 은별이한테 몰아주자고요?
두기	쉿! (주위 둘러보고) 그럼, 스카이도 못 갈 애한테 아까운 상장 돌려봤자 뭔 표가 난다고! 될 만한 애한테 최대한 몰빵하는 게 학교로서도 이득 아닌가? (의미심장한 눈빛) 기간제 선생, 이제 졸업들 하셔야죠. 계약기간도 얼마 안 남았는데... 천 부장님이 이제 재단 이사장님이신 거, 기억

들 하세요!

그때, 호동이 교무실로 들어서면.

두기	(호동 보고, 흠칫해서 교사들에게 눈짓하며) 가보세요.
교사들	(얼른 흩어지면)
호동	뭐예요? 왜 갑자기 일어서요? 나만 왕따예요?
두기	몰랐어? 그러게 평소에 잘했어야지. (시선 피하면)
호동	와~! 진짜 너무하신다.
두기	(그때, 두기의 핸드폰 울리고. 받는) 여보세요? 네? 누구요?
단태(F)	학교 운영위원장 주단탭니다. 석경이 담임선생님 되시죠?
두기	(벌떡 일어서고) 아, 네! 안녕하십니까?!

호동, 한쪽에서 그런 두기를 유심히 보는.

32. **한강둔치 일각/단태의 차 안(낮)**
조 비서, 차 밖에서 지키고 서있으면.
단태의 차 안. 뒷좌석에 단태와 두기가 타있는.

두기	이렇게 따로 불러주시고, 영광입니다, 회장님.
단태	자식을 두 놈이나 맡겨놓고, 그동안 너무 소원했습니다. 골프라도 한번 모시는 건데... 언제 라운딩 날짜 한번 잡죠.
두기	제가 아직 백돌이라... 하하. 오늘부터 빡쎄게 연습하겠습니다.
단태	바쁘실 거 같아 단도직입적으로 말씀드리죠. 요즘 우리 석경이가 시험 스트레스가 많아요. 아비로서 도와줄 방법은 없고, 마음이 많이 아픕니다.
두기	당연히 그러시겠죠. 근데 제가 뭘 어떻게 도와드려야 할지...
단태	시험지요!

두기   (화들짝) 네에?

33.   회상/단태 사무실/청아예고 복도/전화통화(낮)
    단태, 결재서류에 사인하다가 석경의 전화를 받고 있는.

석경(F)   아빠, 저 석경이요.

단태   무슨 일이야?

석경   도와주세요. 제 힘으론 도저히 안 되겠어요. 외국으로 쫓겨나도 좋아요! 그치만, 은별이한테는 지고 싶지 않아요! 절대로!

단태   (날카로워진 눈빛)

34.   현재/한강둔치/단태의 차 안(낮)

단태   난 말이죠. 내 자식이 누구한테 지는 건 죽어도 못 보거든요. 물론, 하은별한테도...

두기   (침 꼴깍하고) 시험지를 빼돌려달라... 이 말씀인가요? 하지만 그건, 너무 위험부담이 큰 거라...

단태   (말없이, 가방 건네면)

두기   이게.. 뭡니까?

단태   열어보시면 압니다.

두기   (가방 열어보면, 5만 원권 지폐가 가득 들어있고) 헉! (얼른 덮는데)

단태   나는, 한번 내 사람이라고 믿으면 절대 버리지 않죠. 3년 동안 석경이 시험만 보장해준다면, 마 선생 노후는 내가 책임집니다.

두기   (갈등하는)

    컷 되면.
    두기, 90도로 허리 숙여서 단태 차를 보며 인사하고.

단태(E)   내일 석경이가 시험 치는 데, 아무 무리가 없길 바래요.

298

두기   (손에 든 가방을 보며) 한 손엔 금 동아줄, 또 다른 손엔 다이아몬드 동아줄! 잘만 하면 마두기 인생, 꽃길 시작이다!! 와!!! (환희에 찬 표정)

35.   **단태의 차 안(낮)**

달리는 단태의 차 안.

단태, 자신을 향해 90도로 절하고 있는 두기를 흘낏 보는데.

단태   썩어빠진 새끼. (그러다 시계를 보며) 4시 미팅이야. 서둘러! (단태의 차, 한강둔치를 빠르게 벗어나는)

36.   **단태 사무실 전경(낮)**

단태(E)   공동투자요?

37.   **단태 사무실(낮)**

단태, 로건과 마주 앉아있고. 그 옆으로 윤희가 배석하고 있는.

윤희   네. 로건 리께서 저희 회사와 공동투자를 제안하셨습니다. 명동 땅은 쇼핑 타운보다는, 외국인을 위한 호텔과 카지노 사업에 적당한 부지라고 파악하신 거 같습니다.

단태   (어이없단 웃음) 카지노 사업?

윤희   싱가포르의 경우, 도심에 들어선 호텔 카지노로 관광객이 엄청나게 증가했고...

단태   (말 막고) 그걸 누가 모르나? 근데! 카지노 사업이 쉽게 허락이 나겠어요? 것도 서울 한복판에? 로건 리가 한국 실정을 너무 모르는 거 아닌가?

로건   (영어로) 내가 하는 일입니다! 자신 없으면, 애초에 시작도 안 했겠죠.

단태   (멈칫해서 그런 로건을 보면)

로건   (서류 넘기며) 뉴욕과 서울에 추진하고 있는 호텔 카지노 사업 계획섭니다. 규모는 1조 원. 난 주로 미국에 체류 중이라, 한국 쪽 운영을 위해 공동투자를 제안한 겁니다.

단태   (서류 넘겨서 보는데, 여전히 의심스러운 표정으로) 1조 원이라...

로건   (영어로) 이 사업은 워낙 사이즈가 커서 대기업과 막판 조율 중이었는데, 오윤희 씨가 하도 부탁해서 어쩔 수 없이 왔어요. 안 해도 전혀 상관없습니다. (일어서고, 옆에 서있는 홍 비서에게) 가지.

단태   (따라 일어서며, 영어로) 검토할 시간을 주십시오.

로건   (영어로) 거절하겠습니다. 사업은 정보니까요. 당신은 그게 없군요. (망설임 없이 밖으로 나가버리면)

윤희   로건! 잠깐만요!! (이미 로건과 홍 비서 나가버린 뒤고. 난감한 듯 단태를 보면) 이렇게 포기하실 건가요?! 오성그룹에서 적극적으로 덤비는 상황에, 정말 어렵게 미팅 잡은 건데... (아쉬워하면)

단태   오성그룹? (뭔가 생각난 듯, 급하게 컴퓨터로 뭔가를 찾아보면. "오성그룹, 미국 자본으로 동양 최대 호텔 카지노 추진" "재미 사업가 로건 리, 카지노 사업으로 본격적인 한국 진출" 기사 내용들 우르르 뜨는데. 놀라고 당황한 표정) 정말 진행되고 있는 건가?

윤희   오늘 오후부터 벌써 기사들이 쏟아지고 있어요! 오성그룹 주가도 폭등했고요.

단태   (윤희에게 다급하게) 지금 당장 로건에게 연락해서 어떻게든 저녁 약속 잡아요. 무슨 수를 써서라도, 그 사람을 내 테이블 앞에 앉혀야 해요. 알겠어요?!! 오윤희 씨 능력 믿어보겠습니다!!

윤희   아직 출발하지 않았을 거예요! (정신없이 뛰쳐나가는)

단태   명동에 묶인 자금이 천억이고.. 그걸 단박에 풀면서, 카지노 사업에 승선할 수만 있다면, 일 년 최소 오천만 달러는 쓸어 모을 텐데... (조 비서 보고) 오성그룹 박 회장님한테 연락 넣어봐. 확인해봐야겠어. 강 의원님한테도!

조비   네, 회장님! (핸드폰으로 연결하는)

단태   (눈빛 반짝하는)

38.   자코모 쇼룸/단태 회사건물 로비/전화통화(낮)
       수련, 우아하게 쇼룸에 놓인 화분을 손질하면서 전화 받고 있는.

수련   잘하셨어요. 명동에 묶인 자금 때문에라도, 어떻게든 미끼를 물 거예
       요. 공동투자를 하려면 새로운 법인을 세워야 할 텐데요.
로건   (로비를 걸어가면서 전화하는) 이미 생각해뒀습니다.
수련   의심이 많은 사람이에요. 오성그룹 실무진과 철저하게 입을 맞춰야
       돼요.
로건   박 회장님과는 오랜 인연이 있어서 잘 도와주실 겁니다. 그보다, 주단
       태가 가진 부동산이나 정확한 재산 목록은 알고 있나요?
수련   아뇨. 재산은 철저히 비밀로 하고 있어서.... 아! 서재에 그 사람만 드나
       드는 비밀공간이 있어요. 아마도 그 안에 서류들을 보관하지 싶어요.
       주단태 지문 없인 못 들어가는 곳이에요!
로건   지문이라.... 걱정 마요. 방법이 있으니까.

       그때, 다급하게 뛰어오는 윤희 모습이 보이면.

로건   주 회장이 미끼를 문 거 같군요! (희미한 미소)

39.   서진 레슨실(저녁)
       서진, 피곤한 듯 고개 좌우 돌리며 레슨실로 들어서면.
       레슨실 안에서 들리는 피아노 선율. "La valse de Paul"(〈마담 프루스
       트의 비밀정원〉)이고.
       서진, 퍼뜩한 생각에 급히 피아노 쪽으로 다가서는데.
       어두운 레슨실 안. 트로피를 손에 쥐고 있는, 얼굴이 보이지 않는 남자.

서진   누구야! 누구냐고, 너!!

돌아보는 사람, 서진부고.

서진   (헉! 놀라고) 아버지!
서진부   넌 살인자야! 넌, 이 트로피를 가질 자격 없어! (트로피를 던져버리면)
서진   안돼요!!!

40.   현재/청아예고 이사장실 (저녁)
서진(E)   안돼!! 내 꺼야!!

서진, 소파에 기댄 채 잠들어있다가 소리 지르며 깨어나는. 식은땀 범벅이고.
장식장 보면, 서진부의 사진들이 서진을 노려보고 있으면.
서진, 두려움에 서진부의 사진 액자를 꺼내서 바닥에 던져버리는.

서진   그만 괴롭혀요! 아버진 죽었어요!! 죽었다고요!! 죽은 사람은 아무 힘
          이 없어요!! 이제 청아재단은 내 꺼예요!!

그때, 노크 소리 들리고. 기겁해서 문 쪽 쳐다보면. 들어오는 사람, 두
기고.

두기   (인사하고, 바로 아부조로) 부장님. 아직 퇴근 안 하셨습니까.
서진   (가쁜 숨 내쉬며) 무슨 일이죠?
두기   우리 은별이 멘탈이 장난 아니에요. 이사장님 돌아가시고 시험에 지장
          있으면 어쩌나 걱정했는데... 오늘 본 세 과목 다, 만점입니다. 석경이는
          완전 죽을 쒔고요.
서진   그래요? 열심히 하더니 다행이네요.
두기   그리고.. 영어 토론회에서 수상할 수 있도록 담당 선생님께 지시해뒀습
          니다.

302

서진   마 선생만 믿을게요. 아 참, 배로나 자퇴 건, 내일까지가 숙려기간이
        에요.

두기   알고 있습니다. 제가 빨리 보호자 설득해서 마무리 짓겠습니다. 근데...
        (바닥에 떨어져있는 사진 액자를 보고) 이해합니다. 많이 힘드실 텐데, 제
        가 치우겠습니다.

서진   그럼, 부탁해요. 약속이 있어서... (옷 챙겨서 급히 나가면)

두기   걱정 마시고, 어서 퇴근하십시오. (깍듯이 인사하고)

        두기, 서진이 아웃하면. 사진 액자 치우는 척하다가, 얼른 책상으로 가
        서 서랍을 정신없이 뒤지기 시작하는. 그러다 서랍에서 키 하나를 챙
        겨드는데.

41.   교무실(저녁)
        두기, 아무도 없는 교무실을 조심스럽게 들어가고.
        이사장실에서 가져온 열쇠로, 캐비닛을 여는데.
        캐비닛 안에 시험지 뭉치들과 정답지가 보이는. 재빨리 1학년 정답지
        를 빼내서 핸드폰으로 찍어두는 두기고.

42.   명품숍(저녁)
        서진, 기분 전환하려는 듯, 이것저것 드레스를 골라서 거울에 비춰보
        고 있는데.

점원   (다가서고) 남성 재킷 찾으신댔죠? 이건 어떤가요? 컬러가 아주 고급스
        럽게 나왔는데...

서진   (보는, 맘에 드는 표정) 좋네요. 그것도 같이 주세요.

        그때, 단태의 문자 오는.

단태(E) 오늘 저녁 약속은 미뤄야 할 거 같아. 중요한 일이 있어서.

서진 (표정 굳어지고. 얼른 핸드폰으로 단태에게 전화하는데) 지금 어디야? 오늘 보기로 했잖아!

단태(F) (난처한 목소리) 다음에. 빠질 수 있는 자리 아니야.

서진 (화난) 다음은 필요 없어! 지금! 지금 당신이 필요해! 내가 어떤 상황인지 알잖아? 별장으로 와! 기다릴게. (전화 확 끊어버리는데)

43. 고급 레스토랑(저녁)

단태, 핸드폰 끊고, 웃음 띤 채, 로건, 윤희와 샴페인 잔을 부딪치면.

로건 (영어로) 와이픈가요? 사이가 아주 좋아 보이시네요.

단태 아.. 네. (둘러대면)

윤희 (어이없단 듯 단태 보다가, 영어로 로건에게) 이걸로 공동투자에 합의하신 겁니다. 이제 말 바꾸셔도 소용없어요.

로건 (영어로) 결국 또 오윤희 씨한테 내가 설득당했네요.

윤희 제가 힘을 보탤 수 있어서 영광이에요. (술잔 들고, 한국말로) 자! 자고로 술은 가득 채워서 꿀떡꿀떡 마셔주는 게 제맛인데. 오늘 협약을 축하하는 의미에서 우리 원샷 어때요? (건배 제안하면)

단태 (못마땅한) 기본적인 와인 에티켓은 지키는 게 좋지 않을까요?

윤희 알딸딸하게 취해주는 게 술에 대한 에티켓 아닌가요? (받아치면)

로건 (웃고, 영어로) 오케이. 한번 시도해보죠. (미소로 윤희와 가볍게 잔 부딪히고, 쭉 마시는데)

단태 (윤희와 호흡이 척척 맞는 로건을 이상하단 듯 보며) 이번 MOU 체결도 그렇고, 오윤희 씨한테 마음을 움직인 포인트가 뭔지 궁금하네요.

로건 (영어로) 이런 대담함? 똑똑한 사람은 많지만, 대담한 사람은 드물죠.

단태 대담함이라.. (슬쩍 윤희를 보는데)

로건 (그때 핸드폰 메시지음 울리면, 확인하고) 어쩌죠? 급한 일이 있어서 먼저 일어나야겠는데...

단태	괜찮습니다. 기회는 앞으로도 얼마든지 있으니까요.
로건	(영어로) 그럼 실례하겠습니다. (일어서서 가는데. 단태의 물잔을 몰래 챙겨서 나가는)

44.　**로건의 차 안/레스토랑 주차장(저녁)**
　　로건, 차에 올라타서, 홍 비서에게 단태의 물잔을 건네면.
　　홍 비서, 라텍스 장갑을 낀 채 물잔을 들어보는데. 단태의 지문이 선명하게 보이고. 노련하게 지문 채취용 테이프로 지문을 뜨는 홍 비서.
　　채취한 단태의 지문을 엄지 모형에 덧씌워 지문을 만들어내는데.

로건	(그 모습 지켜보며 수련에게 전화하는) 준비됐어요. 지금 갈게요.

45.　**고급 레스토랑(저녁)**
　　단태와 윤희, 둘만 남으면. 두 사람 사이에 어색함 감돌고.

윤희	우리도 그만 일어날까요? 눈 빠지게 기다리는 사람이 계신 거 같은데... (가방 들고, 일어서려면)
단태	아예 대놓고 까는 걸 좋아하는 편이죠. 비꼬는 것보단!
윤희	회장님의 사적인 일엔 관심 없어요.
단태	그럼 뭐에 관심 있죠?
윤희	(똑바로 보며) 회사에서 계속 일하는 거! 인정 안 하시는 건가요? 결국 나 때문에 로건 리와 계약까지 간 거잖아요.
단태	난 성과주의자라서 결과에 대한 보상은 확실하게 하는 편이죠. 그래서, 오윤희 씨를 제이킹홀딩스 투자개발팀장으로 승진시킬까 하는데...
윤희	(놀라는) 진짜예요?
단태	앞으로 잘 부탁해요. 우리 과거 인연이 어쨌든, 분명한 건 지금 나한테 그쪽이 필요한 사람이니까. 대담함이라는 게 뭔지, 나도 궁금해졌어요. (묘한 시선으로 뚫어지게 윤희를 보면)

윤희   (자신의 마음을 들여다보는 듯한 단태의 시선에 당황하고, 시선 피하며) 열심히.. 하겠습니다.

단태   원샷하죠. 알딸딸하게 취해주는 게 술에 대한 예의라면서요. (앞에 놓인 와인을 원샷으로 단번에 마시고, 잔 내려놓으면)

윤희   (문득 멈칫, 의외고) 그런 농담도 하실 줄 아세요?

단태   (오묘한 눈빛으로 윤희의 잔을 가득 채워주며) 설마 벌써 취했어요? 난 이제 시작인데... 생각하는 것보다 쎄거든요, 내가.

윤희   취하긴요? (쎈 척하고 와인 그대로 원샷하면, 취기 돌고) 저 화장실 좀...

윤희, 비틀하며 일어나다가 순간 휘청하며 와인 잔 깨고.
당황해서 유리조각 치우다가 손 베는.

단태   (놀라 일어서고) 괜찮아요?

윤희   네... 괜찮아요.

단태   차에 구급키트가 있을 거예요. (조 비서에게 전화 걸고) 조 비서, 어디야?

윤희   (순간 피 묻은 손으로 단태 팔 붙들며) 저, 진짜 괜찮아요! (그러다 단태 손에 피를 묻히는데)

단태, 자신의 팔목에 선명하게 묻은 윤희의 핏자국 내려다보고.
피를 본 순간, 손에 쥔 핸드폰을 바닥에 툭 떨어뜨리는. 곧 숨통이 조이는 듯한 표정으로 헐떡이면서, 머리를 감싸 쥐고 이상증세를 보이는 단태.
단태의 귓가에 환청처럼 울리는 여자의 비명소리.

여자(E)   아아아악!! 아아아악!!!!

단태   (하얗게 질린 얼굴로 팔목에 묻은 핏자국 보며, 괴로운 듯 귀 막고) 그만 해!!! 그만!!!

여자(E)   살려줘!!! 살려줘!!!

컷 되는 과거의 기억. 괴로워하는 여자(엄마)의 비명소리.

흙 속에서 솟아오른 피 묻은 붉은 손이, 어린 단태의 손목을 콰악 틀어 쥐고.

그 손목이 자신을 갉아먹기라도 하듯 공포를 느끼는 단태.

뱅뱅 돌 듯 어지럼증을 느끼며, 귀를 틀어막고 그대로 쓰러지는데.

단태, 테이블 위 와인병을 치며 주저앉고. 그 바람에 엎어진 와인병에 서 붉은 와인이 콸콸콸 쏟아지면. 옷에 와인이 튄 윤희.

윤희 (놀라서, 단태 붙들고) 왜 이래요? 어디 아파요, 회장님?!

단태 으악!!! 저리 가!! 오지 마... 오지 마... (비명 내지르며 거칠게 윤희를 밀쳐 내더니, 반쯤 돌아버린 눈빛으로 갑자기 윤희 목을 움켜잡고, 소리 지르는) 그만하라고... 그만하라고 했잖아!!!! (핏발 선 눈으로 윤희 목을 미친 듯 이 조르면)

윤희 (숨 못 쉬며) 왜 이러는 거예요?! 이거 놔요..!!

단태, 당장이라도 윤희를 죽일 듯이 폭력적으로 변해있고. 윤희 경악 하는.

사람들 몰려와서 웅성대는데.

그때, 조 비서가 황급히 달려오고.

조 비서, 능숙하게 주사바늘을 꺼내서, 단태의 목에 찔러 넣으면.

흥분해있던 단태, 그대로 기절해버리는.

윤희 (단태한테 풀려나, 가쁜 숨 몰아쉬며) 방금까지 멀쩡했는데.. 갑자기 흥분 하더니 발작을... 빨리 구급차부터 불러요! (정신없이 핸드폰 꺼내는데)

조비 (윤희의 핸드폰 빼앗고) 안정제 투여했으니, 곧 진정되실 겁니다. 우선 자리부터 이동하시죠. (사람들 시선 느끼며, 단태를 업고 뛰면)

윤희 (놀란 눈으로, 조 비서를 쫓아 뛰는)

46.　단태의 차 안/도로(저녁)
　　　조 비서, 운전 중이고. 뒷좌석에 단태와 윤희가 타있는.

윤희　(단태의 팔다리를 열심히 주물러주면서) 어디로 가는 거예요?
조비　근처에 별장이 있어요! (빠르게 달려가는데)

47.　펜트하우스 단태의 서재(저녁)
　　　수련과 로건, 조심스럽게 서재로 들어서는.

수련　아이들은 독서실에 갔고, 양 집사도 일찍 보냈어요. 저쪽이에요!

　　　수련, 비밀공간의 문을 가리키면.
　　　문 한쪽에 보이는 지문인식 시스템.
　　　로건, 지문인식 창에 엄지 모형을 대면, 또르륵 소리와 함께 비밀 문이
　　　열리는.
　　　조심스럽게 안으로 들어가는 수련과 로건.

48.　서재 안 비밀 공간(저녁)
　　　비밀 공간 안으로 들어가면, 체벌도구들이 공포스럽게 걸려있는 벽면
　　　보이고.
　　　반대편 유리상자 안에서 빛나고 있는 "주단태 빌리지" 조감도.

수련　여기는...? (놀라며, 가운데 건물을 가리키며) 우리 가구회사 부진데...
로건　그 땅에 주단태 빌리지를 세우고 싶은 모양이네요.
수련　그래서 혜인이를 죽이려고....?
로건　무슨 말이에요?
수련　아버지가 돌아가시면서, 가구회사 부지를 혜인이한테 남겨주셨어요.
　　　혜인이가 깨어나지 못한 걸 맘 아파하셨거든요.

로건　(고개 끄덕이다가, 문득 한쪽에 놓인 비밀금고를 발견하고) 저기.. 금고가 있네요!

수련　(돌아보면, 대형 금고가 번듯하게 보이고) 저도 처음 봐요. 금고는 어떻게 열죠?

로건　나만 믿으랬죠.

수련과 로건, 비장한 표정으로 비밀금고로 다가서고.
로건, 금고에 비번 검색기를 달면. 8자리 숫자가 빠르게 움직이다가 비번 숫자가 하나씩 생성되는데.
수련, 긴장한 채, 금고문을 돌리는 로건을 지켜보며 침을 꼴깍 삼키는.

49.　**단태의 별장 침실(밤)**
　　침대 위에 단태를 눕히는 조 비서, 겉옷을 벗기고, 넥타이와 단추도 풀어주는데.

윤희　병원부터 가야 되는 거 아니에요? 여긴 아무것도 없잖아요.

조비　곧 깨어나실 겁니다. (손이 찢어진 윤희를 보고) 치료할 것 좀 사올 테니 여기서 기다려주십시오. 옷장에 옷이 있을 겁니다. 갈아입으세요. (나가면)

윤희　(그제야 자신의 옷을 보는데. 쏟아진 와인으로 옷이 엉망이고)

50.　**단태의 별장 욕실(밤)**
　　엉망이 된 윤희의 옷 한쪽에 벗어져있고, 샤워를 하고 있는 윤희.
　　윤희, 샤워 마치고, 한쪽에 둔 새 옷으로 갈아입는데.
　　그때, 현관문 열리는 소리 들리고. 윤희, 문 쪽을 보는.

51.　**단태의 별장 거실(밤)**
　　옷을 갈아입고 나오는 윤희.

윤희   조 비서님 오셨어요?

고개 들어보면, 앞에 서있는 사람, 쇼핑백을 든 서진이고.
서진, 열려있는 방문 안으로 침대에 누워있는 단태가 보이면 기겁하는.
당황한 윤희를 죽일 듯이 노려보는 서진! 그대로 다가와 윤희의 빰을
갈기면.

윤희   (얼떨결에 맞고, 버럭) 뭐하는 짓이야!!
서진   누가 할 소리!! 니가 왜 여깄어!! 내 옷까지 입고, 여기서 뭐하는 거야?!!
윤희   사정이 있어서 온 거니까 쓸데없는 착각 마!!
서진   무슨 사정?!! 같은 회사에 다닌다고 뭐라도 되는 줄 착각하는 모양인
    데, 주단태! 내 남자야!! 감히 누굴 넘봐?!!! 당장 내 옷 벗어!! (옷을 찢
    듯이 발악하면)
윤희   (어이없는) 뻔뻔한 년. 첩이 첩 꼴 못 본다더니, 어디서 본처 행세야? 더
    러운 니 수준으로 사람 평가하지 마!!
서진   오윤희!!!
윤희   그렇게 자신 없니? 천하의 천서진이 고작 남자 하나에 눈 돌아서... 재
    밌네. 갑자기 엄청 궁금해지는데? 주단태가 어떤 남잔지. (픽 웃으면)
서진   닥쳐!! 니 주제를 알라고!! (다시 빰을 내리치려면)
윤희   (손을 잡아서 막고) 니 주제는 뭔데? 상간녀 주제에.. 까불지 마!! (서진
    을 끌고 현관 쪽으로 가면)
서진   (윤희 힘에 끌려가며) 뭐하는 짓이야?!! 이거 놔!!
윤희   회장님은 지금 안정을 취하셔야 하니까, 난동 그만 피우고 그만 꺼져주
    시죠!! 제이킹홀딩스 투자개발팀장으로서 말씀드리는 겁니다!
서진   투자개발팀장?!! (헛웃음) 돌았니. 니깟 게 무슨 팀장이야?!!

그때, 들어오는 조 비서.

조비	(서진 보고 당황하면)
윤희	뭐해요, 이 여자 안 내쫓고! 이러다 회장님 깨시겠어요!
조비	일단 나가시죠. (서진을 데리고 나가면)
서진	이거 놔!! 놓으라고!! 주 회장 나오라 그래!! (발악하며 끌려 나가는데)
윤희	미친 것!

윤희, 냉소하며 돌아서면. 방문 앞에 단태가 서 있고.

윤희	(놀라서) 깨셨어요? 괜찮으세요?
단태	(미묘한 표정으로 윤희를 보며) 내 사생활에 관심 없는 사람한테, 너무 많은 걸 들켰네. 우리 와이프도 모르는 일인데.
윤희	(문득, 피를 보자 공포스러워하며 발작하던 단태 모습이 떠오르고) 정신 돌아온 거 봤으니, 그만 가보겠습니다. (꾸벅 인사하고 돌아서면)
단태	왜 말 안 했어요. 천서진한테. 오늘 있었던 일.
윤희	(잠시 멈칫했다가) 상처 있는 거 같아서요. 주 회장님 얼굴...
단태	(표정 굳어지면)
윤희	다른 사람 상처, 내 입으로 옮길 만큼 치졸하진 않아요. 전 오늘 아무것도 못 봤어요. 걱정 말고, 밖에 계신 저분이나 신경 쓰세요. (나가면)
단태	(가는 윤희를 보는)

52. **단태 별장 앞 (밤)**
     흥분해 자신을 노려보고 있는 서진을 뒤로한 채, 당당하게 걸어가는 윤희.
     서진, 더 열 받는데.

서진	오윤희!! 어딜 도망가? 와서 해명하고 가!!

그때, 단태가 나오는.

단태	흥분할 거 없어. 별일 아냐.
서진	별일 아니라고?! 이 별장은 우리 둘만의 공간이야. 근데, 저 여자가 어떻게 여길 와?! 오윤희 저게 내 욕실에서 샤워를 하고, 내 물건을 만지고, 내 옷을 입고 나갔다고! 당신은 침대에서 뭘 하고 있었어?!!
단태	그런 거 아냐! 회사 문제야!
서진	해고하라고 했잖아! 당장 내쫓겠다더니, 왜 저런 애한테 끌려 다녀?!!
단태	(순간 버럭) 회사 문제는 내가 알아서 해!! (그러다 애써 참고, 목소리 낮춰) 일이 좀 있어서 어쩔 수 없는 상황이었어. 화내지 마. 들어가서 얘기해. (서진 달래서 데리고 들어가려면)
서진	(그런 단태를 확 밀치고. 그 바람에 단태가 휘청하면) 오윤희, 내 신경 거슬리게 한다고 몇 번을 말해! 당신한테 위로받고 싶어서 왔어. 근데 이런 식으로 내 기분 망쳐야 했어? 오늘 일, 나한테 제대로 설명해야 할 거야. (서슬 퍼런 표정. 차에 올라타서 가버리면)
단태	(싸늘하게 굳어진 얼굴로 서진을 보는. 냉랭해진 눈빛이고. 옆에 서있는 조 비서에게) 오윤희 씨, 집에 모셔다 드려. 난 따로 움직이지.

53. **단태의 차 안/도로(밤)**

윤희, 조 비서가 운전하는 차 뒷좌석에 앉아서 가고 있는.

이래저래 영 마음 불편한데.

문득, 눈 돌아가서 자기의 목을 조르던 단태의 모습이 떠오르면. 갑자기 심한 두통이 시작되고. 머리를 움켜잡고 괴로워하는 윤희...

목을 조르던 단태의 표정이, 언젠가 본 것 같은 기시감이 드는데.

그때, 윤희의 핸드폰 울리고. 보면 마두기고. 얼른 받는.

윤희	네, 선생님.
두기(F)	(건조한 말투) 로나 담임인데요. 내일 숙려기간 끝나는 거 알고 계시죠? 학교 방문하셔서 자퇴 마무리 지어주시죠!
윤희	네? (순간 힘이 쭉 빠지면서, 모든 게 끝난 것만 같은데)

54.   펜트하우스 서재 비밀 공간(밤)

로건이 누른 비번에 열리지 않는 금고.

로건, 계속해서 8개의 숫자를 조합해서 누르는데. 틀리는 번호고.

수련   (초조해서) 벌써 두 시간도 넘었어요. 여덟 자리면... 경우의 수를 다 따

져도 오늘 안으로 못 열 수도 있어요.

로건   또 기회가 언제 있을지 모르잖아요. (다른 번호를 누르는데, 또 틀리고)

수련   잠시만요. (20240519. 비번 8자리를 누르는데, 열리는 금고)

로건   (놀라고) 어떻게 알았어요?

수련   (조감도에 나와 있는 숫자를 가리키며) 2024년. 05월 19일. 조감도에 써

있는 숫자예요.

수련, 활짝 금고문을 열어젖히는데.

금고 안에 보석들, 금괴들, 5만 원권 지폐, 서류들, 보이는데.

로건   (서류들 넘겨보며) 부동산 문서만도 엄청나네요. 현금도 수십억은 되

겠고..

수련   (이리저리 뒤져보다가, 문득 사진 한 장이 툭 떨어지면. 주워서 보는데. 석훈

석경의 백일 때 사진이고) 석훈 석경이 아기 때 사진이에요. (그 옆으로,

타투를 한 여자의 등이 보이면)

로건   이 여자는 누구죠? 특이한 문신이 있네요. 쌍둥이 친엄만가요?

수련   애들 친엄마는 아이를 낳자마자 패혈증으로 죽었다고 했는데...

로건   (순간 수련과 눈 마주치면)

그때, 누군가 걸어오는 소리 들리고. 두 사람, 놀라서 문 쪽을 보는.

55.   펜트하우스 2층 계단/펜트하우스 서재/비밀 공간/교차편집(밤)

피곤한 듯 걸어 올라오는 단태. 수련과 로건, 급히 밖으로 나가려고 하

는데.

점점 서재 쪽으로 가까워지는 단태. 긴박하게 문고리를 잡는 수련, 어쩔 줄 몰라 하고. 그 뒤에 있는 로건도 당황하는데.

그때, 문고리를 잡아 돌리고, 열리는 문. 서재 안으로 들어서는 단태!

단태, 순간 수련을 보고 멈칫하는.

단태   당신이.. 여기 왜 있지? (의심스럽게 서재 안을 둘러보면)

로건   (간신히 몸 숨겨서, 비밀공간으로 숨은 뒤고)

수련   그게...

로건   뭘 하고 있었냐고 묻잖아!! 함부로 서재 드나드는 거 싫다고 했을 텐데...

수련의 시선으로 비밀공간 문이 살짝 열려있는 게 보이고.

로건, 비밀공간 안에서 문을 닫으려고 하지만, 바닥에 떨어져있는 엄지 모형에 걸려서 문이 닫히지 않는데.

단태, 문득 수련의 시선을 따라 비밀공간 쪽을 흘낏 보고. 천천히 비밀공간 쪽으로 걸어가면. 미치겠는 수련과 로건. 입술이 바짝바짝 마르고.

그때, 승부수를 던지는 수련!

수련   (책상 서랍을 열어, 손가락이 들어있는 유리곽을 꺼내서 보이며) 이게 뭐죠?

단태   (멈춰 서고, 수련을 보는)

수련   이 반지, 혜인이 아빠랑 내 결혼반지였어요! 이게 왜 당신 서랍에 있는 거죠? 설마 당신이 그 사람 죽인 거예요?!

단태   (순간 무표정하게 수련에게 다가서는. 그러다 섬뜩한 미소) 그걸 이제야 본 거야? 난 언제쯤 당신이 발견할까.. 매일 설렜었는데.

수련   (소름 돋는 수련이고) 뭐라고?!

로건   (긴장한 얼굴로, 언제라도 뛰어나갈 듯한 모습인데)

수련   (충격 받은 표정으로) 어떻게 그럴 수가 있어?! 아무 잘못도 없는 사람을 죽여놓고 전리품처럼 손가락을 보관해?! 당신이 사람이야?!!

단태	(눈빛 확 돌아서) 그 자식 손가락에 걸려있는 결혼반지를 보니까 내가 확 돌겠잖아. 그깟 놈이 감히 내 여자를 뺏어? 당신이, 그놈 아이를 가졌다는 걸 생각하면, 그놈 심장을 구더기밭으로 만들어도 시원치 않아!!
수련	당신은 미쳤어!!
단태	그럼 내가 안 미치게 생겼어?!! 내 여자가 날 배신했는데!! 그런 형편없는 자식 때문에 감히 주단태 나를!! (소리치면)
수련	(헛웃음 나고) 우리 사이엔 애초에 사랑 따윈 없었어. 부모님 때문에 어쩔 수 없이 했던 약혼이었고, 난 한 번도 당신을 허락한 적 없어! 사람을 죽여놓고 어떻게 이리 뻔뻔해!! 이 악마야!!
단태	악마? 배신한 여자가 낳은 아일 데려다가 16년을 케어한 게 나야!! (손가락질하며) 친아빠라도 그렇게는 못했을 거라고 칭송하던 게 당신이었고! 그런 나한테 당신이 무슨 자격으로 이혼을 들먹여? 고작 천서진과 불륜 한번 했다고?! 날 배신한 건 당신이 먼저였어!!
수련	(가증스러운 단태의 모습에 무섭게 뺨을 날리면)
단태	(휘청하는. 그러다 싸늘한 눈빛으로 수련을 보고) 이걸로... 그 손가락에 대한 빚은 끝난 걸로 생각하지. 우리 서로 다 잊고, 다시 잘 살 수 있을 거야. 사랑이야 이제부터 하면 되지. (사패처럼 히득히득 웃는데)
수련	(상상 이상의 단태 모습에 굳어버리고)
단태	서로 한 번씩 배신했으니, 공평한 거 아냐? 그럼, 당신 뜻도 그런 줄로 알게. 나 좀 씻을게. (나가면)
수련	(온몸에 힘이 빠진 듯 그 자리에 털썩 주저앉으면)

비밀공간에서 나오는 로건, 그런 수련을 보는. 안타까운 표정이고.

56. 펜트하우스 욕실(밤)
면죄라도 받은 듯 기분 좋게 샤워를 하고 있는 단태 모습.

57.   헤라팰리스 주차장 일각/로건의 차 안(밤)
      수련과 로건, 같이 차에 타있는.
      수련, 바들바들 떨고 있으면. 진심으로 걱정스럽게 수련을 보는 로건.

로건   그런 미친놈이랑 어떻게 지금까지 같이 산 거예요? 안 되겠어요. 호텔
      로 가요. 여기 있다가 무슨 일이 일어날지 몰라요.
수련   아뇨. 아이들을 놔두고 이 집을 떠날 수는 없어요. 갑작스럽게 터지긴
      했지만, 이미 각오한 일이에요. 이제 와서 멈출 수 없어요! (애써 맘 다잡
      는데, 생각난 듯 핸드폰으로 찍은 사진 한 장을 보여주면. 금고에서 봤던 석
      훈 석경의 백일 사진이고) 애들 친엄마, 찾아봐줄 수 있어요? 진짜 죽은
      게 맞는지, 알아야겠어요!
로건   (사진 받고) 주단태 과거를 파보면 나올 거예요! 진짜.. 혼자 괜찮겠어요?
수련   (고개 끄덕이고, 비장하게) 세팅은 끝났고, 이제 시작이에요...
로건   (걱정스럽게) 무슨 일 있으면 바로 연락해요. 알겠죠?! (걱정하면)
수련   걱정 마요. 내 옆엔 윤희 씨가 있잖아요. 이제 윤희 씨한테, 내 얘길 할
      때가 된 거 같아요. (뭔가 결심한 듯한 표정인데)

58.   헤라팰리스 윤희 집 거실(밤)
      윤희, 괴로운 듯 술을 진탕 마시고 있으면.
      현관문 열리고 로나가 들어오는.
      로나, 머리에 노란 가발 쓰고, 화장하고, 잔뜩 꾸민 모습인데.

윤희   어디 갔다 이제 와? 지금이 몇 신데. 머리는 그게 뭐야? (로나, 대답도 않
      고) 밥은 먹었어? 로나야!
로나   (대답 없이, 윤희 앞에 있는 맥주를 한 캔 들고 방으로 쏙 들어가버리면)
윤희   (모든 게 절망스럽고) 뭐하러 이렇게 열심히 산 거야. 팀장이 되면 뭐하고,
      좋은 집에 살면 뭐해. 내 딸 인생 망쳐버렸는데... 다 끝났어... 전부 다...
      (맥주를 단숨에 털어 넣는데. 그때, 핸드폰으로 문자 오고. 보면 수련인데)

316

수련(E) 잠깐 만날 수 있어? 헤라팰리스 47층으로 와.

윤희 (순간 멈칫하는)

59. **헤라팰리스 47층(밤)**

엘리베이터 멈춰 서면. 술에 취한 채 47층에 내려서는 윤희.

그러다 문득, 47층이라는 숫자가 눈에 들어오고. 머리가 깨질 듯이 아파오는데.

뭐에 홀린 듯이 천천히 난간 쪽으로 걸어가면.

환영처럼, 단태가 자신의 목을 조르던 모습과, 민설아 목을 조르던 누군가의 모습이 교차로 보이는데.

윤희 민설아... 47층.... 민설아... 47층...

윤희, 진실에 가까이 가려는 듯, 난간 쪽으로 더 가까이 다가서면.

순간! 그날의 일이 섬광처럼 떠오르는.

난간에서 설아의 목을 조르고 있는 단태의 얼굴이 또렷하게 보이고!

윤희 주단태... 주단태였어!!! (소름이 끼쳐오는데)

60. **회상/헤라팰리스 47층 난간/민설아 죽은 날(밤)**

설아(E) 살려주세요!! 살려주세요, 아저씨!!

난간에 기댄 채 살려달라고 발버둥 치는 설아.

그런 설아의 목을 조르는 단태, 손에 피가 묻은 채로, 반쯤 돌아버린 눈빛이고.

단태 그만!! 그만해!!! (소리 지르며 미친 듯이 설아 목을 조르면)

설아, 필사적으로 휘젓던 팔의 힘이 점점 빠지고.

단태, 그런 설아를 난간 너머로 던져버릴 듯 힘 있게 밀어붙이는데!

윤희, 한쪽 벽에서 그 모습을 지켜보고 있다가 놀라서 뒷걸음질 치면, 옆에 있던 안스리움 화분이 떨어져 깨지는데.

단태, 화분 깨지는 소리에 순간 멈칫하고. 그제야 제정신이 돌아온 듯, 설아 목을 조르던 손을 풀고, 허겁지겁 자리를 뜨는데.

설아, 단태 손에서 풀려나, 가쁜 숨 몰아쉬며 헉헉대고 있으면. 그런 설아 앞에 누군가 걸어오는 발이 보이고.

설아, 고개 들어보면, 윤희다!

설아   (반갑게) 아줌마! 아줌마였어요? 아줌마가 저 구해주신 거예요? 고마...

말 끝나기도 전에, 그대로 설아를 난간에서 밀어뜨려버리는 윤희!

윤희의 손가락에, 설아의 애플 목걸이가 끊어지면서 걸려 반짝하는데.

설아, 눈 동그랗게 뜨고, 영문도 모른 채 아래로... 아래로... 떨어지고 있는.

그런 설아를 이성 잃은 듯 독한 눈으로 바라보고 있는 윤희.

윤희   너만 없으면!!! 너만 없으면, 우리 로나가 합격할 수 있어!!!

61.   현재/헤라팰리스 47층 난간 (밤)

윤희, 그날의 일이 떠오르면서 술이 확 깨고, 기함하는.

윤희   (가슴 쿵! 하고) 꿈이 아니었어! 민설아... 헤라팰리스에서 떨어진 거야!! 내가.... 내가 그 앨 죽였어!!

난간에서 설아를 밀던 자신의 모습이 선명하게 보이면서, 헉! 헉! 숨을 쉴 수 없을 만큼 충격에 휩싸이는데.

윤희, 끔찍한 공포와 두려움에 미친 듯이 난간에서 도망치다가, 누군 가와 부딪쳐서 돌아보면. 수련이 서있고.

윤희 아악! (기겁하듯 놀라) 어... 언니!!!!

수련 일찍 왔네.

윤희 (순간, 47층이라는 숫자가 또렷하게 눈에 들어오고. 온몸 바들바들 떨리는) 왜... 여기서 만나자고 했어?

수련 윤희 씨한테 할 말 있어. 나.. 그동안 윤희 씨 속였어.

윤희 (벌벌 떨면서) 무슨 말이야, 그게?

수련 (작정한 듯 고백하는) 윤희 씨를 보송마을 민설아 집으로 보낸 사람, 나 야! 여기, 헤라팰리스로 부른 사람도 나고. 내가 윤희 씨 이용했어. 내 복수를 위해 윤희 씨가 필요했거든.

윤희 (무슨 말인지 알아듣지 못하고 멍해서 보면)

수련 나... 민설아 엄마야.

수련, 윤희에게 담담하게 자신이 설아 친모라는 걸 밝히는 데서 엔딩!!

17화

범죄의 재구성

1. 16화 엔딩 연결/헤라팰리스 47층 난간(밤)

윤희　(가슴 쿵! 하고) 꿈이 아니었어! 민설아... 헤라팰리스에서 떨어진 거
　　　야!! 내가.... 내가 그 앨 죽였어!!

　　　난간에서 설아를 밀던 자신의 모습이 선명하게 보이면서, 헉! 헉! 숨을
　　　쉴 수 없을 만큼 충격에 휩싸이는데.
　　　윤희, 끔찍한 공포와 두려움에 미친 듯이 난간에서 도망치다가, 누군
　　　가와 부딪쳐서 돌아보면. 수련이 서있고.

윤희　아악! (기겁하듯 놀라) 어... 언니!!!!
수련　일찍 왔네.
윤희　(순간, 47층이라는 숫자가 또렷하게 눈에 들어오고. 온몸 바들바들 떨리는)
　　　왜... 여기서 만나자고 했어?
수련　윤희 씨한테 할 말 있어. 나.. 그동안 윤희 씨 속였어.
윤희　(벌벌 떨면서) 무슨 말이야, 그게?
수련　(작정한 듯 고백하는) 윤희 씨를 보송마을 민설아 집으로 보낸 사람, 나
　　　야! 여기, 헤라팰리스로 부른 사람도 나고. 내가 윤희 씨 이용했어. 내
　　　복수를 위해 윤희 씨가 필요했거든.
윤희　(무슨 말인지 알아듣지 못하고 멍해서 보면)
수련　나... 민설아 엄마야. 설아가 내 딸이야.

　　　수련, 윤희에게 담담하게 자신이 설아 친모라는 걸 밝히는데.
　　　충격으로 굳어진 윤희! 당장이라도 쓰러질 거 같은데.

수련　놀랐지? 미안해. 이제야 얘기해서... 그동안 설아를 죽인 범인을 찾느라
　　　정신없었어. 이제, 그 범인을 잡을 준비가 됐고.
윤희　(떨리는) 범인...

윤희, 죽을힘 다해 진정하려 애쓰며 수련을 보는데. 그제야 수련이 설아와 닮았다는 게 느껴지고.
수련의 얼굴이 설아의 얼굴로 점차 오버랩되면서, 선명하게 떠오르는 그날의 기억들... 빠르게 되감기되는데.

2. 민설아 죽던 날, 윤희 동선 재구성/윤희 집 로나의 방/3화 63신(아침)

노크와 함께 로나의 방으로 들어서는 윤희.
방 안이 엉망이 되어있고. 악보들, 성악 관련 책들, 갈기갈기 찢겨져있는.
로나, 멍하니 앉아서 목을 쥐어뜯고 있는데.

윤희 (기겁해서 달려가 로나를 붙잡고) 뭐하는 거야, 지금!!!

로나 (그런 윤희를 확 밀어내고) 놔!! (주먹으로 목을 세게 쾅쾅 치는데)

윤희 하지 마! 목 다쳐!! 그만해, 로나야.

로나 (초점 없는 눈으로) 나 이제 노래 안 할 거야.

윤희 뭐?!

로나 엄마 말이 맞았어. 재능? 그깟 거 다 필요 없어. 돈이 재능이고, 빽이 재능인데, 나 같은 애는 노래하면 안 되는 거였는데...... 그러니까 목소리 같은 거 이제 안 나와도 돼. 목 다쳐도 돼, 나는. (넋이 나가서 자기 목을 마구 때리면)

윤희 (가슴 무너지고, 로나를 안아서 필사적으로 막으며) 그러지 마, 로나야... 제발...... 그냥, 엄마 때려. 엄마가 다 잘못했으니까, 엄마 때려 로나야....

윤희, 로나의 손을 잡아서, 윤희 스스로 가슴이고 몸이고 마구 때리는데. 그래도 멍한... 로나의 표정. 윤희, 때리고 또 때리는, 절망감에 미칠 거 같고.

3. 민설아 죽던 날, 윤희 동선 재구성/한강둔치/4화 65신(밤)
    한강둔치에서 술을 마시고 있는 윤희. 괴로운 듯 소주를 병째 들이켜
    고 있는.
    그러다 뭔가 결심한 듯 몸 일으키고, 비틀대며 어디론가 걸어가는데.

4. 민설아 죽던 날, 윤희 동선 재구성/헤라팰리스 앞/3화 77신(밤)
    술이 취한 듯, 비틀대는 걸음. 걸어오는 사람, 윤희다.
    만취한 윤희, 헤라팰리스 안으로 걸어 들어가는데.

5. 민설아 죽던 날, 윤희 동선 재구성/헤라팰리스 파티장 밖/5화
    72신(밤)
    윤희, 걸어오면. 통유리창 안으로 흥겹게 파티 중인 사람들 모습이 보
    이고. 그 속에 천서진과 하윤철의 다정하고 행복한 모습도 보이는데.
    윤희, 환하게 웃고 있는 서진을 보면 증오심에 미칠 거 같고.

윤희   (분노에 찬) 모든 게 다 천서진, 너 때문이야! 내가 이렇게 사는 것도…
       우리 로나가 저렇게 된 것도… 다 너 때문이라고!!

       윤희, 파티장 한쪽에 비치된 샴페인 병을 들어서 통째로 마셔버리고,
       비틀거리며 파티장 쪽으로 걸어 들어가는데. 뭔가에 걸려 넘어지고.
       그 소리에 서진, 윤희 쪽을 돌아보지만, 넘어진 윤희 보지 못하는.
       윤희, 다시 일어나 서진에게 가려는데, 순간 낚아채는 누군가의 손.

윤철   (엘리베이터 쪽 귀퉁이로 윤희를 끌고 가) 여긴 왜 온 거야?
윤희   (취한 채, 흐릿한 눈으로 윤철을 보는) 하윤철? 너, 하윤철 맞지?
윤철   돌아가. 서진이 보면 난리 날 거야.
윤희   니 마누라가 그렇게 무섭냐? 나 버리고 천서진 선택하니 행복했어? 너
       도 천서진이랑 똑같은 놈이야. 어차피 너도 내 말 안 믿었잖아!!

윤철   (파티장 안쪽 눈치 보며) 취했어. 데려다줄게. (끌고 가려면)

윤희   (거칠게 윤철 뿌리치며) 이거 놔! 내 불행의 시작은 천서진이야! 누구든
          내 딸 인생 가로막는 사람은 다 없애버릴 거야! 그게 누구래도!!! (살기
          에 가득 찬 눈빛으로, 서진에게 달려갈 듯 난리치면)

          그때, 서진이 밖으로 걸어 나오는 게 보이고.
          윤철, 기겁해서 윤희의 입을 틀어막고, 재빨리 엘리베이터에 태우는데.

6.   **민설아 죽던 날, 윤희 동선 재구성/서진 레슨실/5화 73신(저녁)**
      윤희, 서진 레슨실로 뛰어 들어오는.
      비틀거리는 윤희 시선으로 교활하게 빛나고 있는 트로피. 그 트로피
      옆으로, 트로피를 든 채로 해사하게 웃고 있는 서진의 어릴 때 사진 액
      자가 보이면.
      윤희, 트로피를 들고 내리쳐서 사진 액자를 깨버리는데. 윤희의 손에
      서 피가 뚝뚝 떨어지고.
      뒤따라 달려온 윤철, 그 모습을 보고 기겁하는.

윤철   오윤희! (윤희의 손을 잡는데, 윤철의 손도 피범벅이 되고)

윤희   (트로피를 든 채로, 폭발하는) 이거 때문이야! 이거 때문에 내 인생이 망
          가졌어!! (트로피를 내던지려면)

윤철   (말리며) 정신 차려!! 너 다쳤다고!!

윤희   이깟 거 때문에... 이깟 거 때문에... 아아아... (오열하는데)

윤철   (있는 힘껏 윤희를 붙잡는데, 윤희의 힘에 역부족이고)

7.   **민설아 죽던 날, 윤희 동선 재구성/서진 레슨실 앞(밤)**
      윤희, 미친 듯이 레슨실 밖으로 뛰쳐나오면. 다급하게 윤철이 쫓아오고.

윤철   (윤희를 억지로 잡아 세우고) 데려다줄 테니 그만 가자. 손부터 치료해

야돼!

윤희   (윤철의 손을 뿌리치며) 이렇게는 못 돌아가! 내 딸, 반드시 청아예고 입학시킬 거야!! 로나도 나처럼 살게 할 수 없어!!

윤철을 밀치고 뛰어가는 윤희, 빠르게 엘리베이터 버튼을 누르고 올라타는데.
윤철, 아슬아슬하게 엘리베이터 놓치고 마는.

8.   **민설아 죽던 날, 윤희 동선 재구성/헤라팰리스 엘리베이터 안/밖/13화 42신(밤)**
술에 취해 엘리베이터에 올라탄 윤희, 흥분해서 정신없고.
몇 층을 눌러야 하나 더듬거리며 손가락 움직이는데, 손에서 피 나고 있는.

윤희   아아... (피 나는 손을 움켜쥐는 사이, 엘리베이터가 위로 올라가는데)

철거덕! 갑자기 47층에 멈춰 선 엘리베이터. 문 열리고.
엘리베이터에서 내리던 윤희, 누군가와 부딪히는데. 설아고.

윤희   (취한 상태에서 설아를 알아보고) 너는...?

설아   (초췌한 얼굴로 반갑게 윤희를 보는) 아줌마...!! (그러다 윤희 손에 흐르는 피 보고 놀라서) 아줌마... 손에 피가... (주머니 뒤져서 휴지 한 조각을 찾아, 윤희의 피 나는 손을 휴지로 동여매주면)

윤희   (그런 설아를 보며) 근데, 니가 여기 왜 있어. 무슨 일 있어?

설아   (고개 들어, 절절한 표정으로 윤희를 보는) 헤라팰리스 사람들이 절 죽이려고 해요! 무서워요, 아줌마! (다급하고 간절하게) 제발 도와주세요. 저좀 살려주세요, 아줌마!!

윤희   (놀라서) 얼굴이 왜 이래? 누가 널 죽이려고 해? (주위 둘러보면 아무도 없

고) 괜찮아. 아무도 없어. 여기서 일단 나가자. (설아를 부축해서 가려면)

설아　(벌벌 떨면서 따라 걷다가, 문득 뭔가 생각난 듯) 잠깐만요! 찾아야 할 게 있어요. 제 핸드폰을 여기 숨겨뒀거든요. 아줌마 먼저 가세요.

윤희　같이 가줄까?

설아　(애써 미소) 괜찮아요. 금방 갖고 오면 돼요. 아줌마 보니까 이제 안 무서워요. (진짜 안심되는 듯 웃어 보이고, 어디론가 급히 가는데)

윤희, 가려다 멈춰 서고, 고개 돌려서 설아가 간 쪽 쳐다보는데. 문득 서늘한 표정.... 그때, 설아의 목소리 들리고.

설아(E)　살려주세요!! 살려주세요, 아저씨!!

9.　**민설아 죽던 날, 윤희 동선 재구성/헤라팰리스 47층 난간/16화 60신(밤)**

윤희, 난간 쪽으로 급히 가보면.
설아, 단태를 보고 겁에 질려 뒷걸음질 치고 있는데.

단태　어딜 도망쳐? 그런다고 내가 못 찾아낼 줄 알았어?!! 핸드폰 어딨는지 말해! 어서!! (설아의 양어깨를 붙들고 마구 흔들면)

설아　아악!! (단태를 밀치고 도망치려는데. 설아 손에서 흐르던 피가 단태의 손목에 묻고)

단태　(자신의 손목에 묻은 피를 본 순간! 갑자기 눈 뒤집히며 이상증세를 보이는) 피...! 피!!

이성을 잃은 듯 흥분한 단태, 설아를 무섭게 난간 쪽으로 몰고 가는데.
난간에 기댄 채 살려달라고 발버둥 치는 설아.
그런 설아의 목을 조르는 단태, 손에 피가 묻은 채로, 반쯤 돌아버린 눈빛이고.

단태　　　그만!! 그만해!!! (소리 지르며 미친 듯이 설아 목을 조르면)

설아, 필사적으로 휘젓던 팔의 힘이 점점 빠지고.
단태, 그런 설아를 난간 너머로 던져버릴 듯 힘 있게 밀어붙이는데!
윤희, 한쪽 벽에서 그 모습을 지켜보고 있다가 놀라서 뒷걸음질 치면,
옆에 있던 안스리움 화분이 떨어져 깨지는데.
단태, 화분 깨지는 소리에 순간 멈칫하고. 그제야 제정신이 돌아온 듯,
설아 목을 조르던 손을 풀고, 허겁지겁 자리를 뜨는데.
설아, 단태 손에서 풀려나, 가쁜 숨 몰아쉬며 헉헉대고 있으면. 그런 설
아 앞에 누군가 걸어오는 발이 보이고.
설아, 고개 들어보면, 윤희다!

설아　　　(반갑게) 아줌마! 아줌마였어요? 아줌마가 저 구해주신 거예요? 고마...

말 끝나기도 전에, 그대로 설아를 난간에서 밀어뜨려버리는 윤희!
윤희의 손가락에, 설아의 애플 목걸이가 끊어지면서 걸려 반짝하는데.
설아, 눈 동그랗게 뜨고, 영문도 모른 채 아래로... 아래로... 떨어지고
있는.
그런 설아를 이성 잃은 듯 독한 눈으로 바라보고 있는 윤희.

윤희　　　너만 없으면!!! 너만 없으면, 우리 로나가 합격할 수 있어!!!

쿵! 하는 둔탁한 소리와 함께, 정신이 드는 윤희. 그제야 자신이 무슨
짓을 했는지 깨닫는데. 설아를 밀어뜨린 손이 미치도록 떨려오고.
그대로 뒷걸음질 치는 윤희.

10.　　　**민설아 죽은 날, 윤희 동선 재구성/헤라팰리스 분수대 앞(밤)**
　　　　　비상계단 문에서 나오는 윤희, 숨을 헐떡대며 밖으로 향하는 문을 향

해 달리고,

윤희의 뒤쪽에서, 엘리베이터 안에 쓰러진 수련의 모습 스치듯 보이는데.

11. 민설아 죽은 날, 윤희 동선 재구성/윤희 집 앞 계단 or 골목길(밤)
     윤희, 집 앞 계단에 앉아서 미친 듯 소주병을 병째로 들이키고 있는. 온몸 정신없이 떨리고.

윤희   아무 일도 없었어!! 난 아무 짓도 안 했어...

     순간! 손에 있는 핏자국을 보자, 공포가 밀려오는데.
     죄를 씻어내려는 듯 술을 계속 들이키는 윤희, 차츰 정신이 혼미해지는.

12. 민설아 죽은 다음 날, 윤희 동선 재구성/윤희 집 거실/3화 엔딩(밤)
     요란하게 울리는 윤희의 핸드폰, 소파에 널브러진 채, 잠이 들어있는 윤희, 손만 뻗어 핸드폰을 쥐고 전화를 받는데.

윤희   여보세요. 네? 어디라구요? (그러다 눈 번쩍 뜨고) 청아예고요? 그런데요? (벌떡 일어나 앉는) 지금, 뭐라고 하셨어요?
직원(F)   배로나 학생, 청아예고 성악과에 추가 합격하셨다고요.
윤희   (놀라는) 추가 합격이요? 왜... 왜요?
직원(F)   합격생 중 한 명이 어제 사망했습니다.

     놀라는 윤희의 표정, 그대로 현재의 표정으로 오버랩되는데.

13. 현재/헤라팰리스 47층 난간(밤)
     윤희, 문득 안스리움 화분에 눈이 멈추고. 화분 한쪽이 깨져있는 게 눈에 들어오는데.

47층 현재 모습이 그날 그대로 재생되면. 충격으로 비틀하는 윤희!

그런 윤희를 다급히 붙잡는 수련.

수련 윤희 씨! 괜찮아?

윤희 어? (간신히 정신 차리고 수련을 보는데, 얼른 수련 시선을 피하면)

수련 (작정한 듯 모든 걸 털어놓는) 다 얘기할게. 놀라지 말고 들어. 윤희 씨가
조상헌 죽음을 목격했을 때, 사실 나도 그 집에 있었어.

윤희 조상헌? (놀라고. 인서트. 6화 17신. 조상헌 세컨하우스에서 울리던 핸드폰
소리 떠오르고) 그럼, 조상헌 의원을 죽인 게... 언니였어?!

수련 결과적으론 그런 셈이지. 하지만 그 죽음엔 조금도 죄책감 없어. 그놈
스스로 지옥길을 선택한 거야!

윤희 난... 언니가 지금... 무슨 말을 하는지 하나도 모르겠어.

수련 조상헌 죽음을 입 다물어주는 대가로, 윤희 씨한테 보송마을 집을 사게
해주고, 민설아 집으로 이사하게 만든 게, 바로 나라고! 그 모든 게, 우
연이 아니라, 다 내가 계획한 일이야! 무슨 말인지 모르겠어?!

윤희 (충격으로 정신없고) 왜... 왜 하필 나한테....

수련 설아 죽고 나서, 난 사는 게 아니었어. 매일이 지옥 같았어. 하지만 범인
을 잡기 위해선 무슨 일이라도 했어야 했어. 그래서, 윤희 씨 감정을 이
용한 거야. 천서진을 미워하는 윤희 씨가 필요했어! 천서진이 내 딸 죽
음에 관련돼 있었으니까...

윤희 천서진...?

수련 천서진뿐 아니라, 주단태, 이규진, 하윤철, 강마리, 고상아, 그 자식들까
지, 모두, 설아를 죽게 한 공범들이야!! 내 딸을 기계실에 가두고, 시체
를 유기하고, 방화까지 저질러 이름을 더럽히고 욕보였어. 그들도 벌을
받아야 해. 내 딸한테 지은 죗값, 하나도 빼지 않고, 죄다 받게 해줄 거
야!! 곧 경찰에서 재수사가 시작될 거야.

윤희 (충격으로 숨이 쉬어지지 않고) 증거는.. 있어? 여태껏 못 잡은 거면 증거

가 없는 거 아냐?

수련　내가 봤어.

윤희　뭘?!

수련　우리 설아 민 사람이 누군지 봤어! 바로 여기, 47층 난간에서...

윤희　그게... 누군데? (심장이 터질 듯 공포스러운 표정으로 수련을 보면)

수련　(확신하듯) 손에 루비 반지를 끼고 있었어. 빨간 루비 반지... 천서진이 파티 때 끼고 있던 루비 반지가 틀림없어!

윤희　(그제야 이상한 안도감에 간신히 숨이 쉬어지고. 호흡이 터져 나오는데)

수련　(그때, 핸드폰 울리고. 보면 로건인데. 돌아서서 전화 받는) 나예요. 별일 없어요. 이따 전화할게요.

수련, 바로 전화 끊고 돌아보면. 윤희, 사라지고 없는데.
두리번거리는 수련, 의아한 표정이고.

14.　헤라팰리스 윤희 집 거실(밤)
　　　급하게 거실로 뛰어 들어오는 윤희, 거의 정신이 나가있는데.

15.　헤라팰리스 윤희 집 침실(밤)
　　　옷장 문을 열어젖히는 윤희, 겨울옷들을 정신없이 뒤지기 시작하는데.
　　　멈칫하고.
　　　그날 입었던 회색 재킷에서 멈춰지는 윤희의 손... 떨리는 손으로 주머니를 뒤지는데, 뭔가 만져지고.
　　　꺼내보면, 민설아가 하고 있던 빨간색 애플 목걸이고!

수련(E)　손에 루비 반지를 끼고 있었어. 빨간 루비 반지...

그제야 수련이 애플 목걸이를 루비 반지로 착각한 걸 깨닫게 되는.

윤희   루비 반지가 아니라, 애플 목걸이였어.... !!! (순간 털썩 주저앉는) 그 아일 민 게... 진짜 나야?!! 내가... 민설아를 죽였다고?!!! 내가? 사람을 죽여? 아냐... 아닐 거야... 내가 그런 게 아냐!!! 내가 그랬을 리 없어!!!

방구석에 쭈그려 앉아서 오들오들 떨고 있는 윤희.
그때, 바깥에서 우르르 쾅쾅!! 천둥 번개 치고.
그 소리에 기겁해서 머리를 감싸는 윤희!!

윤희   아악!! 내가 무슨 짓을 한 거야... 내가 어떻게 수련 언니 딸을... 거짓말이야!! 아냐!!! 아냐!!! 아냐!!!! 아니라고!!!! (미친 듯이 고개 내저으며 부정하다가, 다시 천둥 번개 요란하게 치면. 그대로 기절하듯 쓰러지는 윤희고)

16. **펜트하우스 침실/파크원 스위트룸/전화통화**(밤)
     번쩍번쩍 번개 치고 있는 바깥을 내다보고 있는 수련.

수련   (목에 걸고 있던 설아 유골 목걸이를 만지며) 이제 곧, 모든 걸 끝낼 거야, 내 딸....

그때, 로건한테 다시 전화 걸려오고. 받으면.

로건   오윤희 씨랑 얘기는 잘했어요?
수련   (표정 어둡고) 윤희 씨가 너무 충격을 받아서 길게 얘긴 못 했어요. 좀 더 일찍 얘기해줄 걸 그랬나 봐요.
로건   (문득) 오윤희 씨를 얼마나 믿어요?
수련   그게, 무슨 말이죠?
로건   (투명보드에 써져있는 오윤희 이름을 보며) 사실 오윤희도 용의자 중 한 명이니까요.
수련   말도 안돼요! 윤희 씨는 내 친동생 같은 아이예요.

로건	냉정하게 생각해요. 오윤희 씨 역시, 설아가 죽던 날, 헤라팰리스에 있
	었다는 건 팩트예요.
수련	그렇지만...
로건	자신 외엔 누구도 믿지 마요! 나조차도...
수련	(더는 반박 못 하고. 뭔가 찜찜한 기분 드는데)

17.   펜트하우스 석경의 방(밤)
석경, 공부를 하다 말고 괴로운 듯 문제집 위에 신경질적인 낙서를 해
대는데, 노크와 함께 들어서는 단태.

단태	(봉투를 건네는) 그대로 외워. 그 정도는 할 수 있지?
석경	(봉투 열어보면. 정답지고. 놀라서 단태를 보며) 아빠...
단태	이건 아빠만 해줄 수 있는 거야. 하은별한테 절대 지지 마! (석경 어깨 툭
	툭 쳐주며, 은밀하게) 다 외웠는지 확인할 테니까 아침에 서재로 와! (나
	가면)
석경	(정답지를 받아든 손 떨리는. 눈빛 반짝하는 석경인데)

18.   펜트하우스 서재(밤)
단태, 서재로 들어서는. 문득, 매서운 눈빛으로 비밀공간을 응시하는데.
16화 55신/살짝 열려있던 비밀공간을 떠올리고.
엄지 지문 인식을 해서 비밀 공간 안으로 들어가는.

19.   펜트하우스 서재 내 비밀 공간(밤)
안을 둘러보면 크게 달라진 것 없어 보이는데. 그래도 뭔가 찜찜한 단
태고.
조 비서에게 전화를 거는.

단태	조 비서! 내일 일찍, 혜인이 사망신고 접수시켜! (전화를 끊는) 심수련...

뭘 꾸미고 있는지 모르겠지만, 아직은 당신을 놔줄 타이밍이 아냐. (야비한 미소 짓는)

20. **윤희의 꿈 1/헤라팰리스 윤희 집 거실(밤)**
불 꺼진 깜깜한 거실. 어디선가 들려오는 피아노 소리...
윤희, 뭐에 홀린 듯이 피아노 소리가 나는 방으로 들어가는데.

21. **윤희의 꿈 2/헤라팰리스 로나의 방(밤)**
윤희, 로나의 방으로 들어오면.

윤희 로나야... 피아노 다시 치는 거야?

피아노 앞으로 다가서면. 피아노 치는 사람, 로나가 아니라 민설아고!

설아 왜 저 밀었어요? 난 아줌마 좋아했는데...
윤희 꺄악!!

비명 내지르며 돌아서 도망치는데. 문 앞에 서있는 건 수련이고.

수련 너였어?
윤희 어, 언니... (자신도 모르게 뒷걸음질 치면)
수련 (무섭게 다가서는) 내 딸 설아를 죽인 게, 오윤희 너냐고!!!
윤희 (굳어지며) 죽이려 했던 게 아냐!! 그땐... 정말 어쩔 수 없었어...
수련 (윤희의 목을 조르며) 불쌍한 내 딸한테 왜 그랬어!! 고아니까 죽여도 된다고 생각했어? 부모가 없는 애는 억울하게 죽어도 된다는 거야?!! 고작 니 딸 합격을 위해, 어떻게 사람을 죽여?!! 어떻게 니가!!!
윤희 (무릎 꿇고, 울면서 싹싹 비는) 잘못했어... 그땐 내가 돌았었나 봐. 우리 로나 생각에 나도 모르게... 내 정신이 아니었어... 용서해줘 언니...

| 수련 | 용서? 아니! 용서는 없어!! 니 딸도 똑같이 죽어야 해!! 우리 설아랑 똑 |
같이!! (침대에 잠들어있는 로나에게 성큼성큼 다가서면)
| 윤희 | (절규하는) 안돼!! 로나는 안돼!! 차라리 날 죽여!!! 제발!!!

22. 현재/윤희 집 침실(새벽)

| 윤희(E) | 안돼, 언니... 안돼!!

허우적대는 윤희, 눈을 뜨는데. 꿈이고. 커튼 너머로 새벽이 밝아오는데.
윤희, 어젯밤에 입었던 옷 그대로 쓰러져있던 채고.
그때, 요란하게 울리는 윤희의 핸드폰 소리. 화들짝 놀라서 보면. 새벽
5시고.

| 윤희 | (벌벌 떨면서 핸드폰을 받는) 여보... 세요.
| 경찰(F) | 오윤희 씨 맞습니까. 여기, 경찰섭니다!
| 윤희 | 네에? 경찰서요? (순간 수련의 말 떠오르는)
| 수련(E) | 곧 경찰에서 재수사가 시작될 거야.
| 윤희 | (기겁해서 핸드폰 떨어뜨리는 윤희)

23. 경찰서(새벽)

윤희, 경찰서로 달려 들어오면. 의자에 태연하게 앉아서 조사받고 있
는 로나.

| 경찰 | 너 학교 어디냐니까! (책상 꽝꽝 치면)
| 로나 | 학교 안 다닌다니까요!! 짤렸어요, 학교!!
| 경찰 | 쬐그만 게 학교도 안 다니고. 이거 완전 개망나니잖아!
| 윤희 | (다가서는) 로나야!!! 무슨 일이야?!!!
| 경찰 | (보는) 배로나 학생 어머니 되세요?
| 윤희 | 무슨 일이에요? 우리 애가 왜 여있어요? 뭔 죄를 저질렀다구요?!

경찰	(윤희에게 CCTV 영상을 보여주는) 새벽에, 편의점에서 맥주를 훔쳤어요. 여기 CCTV에 다 찍혔고, 학생도 시인했어요.
윤희	(기막혀 로나를 보는) 진짜야? 로나 니가... 정말 훔쳤어?
로나	(지겹다는 듯 귀 파면서) 아 몇 번을 말해?! 훔쳤어! 훔쳤다고! 안 파니까 별수 있어? 훔치는 수밖에! 그깟 게 몇 푼이나 된다고. (뻔뻔하게 나오면)
윤희	(로나 뺨을 후려치고) 미쳤어?!!! 이 기지배야!!
로나	(얼굴 돌아가게 한 대 맞고. 후 머리카락 불면서 표독하게) 왜 때려? 엄마가 뭔데?!! 엄마가 무슨 자격으로 날 때려!! 그 엄마에 그 딸 아냐? 집에 가기 싫었는데 잘됐네. 유치장이든 감방이든 처넣으면 되잖아!!
윤희	(순간 폭발하는) 너 진짜 왜 이러는 거야!!! 왜!!! 안 그래도 엄마 미칠 지경인데!! 너까지 왜 이래!!! 왜 이렇게 속을 썩여!! 하다 하다 도둑질까지 해?!! 미쳤어!! 미쳤어, 이 기집애야!!!

이성 잃고, 죽일 듯이 로나를 패는 윤희.
경찰들, 놀라서 그런 윤희를 말리느라 정신없는데.

24. 거리 일각 (새벽)
넋이 나가 걸어가는 윤희와 그 뒤를 따라가는 로나.
두 사람의 거리감이 느껴지는데, 그 위로,

경찰(E)	초범이고, 편의점 주인이 처벌을 원하지 않는다니, 훈방 조치로 끝내는 거지만, 애 확실하게 교육시키세요! 버릇되면 애 망쳐요!

윤희, 덜덜 떨리는 발을 멈춰 서고.
뭔가 결심한 듯 로나의 손을 잡아끌고 어디론가 가는데.

윤희	따라와!!
로나	싫어!! 이거 놔!! 아파!! 아프다고!! (그러면서도, 윤희 힘에 역부족으로

337

끌려가고)

25.   한강 교각(아침)
       로나와 함께 강물이 내려다보이는 교각 위에 서는 윤희.
       윤희, 답답하고 괴로운 맘으로 강을 바라보는데, 모든 게 절망스럽고.

로나   (아래로 시퍼런 강물을 보며, 흠칫 놀라면서도 센 척하며) 여긴 왜 왔어?!
       추워! 갈래!

윤희   (의외로 담담하게) 너, 엄마랑 화해할 생각 없지? 학교로 돌아갈 생각도
       없지? 맘 잡고 제대로 살 생각, 없는 거지? 내가 널 청아예고에 보내려
       고 무슨 짓까지 했는데...!!! (절망감에 차마 말을 잇지 못하면)

로나   내 핑계 대지 마!! 난 할 만큼 했어!! (쏘아대고 돌아서서 가는데)

윤희   (그런 로나 등에 대고 소리치는) 그래!! 다 그만둬!! 학교도, 노래도, 다
       그만둬!! 니 하고 싶은 대로 하고 살아!!

       로나, 윤희 말 신경도 안 쓰고, 씩씩대고 걸어가는데. 문득 윤희 목소리
       안 들리면 덜컥 겁나고. 뒤돌아보면.
       윤희, 난간 위에서 발이 미끄러지면서 앞으로 휘청하는데!

로나   엄마아아!!!! (미친 듯이 달려가 윤희 다리를 잡으면) 뭐하는 거야!! 죽을
       뻔했잖아!!!

윤희(E) 엄마 더 이상 살 이유 없어!! 니가 니 인생 포기한 순간, 내 삶도 끝난
       거야!!

로나   위험해!! 내려와!!! 당장!!! 죽으면 진짜 가만 안 둘 거야!!

윤희   (로나한테 잡힌 채, 괴로움에 발버둥 치는) 엄만... 살 자격 없어!!

로나   (윤희 다리를 두 팔로 끌어안으며, 욱해서 진심 터져 나오는) 도둑질 한
       번 했다고 이래? 그렇게 죽을 일이 없어?!! 그럼 나더러 어쩌라고!! 엄
       마가 미운데!! 미워 죽겠는데 이렇게도 못 해?!! 속 썩이는 거 말고는

할 수 있는 것도 없는데!!! 엄마한테 이 정도 떼도 못 써? 투정도 못 부려?!! 엄만 내 엄마잖아!! 화풀이할 사람이 엄마밖에 없는데 그것도 못 봐줘?!!

윤희 (그제야 로나를 돌아보면)

로나 (절절한 눈빛으로 윤희를 보며) 죽지 마... 엄마 없으면 나 혼자 어떻게 살아?!! 죽을 거면 차라리 같이 죽어!! 나한텐 엄마밖에 없잖아... (윤희를 난간에서 내려오게 하는데)

윤희 (순간 눈물이 후드득 쏟아지는) 미안해... 미안해, 로나야.....

로나 (엉엉 울면서) 안 그러고 싶어도, 엄말 보면 신경질이 나는데 어떡해!! 왜 은별이 아빠는 만나서 그 기지배한테 그런 소릴 들어?!! 화가 나서 미칠 거 같다고!!

윤희 엄마가 실수했어... 하지만, 니가 생각하는 그런 일, 절대 없어.. 엄마 못 믿어?!! 엄마한텐 너 하나뿐이야... 로나 너뿐이라고... 미안해... 엄마가 너무 못나서... 엄마가 너무 모자라서 미안해...

로나 (윤희의 진심 어린 말에 윤희를 끌어안고) 엄마가 뭐가 어때서!! 엄마가 젤로 이쁘고, 엄마가 젤로 멋있는데. 천서진 쌤 천 명을 줘도, 엄마랑 안 바꿔. 난.. 엄마 딸이어서 정말 좋아. 우리 엄만 착하니까...

윤희 (로나 말에 더 미칠 거 같고) 아니야... 아니야, 로나야... 그런 말 하지 마... (가슴을 쥐어뜯으면)

로나 (눈물 쓱쓱 닦고) 미안해 엄마... 나 학교 계속 다니고 싶어. 노래도 포기 안 할 거야. 절대 하은별한테 안 져! 절대!! 청아예술제에서 트로피로 탈 거고, 서울대도 갈게! 꼭 성공해서, 내가 엄마 지켜줄게!

윤희 (다행이다 싶지만, 밀려오는 두려움에 미칠 거 같고. 속마음으로, E) 어떡하니... 내가 널... 살인자 딸로 만들었으니... 어떡하면 좋니... 로나야... (로나를 끌어안은 채, 뼈아픈 눈물을 흘리는 윤희고)

26.   헤라팰리스 외경(아침)

27.　헤라팰리스 윤희 집 로나의 방(아침)
　　　　로나, 교복 입고 있으면. 그 모습을 멍하니 바라보고 있는 윤희.

로나　　(가방 메면서) 시험 망쳐도 뭐라 하지 마. 꼴등 할지도 몰라.
윤희　　같이 가줄까?
로나　　아니. 혼자 갈 수 있어. 이제부터 나 혼자 싸워. (나가려면)
윤희　　잠깐만! (가만히 교복 매무새 다듬어주며) 교복, 안 버리길 잘 했네. 우리
　　　　로나, 교복 입을 때가 젤 예쁘다...
로나　　(피식 웃고) 그걸 지금 알았어? 다녀올게. (나가다가 문득 생각난 듯) 아
　　　　참, 펜트하우스 아줌마한테 연락 안 왔어?
윤희　　(멈칫, 굳어지고) 아니, 왜?
로나　　아까 경찰서에서 엄마가 전화 안 받아서 아줌마한테 연락했거든. 우리
　　　　집에 가본다고 했는데...
윤희　　그랬어? 전화 안 왔는데...
로나　　아무도 없어서 그냥 가셨나보다. 다녀올게. (씩씩하게 나가면)
윤희　　(그런 로나 뒷모습 보는데, 가슴 저며오고. 애써 맘 다잡는 표정)

28.　헤라팰리스 윤희 집 욕실(아침)
　　　　윤희, 차가운 물에 세수를 연거푸 하고, 거울에 비친 자신의 모습을 보
　　　　는데.

윤희　　정신 차려, 오윤희.... 아무도 몰라... 아무도!!! 독해져야 돼!! 우리 로나
　　　　위해서!! 난, 엄마니까... (바르르 떨리는 입술을 악무는 윤희고)

29.　헤라팰리스 일각(아침)
　　　　교복 차림의 석훈, 빠르게 어디론가 뛰어가는데.

30. 헤라팰리스 커뮤니티(아침)
　　　석훈, 문을 확 열고 들어가면. 기다리고 있는 건 교복 차림의 로나고.

석훈　(놀라서 보는) 너... 학교 다시 가려고? 자퇴 안 한 거야?
로나　(뭔가 달라진 표정으로 석훈을 보는) 너, 내 부탁 하나 들어줄 수 있어?
　　　　(의미심장하게 석훈을 보는데)

31. 헤라팰리스 윤희의 집 안방(아침)
　　　윤희, 쇼핑봉투에 회색 재킷을 쓸어 담는. 그러다 애플 목걸이를 찾으
　　　면 없고.

윤희　(놀라서) 어디 갔지? 목걸이... (정신없이 찾다보면, 화장대 아래 떨어져있
　　　　는 애플 목걸이가 눈에 들어오고. 안도하며 목걸이 주워서 쇼핑봉투에 담는)

32. 헤라팰리스 윤희의 집 거실(아침)
　　　윤희, 출근 차림으로 쇼핑봉투 들고 나와서, 그날 신었던 신발까지 찾
　　　아서 죄다 쓸어 담는데.
　　　그때, 윤희의 핸드폰 울리고. 보면 수련인데.
　　　멈칫하는 윤희, 수신 거절로 돌려버리고 급히 현관으로 걸어가는.

33. 헤라팰리스 윤희 집 앞(아침)
　　　윤희, 현관문 열고 밖으로 나오면. 그 앞에 수련이 서있고.
　　　놀라서 멈춰 서는 윤희.

윤희　아악! (손에 든 쇼핑봉투를 얼른 뒤로 감추면)
수련　왜 그렇게 놀라? 출근이 빠르네.
윤희　(애써 시선 피하며) 응... 아침에 회의가 있어서.
수련　로나가 전화했더라. 오늘 학교 간다고.. 경찰서 간 것도 잘 해결됐다며.

잘됐다.

윤희   음... 그래. 나 바빠서, 나중에 봐. (급히 엘리베이터 버튼 누르면)

수련   (그런 윤희 잡고) 오늘 퇴근하고 시간 있어? 설아 죽은 날에 대해서 물어볼 게 좀 있어서.

윤희   (당황) 오늘? 야근해야 해서 좀 바쁜데... 아는 게 없어서 대답해줄 것도 없고. 난 그때 헤팰에 살지도 않았잖아. (초조하게 엘리베이터 기다리면)

수련   많이 혼란스러운 거 알아. 미안해, 윤희 씨. 그래도 설아 죽인 범인 꼭 잡아야 해. 나한텐 윤희 씨가 필요해. 원한다면 윤희 씨도 나 이용해. 나 이용해서 천서진한테 복수해. 뭐든지 다 도와줄게.

윤희   (순간 욱하고) 복수? 차라리 솔직해져! 언니 손에 피 안 묻히고, 언니가 원하는 걸 얻으려는 수작이잖아! 천서진이라면 내가 물불 안 가리고 덤벼줄 거 같으니까! 다 거짓말이었어! 날 위해주는 척, 날 도와주는 척, 위선 떤 거야! 내 말이 틀려?!! (소리 지르면)

수련   (안타까운) 시작은 그랬지만... 윤희 씨에 대한 내 맘은 진심이었어.

윤희   듣기 싫어! 왜 하필 나야?! 왜 날 끌어들인 거야? 가만있는 날, 왜 흔들어서 보송마을로 보내고, 민설아랑 엮이게 했어?! 그 때문에 우리 로나가, 내가, 얼마나 힘들었는데!! 대체 왜!!!!! (절규하면)

수련   윤희 씨도 딸 키우는 엄마잖아. 그럼, 내 맘 조금은 이해해줄 수 있잖아. 범인은 헤라팰리스 안에 있어! 난 꼭 그 범인을 잡아서 설아 한 풀어줘야 해.

윤희   그래서 나더러 어쩌라고?!!

수련   윤희 씨 증언이 필요해!! 경찰 앞에서 아는 만큼만 진술해줘.

윤희   (당황) 경찰? 내가? 내가 왜?!!

수련   (목에 걸려있는 유골목걸이를 보여주며) 이게 뭔 줄 알아? 우리 설아의 유골이 여기 담겨있어. 불쌍하게 죽은 내 딸이 이 안에 있다구!!

윤희   (유골목걸이를 확인한 순간 비명처럼) 아악!! 민설아 얘기 그만해!!!!! (귀 틀어막아버리면)

수련   (윤희의 신경질적인 반응에 놀란 듯) 윤희 씨...

윤희	늦어서.. 가봐야겠어. (급히 엘리베이터 올라타고 내려가버리는)
수련	(절망적으로 윤희를 보는 수련이고)

34. 청아의료원 윤철 진료실(아침)

간이침대에서 잠들어있는 윤철. 그 옆으로 트렁크와 싸다 만 책들과 박스들이 보이고.

그때, 문 확 열리며 들어서는 규진, 윤철을 깨우는데.

규진	꼴좋다! 이혼당하고, 집에서 쫓겨난 주제에, 지금 속 편하게 잠이 와요?
윤철	(몸 일으키고) 무슨 일이에요?
규진	들었어요? 주 회장이 로건 리랑 MOU 협약을 맺었대요, 글쎄!! 명동에 다 호텔 카지노 사업을 벌인다잖아요.
윤철	묶여있는 돈, 뭐라도 하게 되면 다행인 거 아닌가?
규진	(욱해서) 뭐가 이렇게 태평해? 합의금으로 급한 불은 껐다, 이거예요? 명동 땅에 우리 지분이 2백억이 들었는데, 어떻게 우리한테 보고도 안 하고 지 맘대로 계약을 해요? 이거 완전히 우릴 개무시한 거예요! 그러다 그 땅이 잭팟 터지면? 우리 지분도 못 챙기게 생겼다고요!
윤철	그래서 어쩌겠다고요?
규진	어쩌겠냐니. 우리도 소유권을 주장해야죠. 대체 그 머리로 의사는 어떻게 됐대. 지금 주 회장한테 제일 열 받는 사람, 하 박사 아니에요? (진료실 쪽 돌아보며) 짐 다 싸놓은 거 보니, 병원에 사표도 낸 모양인데, 이제부터 살 궁리를 해야 될 거 아니에요. 갈 병원은 정했어요? 어디? 고향 쪽?
윤철	(웃으며) 고향을 왜 가요, 내가? 청아의료원에 내 환자가 몇인데.
규진	안 가면? 이 사람 봐라. 이혼할 때 서진 씨랑 계약서 쓴 거 잊었어요? 70 억 받고, 청아의료원에서 영원히 떠나기로 했잖아요.
윤철	아닌데요. 나 청아의료원 원장으로 인사 났는데.
규진	(화들짝 놀라) 네에? 그게 무슨...
윤철	장인어른이 돌아가시기 전날, 이 병원 원장 하래요, 나. 그래서 오늘 원

장실로 짐 옮길 건데요. 거절하고 싶어도, 마지막 유언이 됐으니 따라야겠죠?

규진 (눈 휘둥그레져서) 서진 씨도 알아요?

윤철 아직요. 곧 알게 되겠죠! 잠 깼는데, 커피 한잔 할래요? (커피포트로 아무 일 아니라는 것처럼 걸어가면)

규진 (무섭다는 듯 윤철을 보는) 하 박사... 내가 아는 사람 맞아? (멍한 표정)

35. **공사장(아침)**

윤희, 끼익 차를 세우고, 차에서 내리는. 주변을 둘러보며 걸어가는데. 손에 쇼핑봉투 들려있고. 쇼핑봉투에서 회색 재킷과 구두를 꺼내서 불이 활활 타오르고 있는 드럼통 안에 넣어버리고. 재킷과 구두가 타들어가는 것을 지켜보는데.

마지막으로 애플 목걸이를 꺼내서, 옆에 있던 돌로 내리쳐서 박살 내는. 그리고는 드럼통 안에 던져버리고 돌아서는 윤희의 차가운 눈빛.

36. **청아예고 복도(아침)**

복도를 지나가는 누군가의 뒷모습.

그를 향해 있는 황당하고 놀란 아이들의 시선과 표정.

37. **청아예고 음악부 교실(아침)**

은별, 열심히 시험공부 중이고.

석경 역시 은별 의식하며, 몰래 책 사이에 끼워서 정답지 달달 외우고 있으면.

제니 대박! 하은별이 어제까지 단독 일등이네.

민혁 예중에선 석경이한테 완전 밀렸었는데. 하은별, 공부 비결이 뭐야?

은별 비결이 어딨어. 교과서 위주로 판 거지.

제니 내 친구지만 너 참 재수 없다. 근데 석경인 어쩌냐. 어제 시험 망쳐서.

석경　어젠 첫날이라 컨디션 난조였고, 오늘부턴 그런 일 없어. (자신만만한데)

그때, 교실의 앞문이 열리며 들어서는 석훈.

민혁　야, 주석훈! 왜 이렇게 늦었어. 안 오는 줄?

석훈　(문 쪽 보며) 들어와.

제니　누구?

아이들, 일제히 문 쪽을 보면, 들어서는 건, 로나고.
다들 황당한 표정으로 로나를 보면.

은후　너 뭐냐? 자퇴했다더니... 다시 컴백?!!

유정　설마... 어제 시험도 안 봤잖아!

은별/석경 (부들부들 하면서 석훈과 로나를 번갈아 보는데)

로나　(석훈에게 다가와, 자연스럽게 석훈 팔짱 끼며) 내 자리 어딘데?

석훈　(로나 책상에 걸터앉아있는 민혁에게 고개 까딱하며) 이민혁! 비키지!

민혁　어? 어! (얼른 벌떡 일어나면)

석훈　(의자 빼주고, 로나를 자리에 앉히면)

제니　(얼떨떨) 근데 이 상황이 뭐냐? 아예 대놓고 챙겨주기? 나만 이상한 거?

석훈　(아이들에게 공표하는) 나, 배로나랑 사귀.

아이들　뭐?!!! (놀라서 웅성대면)

석훈　그러니까, 앞으로 입조심 제대로들 해. (엄포 놓으면)

은별/석경 (기막힌 표정인데)

로나　(미소 지으며, 그런 석훈을 보는)

38.　회상/17화 30신 연결/헤라팰리스 커뮤니티(아침)
석훈, 당황한 표정으로 로나를 보고 있는데.

로나	(빤히 석훈을 보며) 우리 사귀자고. 못 알아들었어?
석훈	진심은... 아닐 테고. 뭐냐?
로나	(담담하게) 너 나 좋아한다며? 그러니까 사귀자고. 재밌을 거 같아서. 자퇴 번복하고 컴백하는데, 이벤트 하나 정돈 있어야 되지 않겠어?

39. 현재/청아예고 음악부 교실(아침)
석훈, 자리로 가서 앉으면.

석경	(석훈에게) 주석훈, 완전 돌았구나? 뭐? 배로나랑 사겨? 딱 봐도 저게 오빠 이용하는 거잖아. 학교 돌아오려고 오빠 방패 삼는 거, 모르겠어?
석훈	상관없어. 그게 뭐든.
석경	뭐어? (기막힌데)
헤미	(교실로 들어서며) 다들 앉아. 시험 10분 전이야!
아이들	(그제야 시험 준비하는데)
은별	(로나의 복귀에 분해서 미치겠고. 멘탈 나가버린. 부들부들 떨리는 손. 당황한 표정 역력하고)

40. 청아예고 이사장실/청아의료원 일각/전화통화(아침)
서진, 핸드폰으로 단태에게 전화하면서, 왔다갔다 안절부절못하고 있는.
계속해서 "전화를 받을 수 없어..." 음성만 반복되고.

서진	주단태, 진짜 뭐하자는 거야? 아직까지 사과 한마디 없이!! (그러다 별장 욕실에서 나오던 윤희와 침실에서 자고 있던 단태가 떠오르면) 설마... 아니겠지? (애써 고개 내젓고 부인하면서도, 불쾌한데)

그때, 전화 걸려오면. 얼른 들어서 보는데. 규진이고.

서진　(김새서 받는) 여보세요. 아침부터 무슨 일이죠?

규진　소식 들었어요? 청아의료원 인사에 핫뉴스가 있던데...

서진　청아재단에 내가 모르는 인사도 있나요?

그때, 노크 소리 나고. 두기가 급하게 들어오면.

두기　부장님! 문제가 생겼습니다!

서진　(전화로 규진에게) 바빠서 그만 끊어야겠네요. 이 변호사님! (전화 끊으면)

규진　여보세요. (이미 끊겼고. 재밌다는 듯) 우리 천명수 이사장님은 대체 몇
　　　　수를 내다보신 거야? 아까워, 아까워. 그렇게 돌아가실 분이 아닌데..

서진　(두기를 보며) 무슨 문제죠?

두기　그게... 배로나가 돌아왔습니다.

서진　(놀라서 보는) 네에? 자퇴는...

두기　하지 않겠답니다. 부모님 확인서까지 받아왔더라구요.

서진　(굳어지는) 배로나 지금 어딨죠?!

41.　　**청아예고 복도/음악부 교실 앞/안(아침)**
　　　　신경질적인 서진의 발걸음. 음악부 교실 복도에 멈춰 서면.
　　　　유리창 안으로 보이는 건, 시험 치고 있는 아이들 속, 로나의 모습이고.
　　　　로나, 자신 있게 문제를 풀고 있다. 다 푼 듯 뒷장을 넘기면.
　　　　석경도 무슨 일인지 술술 답을 적어 내려가고 있는.
　　　　그 모습을 뒤에서 보고 있는 은별, 이미 멘탈 나간 듯 어쩔 줄 몰라 허둥
　　　　대고 있고. 계속 마킹 잘못해서 OMR 카드를 다시 받고 있는. 그러다
　　　　또 잘못 적고.. 초조한 표정의 은별.
　　　　서진, 그런 은별을 열 받아 뚫어지게 쳐다보는데. 그때 다가오는 호동.

호동　로나가 돌아와서 얼마나 다행인지 모릅니다.

서진　(신경질적으로 홱 돌아보면)

호동   사실, 자퇴하기에는 아까운 인재였잖아요. 성적이나 실력이나 인성, 모든 면에서. 누군가와는 비교도 안 될 만큼. 앞으로 세계적인 성악가로 성장한다에 한 표!

서진   (어이없지만 표정 관리하며) 언제부터 배로나 학생을 그렇게 챙겼죠?

호동   혜팰 아이들이 따 시킬 때부터요.

서진   뭐라고요?

호동   미리 챙겨줬으면 이렇게 방황도 안 했을 텐데. 그래서 이제라도 신경 좀 제대로 쓰려고요. 인재 보호 차원에서! 그럼, 수고하십쇼, 부장님. 아니, 예비 이사장님. 줄여서 그냥 예비라고 할까요? (획 가버리면)

서진   (그런 호동이 맘에 안 들어 미치겠는데)

두기   (서진 옆으로 쓱 나타나며) 보셨죠? 배로나 컴백? 이게 뭔 조화일까요?

서진   구호동 선생, 남은 계약기간이 얼만지 확인해봐요.

두기   구 쌤이요?

서진   그동안의 업무상태도 체크해서 보고해요! 뒤져보면 뭐든 하나라도 걸리겠죠!

두기   알겠습니다, 부장님! 누구 빽인지는 모르겠지만, 구 쌤한테 너무 관대했어요. 우리가! (표정)

42.   **단태의 사무실(낮)**
        단태, 윤희와 직원들과 회의 중인데. 직원들 앞에서 윤희의 공을 치하하고 있는.

단태   이번 협약에 혁혁한 공을 세운 오윤희 씨를 오늘부로 투자2팀 팀장으로 발령합니다. 다들 오 팀장에게 힘을 모아주기 바랍니다.

직원들   (일제히 윤희에게 박수 보내면)

윤희   (얼떨떨한 표정으로 일어나고) 감사합니다. 부족한 제가 너무 큰 책임을 맡게 돼서 많이 걱정스럽습니다. 제이킹홀딩스에 도움 되는 팀장이 되기 위해 최선을 다하겠습니다. (인사하고, 숨 고르며 자리에 앉는데)

단태	그럼, 회의 시작할까요. 서원은행 대출 건은 어떻게 됐습니까. 지점장은 만나봤어요?
팀장1	그게... 갑자기 지점장이 말을 바꿨습니다. 명동 건 때문에 이미 한도치가 초과됐다며, 대출을 더 받으려면 새 담보가 필요하다고...
단태	(놀라고) 서원은행에서 대출을 막았다고요?! 우리 회사 자산이 얼만데?!!
팀장1	저도 납득이 안 되는 상황입니다.
윤희	(나서고) 갑자기 대출이 안 되면 어떡해야 되죠. 로건 리 쪽에서 공동대표를 제시하는 조건이 동일한 투자금인데... 지금 오송그룹 말고도 로건 쪽과 접촉하는 대기업들이 있다고 들었습니다. 만일 투자금을 이유로 로건이 계약을 깨겠다고 하면...
단태	(단호한) 그럴 일은 없어요! (조 비서 보며) 지시한 건 처리했어?
조비	네, 회장님.
단태	새 담보를 쓸 때가 된 건가... (의미심장한 표정인데, 윤희에게) 오 팀장. 로건 리에게 연락해요. 당장 보여줄 물건이 있다고!

43. 자코모 매장 (낮)

수련, 직원들과 회의 중인데.

수련	어려운 시기에도 불구하고, 지난 분기 판매율이 상승하고, 고객 만족도에서도 우수한 평가를 받았습니다!
직원들	와아.... (기분 좋게 박수 치면, 화기애애한 분위기고)
수련	다 여러분들이 열심히 해주신 덕분입니다. 감사합니다!
직원	제품 반응도 좋은데, 마진율을 고려해서 이 정도 가죽을 사용하면 어떨까요?
수련	(정색하고) 우린, 물건을 파는 회사가 아니라, 가치를 파는 기업입니다. 10년, 20년을 쓰고 버렸을 때도 품격이 있는 가구를 만들어야 합니다. 좋은 품질만이 소비자를 붙잡을 수 있어요! 저 또한 당장의 이익에 타

협하지 않고, 브랜드 가치를 높이는 데 최선을 다하겠습니다!

직원들 (수련의 말에 믿음이 가며 수긍하는 듯, 고개 끄덕이는데)

수련 (그때, 혜인이 간병인에게 전화오고) 잠시만요. (한쪽에 가서 전화 받는) 저예요. 혜인이한테 무슨 일 있어요?

간병인(F) (다급한 목소리로) 사모님, 그게... 혜인이가 사망신고가 돼있다고, 지금 치료가 중단됐는데 어떻게 된 일이죠?

수련 (경악하는) 그게 무슨 소리예요?! 사망신고라니!!

44. 청아예고 일각/자코모 쇼룸/전화통화(낮)
     호동, 인적 없는 곳에서 수련의 전화를 받고 있는.

수련(F) (격앙된 목소리) 주단태 그 자식이 기어이 혜인이 사망신고를 했어요!

호동 이미 예상했던 일 아닙니까. 사망신고를 하면, 주혜인 땅의 반이 그 사람 몫이 될 테니까.

수련 그 땅은 절대 안 돼요! 우리 아버지가 혜인이 몫으로 남겨준 땅이에요! 혜인이를 죽이려고 한 인간이 어떻게 그 땅을 탐내요?!

호동 방금 주단태 쪽에서 연락받았어요. 보여주겠다는 땅이 있다는데... 아마도 그 땅인 듯싶네요.

수련 (기막힌) 땅을 보여준다고 했다고요? (뭔가 결심한 듯) 파렴치한 인간! 더 이상은 미룰 수가 없겠네요! 지금 바로, 주단태와 미팅 약속 잡으세요!!

45. 헤라팰리스 분수대(낮)
     은별, 제니, 민혁, 석경, 걸어가면서 얘기하고 있는.

제니 진짜 쇼킹 그 자체 아냐? 난 아직도 안 믿긴다니까. 언제부터 둘이 사귀게 된 거야. 넌 알고 있었어? (석경이한테 물으면)

석경 (짜증 내는) 그걸 내가 어떻게 알아! (신경질 내고 확 가버리고)

제니 (은별 흘낏 보며) 더 쇼킹한 건, 오늘 수학시험, 주석경이 백 점, 배로나가 97점이라는 거지.

민혁 은별이는?

은별 (순간 얼굴 벌게지는데)

제니 은별이는... (하다가 쿡 웃으면)

그때, 마리와 상아가 반대편에서 걸어오고.

마리 제니~! 시험 잘 봤어? 과외 쌤이 찍어준 거 다 나왔어?

제니 아 몰라. 완전 잡쳤어. 과외 쌤 바꿔. 근데, 은별이보단 잘 봤어.

마리 뭐어? 은별이보다 잘 봤으면 니가 일등 아냐? 은별이 계속 만점이라며.

제니 은별이가 오늘 밀려 써서 수학 대박 망쳤거든. 58점! 우리 반 수학 단독 꼴찌야.

마리/상아 58점? 은별이가?!!

은별 (얼굴 벌게져서 막 뛰어가면)

민혁 오늘 배로나가 컴백했거든.

상아 컴백하다니. 로나가 학교에 왔다고? 정말이야?

제니 네, 그래서 은별이 멘탈이 깨지면서 시험 내내 OMR 카드를 열 번을 바꾸더라고요. 잘못 마킹했다고. 그러다가 막판에 쫄려서 밀려 쓴 거죠.

민혁 근데, 더 쇼킹한 건... 로나랑 주석훈이 커플 선언을 했어.

마리 로나랑 석훈이가 사귄다고?! 개들이 왜?! 이게 다 뭔 소리야?! (눈 휘둥 그레지고)

46. 헤라펠리스 커뮤니티 (낮)

은별, 기다리고 있으면. 들어오는 로나.

은별 (신경질적으로) 왜 이렇게 늦게 와? 내가 부르면 바로 뛰어오라고 했잖아!

로나 (대꾸 없이 의자에 털썩 앉고, 태연하게 의자 빙글빙글 돌리고 있으면)

은별	너 대체 뭔 생각이야? 왜 다시 돌아왔어? 다 잊었어? 지금이라도 니네 엄마가 불륜녀인 거 온 세상이 알게 만들어줘?!
로나	(픽 웃음 터지고)
은별	(멈칫하는) 너 지금 웃었어?
로나	그래! 가서 말해!
은별	뭐?
로나	(당당하게 은별 보며) 니네 아빠 바람핀 거 동네방네 소문내고 싶음 어디 해보라고!
은별	(당황) 뭐야?!
로나	너 겁나지? 내가 다시 돌아온 게 엄청 신경 쓰여 죽겠지? 그래서 수학도 밀려 쓴 거고. 어제까지 만점이었다면서 멘탈이 그 모양이라 어쩌니. 이러다 수능까지 밀려 쓰면?
은별	(확 밀치며) 배로나, 너! 죽고 싶어?! (정곡을 찔려 발끈하면)
로나	(은별의 손을 확 꺾으며, 싸늘한 미소로 은별 보며) 근데 나, 아직 시작도 안 했어. 기대해. 무슨 일이 벌어질지. (은별을 있는 힘껏 밀어버리는데, 그때 문 열리고 석훈이 들어서면. 반갑게 다가서는) 석훈아~ 왔어? 우리 독서실에서 같이 공부할래? 집에 아무도 없거든. 저녁도 같이 먹고.
석훈	응, 좋아.
로나	(은별 보란 듯이 일부러, 석훈 팔짱 끼며) 보고 싶댔더니 바로 왔네. 가자. 나 배고파~ (석훈 데리고 나가려는데)
은별	(달라진 로나의 태도에 부들거리다가, 욱해서 달려가 로나 머리채를 휘어 잡고) 니깟 게 뭔데, 석훈이를 꼬셔?! 니 엄마 닮아서 꽃뱀이니?!
로나	이게!! 말 다했어?!! (같이 은별이 머리채를 휘어잡으면)
석훈	(두 사람 말리고) 그만해, 하은별!! (은별이를 떼어내면)
은별	(분해서) 넌 항상 왜 쟤 편이야? 아무것도 모르면서 배로나 같은 앨 왜 좋아하냐고! 너! 배로나가 어떤 앤지 알고 이러는 거야? 쟤네 엄마 불륜녀야! 남의 가정 파탄시킨 더러운 가정 파괴범이라고!!

로나	우리 엄마 불륜녀 아냐!! 아무 말이나 지껄이지 마!! (덤벼들려면)

로나　우리 엄마 불륜녀 아냐!! 아무 말이나 지껄이지 마!! (덤벼들려면)

은별　(조롱하듯) 가정 있는 남자한테 꼬리치는 게 꽃뱀이고, 불륜녀지, 쉴드
　　　친다고 뭐 달라져?! 석훈이 너! 수준 떨어지게 어떻게 저런 애랑 사겨?!
　　　창피하지도 않아?!

석훈　(태연하게 은별에게 가까이 다가서고) 우린 뭐가 다른데? 너랑 나랑도 대
　　　단한 수준 아냐. 아니, 우리가 더 더러울지 몰라. 겉으론 잘난 척 고상 떨
　　　지만, 안은 더 곪아 썩은 쓰레기!

은별　뭐?! 어떻게 배로나 같은 애랑 우릴 비교해?!

석훈　왜? 넌 청아재단 차기 이사장 딸이고, 우리 아빠는 회장이라서? 근데,
　　　그 실체가 뭔 줄 알아? (은별이 귀에 대고) 우리 아빠랑 니네 엄마, 만나
　　　고 있어.

은별　(순간 멍해지고) 너 지금... 뭐라고 했어?

석훈　(속삭이듯) 못 알아들었어? 우리 아빠랑 니네 엄마, 불륜 사이라고!! 니
　　　가 말하는 그 더러운 불륜. (은별한테 떨어져서, 큰소리로) 이제 알았으
　　　면, 조용히 입 다물고 살자. 너나 나나 더 쪽팔려지기 전에. (덥석 로나 손
　　　잡더니, 데리고 나가면)

은별　말도 안 돼.... 엄마가 어떻게...!!! (충격 받은 은별이고)

47.　헤라팰리스 은별의 방 (낮)

은별(E)　아악!!!!

　　　은별, 흥분해서 문제집들이며 옷들이며 물건들을 침대에 던지며 분해
　　　하는데.

은별　아냐!! 아냐!!!! 그럴 리 없어!!!

　　　눈 돌아서 마구 물건들을 내던지는 은별. 엉망으로 흔들리는 모습이고.

48.   자코모 주차장(낮)

　　차에 오르는 수련의 뒷모습. 차 출발하면. 뒤따르는 조 비서의 차.

49.   백화점/단태 사무실/전화통화(낮)

　　선글라스 낀 채 쇼핑하고 있는 수련의 뒷모습. 그 뒤를 쫓는 조 비서의 모습.

조비　(쇼핑하고 있는 수련을 보며 단태에게 전화하는) 지금 백화점에서 쇼핑
　　　중이십니다. 특별한 움직임은 없습니다.

단태　사람 하나 붙여서 계속 지켜봐. 조 비서는 들어오고!

　　쇼핑하는 수련, 고개 돌려보면. 수련이 아니고 양 집사고.

양씨　네, 구호동 씨. 잘 따돌린 거 같습니다. (호동에게 전화로 보고하는)

50.   단태의 사무실(낮)

　　단태, 전화 끊고. 서랍에서 손가락이 든 유리곽을 꺼내서 보는.

단태　다 알면서 숨기고 있었다? (손가락 반지를 보며) 대체 언제부터...

　　그때, 노크 소리 나고, 윤희가 들어서는.

윤희　로건 리와 미팅 약속 잡았습니다. 지금 움직이시면 됩니다.

단태　수고했어요. 가죠. (일어서서 문 쪽으로 가다가, 갑자기 윤희 돌아보고) 어
　　　디 아파요?

윤희　네? 아뇨.

단태　(빤히 윤희 얼굴 쳐다보며) 얼굴이 안 좋아 보여서... 딸이 자퇴를 했다고
　　　들었는데, 내가 도와줄 일 있음 뭐든 얘기해요.

윤희　(의아한 듯) 그 말, 천서진이 들으면 좋아하지 않을 거 같은데요.

단태	내 일은 내가 결정해요. 나한테 필요한 사람을 선택하는 것도, 내 사람을 위해 도움을 주는 것도 전부 다!
윤희	말씀만으로도 고맙습니다. 근데, 저희 딸, 오늘 학교 갔어요.
단태	그래요? 잘됐네요. 아 참, (안주머니에서 차키를 꺼내, 별거 아니란 듯 툭 내밀고) 승진 축하 선물로 뭐가 좋을까 생각하다가... 제이킹홀딩스 팀장에 맞는 차로 준비했어요. 이제부터 오윤희 씨 안전이 우리 회사의 안전이니까.
윤희	(보면, 차키고. 놀란 표정) 차를... 주신다고요? 선물치고 너무 과한데요. 부담스러워서 싫습...
단태	(말 막고) 그날 일, 비밀 지켜줘서 고마워요. (윤희 손에, 차키를 쥐어주면. 단태와 윤희 손 살짝 스치고)
윤희	(순간 움찔하면)
단태	(휙 나가버리는)
윤희	(가만히 손에 쥐어진 차키를 내려다보는데. 묘한 감정 들고)

51.   자코모 전경(낮)

52.   자코모 건물 일각(낮)

　단태, 로건, 윤희와 함께 자코모 건물을 둘러보고 있는.

로건	(영어로) 여길 담보로 투자를 하시겠다고요?
단태	보시면 아시겠지만, 서울에서 이 정도 부지면 거액의 대출에 무리가 없습니다.
로건	(영어로) 위치가 아주 좋네요. 욕심 날 정도로.
윤희	그럼 투자금 확보하는 대로, 바로 공동대표로 법인 설립 추진해서 진행하겠습니다.
로건	(영어로) 역시 일 처리가 확실하네요.
단태	(만족스러운 표정으로 윤희를 보는데)

수련(E) 오랜만이에요, 로건!

다들 뒤를 돌아보면. 다가오는 사람, 수련이고.

단태 (당황해서 수련을 보는) 여보...?!

윤희 (윤희 역시 수련을 보자 불편한 듯 굳어지는데)

수련 (그런 단태와 윤희 외면하고, 로건에게, 영어로) 여긴 어쩐 일이세요, 로건? 제가 일하는 가구회사가 여기거든요.

로건 (영어로) 아... 주 회장님과 사업 얘기 중이었어요. 여기 부지를 담보로 투자를 하신다고 하셔서요.

단태 (당황해서) 자세한 얘기는 이동하면서 하시죠. 이쪽으로. (급히 로건을 데리고 자리를 피하려면)

수련 뭔가 오해가 있으신 거 같은데요! (로건 앞으로 다가서고)

로건/수련/윤희 (멈칫해서 수련을 보는데)

수련 (당당하게) 여긴 제 딸 소유의 땅이에요. 남편은 아무런 권한이 없죠!

로건 (난감한 척 단태를 보면)

단태 (말 돌리며) 그 딸은 이미 사망했습니다. 안타깝게도. 이제 명의는 달라졌구요. 저한테 권한이 있는 게 맞습니다.

수련 (단태에게) 여보, 그게 무슨 소리예요? 우리 혜인이가 죽다뇨.

단태 (애써 표정 관리하며, 수련을 한쪽으로 데리고 가고. 나지막이) 뭐하자는 거야? 당신 미쳤어?!

수련 미친 건 당신이야. 내가 분명히 기다리라고 했을 텐데. 상의도 없이 우리 혜인이 사망신고를 해?!

단태 애 죽은 지 반년이면 오래 기다린 거 아닌가? 어차피 돌아올 애도 아닌데, 과태료 물어가며 미룰 게 뭐 있어. 묵혀둔다고 돈이 되는 게 아냐! 어차피 이 땅의 반은 내 몫이니, 내가 알아서 써도 무방하겠지?

수련 혜인이 땅이 욕심나서, 나랑 이혼을 못 했던 건가? 아님, 이제 내 차롄가? 날 죽이고, 이 땅을 혼자 차지하겠다고?!

단태	(로건 쪽 흘낏 보며, 목소리 낮춰) 지금 무슨 소릴 하는 거야!!
수련	내가 모를 줄 알아?!! 당신이 혜인이 죽인 거!!
단태	(묘하게 일그러진 얼굴) 대체... 어디까지 알고 있는 거지? 윤태주와 죽기 전에 무슨 작당을 한 거야!!
수련	궁금해? 무슨 작당을 했는지?! (갑자기 뒤를 돌아보고) 들어와요!

하면. 한쪽에서 간병인이 미는 휠체어를 타고 등장하는 건, 혜인이고.
단태, 살아있는 혜인이를 보면, 귀신이라도 본 듯 기겁하는데.

단태	주혜인....!!!!
수련	혜인아, 아빠한테 인사해야지.
윤희	혜인이?... (상황 파악 안돼서 어리둥절한데)
혜인	아빠....? (단태를 보면)
단태	(충격 받아서 정신없고)
수련	아이가 인사하잖아요. 오랜만에 보는데 반갑지 않아요? 요양 치료받고, 많이 회복됐어요. 그동안 병원에서 재우는 주사를 너무 오래 맞아서 회복하는 데 시간이 걸렸지만, 이제 모든 기관이 정상으로 돌아오고 있어요. 말도 배웠고, 조금씩 걸을 수도 있어요. 기쁘지 않아요, 당신? 그토록 혜인이한테 지극정성이었는데... (야릇한 미소 지으면)
단태	(애써 진정하며) 이게... 어떻게 된 거야!!!!
수련	혜인이가 아빠한테 할 말이 있대서 데려왔어요. (혜인에게) 혜인이가 직접 말씀드리렴.
혜인	여긴 할아버지가 나한테 준 선물이랬어요. 아무한테도 안줄 거예요.
단태(E)	(죽일 듯이 수련을 노려보며) 심수련! 감히 날 속이고, 애를 빼돌려?
수련(E)	주단태!! 이제부터 하나씩 되갚아줄게!!

팽팽한 두 사람의 시선.

로건 　(기분 나쁜 척, 영어로) 대체 어떻게 된 거죠, 주 회장님? 살아있는 딸을 죽었다고 해서, 가짜 담보를 내세운 거였나요? 실망스럽네요.

단태 　그게 아니라... (당황하는데)

수련 　우리 혜인이 허락 없이는 이 땅은 건드릴 수 없다는 걸 알아주셨음 해요! 그럼 또 뵙죠, 로건! 아이가 몸이 불편해서요.

수련, 로건에게 인사하고, 간병인과 함께, 혜인이 휠체어를 밀고 가면.
단태, 로건 때문에 차마 따라가지 못하고, 조 비서에게 눈짓하는데.
조 비서, 급히 수련과 혜인을 쫓아가는.

53. 　자코모 건물 앞/조 비서 차 안(낮)
　　　혜인과 간병인, 기다리고 있던 차에 올라타면.
　　　조 비서, 급히 차에 올라타서 혜인의 차를 뒤따라가려는데.
　　　조 비서의 차 앞을 가로막아 서는 건, 수련이고.

수련 　꺼져! 감히 누굴 건드려!

조비 　(차를 뒤로 후진해서 돌려서 다시 따라가려면)

수련 　(다시 두 팔 들어서 막고) 날 죽이고 쫓아가보든지!!!

조 비서, 끼익— 하고 다시 멈춰 서고. 애꿎은 클랙슨만 빵빵! 울리는데.
그 뒤로, 걸어오는 단태와 로건, 윤희. 그런 수련과 조 비서의 대치상황을 보면.

로건 　(수련에게 다가와) 무슨 일이죠? (관심을 보이면)

단태 　(차마 어쩌지 못하는데. 열 받아 미칠 지경이고)

윤희 　(수련에게 다가와) 어떻게 된 거야? 딸은 죽었다고 했잖아.

수련 　자세한 얘긴 나중에 해줄게. (단태에게 부드럽게) 그럼 이따 집에서 봐요, 여보. 혜인이 데려다주고 올게요. (혜인이 차에 올라타서 출발하면)

| 로건 | (단태 몰래 수련과 눈빛 주고받는데) |
| 윤희 | (문득, 로건과 수련의 오묘한 기류를 느끼는. 멈칫. 뭔가 의심스럽고) |

54. 단태 사무실(저녁)
조 비서에게 있는 힘껏 주먹을 날리는 단태.

단태	(흥분해서) 병신 같은 새끼! 그걸 놓쳐?!! 그동안 감시도 제대로 못 하고, 대체 뭘 하고 다녔어!! 어떻게 혜인이가 살아있는 것도 모를 수가 있냐고!!!
조비	(겁에 질려 떨며) 죄송합니다, 회장님!! 분명 계속 미행하고, 감시를 했었는데....
단태	(죽일 듯이 노려보며) 닥쳐!! 백화점에 있다던 사람이 어떻게 거길 나타나!! 머저리같이 누굴 따라다닌 거야!! (죽도록 조 비서를 패는. 그래도 분이 안 가시고) 심수련!! 더는 못 참아!! (밖으로 뛰쳐나가는데)

55. 헤라팰리스 윤희 집 거실(저녁)
윤희, 혼란스러운 듯 거실로 들어서고.

| 윤희 | 언니한테 딸이 또 있다고? 그 앤 누구 자식이야... (그러다 수련과 로건이 묘한 눈빛을 주고받던 게 떠오르고. 멈칫하는) 언니가 주 회장이 뭘 하는지 알고 있었어. 그래서 딸을 거기로 데려온 거고... 설마, 로건 리랑 언니가?! (고개 내저으면서도 뭔가 의심스러운데) |

그때, 들려오는 로나의 노랫소리. 윤희, 로나 방 쪽을 보는.

56. 헤라팰리스 윤희의 집 로나의 방(저녁)
로나, 무반주로 노래를 부르고 있는데. 생각처럼 안 되는지 자꾸 멈칫하고.

악보에 체크를 해가며 다시 부르기를 반복하는데.

윤희(E)　너무 힘이 들어갔잖아.

로나　(돌아보면, 윤희가 서있고)

윤희　(자연스럽게 피아노 앞으로 가서 앉으며) 고음으로 올라갈수록 호흡을 밑으로 내려야지. 다시 해보자. (반주를 해주면)

로나　(윤희 반주에 맞춰서 노래를 시작하고. 로나, 그 어느 때보다도 아름다운 목소리로 노래 부르는데)

윤희(E)　그날, 로나의 노래는, 내가 들은 것 중 최고였다.

　　　　윤희, 감동스러운 얼굴로 로나를 보는.
　　　　두 사람, 예전으로 돌아간 듯 행복해 보이는데.
　　　　그때, 걸려오는 수련의 전화. 윤희, 일부러 전화 받지 않고, 로나에 집중하는.

57.　**펜트하우스 단태의 서재(저녁)**
　　　　수련, 외출복 차림으로 급하게 서재로 들어서면서 윤희에게 전화하는데. 계속 받지 않고.
　　　　기다리다 핸드폰을 내려놓는데. 굳어진 표정이고.
　　　　심호흡하고, 엄지 모형을 눌러서 비밀의 공간으로 들어서는 수련.

수련　(바깥 눈치 보며, 다급하게 로건에게 전화하는) 로건! 펜트하우스 2층 출입구에서 기다려주세요. 서재 물건들 바로 내갈게요.

58.　**헤라팰리스 분수대(저녁)**
　　　　서진, 분수대 쪽으로 걸어가는데. 마침 바쁘게 걸어오는 단태와 마주치는.
　　　　단태, 서진을 보고 그냥 지나치려고 하면.

서진	(단태를 막아서며) 얘기 좀 해!!
단태	비켜! 지금 바빠!
서진	(억지로 잡아 세우고) 아무리 바빠도 이건 아니지!! 하루 종일 내 전화 왜 안 받았어?!! 오윤희랑 별장에 함께 있던 거, 아직 제대로 해명 안 했 잖아!! (따져 물으면)
단태	(화나지만, 주위 둘러보며 애써 누르고) 말했잖아!! 별장에서 잠시 쉬고 있었다고!! 오윤희는 회식 끝나고 우연히 동석한 거뿐이야!!
서진	오윤희, 내 옷 입고 있었어. 당신이 선물한 내 옷!!
단태	옷을 버려서 갈아입었다잖아. 내가, 그런 것까지 일일이 다 해명해야 돼?!!
서진	로건 리와 계약했다며? 그러니까 오윤희 당장 내보내!!
단태	로건 리가 오윤희를 원해. 나도 마찬가지고.
서진	뭐어? (열 받는데)
단태	(주위 두리번거리며, 싸늘하게) 조심해! 여기, 보는 눈 많아.
서진	말 돌리지 마! 당신이 무슨 생각인지 모르겠지만, 명심해! 우리가 다시 시작할 때 했던 약속! 우리 관계는 내가 결정한다는 거! 만나는 것도 헤 어지는 것도 다 내가 해!! (먼저 엘리베이터 쪽으로 가면)
단태	(피곤하다는 듯 고개 꺾으며, 가는 서진을 보는 서늘한 눈빛)

59. 헤라팰리스 서진 윤철 거실 (저녁)

서진, 지친 듯 들어서는데.
윤철, 잠겨있는 은별의 방문을 두드리고 있는 윤철을 발견하는.

윤철	은별아, 문 좀 열어봐! 하은별!!
서진	당신, 여기서 뭐하는 거야?! (헬퍼에게) 저 사람 누가 들여보냈어요?! 내가 문 열어주지 말라고 했죠!! (헬퍼에게 야단하면)
헬퍼	그게 사모님... (난감해 하는데)
윤철	애먼 사람 잡지 마! 은별이 걱정돼서 아주머니가 연락하신 거야. 은별

이가 문 걸어 잠그고 나오질 않아. 책이며 물건들 던지고 부수고 난리 났대.

서진 (다 안다는 듯) 시험 망쳐서 화풀이하는 거야. 괜히 애 핑계로 다시 집 드나들 생각이면, 단념해. 법적으로도 양육권은 나한테 있어.

윤철 (보는) 은별이 아니더라도... 당신이랑 만나야 될 일이 있어서 왔어.

서진 우리가 아직도 할 얘기가 남았나? 아! 병원도 곧 비워줘야 하는데...

윤철 아직 모르는구나? 나, 발령 났어.

서진 발령? 어디로? 아직도 하윤철을 찾는 곳이 있나 보네?

윤철 응, 청아의료원.

서진 뭐? 장난해, 지금?!

윤철 나, 청아의료원 원장으로 일 시작하게 됐어. 그래도 당신한테는 직접 알려줘야 할 거 같아서.

서진 (기겁하는) 무슨 소리야, 그게! 이사장인 내가 컨펌한 적이 없는데, 당신이 무슨 재주로 원장이 돼?!!

윤철 아버님 유언장! 이사장 결재 따윈 필요 없을 거 같은데... (주머니에서 유언장 꺼내서 보여주는데. 하윤철을 청아의료원 원장으로 임명한다는 내용 써있고)

서진 뭐? (굳어지면)

윤철 돌아가시기 전날, 나한테 청아의료원을 맡기셨어. 그땐 몰랐는데, 마지막 부탁이 돼버렸네. 앞으로 잘 부탁드립니다, 천서진 이사장님! (이죽대듯 말하면)

서진 (기막히고. 윤철의 태도에 당황스러운데) 거머리 같은 인간!!

60. **헤라펠리스 주차장/서진의 차 안 (저녁)**
     서진, 급하게 차 쪽으로 걸어가며, 박 변호사와 통화 중인데.

서진 대체 어떻게 된 거예요, 박 변호사님?! 청아의료원 원장 인사 건, 왜 말 안 했어요?!! 당장 이사장실로 와요!! 지금 당장!!

서진, 차에 올라타고, 시동 걸고 막 출발하려는데.

그때, 띠링 문자가 오고. 급히 문자 확인하면.

모르는 번호로 동영상이 도착하고. 뭔가 해서 동영상을 열어보면.

(인서트, 15화 62신) 서진이 쓰러진 서진부를 그대로 두고, 미친 듯이 비를 뚫고 도망치는 모습이 고스란히 찍혀있고!

서진, 하얗게 굳어져 핸드폰을 떨어뜨리는데.

서진　대체 누가.... (온몸 떨리는 서진이고)

61.　헤라팰리스 석경의 방(저녁)

　　　석경, 정답지 달달 외우고 있으면. 누군가 확 뺏어 드는 손. 석훈이고!

석경　(놀라서) 뭐하는 거야? (다시 뺏어 들면)

석훈　(이미 봤다. 석경의 팔을 잡아채며) 너!! 이래서 백 점 받은 거야?

석경　못 본 걸로 해. 아빠가 구해주셨어.

석훈　대체 언제까지 이러고 살 거야?!

석경　아빠가 허락하신 거야!! 그러니까 오빠가 왈가왈부할 일 아냐. 그동안 내 성적 위조에 협조한 사람이 오빠잖아. 갑자기 없던 양심이라도 생긴 거야? (흘러내린 옷을 추스르면)

석훈　(석경 팔에 멍 자국 보이고) 팔은 왜 이래! (석경이 카디건 팔 부분을 확 걷어 올리면)

석경　(놀라서) 놔, 이거!!

석훈　(보면, 선명하게 드러나는 단태의 체벌자국) 아버지가 이런 거야? 말해! 아버지가 이런 거냐구!!

석경　(대수롭지 않단 듯, 팔 내리면서) 나도 얻는 게 있으면, 뭔가 대가를 치러야 하잖아?!

석훈　이런 건 대가가 아냐!! 폭행이고 학대야!!

석경　왜 이래, 갑자기? 몰랐던 사람처럼? 신경 꺼! 내 살길은 앞으로 내가 찾

아. 오빠도 이미 나 버렸잖아!!

석훈   (욱해서) 이러다 우리... 아빠 손에 죽고 말 거야!!

석경   죽어도 상관없어! 난, 은별이만 이기면 돼! (다시 정답지 외우는데)

그때, 현관을 들어서는 단태 목소리 들리는.

단태(E)   심수련! 심수련 어딨어!!

석경, 단태 목소리에 자기도 모르게 무서움에 떨면.

석훈, 본능적으로 석경이를 자신의 뒤로 숨기는데. 놀란 두 사람.

62.   **펜트하우스 침실(저녁)**

단태, 문을 확 열어젖히는데. 아무도 없고.

그대로 밖으로 뛰쳐나가는 단태.

63.   **펜트하우스 2층 거실(저녁)**

단태, 성큼성큼 2층 거실로 뛰어 올라가면. 역시 수련 모습 보이지 않고.

열 받아 여기저기 들쑤시고 다니는데, 제정신 아니고.

그러다 유리창에 비쳐진 누군가의 그림자가 보이면. 휙 뒤돌아보는.

서있는 사람, 수련이다.

단태   (눈 돌아버려서) 주혜인 어딨어!! 어디다 숨겼어!!

수련   당신은 절대 못 찾는 곳! 다시는 혜인이 죽일 수 없는 곳! (당당하게 맞
서면)

단태   (수련에게 달려들어 수련의 목을 조르며) 말해!! 그년 어디다 빼돌렸
어?!! 겁대가리 없이, 날 등신 취급해?!!

수련   (단태에게 목 졸린 채로, 같이 때리고 죽을힘 다해 반항하면)

단태   (있는 힘껏 수련의 빰을 후려치는데, 바닥으로 나뒹굴어지는 수련)

수련   (입가에 난 피를 닦고, 고개를 팍 쳐들어 노려보며) 넌 인간도 아냐!! 쓰레

기!! 악마!! 살인자!! 괴물이야!!

단태 (순간, 사패처럼 웃으며 수련에게 다가오는) 그런 건 하나도 중요하지 않아요. 이제 우린 서로에 대해 더 잘 알게 됐으니, 더 좋은 부부 관계가 될 수도 있어요!

수련 (손에 잡히는 대로 물건 던지며) 미친 새끼! 오지 마! 오지 말라고!!

단태 (이죽거리며 다가서는) 당신은 너무 우아하고 고상하고 곱기만 했어요. 당신이란 여잔, 벌을 받아야 해요. 남편을 속이고, 딴생각을 한 벌... (허리띠를 풀어 손에 돌돌 감고) 벌을 받으면 모두 제자리로 돌아올 거예요.

단태, 허리띠로 수련을 내리치려는 순간! 둔탁한 무언가가 단태의 머리를 치고.
단태, 스탠드에 머리를 부딪친 채로 휘청하고, 바닥에 쓰러지면.
수련의 손에 스탠드가 들려있는. 스탠드를 손에서 툭 떨어뜨리고...
머리에 피를 흘린 채, 앞으로 고꾸라져있는 단태.
공포에 질린 표정으로 쓰러진 단태를 보는 수련에서 엔딩!!

18화

희생제의로의 초대

1.　펜트하우스 2층 거실 (저녁)
　　　단태, 성큼성큼 2층 거실로 뛰어 올라가면. 역시 수련 모습 보이지 않고.
　　　열 받아 여기저기 들쑤시고 다니는데, 제정신 아니고.
　　　그러다 유리창에 비쳐진 누군가의 그림자가 보이면. 휙 뒤돌아보는.
　　　서있는 사람, 수련이다.

단태　　(눈 돌아버려서) 주혜인 어딨어!! 어디다 숨겼어!!

수련　　당신은 절대 못 찾는 곳! 다시는 혜인이 죽일 수 없는 곳! (당당하게 맞
　　　　　서면)

단태　　(수련에게 달려들어 수련의 목을 조르며) 말해!! 그년 어디다 빼돌렸
　　　　　어?!! 겁대가리 없이, 날 등신 취급해?!!

수련　　(단태에게 목 졸린 채로, 같이 때리고 죽을힘 다해 반항하면)

단태　　(있는 힘껏 수련의 뺨을 후려치는데, 바닥으로 나뒹굴어지는 수련)

수련　　(입가에 난 피를 닦고, 고개를 꽉 쳐들어 노려보며) 넌 인간도 아냐!! 쓰레
　　　　　기!! 악마!! 살인자!! 괴물이야!!

단태　　(순간, 사패처럼 웃으며 수련에게 다가오는) 그런 건 하나도 중요하지 않
　　　　　아요. 이제 우린 서로에 대해 더 잘 알게 됐으니, 더 좋은 부부 관계가 될
　　　　　수도 있어요!

수련　　(손에 잡히는 대로 물건 던지며) 미친 새끼! 오지 마! 오지 말라고!!

단태　　(이죽거리며 다가서는) 당신은 너무 우아하고 고상하고 곱기만 했어요.
　　　　　당신이란 여잔, 벌을 받아야 해요. 남편을 속이고, 딴생각을 한 벌... (허
　　　　　리띠를 풀어 손에 돌돌 감고) 벌을 받으면 모두 제자리로 돌아올 거예요.

　　　단태, 허리띠로 수련을 내리치려는 순간! 둔탁한 무언가가 단태의 머
　　　리를 치고.
　　　단태, 스탠드에 머리를 부딪친 채로 휘청하고, 바닥에 쓰러지면.
　　　수련의 손에 스탠드가 들려있는. 스탠드를 손에서 툭 떨어뜨리고...
　　　공포에 질린 표정으로 쓰러진 단태를 보는 수련, 온몸이 바들바들 떨

려오고. 독하게 뒤돌아서 도망치려는 순간!

단태 (수련의 치맛자락을 붙잡으며) 어딜 가려고요? 우린 아직 할 말이 남았
잖아요!

수련 아악!! (있는 힘껏 단태를 발로 차버리고 달아나는데)

2.   펜트하우스 1층 거실(저녁)

      수련, 허겁지겁 1층으로 내려와 석경 방 쪽으로 뛰어가면. 그 앞을 가
로막고 서는 사람, 양씨고.

수련 (놀라) 양 집사님...

양씨 (굳어진 얼굴) 어서 이 집을 떠나세요, 사모님!

수련 (밀치며) 아이들만 두고 갈 순 없어요! 아이들도 데려가야 돼요!

양씨 (막고) 회장님 손에 죽고 싶으세요? 어서 가시라고요!! 얼른요! (등 떠
밀면)

수련 (순간 울컥하고) 아이들 찾으러 올 때까지, 잘 부탁해요. 양 집사님. 우리
아이들, 꼭 데리고 올 거예요. (어쩔 수 없이 현관 쪽으로 뛰어가는데)

양씨 (수련을 보는 달라진 눈빛. 의미심장한 표정이고)

3.   펜트하우스 계단(저녁)

      간신히 몸을 일으켜서, 2층 계단을 비틀대며 걸어 내려오는 단태.

단태 거기 서! 심수련!!! (그러다 핸드폰으로 조 비서에게 전화하는) 조 비서!
당장 저 여자 잡아와!! (하는데, 누군가 그런 단태 핸드폰을 뺏어 들고. 보
면. 석훈인데) 주석훈! 이 자식이...!! (손 들어 때리려면)

석훈 (그런 단태의 손을 잡는)

단태 이거 안 놔?! 놔!! (소리치면)

석훈 엄마 내버려둬요. 쫓아가면 다 불어버릴 거예요. 민설아가 여기, 헤라

팰리스에서 죽었다는 사실!

단태 너 이 자식!! (석훈에게 주먹 날리면)

석훈 (휘청하며 그대로 맞고, 꿋꿋하게 다시 쳐다보며) 때리고 싶으면 때려요! 자! 맘껏 때려요! 아버지 따위, 이제 안 무서우니까! (팽팽하게 대립하는 석훈이고)

4. 파크원 호텔 전경(밤)

5. 파크원 호텔 스위트룸(밤)
통 유리창 앞에 서서 밖을 바라보고 있는 수련.
스위트룸 문 열리는 소리 나고, 수련 옆으로 다가와 서는 로건.

로건 혜인이 잘 떠났어요. 도착하면 전화 올 거예요.

수련 (담담히 돌아보는) 고마워요.

로건 설아한테 못해준 거 이제 갚는 거예요. 홍 비서가 미국 병원까지 책임질 거니까, 걱정 안 해도 돼요. (그러다 수련 살피며) 괜찮아요? 혜인이랑 마지막 인사도 안 했잖아요.

수련 보면... 못 보낼 거 같아서요. 엄마라면서 제대로 해준 것도 없고... 설아도, 혜인이도, 석훈이도 석경이도, 더 좋은 엄마를 만났다면 지금처럼 되진 않았을 텐데... 내가 못나서, 애들이 불행해진 거 같아 미치겠어요. (그제야 무너지는 수련. 눈물이 터지고)

로건 (그런 수련을 말없이 보는데. 수련의 터진 입술을 보면 맘 아프고 안쓰러운. 눈물을 흘리는 수련을 가만히 안아주면)

수련 (눈물 닦으며 애써 진정하는데)

로건 여기서 일 다 끝내면, 혜인이한테 데려다줄게요. 미국으로 같이 가요. 주단태한테 벗어나서 새 인생 시작할 수 있게 내가 도와줄게요.

수련 (자조적으로) 내가 새 인생을 살 자격이 있다고 생각해요? 난, 피해자가 아니에요. 우리 설아를 죽을 만큼 괴롭힌 가해자들의 엄마이기도 해요.

내 자식을, 또 다른 내 자식들이 죽였다고요! 이런 나를 내가 용서할 수가 없어요.

로건   아뇨! 난 당신 행복하게 만들어줄 거예요. 설아랑 마지막으로 한 약속, 꼭 지켜져야 돼요! 꼭... 그렇게 할 거예요. (애틋한 눈빛으로 수련을 보는데)

그때, 울리는 수련의 핸드폰. 보면 단태고.
수련, 단태의 전화를 꺼버리는.

6.   펜트하우스 서재/비밀 공간(밤)
단태, 전화를 받지 않는 수련 때문에 극도로 화가 난.
핸드폰 냅다 소파로 던져버리는데. 문득 비밀공간의 문이 열려있는 게 보이는. 다가가 비밀공간의 문을 열어젖히면.
걸려있던 체벌도구들 다 사라져버렸고. "주단태 빌리지" 조감도도 다 부서져있는.
금고문도 열려있고, 금고안의 금괴와 현금과 보석들도 싹 다 비워져있는데.

단태   (기겁해서) 심수련!! 죽여버릴 거야!!! 감히 내 금고를!! (분노하며 금고를 주먹으로 마구 내리치는데)

그때, 노크와 함께 들어오는 조 비서.

조비   (다급한 목소리로) 회장님!!
단태   (급하게 서재로 뛰어나가고) 찾았어, 그년?!
조비   방금 주혜인 양이 미국으로 출국을 했습니다!
단태   뭐야?!! 그걸 자랑이라고 지껄여?! 심수련은? 심수련은 어딨는지 알아봤어?!
조비   아직... 사람을 풀어 백방으로 찾고 있습니다.
단태   머저리 같은 새끼! 그런 말할 시간 있음, 당장 뛰어나가 찾아와!! (장식품 던져버리면. 조 비서 혼비백산 도망치는데. 그러다 평정심 찾으려는 듯 머리를 쓸어 넘기며, 한쪽에 있는 양주병을 집어 들다가, 문득 어디론가 전화를 거는. 평소의 예의 바른 목소리로) 밤늦게 죄송합니다. 주단탭니다. 지금 좀 만날까요, 우리?!!

7.   헤라팰리스 윤희의 집 로나의 방(밤)
      윤희, 핸드폰 끊고, 잠든 로나를 가만히 내려다보는데.

윤희(E) 우리 로나, 엄마가 꼭 지켜줄 거야... 최고로 만들어줄 거야... 절대 살인자 딸로 살게 하진 않아!! (조심스럽게 머리를 쓰다듬어주고 일어서는데)

      그때, 핸드폰 울리고. 보면 수련인데. 수신 거절하고 급하게 밖으로 나가면.

8.   헤라팰리스 윤희 집 안방(밤)
      윤희, 안방으로 들어와도, 계속해서 진동으로 울리는 핸드폰...
      갈등하듯 핸드폰 든 채 방 안 서성이다가, 결국 받지 않는 윤희.

윤희 (이 악물고) 죄책감 가질 거 없어!!! 자기 딸 복수를 위해 날 이용한 건 수련 언니도 마찬가지야. 이미 언니 딸은 죽었어!!! 난, 내 딸만 지키면 돼!!!

      윤희, 결심한 듯, 화장대 앞으로 달려와 앉는데.

9.   고급 바(밤)
      단태, 먼저 와서 술을 마시고 있는데.
      걸어 들어오는 누군가의 고혹적인 하이힐, 달랑거리는 귀걸이, 빨간 립스틱, 섹시한 원피스.... 단태의 앞에 와서 서는 여자는 윤희고!
      단태, 그런 윤희를 보는.

단태	(멈칫, 놀란 표정) 뭔가... 달라 보이네요.
윤희	그런가요? (단태 옆자리에 앉고) 뭐 때문에 보자고 하셨어요?
단태	특별한 비밀을 공유한 사인데, 같이 술 한잔 할 수 있는 거 아닌가? (술 따라주면)
윤희	그래도 이렇게 늦은 시간에 만날 사이는 아니지 않나요? 나, 수련 언니 랑 친한 사인 거 잊었어요?
단태	(뚫어지게 윤희 보며) 그게 불편했다면 나오지도 않았겠죠. 안 그래요?

두 사람, 묘한 긴장감이 도는데. 단태의 노골적인 시선을 피하지 않는 윤희.
윤희와 단태의 눈빛, 묘하게 엮이고.
그때, 윤희에게 걸려오는 수련의 전화. 멈칫하는 윤희.

윤희	(전화를 수신 거절하려는데)
단태	받아요! 우리 와이프한테 비밀 만들려는 거 아니라면. (미소 지으면)
윤희	(망설이다가, 어쩔 수 없이 받는데) 여보세요.

10. 거리 일각/고급 바/전화통화(밤)
    수련, 윤희와 전화하고 있는.

수련	윤희 씨! 왜 이렇게 연락이 안 돼. 오늘 몇 번이나 전화했었어.
윤희	미안해, 언니. 일이 좀 있었어.
수련	나, 펜트하우스 나왔어.
윤희	(놀라는) 그게... 무슨 소리야?
수련	주단태가 내 딸 죽음에 관련돼있어. 윤희 씨가 나 좀 도와줘. 내일 경찰 서에 같이 가서, 우리 설아에 대해 증언 좀 해줘. 내가 지금 믿을 사람은 윤희 씨뿐이야!! 살인자 꼭 잡아야 해!!
윤희	(압박감에 숨이 안 쉬어지며 휘청하는데)

단태   (그런 윤희의 어깨를 감싸듯 잡아주는)

윤희   (놀란 듯 단태를 보는데. 거칠어진 숨소리. 묘하게 얽히는 시선)

수련(F) (핸드폰에서 수련의 목소리 새나오고) 윤희 씨? 내 말 듣고 있어? 윤희 씨!

윤희   (미쳐버릴 지경이고, 얼른 전화 끊어버리면)

단태   지금... 우리 와이프 어딨는지 알아요?

윤희   (가쁜 숨 몰아쉬다가, 애써 냉정을 찾으며 단태를 보고) 알려주면... 당신은
            나한테 뭘 해줄 수 있는데?

단태   (그런 윤희를 마주 보는) 오윤희가 원하는 모든 것!

            단태, 윤희의 표정을 읽으며, 기습적으로 윤희에게 키스하는데.
            윤희, 놀란 듯 눈 휘둥그레지고 급하게 그런 단태를 밀어내고 보는. 가
            쁜 숨... 흔들리는 윤희의 눈빛... 그러다 단태를 확 잡아당겨서 끌어안
            고 키스하는 윤희.

11.   **거리 일각**(밤)
       수련, 끊어진 전화를 불안하게 바라보고 있는.
       그러다 고개 들어, 눈앞에 번쩍이는 네온사인을 보는데.

12.   **호텔 룸**(밤)
       단태와 윤희, 호텔 룸으로 들어서고.
       뜨겁게 서로를 안아서 불붙듯 키스를 하고 있는 윤희와 단태 모습.
       윤희의 핸드폰이 계속해 울리는데. 발신자는 수련이고.
       신경도 쓰지 않고, 서로에게 열중하는 윤희와 단태.

13.   **파크원 호텔 복도**(밤)
       수련, 핸드폰을 든 채 무표정한 얼굴로 호텔 복도를 걸어가고 있는.
       윤희에게 계속 전화하지만, 받지 않는 전화.... 그러다 룸 앞에 멈춰 서고.
       머뭇하다가 마스터키를 대고 안으로 들어가면.

14. 파크원 스위트룸/호텔 룸/교차편집(밤)
    수련, 호텔 문을 열고 천천히 침대 쪽으로 걸어가는데. 침대 앞에 우뚝
    멈춰 서서 보면. 침대 위 비어있고.
    수련, 털썩 침대에 주저앉는데. 문 앞에서 그런 수련을 보고 있는 로건...

15. 호텔 룸(아침)
    침대에서 눈을 뜨는 윤희, 호텔인 거 알고 놀라는데. 옆에 아무도 없는.
    순간, 어젯밤 단태와의 키스가 떠오르면. 후다닥 몸을 일으키고.

윤희   내가 무슨 짓을 한 거야... (가슴이 덜컥하는데. 옷과 구두 그대로 입은 채
        고. 문득, 테이블에 놓여있는 단태의 메모가 보이는)
단태(E) 일어나면 라운지로 와요.
윤희   (단태의 메모를 본 순간, 얼굴이 벌게지는데)

16. 호텔 라운지(아침)
    윤희, 라운지로 들어서면.
    커피를 마시며 태블릿으로 신문을 보고 있는 단태가 보이고.
    순간, 심호흡 가다듬고, 애써 냉정 되찾으며, 단태 앞자리에 앉는 윤희.

단태 (윤희 보지 않고, 툭 던지듯) 차에서 잠이 들었길래 깨우기 그래서. 덕분
        에 난 해 뜨는 것도 보고, 좋은데?
윤희 (살짝 긴장하는데. 다가오는 종업원에게 애써 당당하게) 커피 주세요.
단태 같이 아침 해도 좋구.
윤희 궁금한 거 있으면 물어봐요. 날 기다리고 있었던 이유가 있을 텐데...
단태 (순간 멈칫, 피식 웃고) 그치, 이렇게 단도직입적으로 들어와야 오윤희
        지! (태블릿 내려놓고, 그제야 윤희에게 시선 주며) 생각을 쭉 해봤는데...
        갑자기 나에 대한 태도가 바뀐 이유가 궁금해졌어. 뭔가 아주 근사한
        이유가 있을 거 같은데.... 따지고 보면 나는, 오윤희 씨의 친한 언니의

	남편이고, 오윤희 씨가 가장 싫어하는 여자의 내연남인데...
윤희	수련 언니와 부부 사이는 예전에 끝난 거 아닌가요? 천서진과도 이미 정리 단계로 아는데...
단태	왜 그렇게 생각하지?
윤희	별장에서 느꼈어요. 천서진을 대하는 당신의 태도. 떼어내고 싶어 죽겠다는 싫증 난 남자의 얼굴이었으니까. 난 그렇게 느꼈는데. (커피를 들어서 마시면)
단태	그래서? (재밌다는 듯 윤희의 말을 재촉하면)
윤희	그 옆자리, 비어있는 거잖아요. (유혹적인 눈빛 보내며) 당신도 나한테 흔들렸고. 더 이상의 이유가 필요한가요?
단태	(그런 윤희를 빤히 보다가, 갑자기 웃음 터지고) 하하하하.... 볼수록 재밌는 여자야. 특히! 당신이 내 와이프를 배신했다는 게 아주 마음에 들어.
윤희	(당돌하게) 배신한 적 없어요.
단태	(멈칫해서 보면)
윤희	오히려 날 배신한 건 언니예요! 그동안 날 위하는 척, 도와주는 척, 연기를 하고 있었어요. 이제야 그 모든 게 거짓이란 걸 알았죠. 주단태, 당신을 무너뜨리기 위해, 날 이용하고 있었던 거예요.
단태	그래서.... 이제 어떻게 할 건데? 심수련에게 복수라도 할 건가?
윤희	그게 뭐든요! 날 지키는 거라면 뭐든.
단태	(윤희에게 바짝 다가앉으며) 맘에 들어, 당신. 솔직하고, 담대하고. 그리고... 아름답고.
윤희	날 이용해봐요. 당신이 알고 싶은 걸, 내가 알려줄 수 있을지도.
단태	(윤희의 턱을 올리며) 심수련의 행방이 궁금하군.

달라진 윤희의 눈빛, 단태를 사로잡는데.

17. **헤라팰리스 서진 윤철 침실(아침)**
뜬눈으로 밤을 샌 서진. 안절부절못하며 괴로워하는데.

그때, 걸려오는 도 비서의 전화.

도비(F)   접니다, 선생님.

18.   헤라팰리스 서진 레슨실(아침)
        도 비서와 마주 앉은 서진.

서진   어떻게 됐어? 동영상 보낸 놈 찾았어?

도비   발신자를 찾을 수 없습니다.

서진   (버럭) 그날, 깨끗하게 정리했다고 했잖아! 왜 이런 일이 생겨? (흥분해서) 그날, 그곳에 온 사람이 있어! 누가 날 봤다고!!

도비   그날 CCTV는 전부 폐기 처분돼서... 청아예고에 누가 왔는지 확인할 수가 없습니다.

서진   (소리 지르는) 악!!! 앵무새처럼 안 된다는 말만 되풀이하지 말고, 어떻게든 알아내! 수단 방법 가리지 말고 찾아내라고! 이걸 누가 찍은 건지, 어떤 놈이 날 상대로 이딴 협박을 해대는지!!

도비   (바짝 긴장하며) 꼭 알아내겠습니다!

서진   잡히기만 해봐! 죽여버릴 거야!! (눈빛 매서워지는데)

19.   호텔 주차장/윤희의 차 안(아침)
        윤희와 단태, 차에 올라타면. (단태가 선물한 새 차)
        그때, 단태의 핸드폰 울리고. 보면, 서진인데.

윤희   받아요. 숨소리도 내지 않을 테니까. (여유 있게 말하면)

단태   (전화 받으려는 듯하다가, 전원 꺼버리면) 지금은 당신한테 집중하고 싶은데. 집으로 가지. 출근하기 전에 해야될 일이 있어.

윤희   (차 출발하는데)

20.   헤라팰리스 분수대(아침)

      서진, 엘리베이터에서 내려서 씩씩대며 걸어오면. 맞은편에서 걸어오
      는 윤희가 보이고.

서진   (멈칫, 윤희를 보는데. 달라진 외모가 눈에 확 들어오고) 아침 일찍 어딜 다
        녀오는 거야. 그 옷차림으로? 설마, 외박했니.

윤희   (여유 있게 보며) 그러는 넌. 한숨도 못 잔 얼굴이네. 왜? 무슨 걱정이라
        도 생겼어? (속삭이듯) 설마, 니 애인이 연락이 안 돼?

서진   (발끈하고) 니가 관심 가질 일이 아닐 텐데! 마지막 경고야. 주 회장한
        테 진드기처럼 붙어있지 말고, 니 발로 떨어져 나가. 넌, 자존심이란 게
        없니.

윤희   (피식 웃으며) 자존심이 없는 것도, 진드기처럼 붙어있는 것도, 내가 아
        니라 너 아냐? 가까이에서 보니, 주 회장이 꽤 힘들어하는 거 같아서 충
        고하는 거야.

서진   뭐?! (인상 확 구기면)

윤희   남자 너무 믿지 마. 천하에 쓸모없고, 간사한 게 남자 맘이야. 문 단단히
        걸어 잠가. 도둑 들지 않게.

서진   함부로 지껄이지 마. 내가 청아예고 이사장이 된 이상, 니 딸, 대학은커
        녕 졸업도 힘들어!

윤희   글쎄... 그건 끝까지 가봐야 알겠지. 니가 그 자리 계속 지킬 수 있을지
        의문이지만. (휙 가버리면)

서진   재수 없는 기집애! (돌아서려다 멈칫하고. 가는 윤희 뒷모습을 보는) 설마
        그 동영상... 오윤희가 보낸 건 아니겠지?

      서진, 불안한 듯 도리질하고 다시 현관 쪽으로 몸 돌리는데.
      그때, 현관문을 막 들어서는 단태가 보이고.
      서진, 순간 멈칫하고. 들어서는 단태와 엘리베이터 앞에 서있는 윤희
      를 번갈아 보는데. 뭔가 불길한 예감에 휩싸이고.

서진   (걸어오는 단태를 뚫어지게 보다가) 왜 이렇게 통화가 안 돼?

단태   (딴생각하며 걸어오다가, 서진을 보자 당황해서 멈춰 서는데) 어... 전화했
         었어?

서진   어디서 오는 길이야? (의심스럽게 물으면)

단태   출장 갔다가 방금 도착했어. 씻고 바로 출근해야 돼. 나중에 연락할게.
         (사람들 시선 신경 쓰며, 먼저 가버리면)

서진   (부르르 하고) 주단태... 점점 무례해지고 있어!

단태   (가다가 흘낏 서진을 보는) 아주 귀찮은 여자가 됐어!

21.   **펜트하우스 거실(아침)**

      거실로 들어서는 단태.

      조 비서, 깍듯이 인사하며 단태를 맞는데.

      한쪽에 무릎을 꿇고 앉아있는 양씨가 보이고. 맞은 듯 엉망이 되어있
      는 얼굴.

단태   애들은?

조비   학교에 보냈습니다.

단태   아직도 심수련 못 찾았어?

조비   핸드폰 전원도 꺼져있고, 회사에도 출근하지 않고 있습니다.

단태   멍청한 놈! (조 비서를 발로 확 밀치고, 천천히 양씨에게 다가서더니, 양씨
         에게) 그동안 나 몰래, 와이프를 돕고 있었다고? 십 년 넘는 내 호의에
         대한 대가가 배신이라니.... 씁쓸하군요, 양 집사.

양씨   (일그러진 얼굴로) 드릴 말씀이 없습니다, 회장님.

단태   우리 애들이 양 집사를 참 좋아했는데... (하다가, 양씨의 턱을 확 치켜세우
         며) 언제부터지?! 날 배신하고, 심수련한테 붙은 게?! (무섭게 추궁하면)

양씨   (다급하고 절절하게) 배신한 적 없습니다! 제가 어떻게 감히 회장님을...

단태   너절한 변명 집어쳐! 심수련 옷을 입고 심수련인 척 행세했잖아!! 심수
         련이 시켰어? 날 따돌리게 해달라고?! (양씨의 뺨을 후려치면)

양씨	아악! 잘못했습니다, 회장님!! 한 번만 용서해주십시오!! 살려주신 보답, 반드시 하겠습니다. 목숨이 끊어질 때까지 회장님을 위해서만 살겠습니다. 아이들도 제 몸이 부서지고 가루가 되도록 죽을힘 다해 돌보겠습니다! 그러니 제발...!!! (엎드려 울면서 절절하게 사정하면)
단태	(매몰차게) 끌고 가! (조 비서에게 눈짓하면)
조비	(매섭게 양씨를 끌고 현관 쪽으로 나가는데)
양씨	안 돼요!! 제발 회장님 곁에 있게 해주십시오!!! 전 죽어도 이 집 못 떠납니다. 차라리 회장님 손에 죽겠습니다! 회장님~~~!!! 사실은 구호동이라는 자한테 약점을 잡혀서... 그래서 어쩔 수가 없었습니다!! (발버둥 치는데)
단태	(멈칫, 갑자기 손 들어서, 조 비서를 세우고. 다시 양씨 앞으로 뚜벅뚜벅 걸어가는. 서늘한 말투) 구호동? 약점이라니?! (찬찬히 양씨를 보면)
양씨	(눈물 콧물 범벅돼서, 애절하게 단태를 보는 양씨고)

22. 청아예고 음악부 교실/복도(낮)
아이들, 마지막 중간고사까지 끝내고 앉아있으면.
종례하러 마두기가 들어서고.

두기	다들 중간고사 치르느라 고생 많았다. 시험 끝났다고 싸돌아다니지 말고, 오늘부터 차분히 기말고사 준비하면 된다.
아이들	우우우.... (일제히 탁자 치며, 야유 보내면)

그때, 복도 쪽으로 서진이 걸어가는 게 보이고.
은별, 그런 서진을 쏘아보는데. 서진의 얼굴 위로 떠오르는 석훈의 말.

석훈(E)	못 알아들었어? 우리 아빠랑 니네 엄마, 불륜 사이라고!! 니가 말하는 그 더러운 불륜. 이제 알았으면, 조용히 입 다물고 살자. 너나 나나 더 쪽 팔려지기 전에. (17화 46신)

은별	(갑자기 큰소리로) 아냐!! 아냐!! (고개 내저으며, 머리카락을 쥐어뜯으면)
아이들/두기	(놀라서 은별을 보는데)
제니	은별아! 왜 그래? 셤 스트레스로 어떻게 된 거 아냐? 오늘 것도 망쳤어?
두기	애를 왜 그렇게 다그쳐? (걱정스럽게) 은별이 괜찮니? 무슨 일 있어?
은별	(정신 차리고) 저 머리가 아파서 양호실 좀 갈게요. (벌떡 일어나 나가면)
석훈	(그런 은별을 보는 차가운 눈빛)

23.   청아예고 이사장실(낮)

이사장실로 몰래 들어서는 은별, 서진의 책상을 정신없이 뒤지기 시작하고.
문득 옷걸이에 걸려있는 서진의 가방을 보고, 뒤지는.
서진의 핸드폰을 발견한 은별, 핸드폰 비번을 이리저리 열어보는데.
그때, 문 열리고 들어서는 서진!

서진(E)	너 여기서 뭐해?
은별	(당황해서 핸드폰을 숨기는데)
서진	(다가와 은별의 손을 낚아채 자신의 핸드폰을 뺏는) 엄마 핸드폰은 왜?!
은별	(두려움에 떨리는) 엄마, 혹시... 혹시... (그러다 덜덜 떨며) 아냐. 아무것도. (도망치듯 나가려면)
서진	(은별을 잡아 세우며) 왜 이래? 무슨 일이야?!
은별	(갑자기 큰소리로) 더러운 손 대지 마!!!
서진	(놀라) 뭐?! 너... 그게 무슨 말버릇이야?! 엄마한테!!
은별	(서진을 노려보며) 엄마한테... 실망이야. (홱 나가버리면)
서진	은별아! 하은별! (부르지만, 대답 없이 나가버리고. 뭔가 불안한 예감이 스치고. 핸드폰을 보는) 대체 뭘 알고 저러는 거야...

24.   헤라팰리스 커뮤니티(낮)

타로술사에게 타로점을 보고 있는 마리와 상아, 초집중하고 있는.

타로술사가 모티시아 아담스 복장으로 카드 한 장 한 장 넘길 때마다, 마리와 상아, 살얼음을 걷는 듯 앓는 소리하는데.

타로술사 (고개 내저으며) 뿌연 안개가 시야를 자꾸 가려. 음기가 너무 가득해. 누군가의 한이 서려있어.

마리 (침을 꼴깍 삼키며 긴장해서) 한이라뇨. 누구 한이 있다는 거예요?

타로술사 그걸 낸들 아나. 댁들이 알지.

상아 (마리 손 꽉 잡고) 설마.. 민설..

마리 (상아 손등을 꽉 꼬집으며, 말 막고) 재수 없게 개 이름은 왜 꺼내? (다시 타로술사에게 집중하며) 마지막 장은요? 마지막은 뭐예요?

타로술사 (카드 뒤집으면, 낫을 들고 있는 데스카드 나오고)

마리/상아 헉!!! (하는데)

타로술사 (굳은 표정) 피바람이 불 거야. 곧, 누군가가 죽을지도 몰라.

마리/상아 (기겁해서 공포스러운 표정으로 서로를 보는데)

25.   헤라팰리스 분수대(낮)
       마리와 상아, 잔뜩 쫄아서 걸어오는.

마리 괜히 기분만 잡쳤어! 우리 제니 서울대 갈 수 있나 물어볼랬더니, 뭐래는 거야. 한이 서렸다, 누군가 죽는다, 헛소리나 지껄이고.

상아 기막히게 잘 맞힌대서 겨우겨우 웃돈까지 얹어주고 데려온 건데.

그때, 걸음을 멈추는 두 사람. 두 사람 눈에 괴기스러운 헤라상이 들어오고.
마리와 상아, 조명이 켜진 헤라상을 보는데. 뒷골이 쎄한 느낌 들고.

26.   야외 갤러리 카페 일각(낮)
       윤희, 걸어 들어오면. 갤러리 난간 쪽에 서있는 수련의 모습 보이고.

떨어질 듯 아슬아슬하게 난간을 걸어가고 있는 수련의 모습을 보며 홀린 듯 천천히 뒤로 다가가는 윤희.
당장 수련을 밀어버릴 듯 수련에게 뻗는 윤희의 손.
그때, 확 하고 돌아보는 수련.

수련　(밝은 얼굴) 왔어?
윤희　(멈칫하는데)

27.　**야외 갤러리 카페 (낮)**
마주 앉은 윤희와 수련.
긴장한 윤희와 달리 평온해 보이는 수련.

윤희　자꾸 전화 피해서 미안해. 언니 얘기 듣고 오만 가지 생각이 들더라. 정리할 시간이 필요했나 봐. 우리 우정이 진심이었다는 거, 믿을게.
수련　고마워. 이해해줘서.
윤희　언니가 그랬잖아. 자식을 위해선 엄만 뭐든 하는 거라고. 때론, 악녀가 되기도 한다고... (수련을 뚫어지게 보는데. 문득 호텔 라운지에서 단태가 했던 말 떠오르고)
단태(E)　그 사람의 조력자도 알고 싶군. 뭘 계획하고 있는지도!
수련　남편이 연락하지 않았어? 지금쯤 날 찾고 싶어 미칠 지경일 텐데..
윤희　(애써 자연스럽게) 아직은.. 걱정 마. 언니 만난 거, 절대 말 안 할 거니까.
수련　당연히 나야 윤희 씨 믿지. 괜히 나 때문에 윤희 씨가 곤란해질까 봐 걱정돼서..
윤희　지금 내 걱정할 때야?! 갑자기 집은 왜 나간 건데. 애들은 어쩌고.
수련　그 사람이랑 정말 끝내려고. 이제... 때가 됐어.
윤희　(다시 긴장하고) 민설아 범인, 밝히는 거?
수련　응. 우리 설아를 죽게 한 인간들 벌받게 해야지. 주단태! 그리고 천서진! 헤라클럽 사람들 전부 다! 설아가 짓밟힌 그대로 갚아줄 거야.

윤희	그러다 언니가 다치면?
수련	(보면)
윤희	알잖아. 헤라팰리스 사람들이 가진 힘. 특히 주단태와 천서진, 절대 만만한 상대가 아냐. 쉽게 언니한테 당할 거 같아?!
수련	내 딸을 죽인 인간들이야! 그걸 알고도 내버려두라고?! 너라면? 너라면 로나가 그렇게 당했는데, 가만있을 수 있어?!
윤희	당연히 설아가 죽은 건 너무 가슴 아픈 일이지만... 언니까지 다칠까 봐 그렇지. 게다가 증거도 정확하지 않다며. 천서진 루비 반지를 봤다는 걸로, 경찰이 믿어줄까? (속마음으로, E) 제발 여기서 그만두겠다고 해. 제발 아무것도 하지 마! 그럼 나도 멈출게... 제발, 언니!!! (간절한데)
수련	죄를 짓고, 아무 일 없다는 듯 살면 안 되는 거잖아! 난, 내 인생 걸었어. 진실은 어떻게든 밝혀지게 돼있고! 난 그렇게 믿어, 윤희 씨! 윤희 씨가 그날 있었던 일 그대로 경찰에 얘기해주면, 하나씩 다 풀릴 거야.
윤희	(그런 수련 섬뜩하게 보고) 말했잖아. 난 할 말이 없다고... 그땐 너무 취해있었고, 집에 들어와서 곧바로 잤어.
수련	정말 아무것도 본 거 없어? 나한테 해줄 말 없어?
윤희	(긴장한 채) 언니 위해서라도 뭐든 봤어야 했는데, 정말 아무것도 못 봤어. 경찰서 가도 별 도움이 안 될 거야.
수련	(실망한 듯) 그래?
윤희	(얼른 화제 바꿔서) 지금.. 어디서 지내? 펜트하우스 나왔다며. 옆에 챙겨주는 사람도 없이 혼자 뭘 어쩌려고... (떠보면)
수련	걱정 안 해도 돼. 안전한 데 있으니까.
윤희	거기가.. 어딘데?
수련	(말할 것처럼 하다가) 여기저기 옮겨 다니는 중이라... 자리 잡히는 대로 바로 알려줄게.
윤희	(다시 캐물으려는데, 그때 걸려오는 전화. 받으면 로나고) 로나야. 엄마 지금 바쁜데.. (하다가 금세 표정 밝아져서) 시험? 시험 그렇게 잘 쳤어?!
수련	(그런 윤희를 보는)

28.   청아예고 복도 일각/야외 갤러리 카페/전화통화(낮)
       로나, 복도 걸어가면서 해맑은 얼굴로 윤희와 통화하는.

로나   그렇다니까!! 오늘 본 거 두 개 백점이고, 사회에서 하나 나갔어. 은별
       인 오늘도 완전 망친 거 같아.

윤희   (좋아하며) 진짜 잘했다, 우리 딸. 거봐. 실력으로 우리 딸 이길 애가 어딨
       어. 뭐 먹고 싶어? 엄마가 다 해줄게. (그러다 자신을 보고 있는 수련의 눈
       빛을 읽고) 로나야, 집에 와서 얘기하자. 우리 딸, 사랑해. (전화 끊으면)

수련   로나랑 화해했구나. 잘됐다, 정말.

윤희   (웃다가 표정 관리하며) 다.. 언니 덕이야.

수련   부럽다. 딸이랑 그렇게 행복하게 얘기할 수 있어서... 좋아 보인다, 윤
       희 씨.

윤희   (멈칫. 그런 수련을 보는데) 미안해. 지금 언니 사정이 이런데...

수련   (미소) 아냐. 윤희 씨가 웃으니까 나도 힘이 나. 알잖아. 내가 윤희 씨 얼
       마나 좋아하는지...

윤희   (수련의 말을 듣는 순간! 문득 지난 일 떠오르고)

29.   회상/11화 27신/윤희 집 거실(아침)
       수련, 갑자기 윤희를 와락 끌어안고.

수련   어떡하지. 나 윤희 씨가 너무 좋아지려고 그래.

윤희   이제야? 나는 그런지 꽤 됐는데. 나두 언니가 너무너무 좋아~~ 이뻐서
       좋고, 착해서 더 좋고. (순수하게 웃으며 수련을 꼭 끌어안는 윤희고) 아
       ~~ 이쁜 우리 언니~~ 우리 평생 친구 하는 거야. 절대 싸우지도 배신
       하지도 않기~~~

수련   응. 절대 안 그럴게. 윤희 씨가 아무리 큰 잘못을 해도 절대 미워 안 할게.

윤희   (기분 좋아져서) 진짜지. 진짜지. 약속한 거다! (있는 힘껏 끌어안으면)

수련   아, 숨 막혀~~~ 윤희 씨~~~ (소리 내서 웃고)

30. 현재/야외 갤러리 카페(낮)

　　윤희, 수련과 다정했던 일 생각나면. 죄책감에 얼른 수련 시선 피하고.

윤희(E)　언니가 진실을 알게 되면 어떻게 할까. 날 감방에 처넣겠지? 아니, 로나
　　까지 죽일지도 몰라! (이 악물고) 안 돼! 정신 차려, 오윤희! 언닌 천서진
　　을 범인이라고 믿고 있어. 들키면 안 돼!! 로나만 생각해! (맘 다잡는 윤
　　희고)

31. 청아예고 복도(낮)

　　전화 끊고, 문득 유리곽에 들어있는 청아예술제 트로피를 보고 있는
　　로나.

석경　(로나 옆으로 다가서며) 갖고 싶니, 저 트로피?
로나　응. 내가 가질 거야.
석경　(트로피를 보는 쨍한 눈빛) 쉽게 안 될 걸? 내가 그렇게 안 둬, 배로나.
로나　그래. 꼼수 없이 제대로 붙어봐! 누가 가지게 될지. (팽팽하게 보면)
제니　(민혁에게) 뭔가 재밌어지겠다, 그치? 청아예고에 태풍이 휘몰아칠
　　조짐?
민혁　배로나 쟤 멘탈 쩔지 않아? 은근 독하다니까. 보송마을에서 헤펠로 입
　　성한 것부터 드라마틱한 전개고.
은후　그니까. 최종 빌런 느낌이 있어!

　　학생들, 호기심 있게 석경과 로나를 주시하는데.

32. 단태 사무실(낮)

　　단태에게 보고 중인 윤희.

단태　그 사람을 만났다고? 지금 어딨대?!

윤희	아직 거처를 정하진 못한 거 같아요.
단태	(순간 욱해서) 만난다는 얘긴 왜 안 했어?! 연락을 하고 갔어야지!
윤희	곧 다시 보기로 했어요.
단태	(애써 평정심 찾고) 조력자는? 물어봤어? 특이한 점은?
윤희	평소랑 다름없어 보였어요. 여전히 우아하고, 흐트러짐도 전혀 없었어요.
단태	짐도 안 챙겨서 나갔는데... 누군가 분명 그 사람을 돕고 있는 게 확실해. 절대 그 여자 혼자 움직일 수는 없어!
윤희	(순간, 수련과 로건이 은밀하게 눈빛 주고받던 게 떠오르고. 17화 53신) 의심 가는 사람이 있긴 한데... 좀 더 확실해지면 얘기하겠습니다.
단태	(만족스러운 듯) 이제야 내가 제대로 된 파트너를 만난 거 같은데... 수고했어요. 앞으로 부탁할 일 있음 뭐든 얘기하고.
윤희	(멈칫하다) 그 부탁, 지금 해도 되나요?
단태	(흔쾌하게) 당연하지. 뭐든!
윤희	우리 로나에 관련된 것도? (의미심장하게 보는)

33. **청아예고 복도(낮)**

로나, 걸어오면. 맞은편에서 오던 두기가 복도를 막고 시비 거는.

두기	(막대기로 로나의 머리를 밀며) 누가 너 같은 걸 환영한다고 다시 기어들어오긴 기어들어와? 여기가 문제아 보호손 줄 알아?
로나	내가 녹음이라도 하고 있음 어쩌려고 그런 말을 해요?
두기	(그 말에 놀라서, 로나가 쥐고 있던 핸드폰을 뺏어 보면. 녹음 안 하고 있고) 허... (안심하고) 제발 부탁할게. 눈에 너무 거슬리니까 니 발로 좀 나가주라. 학교 발전과 평화를 위해. 제~발.
로나	천 쌤이 그러라고 시켰어요? 나 괴롭혀서 학교 내보내라고? 아님, 권력에 자발적 복종하는 스탈인가요?
두기	맹랑해 맹랑해. 이래서 니가 싫어. 주제도 모르고, 겁도 없고!!

로나	쌤두 제자한테 사랑받는 타입은 아닌 거 같은데요. (두기 밀치듯 가면)
두기	저저저저. 발랑 까져가지고. 넌, 절대 이 학교 졸업 못해! 마두기 이름을 걸고 장담해! 알아?! 괘씸한 것! (그때, 두기의 핸드폰 울리고. 보면, "주단태 회장님♥" 뜨는데. 눈 번쩍해서 얼른 받는) 네, 회장님! 접니다. 영광스럽게 전화를 먼저 주시고... 네?

34. 헤라팰리스 윤희 집 거실(낮)
윤희의 맞은편에 앉아있는 건, 예전과 달리 다소곳한 모습의 두기인데.

두기	(아주 공손한 태도로) 그동안 제가, 로나 어머님께 실례가 많았죠?
윤희	(도도한 표정으로) 어떤 실례요? 로나 청아예고 입시 때 우리 뒤통수 치고 튄 거 말씀하시는 거예요? 아님, 청아예고 교사로 뻔뻔하게 나타난 거 말씀하시는 거예요? 아님! 우리 로나만 무시하고 차별해서 벌점 준 거, 말씀하시는 거예요? 정확하게 어떤 건지... 헛갈려서요.
두기	(진땀을 빼며) 그러고 보니 제가 아주 몹쓸 인간이었네요. 진심으로 사죄드립니다. (벌떡 일어나서, 90도로 절하면)
윤희	갑자기 무슨 바람이 들어서 이러는 거죠? 사과 받는 기분이 영 찜찜한데...
두기	제가 그동안 로나 어머님을 몰라봤습니다. 특히, 주단태 회장님의 최측근이시라는 걸 알았으면 그런 실수는 안 했을 텐데...
윤희	권력에 휘둘리는 분일 줄은 알고 있었지만.... 참, 예측 그대로네요.
두기	사람이 순수한 거죠. 예쁘게 봐주십시오.
윤희	(어이없고)
두기	기왕 이렇게 된 거 톡 까놓고 말씀드리겠습니다. 앞으로 로나는 특별관리 대상이 될 겁니다. 아니! 이미 됐죠. 주단태 회장님의 지시사항이 있었거든요.
윤희	특별관리 대상이요?!
두기	석훈, 석경이랑 동급으로 관리가 되는 거죠.

윤희	(눈빛 반짝하는데)
두기	로나 학교생활에 대해 부탁하실 거나 아쉬운 점들 있으시면 언제든지 주저 말고 저에게 연락 주십시오. 뭐든 신속하게 해결해드리겠습니다.
윤희	(달라진 대우에 적응 안 되지만, 다부지게) 우리 로나, 앞으로 실기든 청아예술제든, 억울한 일 당하지 않게, 제대로 평가받게 해주세요! 부모 계급장 떼고, 이사장 입김 없이, 아이들 실력으로만 정정당당하게! 내가 원하는 건 그거뿐이에요.

35. 호텔 레스토랑(저녁)

짜증 나는 듯 앉아있는 석경과, 담담한 표정의 석훈이 보이고.
수련, 긴장된 얼굴로 슬며시 석경의 손잡아서 어디 멍든 곳 없는지 살피며.

수련	괜찮니? 별일 없었어? 아빠는? 너네한테 또 무슨 짓 한 거 아니지?
석경	이 와중에 연기가 수준급이네? 그렇게 걱정되면 집은 왜 나갔어! 우리만 남겨두고 도망친 거잖아! 혼자 살겠다고!! (서러움을 토해내면)
수련	너네랑 미리 상의를 했어야 하는데, 엄마가 미안해. 아빠랑 해결해야할 문제가 있었는데.... 생각보다 빨리 터져버렸어. 너네 버리고 도망친 거 아니야, 절대!!
석훈	지금까지 아버지한테 맞고 산 거예요? 우리처럼? 그래서 이혼하려는 거예요?
수련	좀 더 복잡한 문제야. 지금은 말할 수 없지만... (맘 아픈 듯 석훈, 석경을 보는. 파르르 입술 떨면서) 앞으로 니들한테 무슨 일이 생기든, 내가 니들 엄마라는 사실은 변하지 않아. 약속해. 절대 니들을 떠나는 일은 없어. 잘못된 것들을 바로잡고 나면, 꼭 제자리로 돌아갈 거야.
석경	무슨 자격으로 엄마 소릴 입에 올려? 남보다도 못한 주제에! 거지 같은 집구석, 진짜 싫어!! (벌떡 일어나서 나가는데)
수련	미안해, 석훈아. 엄마가 이렇게밖에 못 해서.

석훈 뭘 하려는 건지는 모르겠지만, 석경이는 내가 지켜요. 예전에도 지금도. 그러니까, 엄마는 엄마 지키세요. 아빠한테서. (일어나서 가면)

수련(E) (안타깝지만, 애써 맘 다잡으며) 지금 난, 설아 엄마로만 살게. 그 앤 단 한 번도 엄마가 없었으니까. 그리고 이 일이 다 끝나면... 니들 엄마로 돌아 갈게.

36. **헤라팰리스 분수대 로비(저녁)**
      분수대로 걸어오는 윤희.

윤희 특별관리 대상...? 특별관리 대상.... (하다가 눈빛 반짝하고) 우리 로나도 이제 특별해진 거야. 우리 로나한테 더 많은 걸 해줄 수 있다면.....!!

윤희, 그러다 가방에서 펜트하우스 골드카드를 꺼내는데. 단태와 나눴던 대사 생각나고.

37. **회상/단태 사무실/18화 37신 연결(낮)**
단태 나도 부탁할 게 있는데... 우리 집에 한번 가줄래요?
윤희 펜트하우스요?!
단태 와이프 짐 좀 챙겨서, 가져다주겠다고 연락해요. 급하게 나가느라 필요할 게 많을 테니까. (펜트하우스 골드 카드키를 내미는) 7시면 집에 아무도 없을 거예요.

38. **현재/헤라팰리스 분수대 로비(저녁)**
      윤희, 손에 쥔 펜트하우스 골드 카드키를 내려다보는. 뭔가 결심한 듯 걸어가고.

39. **헤라팰리스 엘리베이터 안(저녁)**
      올라타는 윤희, 골드 카드키를 대고 펜트하우스 버튼을 누르는.

솟구치듯 100층을 향해 올라가는 엘리베이터.

40.   펜트하우스 현관/거실(저녁)
     천천히 펜트하우스로 들어서는 윤희.
     스르륵 자동문이 열리면. 눈앞에 화려한 펜트하우스가 펼쳐지고.
     고급스런 장식품과 가구들을 손으로 스쳐가며 걸어가면, 웅장함과 위
     엄에 압도되는 느낌인데.
     윤희, 펜트하우스 곳곳에 하나하나 시선을 주고. 점점 매료되는.
     윤희의 손끝이 장식장을 지나고, 소파헤드를 지나고, 자연스럽게 2층
     으로 이어지는 중정 계단을 오르면.
     2층 거실 베란다에 선 윤희. 모든 것이 까마득하게 무릎 꿇은 것처럼
     보이고.
     아래를 내려다보는 그녀의 눈빛에 막 깨어난 욕망이 조금씩 꿈틀대고
     있는!

41.   펜트하우스 수련 단태 침실(저녁)
     조심스레 침실 문을 열고 들어서는 윤희.
     아름다운 침대와 완벽하게 세팅된 드레스룸과 파우더룸을 보면, 눈 휘
     둥그레지고.
     옷장을 열어보면. 종류별로 걸려있는 화려한 수련의 옷들, 명품가방
     들, 구두들, 액세서리까지, 화려한 조명 아래 아름다운 자태로 빛나고
     있고.

윤희   (자신도 모르게 감탄사 쏟는) 아름다워...!

     옷장의 드레스들을 살펴보다, 멈칫하는. 드레스 하나를 꺼내서 보는
     데, 눈빛 반짝하고.
     드레스룸 문을 닫는 윤희. 동시에 전신거울 앞에 그 옷을 입은 윤희가

서있고.

뭔가 달라 보이는 윤희의 모습. 이리저리 거울 앞에 자신의 모습을 비춰 보는데.

윤희 뒤로 비치는 단태의 모습에 놀란 윤희, 얼른 뒤를 돌아보면. 자신을 보고 서있는 단태.

윤희 (당황해서 어쩔 줄 몰라) 미안해요. 얼른 벗을게요. (급히 돌아서는데)

단태 (그런 윤희의 팔을 잡아끌며) 내가 얘기했잖아. 당신이 원하는 거 모두, 갖게 해줄 수 있다고. 그게 여기... 펜트하우스라도.

윤희 (단태를 똑바로 보는. 용기 내서) 그럼, 당신 와이프, 심수련부터 버려요! 아무도 모르는 곳으로! 다신 돌아올 수 없는 곳으로! 그럴 수... 있어요?

단태 그게, 내가 원하는 건데. (야릇한 미소 짓는)

단태, 윤희의 허리를 감싸는데, 윤희도 밀어내지 않고.

윤희의 얼굴을 감싸 쥐고 키스하는 단태.

42.   **파크원 호텔 스위트룸(밤)**

수련, 생각에 잠겨 위스키를 마시고 있는데. 로건이 다가서면.

수련 혜인이한테 연락 받았어요. 미국 병원에 입원했다고.

로건 검사 결과 다행히 몸에 이상은 없대요. 혜인이 걱정은 말아요. 최고의 병원에서, 최고의 의료진이 보살필 거예요.

수련 고마워요. 주단태와 계약은 어떻게 됐어요?

로건 내일, 모든 계약 절차가 끝납니다. 이제, 시작해야죠. 날짜를 정했어요. 3일 후예요.

수련 3일 후... 그들이 인정할까요? 자신이 지은 죄를?

로건 그렇게 만들어야죠. (들고 있던 핑크색 초대장을 꺼내서 내밀고) 초대장이에요.

수련	(초대장을 받아들고, 차분하면서도 매서운 눈빛으로) 똑같이 느껴보면 알겠죠. 본인들이 뭘 잘못한 건지... (의미심장한 표정 짓는데)

43. 헤라팰리스 커뮤니티 (밤)

단태, 들어서면. 이미 서진과 규진이 앉아서 기다리고 있고.

단태	무슨 일이야?
서진	당신 오면 얘기한다고 해서, 나도 아직 못 들었어요.
규진	밤늦게 불러서 놀라셨죠? 워낙 중차대한 사안이라서 말이죠. (단태와 서진 앞으로 각각 서류봉투 하나씩 건네고) 보시죠.
서진	(열어보면, "상간녀 위자료 소송장"이 들어있고) 상간녀 위자료 소송? 위자료 10억? 심수련, 이 여자 미친 거 아냐?!
단태	(열어보면, 이혼소장이 들어있는) 이혼소송?!
규진	나도 입장이 참 곤란해요. 수련 씨는 왜 이런 걸 나한테 부탁해가지곤... (말과 다르게 표정은 신나있고) 조건만 받아들이면 협의이혼도 가능하다네요. 근데, 조건이...
단태	펜트하우스 포기, 양육권 포기, 친권 포기, 아이들 접근금지! 재산의 90%를 내놔라? 이게 무슨 개뼈다귀 같은 소리야!! (버럭 하면)
규진	이건 그냥.. 옛다 엿?! 이런 느낌이죠. (참을 수 없는 듯 입을 가리며 웃고)
단태	재밌어요? 아주 신났죠?! (하다가 서진을 보면. 서진 표정 더 굳어있고)
서진	(갑자기 폭발하는) 대체 와이프 하나도 상대 못 하고, 왜 나한테까지 불똥이 튀게 만들어?! 이 정도는 당신이 막았어야 되는 거 아냐?!! 그러잖아도 머리 터질 일 천진데, 왜 이런 지저분한 일까지 엮이게 해?!!
단태	(순간 무서워진 얼굴) 한마디도 더 하지 마!! 당신 성질머리 달래줄 기분 아니니까.
규진	(단태와 서진의 싸한 느낌을 읽는)

44. 헤라팰리스 서진 집 침실(밤)
서진, 불안한 듯 침실 왔다 갔다 하고 있으면. 띠링 문자 도착하고.
확인하면. "내 동영상 선물이 마음에 들었나요. 천서진 이사장님?"

서진 (열 받는) 대체 어떤 자식이야?! 비겁하게 숨어있지 말고, 떳떳하게 나
타나!! (닥치는 대로 물건 집어던지는데)

45. 몽타주(밤)
단태, 격정적인 클래식 음악을 틀고, 의자에 기댄 채 음악을 듣고 있는.
수련, 스위트룸에서 유골목걸이를 만지며 잠을 이루지 못하는.
윤철, 은별의 방으로 들어가면. 은별, 잠들어있고. 이불을 덮어주는
윤철.

46. 헤라팰리스 전경(다음 날, 아침)

47. 헤라팰리스 윤희 집 안방(아침)
윤희, 화장을 하고 있고. 한쪽에 수련의 짐을 챙긴 가방이 놓여있는.
수련에게 전화를 거는 윤희. 수련, 전화를 받지 않고.

윤희 왜 이렇게 연락이 안 되지? (그러다 문자를 남기는. E) 언니. 펜트하우스
에서 옷이랑 화장품 좀 챙겨왔어. 언니 있는 데 알려주면 내가 갈게.

그때, 전화벨 울리고, 보면 로건인데.

윤희 네, 로건. (멈칫) 계약을 진행하겠다고요? 오늘이요?!

48. 단태 사무실(낮)
단태와 로건, 악수를 나누는. 그 옆으로 윤희와 조 비서가 함께 자리하

고 있는.

단태 이렇게 빨리 결정하실지 몰랐습니다.

로건 (영어로) 생각할 시간은 충분했어요. 게다가 주 회장님께서 명동 땅을 담보로 하면서까지 투자회사 설립에 관심을 보이시는 거에 마음이 흔들렸습니다.

단태 다만... 누가 대표직을 맡냐가 문젠데... 당연히 투자지분율을 생각하면, 로건이 대표가 되는 게 맞지만, 우리 쪽 투자자들을 설득하려면, 제 명의가 여러모로 편하지 않을까 싶은데요.

로건 (영어로, 흔쾌히) 아! 오윤희 씨한테 들었어요. 그런 걸로 우리 계약이 흔들려서야 되겠습니다. 전, 주 회장을 믿습니다. 바로 사인하시죠!

단태와 로건, 기분 좋게 서류 계약서에 사인을 하는데.

단태 다음 주 투자설명회 때, 투자자들과 미팅 자리를 잡겠습니다.

로건 (영어로) 기대됩니다. 계약도 잘 이루어진 기념으로 제가 선물을 좀 준비했는데... (핑크색 초대장 건네고)

단태 이게 뭐죠? (초대장을 받아서 열어보면. 놀라고)

로건 (영어로) 제가 소프라노 그레이스 조와 친분이 좀 있거든요.

윤희 (놀라며) 그레이스 조요? 이번에 우리나라에서 독창회 하잖아요.

로건 (영어로, 단태에게) 맞아요. 따님이 성악을 공부한다고 들었어요. 그레이스가 아이들을 위해 특별공연을 해준다고 하는데, 파티 때 만났던 분 자녀들을 초대하고 싶네요.

단태 (놀라) 정말입니까? 아이들이 너무 흥분하겠는데요.

로건 (영어로) 이번 주말입니다. 공연 장소는 헤라팰리스가 좋겠죠? (또 다른 코발트색 초대장을 건네며) 아! 부모님들은 디너파티에 따로 초대하겠답니다. 차를 보내드리죠.

단태 디너파티요? 너무 멋진 선물을 받게 돼서 뭐라 감사를 드려야할지..

로건 (영어로) 완벽한 파트너가 됐으니, 그런 인사는 사양하죠.

단태	(기분 좋게 코발트색 초대장을 열어보는데. 그레이스 조의 친필 초대장이고)
제니(E)	꺄악!! 여기야 여기!!

49. 헤라팰리스 분수대 로비 (며칠 뒤, 낮)

핑크색 초대장, 제니의 손에 들려져있고.
좋아서 어쩔 줄 몰라 하는 제니, 드레스 업해서, 초대장을 들고 셀카를
찍고 있고. 민혁이랑 같이 커플 셀카를 찍느라 정신없는데.
석경과 석훈도 한껏 차려입고 분수대에 모여있고. 굳은 표정의 은별도
잘 차려입고 도착하면.

상아	그러지 말고, 다 같이 기념사진 찍자. 이렇게 예쁘게 차려입었는데, 사진으로 남겨야지. 이런 특별한 날이 또 언제 오겠니.
마리	(흥분해서) 맞네. 우리 제니 귀티 나는 것 좀 봐. 그레이스가 보면 이태리로 데려가겠다고 탐내겠어.

역시 드레스 업한 상아와 마리, 아이들을 분수대 앞으로 밀고.
아이들 포즈 잡으면, 상아가 사진을 찍어주는데.
그때, 멋지게 차려입은 규진과 윤철이 분수대로 다가서고.

규진	저렇게들 좋을까. 아주 좋아서 넘어가네.
마리	(규진과 윤철에게 다가서며) 그레이스가 어디 아무나 만날 수 있는 사람이에요? 거기다 특별히 우리 애들만 초대한 거잖아요. 프라이빗 공연! 이 초대장이 몇 억 가치는 된다고요.
규진	로건이 역시 배포가 커. 우리까지 파티 자리를 만들어주고. 난 그래서 어메리카 실버스푼이 좋더라니까.
상아	(규진 보고 달려와서, 나직이) 당신, 선물 잘 챙겼어?
규진	걱정 마. 여기 잘 들고 왔잖아.
마리	(눈치채고) 뭐야? 민혁이네만 따로 선물 준비한 거야? 뭘로 또 환심을

사려고? 우리도 같이 해야지! 뭐야? 뭐야? (뺏어서 보려고 난리치면)

규진 (얼른 말 돌리며) 근데 서진 씨랑 주 회장은 왜 안 보여요? 이제 대놓고 둘이 같이 오려나?

윤철 (표정 안 좋은데)

마리 (규진을 툭 치고) 모르는 소리 마요. 요즘 판세는 그게 아니라니까. (상아, 규진, 윤철을 손짓으로 부르면. 머리를 한군데로 모으는 네 사람, 타이트 숏으로 보여주고) 뭔가 낌새가 이상해. 천 쌤이랑 주 회장이랑. 둘이.. 심상치 않던데?!

규진 뭔 소리예요, 그게?!

마리 내가 뭘 좀 듣고, 뭘 좀 봤거든!

50. 회상/17화 58신/헤라펠리스 분수대(저녁)

서진, 분수대 쪽으로 걸어가는데. 마침 바쁘게 걸어오는 단태와 마주치는.

단태, 서진을 보고 그냥 지나치려고 하면.

마리의 성대모사로 입혀서.

서진 (단태를 잡아 세우고) 하루 종일 내 전화 왜 안 받았어?!! 오윤희랑 별장에 함께 있던 거, 아직 제대로 해명 안 했잖아!!

단태 (화나지만, 주위 둘러보며 애써 누르고) 말했잖아!! 별장에서 잠시 쉬고 있었다고!! 오윤희 씬 회식 끝나고 우연히 동석한 거뿐이야!!

서진 오윤희, 내 옷 입고 있었어. 당신이 선물한 내 옷!!

규진(E) 잠깐!!!

51. 현재/헤라펠리스 분수대 일각(낮)

마리, 상아, 규진, 윤철, 네 사람의 얼굴, 화면에 가득 차있는데.

규진	오윤희가 왜 여기서 나와?!
상아	그러니까요!! 오윤희가 왜 거기서 나와요?
마리	말 끊지 말고, 들어보라니까요. (목 가다듬고, 다시 성대모사를 시작하는데. 단태 목소리로) 옷을 버려서 갈아입었다잖아. 내가, 그런 것까지 일일이 다 해명해야돼?!!

52. 회상/17화 58신/헤라팰리스 분수대 (저녁)
마리의 목소리로 입혀진.

서진	로건 리와 계약했다며? 그러니까 오윤희 당장 내보내!!
단태	로건 리가 오윤희를 원해. 나도 마찬가지고.
서진	뭐어? (열 받는데)
단태	(주위 두리번거리며, 싸늘하게) 조심해! 여기, 보는 눈 많아.
서진	말 돌리지 마! 당신이 무슨 생각인지 모르겠지만, 명심해! 우리가 다시 시작할 때 했던 약속! 우리 관계는 내가 결정한다는 거! 만나는 것도 헤어지는 것도 다 내가 해!!

53. 현재/헤라팰리스 분수대 일각 (낮)

규진/상아	대박!! (경악하면)
마리	맞죠? 둘이 끝난 거죠? 깨진 거 맞죠?
규진	(갑자기 흥분해서) 오윤희 뭐야? 얌전한 고양인 줄 알았더니, 아무한테나... (그러다 상아 눈치 보며) 그러니까, 서진 씨가 낙동강 오리알 된 거예요?!
상아	말도 안 돼요. 오윤희랑 수련 씨가 얼마나 친한데. 어떻게 수련 씨 남편을!
규진	그렇지! 오윤희가 주 회장이라면 이를 가는데. 아, 하 박사도 알잖아요?! 두 사람 사이 안 좋은 거.
마리	사이 안 좋은데, 같은 회사를 어떻게 다녀요? 딱 봐도, 둘이 벌써 눈이 맞은 거지! 혼자 살면서 얼마나 외로움에 굶주렸겠어요. (하면, 다들 난

리 나는데)

윤철(E)   그만들 하시죠!! (버럭 하면)

규진   아, 깜짝이야. (그런 윤철 어깨를 툭 치며, 호탕한 웃음) 아 또 왜, 무섭게 이래요? 전 남편도 이 정도 정보는 공유할 수도 있잖아. 헐리우드 스탈로다가!! 안 그래요?

윤철   아예 면전에 대고 물어보시든가!

윤철의 시선 따라가 보면. 분수대로 걸어오는 서진과 단태가 보이고.

규진   (금세 태세 전환해서) 아이고! 서진 씨! 아니, 이사장님. 오늘 미모가 헐리우드 배우 뺨치십니다. 컬러 선택이 탁월하시네.

상아   그러게요. 못 보던 옷인데, 나날이 아름다워지시네요, 이사장님. (아부 하면)

마리   (끼어들고) 쇼핑할 때 저도 같이 좀 다녀요~ 우리 천 쌤처럼 안목 좀 키우게.

그때, 홍 비서가 다가서고.

홍비   (인사하고) 로건 리 비섭니다. 이동할 차량이 도착했습니다.

마리   우리 지금 출발하는 거예요? 와우~! (신나 죽는데)

홍비   파티장으로 모시겠습니다. 자녀분들은 커뮤니티에서 공연을 즐기시면 됩니다.

석훈/석경/은별/제니/민혁   (잔뜩 들떠서 커뮤니티로 이동하고)

단태/서진/규진/상아/윤철/마리   (저마다 최선으로 뻗쳐 입고 문 쪽으로 걸어가는데)

마리   근데, 로건이 오윤희 씨랑 친하지 않았어? 왜 그 집 딸은 안 불렀대?

54.   파크원 호텔 스위트룸(낮)

로건, 문을 열면. 서있는 사람, 윤희와 로나고.

로건	(당황한 표정, 영어로) 어쩐 일이죠?
윤희	감사 인사를 해야 될 거 같아서요. (로나를 소개하는) 제 딸이에요.
로나	(꾸벅 인사하는) 배로나입니다. 제가 그레이스 조를 진짜 좋아하거든요.
윤희	우리 로나를 특별공연에 초대해주셔서 정말 감사드립니다. (꾸벅 인사하면)
로건	(영어) 당연히 초대해야죠. 오윤희 씨 덕분에 계약도 잘 끝났는데요.
윤희	근데, 장소가... 이 호텔 크리스탈룸 맞죠? 아까 보니까 헤라팰리스 아이들은 커뮤니티로 알고 있던데...
로건	(멈칫하고, 영어로) 장소를 착각한 모양이네요. 그럼, 제가 좀 바빠서... 좋은 시간 보내십시오. (급히 문을 닫는데)
윤희	(순간, 열려있는 문틈 사이로, 소파에 놓여있는 여자 가방이 보이고. 멈칫하는 윤희)

55. 파크원 호텔 복도(낮)

윤희와 로나, 걸어 나오는데.

윤희	그 가방... 어디서 봤지? (아리송한데)
로나	(흥분한) 엄마! 나 너무 설레고 기대돼서 심장이 터져버릴 거 같아. 정말 그레이스 조 만날 수 있는 거야?
윤희	몇 번을 물어? 그렇게 좋아?
로나	울 엄마 진짜 짱이다. 저런 대단한 사람이랑 일도 하고. 대박 멋져!
윤희	(으쓱하고) 얼른 가자. 좋은 자리에서 봐야지. (로나 손잡고 가는데)

56. 파크원 스위트룸(낮)

숨어있다가, 방에서 나오는 수련.

로건	놀랐죠?
수련	(침착하게, 소파에 놓인 가방을 들고) 괜찮아요. 먼저 가볼게요. 나중에 봐요. (나가려면)

401

로건	(그런 수련을 붙잡는. 안타까운 눈빛으로 보는) 조심해요.
수련	(촉촉이 젖어드는 눈빛, 마찬가지로 걱정되고) 그쪽도요.

수련과 로건, 비장한 분위긴데.

57. 헤라팰리스 커뮤니티(저녁)

아이들, 그레이스 조를 기다리며 설레는 표정으로 앉아있고. (꽃 정도 심플하게 꾸며진 실내)

제니	(새하얀 치맛단 쥐고서 호들갑 떠는) 나 오늘 이 드레스에 그레이스 조 사인 받을 거야. 이담에 딸 낳으면 가보로 물려줘야지.
민혁	뉴욕 오페라 극단의 프리마 돈나를 우리가 만난다는 거지? 공연에, 오디션까지 해준다잖아.
석경	이 정도 만남은 자소서에도 쓸 수 있지 않아? 그레이스 조에게 개별 오디션을 받음!
은별	(혼자만 들떠있지 않고) 근데, 그레이스 조가 우릴 왜 초대한 거야?
석훈	아버지 사업 파트너가 미국 극장주라서 음악가들하고 친분이 있나 봐.
제니	어쨌든 그분, 아메리카 찐부자인 건 확실하네.
석훈	중요한 자리니까, 다들 실수하지 않게 조심해.

그때, 철커덕- 하며 문이 잠기는 소리 나고.
아이들의 시선, 일제히 문 쪽으로 향하는데.

58. 리무진 안/도로 일각(저녁)

리무진을 타고 가는 부모들. 칵테일 잔을 짠! 부딪히는데.
간단한 다과와 샴페인이 준비돼있는 차 안. 다들 기대되는 표정이고.
마리, 규진, 윤철, 상아, 서진, 단태까지, 리무진의 양쪽으로 앉아있고.

부모들	치얼스!!
마리	이게 얼마 만에 다 같이 모이는 거예요? 은별이네 이혼하고 처음이죠?
윤철/서진	(어색한 듯 눈 마주치면)
상아	하 박사님 은근히 미국식 마인드네요. 이혼해도 친구처럼 지내고. 너무 보기 좋아요~
서진	(낮은 목소리로, 윤철에게) 굳이 당신까지 참석할 필요 있어?
윤철	불청객은 당신이지! 난 투자자로서, 로건한테 정식으로 초대받은 거야.
서진	투자자?
윤철	내가 투자한 명동 땅이 로건 리와 합작한 회사로 들어갔거든. 것도 몰랐어? (흘깃 단태 쪽 보며) 주 회장이 당신한테 비밀이 많나 봐.
서진	(약 오르고)
마리	(와인 마시며) 애들이 얼마나 좋아하던지, 로건한테 내가 고마워 죽겠어요. 이렇게 비싼 샴페인까지 준비해주고... 볼수록 멋진 사람 같아요. 근데, 수련 씨는 왜 같이 안 왔어요? 요즘 도통 얼굴을 못 봤는데...
단태	(뻔뻔하게) 여행 갔어요. 애들 중간고사도 끝났겠다, 그동안 고생해서...
부모들	(어이없단 듯, 서로 눈 마주치고 비웃는데. 분위기 냉랭해지면)
마리	(나서서 분위기 띄우며) 좋은 날에 분위기 왜 이래. 자, 쭉 마시자고요. 쭉!

부모들, 유혹적인 색깔의 칵테일 잔을 짠! 부딪치고, 단숨에 쭉 마시는데.
리무진 운전사, 그런 부모들의 모습을 백미러로 보고 있는.
부모들, 손에 든 코발트색 초대장을 보는데, 차츰 흐릿하게 보이고...

59. 헤라펠리스 커뮤니티 (저녁)
아이들, 시계 보면. 시작 시간이 한참 지나있고.

석경	늦어지나? 왜 아직까지 안 오시지?
제니	그러게. 30분이나 지났는데... (그때, 마리에게 핸드폰 오는) 어, 엄마다. (얼른 받는) 엄마! 도착했어? 파티장 어때? 환상이지? (하다가) 여보세

요? 엄마?! 왜 말을 안 해?!

마리(F)   제니야!!!! 살려줘!!!!!

제니   (기겁해서 벌떡 일어서고) 왜 그래?!! 무슨 일이야?!! (하는데, 전화 툭 끊어지고)

은별   (놀라서) 왜?! 무슨 일 있어?

제니   (정신없이) 모르겠어. 엄마가 살려달라고 우는데... (다시 전화 걸면, 연결이 안 되고) 왜 이래, 전화가! 갑자기 신호가 안 가!

석훈   내가 아버지한테 해볼게. (급히 전화를 걸어보는데) 나도 안 돼. 먹통이야!!

석경   먹통이라니?! 헤라펠리스에서 무슨 말 같지도 않은!!

아이들   (저마다 핸드폰으로 전화를 거는데. 전부 막혀있는 걸 확인하면)

은별   (순간 얼굴 하얘지고) 안 되겠어. 나가서 전화해볼래!!

은별, 나가려는데. 문이 단단히 잠겨있는! 열리지 않고!

은별   뭐야? 이거 왜 이래!! 문이 안 열려!!! (소리치면)

민혁   비켜 봐!! (문을 열려는데, 역시 안 열리고) 잠겼어!! 이거 뭐야?

석훈   (놀라) 어떻게 된 거야?!! 문이 왜 잠겨?! (문을 쾅쾅 두드리는데. 굳게 닫혀있고)

석경/은별/제니/민혁   (합세해서 온몸으로 문을 열려는데 실패하는) 문 열어!! 문 열라고!! 야!!!

그때, 스피커에서 흘러나오는 누군가의 목소리.

호동(E)   앉으시죠.

아이들   (어리둥절해서 허공 둘러보며) 뭐야!?! 무슨 소리야?! 당신 누구야?! 이게 뭐하는 짓이야!!! 누가 이런 장난을 쳐?!! (한마디씩 소리치면)

호동(E)   다들 그만 흥분하세요. 이제 곧 공연이 시작될 거니까.

아이들　무슨 소리를 하는 거야!!! (스피커에 대고 삿대질하는데)

그때, 한쪽에 설치돼있던 스크린이 켜지는데.
꺅!!! 은별의 비명소리.

은별　저... 저게... 뭐야? (기겁하고)

스크린 화면 속에, 덩그러니 놓여있는 폐봉고차 한 대!
그 안에 갇힌 부모들 모습 보이는데. 부모들 모두 기절한 듯 보이고.
"엄마!!!""아빠!!!!" 다들 놀라서 엄마 아빠 부르고 난리 나는데.

60.　**헤라펠리스 관리실(저녁)**
　　　커뮤니티 안의 모습을 담담히 지켜보고 있는 호동.
　　　그 옆으로, 노트북에는 설아의 일기 화면이 켜져있고.

호동　(냉정하게) 너희들의 부모는 내가 데리고 있어. 죗값을 받아야할 거 같아서.

61.　**헤라펠리스 커뮤니티(저녁)**
　　　흥분한 아이들, 공포에 사로잡혀 제정신 아니고.

석경　그게 뭔 개소리야!! 우리 부모를 납치했다는 거야?! 우리 아빠가 누군
　　　줄 알고 이딴 짓을 해!! 당장 문 열어!!

제니　(문을 열려고 발버둥 치는데, 힘에 부치고) 밖에 누구 없어요?!! 여기요!!

석훈　비켜!! (문을 향해 의자를 던져보지만, 꿈쩍 않는)

호동(E)　소용없어. 아무도 너희들을 도와주지 않을 거니까.

석훈　(문득 멈칫) 이 목소린?!

은별　(갑자기 스크린 화면 가리키며, 바들바들 떨며) 저기...! 거기잖아!!

제니　거기라니? (그제야 유심히 보다가, 눈 휘둥그레지고) 민설아?!!!

405

| 아이들 | (공터와 폐봉고차를 인지한 순간, 다들 소스라치게 놀라는데) |
| 민혁 | 말도 안 돼!! 엄마 아빠가 저기 왜 있어!!! |

아이들, 절규하는.

화면, 그대로 이어지며.

62. 공터/폐봉고차 안(저녁)

마리가 혼자 폐봉고차 안에서 잠에서 깨 전화하고 있는. (운전석이며 의자도 따로 없고, 그냥 텅 비어있는 공간에 여섯 어른이 구겨져 누워있는)

마리	제니야!!! 제니야!!! 안 들려?! 여보세요! (이미 전화 끊겨 있고. 공포와 두통을 느끼며 주위 둘러보면. 폐봉고차 안에 잠들어있는 단태, 서진, 윤철, 마리, 규진의 모습 보이고. 놀라서 깨우는데) 주 회장님! 하 박사님! 이 변호사님! 일어나요! 천 쌤! 상아 씨!
부모들	(마리가 흔들면 잠에서 깨어나고)
서진	(두리번거리며) 여기가 어디예요? 우리, 파티장 가는 길이었잖아요. 사고 난 거예요?
마리	(거의 울듯이 고개 내저으며) 모르겠어요... 칵테일 마신 뒤론 아무것도 생각이 안 나. 깨보니까 우리뿐이었어요.
규진	이 차 뭐야? 리무진이 아닌데...!! 왜 우리가 공사장에 있어?
윤철	이게 무슨 냄새야? 휘발유 냄새 아냐? (차 바닥으로 기름이 새고 있고)
상아	(갑자기 비명) 아아악!!
규진	아, 깜짝이야! 소린 왜 질러!!
상아	주 회장님... 주 회장님 옷에... (단태를 가리키면)
단태	(러닝셔츠 위에 시한폭탄이 달린 조끼를 입고 있고. 10분의 시간이 카운트 되기 시작하는데. 기함하는) 뭐야, 이게!!! (당장 벗으려고 하면)
윤철	움직이지 마!! 터질지도 몰라!!
부모들	(기겁해서) 아악!!! (서둘러 문 열고 탈출하려고 하는데) 문이 안 열려!!

윤철	(역시 다른 문 열어보려고 하는데, 모두 고장 난 상태고) 여기도!!
단태	핸드폰!! 조 비서 어딨어!! (핸드폰 찾아서 전화하는데, 불통이고) 전화가 안돼!
규진	(겁에 질려) 내 것도 안돼! 신호도 안가!

당황과 공포에 빠진 부모들의 모습. 그때, 봉고차 밖으로 누군가의 뒷 모습이 어렴풋이 보이고.

서진	저기, 사람이 있어요! (손가락으로 가리키면)
마리	(창문을 두드리며) 여기요!! 문 좀 열어주세요!! 이봐요!!! 여기 사람이 있다고요!!! 신고 좀 해줘요!! (밖에 서있는 사람을 미친 듯이 부르는데)
가면녀	(고개 돌려서 보면, 검은 가운에 가면을 쓰고 있고)
부모들	(그 모습에 기겁하는) 아아악!!! (우르르 봉고 반대쪽으로 도망치면)
가면녀	(말없이 휘발유 통을 들어서, 봉고 옆쪽에 원을 그리듯 붓기 시작하는데)
부모들	뭐야?!!! 뭐하는 거야!!! 그만둬!! (겁에 질려 아우성치고)

가면녀, 라이터를 켜서 불을 붙이면.
불길이 원 모양으로 치솟아 폐봉고차를 감싸는. (봉고차와는 거리 떨어진)

63. 헤라팰리스 커뮤니티/폐봉고차 안/교차편집(저녁)
스크린 화면으로, 그 모습을 지켜보던 아이들, 기함하고.

아이들	엄마!!!! 아빠!!!! 안돼!! 하지 마!!! 제발!!! (커뮤니티 안에 갇혀서 울부짖으면)
호동(E)	왜? 과거에 니들이 한 짓을 니 부모들이 그대로 돌려받는 건데? 뭐가 잘못됐어?! 니들 대신, 니들 부모가 죽는 거야...
아이들	(순간 얼굴 하얗게 질려서 비틀 하는. 그날 일이 저마다 떠오르고)

64.　회상/3화 11신 연결/공터/폐봉고차 안/설아 일기장 재연(저녁)

봉고차 안에 갇힌 설아, 빠져나가려고 하면.

석훈, 석경, 은별, 제니, 민혁의 폭행 계속되고.

봉고차의 깨진 창문으로, 설아에게 샴페인을 마구 뿌리는 아이들. 히히덕거리며 괴롭히는 정도가 점점 더 거칠어지는데.

석훈	축하주라니까요. 대학생인데 괜찮잖아요.
제니	다시 한번 더 지껄여봐! 불쌍하다고! 낯짝도 두껍지.
석경	넌 벌을 받아야돼. 니가 이런 인간이니까, 니 부모도 널 버린 거야.
은별	수석? 꼴 같기는. 니가 날 이겨?!
설아	(뿌려지는 술을 피해 봉고 안으로 도망 다니면)
석훈	(조그마한 케이크에 촛불을 붙여서) 축하파티에 케이크가 빠질 수 없지! (다른 손에는 술병을 쥐어주며) 시키는 대로 하면 풀어줄게요.
설아	살려줘... 제발... (바들바들 떨며, 어쩔 수 없이 울면서, 케이크와 술병을 손에 쥐면. 꼴이 말이 아니고)
민혁	(깐족대며) 자, 여길 보세요. 내가 잘 찍어준다니까. 포즈 좋고! 비주얼 대박!! (핸드폰 카메라로 찍고 있는데)
석경	이제야 보송마을, 민설아 진짜 모습이네!
제니	너, 엄청 잘 어울려. 이참에 진로 바꿔봐! 술집으로. 아주 딱이네!
은별	꼴 같지도 않은 게, 어디서 선생인 척 까불어!!

비틀거리는 설아, 봉고차 바닥에 쓰러지고. 다시 일어나지만 다시 쓰러지고.

그때! 부들부들 손을 떨던 설아, 들고 있던 케이크를 바닥에 떨어뜨리면. 방석에 촛불이 붙으면서, 타들어가기 시작하는. 갑자기 불길이 확 세게 번져오면!

순간 놀라는 아이들.

설아	으악!!!
석경	저런 멍청이!! 불 붙었나본데?
석훈	(놀라서 봉고문 열려면, 안 열리고)
민혁	문 고장 났잖아. (뒷걸음질 치고) 가자!
제니	뭐? 쟨.. 어쩌고! (당황하면)
석경	아, 몰라!! 그냥 튀어!! 알아서 나오겠지!
민혁	그래! 얼른 가자. 차 폭발하면 어떡해!! (먼저 도망치면)
아이들	(하나둘씩 뒷걸음질 치다가 달아나는데)
설아	(절박하게) 가지 마!! 살려줘!! 문 열어줘!!! 가지 마아!!!!

설아의 공포에 젖은 울부짖음을 무시하고 도망치는 아이들.
설아, 필사적으로 문을 열려고 하지만 열리지 않고. 불길 점점 세지는.
으아악!!
연기 때문에 점점 숨 쉬기 어렵고, 죽을 거 같은 공포 속에서도 벗어나기 위해 발버둥 치는 설아의 모습.
그러다, 간신히 앞좌석으로 도망치고. 불길이 설아를 덮치려는 순간!
앞좌석 창문을 발로 차서 겨우 빠져나오는데. 쿵! 바닥으로 떨어지는 설아.
쩔뚝대며 겨우 일어나, 불길을 피해 도망치는 설아, 눈물범벅이 된 공포스러운 모습이고. 공사판에 떨어져있던 날카로운 것들에 옷이 찢어지고, 상처를 입고, 그런데도 미친 듯이 앞만 보고 어둠 속을 뛰어가는 설아.
그때, 팡! 하면서 폭발하는 봉고.

설아	(비명) 엄마....!!!!
설아(E)	그때 난 왜, 엄마를 불렀을까...

65.   현재/헤라팰리스 관리실 (저녁)
      호동, 노트북으로 설아의 일기를 보고 있는. 참담한 얼굴이고.

설아(E)   나에게도 엄마가 있었다면... 그런 일을 겪지 않았을까...?

66.   공터/폐봉고차 안 (저녁)
      부모들, 폐봉고차 밖으로 원을 그리며 번져가는 불에 기겁해있고.
      다들 깨진 유리창으로 몸 들이밀고 탈출하려는데, 불가능하고.

단태   뭐하는 짓이야, 지금?! 안에 사람이 있다고!!! 그만하라니까!!

윤철   불을 왜 질러?! 너 미쳤어?! (가면녀를 향해 버럭 하면)

기계음(E) (가면녀의 목소리가 기계에 변조돼서 나오는) 왜? 죽을까 봐 겁나? 니 자
           식들이 한 짓은 괜찮고?!! 니 자식들도 차에 불을 내고 도망쳤잖아!!

상아   대체 무슨 소릴 하는 거야!!! 알아듣게 말을 해!!

마리   (갑자기 절규처럼) 민설아....!!!

부모들   (그런 마리를 보면)

서진   그게 무슨 소리예요?! 민설아라니!! (다그치는데)

마리   (겁에 질린 듯) 그날... 그날 불이 났었대요! 봉고차 안에서!!

윤철   불이라뇨?!

마리   아이들이 케이크에 불을 붙여서... 민설아가 타 죽을 뻔했다고..!!!

      마리의 고백에 기겁하는 부모들의 모습과, 그들을 폐봉고차 밖에서 지
      켜보는 가면녀의 모습.
      가면녀, 천천히 가면을 벗는데. 수련의 얼굴 드러나는 데서 엔딩!!

19화

페르소나

1.   공터/폐봉고차 안(저녁)
      부모들, 폐봉고차 밖으로 원을 그리며 번져가는 불에 기겁해있고.
      다들 깨진 유리창으로 몸 들이밀고 탈출하려는데, 불가능하고.

단태   뭐하는 짓이야, 지금?! 안에 사람이 있다고!!! 그만하라니까!!
윤철   불을 왜 질러?! 너 미쳤어?! (가면녀를 향해 버럭 하면)
기계음(E) (가면녀의 목소리가 기계에 변조돼서 나오는) 왜? 죽을까 봐 겁나? 니 자
       식들이 한 짓은 괜찮고?!! 니 자식들도 차에 불을 내고 도망쳤잖아!!
상아   대체 무슨 소릴 하는 거야!!! 알아듣게 말을 해!!
마리   (갑자기 절규처럼) 민설아....!!!
부모들   (그런 마리를 보면)
서진   그게 무슨 소리예요?! 민설아라니!! (다그치는데)
마리   (겁에 질린 듯) 그날... 그날 불이 났었대요! 봉고차 안에서!!
윤철   불이라뇨?!
마리   아이들이 케이크에 불을 붙여서... 민설아가 타 죽을 뻔했다고..
부모들   (마리의 고백에 화들짝 놀라면)

      가면녀, 폐봉고차 밖에서 천천히 가면을 벗어내는데. 수련이고.
      폐봉고차 안에선 수련의 얼굴 보이지 않는.

서진   (발끈하고) 거짓말이야!! 그런 일은 없었어!! 없던 얘기까지 지어내지 마!
마리   (받아치는) 사실이야!! 그날 제니가 나한테 다 말했어!!
규진   우린 몰랐어. 정말 몰랐다고!!
상아   애들도 무서웠으니까 그냥 도망쳤겠지. 그냥 장난치려고 한 짓이...
기계음(E) (분노에 찬) 장난?! 설아는 그때, 죽을 뻔했어!! 불이 난 차에 애를 가두
       고, 지들만 살겠다고 도망친 니네 자식들 때문에!!! 그런데도 니들 자
       식들은 털끝만큼도 미안해하지 않았어!!

2.　회상/거리 일각/설아 일기장 재연(밤)

넋이 나간 표정으로 엉망이 된 몰골로 절뚝거리며 걸어가는 설아, 그
러다 벤치에 쓰러지듯 주저앉으면.
설아, 혜팰 아이들에게 단톡을 보내는.

설아(E)　어떻게... 그럴 수가 있어?

석경(E)　뭐야. 살아있는 거야? 나이스! 우린 역시 럭키야.

은별(E)　왜? 무슨 일 있었어? 난 실컷 자다가 이제 일어났는데.

설아(E)　니들이 무슨 짓을 한 줄 알아? 니들 때문에, 내가 죽을 뻔했다고!! 니들
이 낸 불 때문에!!

제니(E)　불이라뇨? 쌤 담배 피우세요? 건강 생각해서 끊으셔야죠.... 술만 좋아
하는 줄 알았더니, 골초셨구나?

사고에 대해 모른 척하는 애들, 낄낄대며 장난스럽게 이모티콘 이어
지고.
설아, 서러움에 눈물이 뚝뚝 떨어지는데.

3.　현재/공터/폐봉고차 안/헤라팰리스 커뮤니티(저녁)

단태　그래서? 지금 우리를 그 꼴로 만들겠다는 건 아니지?! 너 누구야?! 민
설아 오빠야?! 지금 당장 그만 안 두면, 찢어죽일 거야!! (협박하면)

기계음(E)　그럼 어디 한번 해봐. 난 니네들 살려줄 생각이 없거든!

마리　문 좀 열어줘!! 빨리!! 제니야!!! 엄마 죽어!!!!

상아　(겁에 질려 울며) 불이 이쪽으로 번지잖아!!! 민혁아!!! 엄마 살려줘!!

규진　기름이 샌다고!! 차에서!! (뚝뚝 떨어지는 기름 보여주고)

스크린 화면 속, 부모들 비명소리에 절박해지고. 아비규환인데.

제니　엄마아아!!! 죽으면 안 돼!! 내가 잘못했어요. 잘못했다고!!! (카메라에

414

대고 싹싹 빌며) 저기, 하얀 드레스 입은 사람이 우리 엄마예요. 제발 우리 엄마는 보내줘요. 네?!!

아이들 엄마!!! 아빠!!! 얼른 도망쳐!! 죽지 마아아!!! 나 어떻게 살라고!!! 내가 잘못했어!! 제발 우리 엄마 살려줘어어!!! 내가 다 잘못했다고!!! 제발 죽이지 마!!! 나도 죽을래!!! 안 돼!!!! (팔짝팔짝 뛰고, 울고불고 오열하는데)

폐봉고차 안의 부모들, 점점 거세지는 불길에 멘붕 상태고.

윤철 우리 애들은 어떻게 했어?!! 애들까지 건드리면 가만 안 둘 거야!!

기계음(E) 당연히 애들도 반성의 시간을 가져야겠지. 죄를 지은 만큼...

부모들 미쳤어!!! 그만둬!!! 하지 마!!!! 애들은 안 돼!!! (경악하면)

기계음(E) 그럼 딜을 하나 할게. 당신들이 민설아한테 한 짓들, 전부 다 자백해. 민설아가 죽은 날, 무슨 일이 있었는지 하나도 빠짐없이!!

단태 뭘 얘기하라는 거야?!!

기계음(E) 살고 싶으면 어서 자백해! (몰아붙이는데)

단태 다들 입도 뻥긋 마!! 절대 넘어가면 안 돼!! (부모들 향해 소리치면)

윤철 (단태 먹살 잡고) 이 미친 새끼야! 그럼 여기서 다 같이 타 죽자는 거야?!!

마리 (두 손으로 싹싹 빌며) 제발 살려줘요!! 난 진짜 아무 죄 없어요. 민설아가 헤팰 기계실에 잡혀있다는 건, 나도 나중에 알았어요.

윤철 (서진을 보며) 당신이랑 주단태가 가둔 거지?!! 어서 얘기해!!

서진 이제 와 내 탓이야? 모든 게 다 우리 애들을 위해서였어!!

윤철 웃기지 마!! 애들은 핑계고, 두 사람 불륜 동영상 찾으려는 거였잖아!!

단태 닥치라고 했지!!!

규진 애들 목숨이 달렸는데, 이 상황에도 대장질이 하고 싶냐?!! 이 씨벌놈아!!

단태 뭐, 이 개자식아!!

단태, 규진에게 주먹 날리면. 윤철까지 엉겨 붙어 아수라장 되는데.

마리	가만히들 있어! 이 모지리들아!! 그러다 시한폭탄 터지면 어떡해!!
부모들	(얼어붙는데. 단태 조끼에 부착된 시한폭탄이 이제 고작 5분이 남았고. 빠르게 시간이 줄어들고 있으면)
기계음(E)	5분 남았어. 그 시간 안에, 가장 진실 되게 자백한 사람은 풀어주지. 그 자식도 같이.
부모들	(순간 망설이며, 눈치만 보는데)
기계음(E)	죽어도 상관없다는 건가? 그럼, 원하는 대로 해주지. (라이터를 켜서 휘발유가 흐르고 있는 차에 던지려는 액션을 하면)
마리	(절규하는) 안 돼애애애!!!! (가슴 치면서) 나, 나, 나! 나부터 얘기할게요. 난 그날, 분수대 청소해준 거밖에 없다구요!!! (봉고 한쪽에서 몰래 촬영되고 있는 빨간 불빛이 깜빡거리고)
상아	(나서서) 나도 마찬가지예요!! 그냥, 제니 엄마가 준 수건으로 핏물 치운 거 밖에 없어요.
단태	그만해!!! 이건 다 함정이야. 증거를 잡으려고 쇼하는 거라고!
규진	뭘 그만해?! 넌 뒈져도, 난 못 죽어! (단태를 확 밀치고, 가면녀가 서있는 쪽으로 달려들며 폭로하는. 손가락으로 단태 가리키며) 주단태가 빨리 시체를 치우자고 했어요. 난, 주단태가 시키는 대로 했을 뿐이에요!
윤철	(폭로 이어지고) 시체를 옮기려고 골프백을 가져온 건 그 집이잖아!
규진	골프백을 실은 거는 하 박사 차거든?! 보송마을 옥상에서 떨어진 것처럼 꾸민 것도 하 박사잖아. 그거, 사인 조작이라고! 게다가, 서진 씨는 유서까지 조작했잖아. 부부가 자살로 딱 맞춘 거네!
서진	(발끈해서) 뭣들 하는 거예요!! 누군지도 모르는 사람 말에, 지금 우리가 놀아나고 있어요! 빨리 여기서 나갈 생각을 해야지!!
단태	맞는 말이야! 다들 한마디도 더 지껄이지 마!!
마리	(욱해서) 두 사람 불륜만 그 애한테 안 들켰어도, 이런 일은 안 일어났지! 두 사람 때문에 우리 애들까지 죽게 생겼어. (단태 멱살 잡아 쥐며) 우리 제니 잘못되면, 넌 내 손에 가루 될 줄 알아!! (난리를 피우는데)
규진	이제라도 빨리 말해요. 민설아 죽인 거!! 우리까지 피해 보게 하지 말고!!

416

단태 (기막혀, 마리의 멱살 쥔 손을 뿌리치며) 내가 걜 왜 죽여?!

마리 그럼, 천 쌤이 그런 거야?

서진 난 그런 적 없어!!

마리 그럼 대체 누가 죽였다는 거야?!! 이러다 내 새끼 죽는다고!! (하다가, 두 손 모아서 싹싹 빌며) 제발 우리 제니, 우리 제니는 살려줘요. 머리에 분홍리본 단 애가 내 딸이에요. 내 딸 살려주면 내 전 재산 줄게요. 빌딩도 집도 다 준다고!!!

규진 아니! 3대 독자 우리 민혁이부터 살려줘요. 민혁이 잘못되면, 우리 집안 망해요!! 우리 엄마 미쳐 죽는다고요... (팔짝팔짝 뛰면)

상아 민혁아!! 안돼....!!!

사람들, 좁은 공간에서 서로 밀치고 자기 항변하느라, 울고불고 난리통인데.
그때, 와장창 앞 유리창이 깨지면서, 모습을 드러내는 사람, 수련이고.
아우성치다가 놀라서 보는 사람들. 갑작스러운 수련의 등장에 멍해있는데.

단태 심수련...

수련 (뚜벅뚜벅 앞 유리창 앞으로 걸어와서, 사람들 앞에 서는) 당신 자식들이 그렇게 소중한 줄 알면서, 어떻게 설아한테 그런 짓을 한 거지?!

단태 그게 당신이랑 뭔 상관이야! (하다가) 설마 당신이... 꾸민 짓이야?!

마리 (눈 뒤집히고) 심수련, 니 짓이라고?!! 이 여자가 돌았나?!

사람들, 흥분해서 일제히 앞 유리창으로 달려들면.
수련, 사람들을 향해 사냥총을 겨누는데. 다들 놀라서 멈춰 서면.

수련 민설아, 내 딸이야!

부모들 뭐어?! (기겁하는데)

수련 (죽일 듯이 단태를 노려보며) 나도 모르게 빼돌려져서 버려진 불쌍한 내 딸! 내 손 한번 못 잡아보고, 엄마 소리 한번 못 해보고 억울하게 죽은 내 딸! 당신들이 무시하고 짓밟았던 내 딸이, 민설이라고!!

서진 그럴 줄 알았어!! 우리 은별이 어떻게 했어!! 당장 이 말도 안 되는 짓 그만 해!!! (바락 대면)

규진 (애써 정신 차리며) 수련 씨, 일단 진정해요. 그렇다고 우릴 다 죽이려고 이래요? 사과할게요. 내가 사과한다니까!!

수련 진심도 없는 그딴 사과 필요 없어!!

단태 당신 미쳤어!

수련 닥쳐!! 당신들이 잘못 산 대가를 치르고 있는 것뿐이야!! 똑똑히 봐. 당신들 때문에 자식들이 어떤 괴물이 됐는지.

수련, 탕!! 총을 쏘면.
아악!!! 다들 놀라 그대로 비명과 함께 몸을 낮추는데. 허공으로 쏜 총.
부모들, 정신을 차려보면. 이미 사라지고 없는 수련.
그때, 단태 조끼의 시한폭탄이 "0"으로 멈춰 서면. 조끼에서 지지직—
불꽃이 튀고.

부모들 (울부짖으며) 안돼애애!!!

부모들 다 같이, 죽을힘 다해 차문을 온몸으로 밀어붙여서 열면. 우르르 공터 바닥으로 나가떨어지는데. 값비싼 드레스며 보석들 엉망 되고.
갑자기 하늘에서 물폭탄이 쏟아지는.
단태, 시한폭탄 조끼를 벗어던지고, 불꽃을 피해 러닝셔츠 차림으로 도망치기 시작하는데.
나머지 사람들도, 명품백과 옷을 벗어서, 정신없이 불을 끄면서 도망치는.

4.   공터(저녁)

단태를 필두로, 마리와 규진, 상아, 윤철, 물폭탄을 맞으며 첨벙첨벙 미친 듯이 뛰어가고 있는.

공터의 진흙에 자빠져 넘어지고, 유리조각에 밟히고, 앞으로 고꾸라지고 구르면서도, 앞을 향해 줄을 서서 정신없이 달려가는데. 거추장스러운 듯 비싼 하이힐까지 벗어던지고 냅다 뛰고 또 뛰는 헤펠 사람들... 그 위로, 설아가 죽던 날 일들이 교차로 겹쳐지는.

(인서트) 헤라팰리스 파티장/4화 21신(밤)

상아, 30층 분수대 쪽을 내려다보는데. 분수대의 물이 붉은 피로 변해 있고.

상아   꺅!!!! 사..... 사람이 떨어졌어요!!

(인서트) 헤라팰리스 분수대/4화 22신(밤)

단태   제 말 잘 들으세요! 민설아는, 이 시간, 우리 헤라팰리스엔 온 적이 없는 겁니다! 민설아가 떨어져 죽은 곳은 이곳이 아니라는 말입니다.

(인서트) 헤라팰리스 분수대/4화 30신(밤)

서진, 마리, 상아, 화장실에서 대야에 물을 가득 담아서, 분수대에 퍼 나르고.

마리   (박수 두 번 쫙쫙! 치고) 천 쌤은 저쪽, (박수 쫙쫙!) 상아 씨는 요쪽. 허리 업! 허리 업! 빨리 빨리 움직이세요!

(인서트) 헤라팰리스 주차장 일각/4화 29신(밤)

남자들   (진지한 목소리) 안 내면 진 거. 가위바위보!

단태   (윤철에게) 트렁크 빨리 열어요. 시간 없어요!

남자들   (골프백 항공커버를 낑낑 대며 들어서 윤철 차 트렁크에 싣는데)

서진   (설아의 가방과 노트를 건네주며) 노트에 유서 적어놨어요. 같이 세팅해줘요.

(인서트) 설아 아파트 현관/4화 39신(밤)
단태, 설아의 옷가지가 담긴 라면박스에 불붙은 담배를 휙 던지는데.

단태 핸드폰이 발견되지 않은 이상, 이게 최선이겠죠. 이걸로 모든 증거는
사라지는 겁니다!

(인서트) 헤라팰리스 분수대 로비/4화 42신(늦은 밤)
헤라상과 분수대에 오색찬란한 불빛이 환하게 밝혀지면.
사람들 일제히 환호하고, 플래시 여기저기서 터지는.

상아(E) 그 애가 죽은 후에도, 우린 아무 일 없다는 듯 파티를 즐겼어요.

마리(E) 세상에서 가장 멋진 파티였죠. 그런 파티는 다시 태어나도 절대 볼 수
없을 거예요. 분수대 불빛이 너무 아름다웠거든요.....

5. **헤라팰리스 커뮤니티(밤)**
부모들, 엉망인 몰골로 커뮤니티 문을 열고 뛰어 들어가는데.

아이들 (눈물 콧물 범벅 돼서 뭔가 열심히 쓰고 있다가 부모들 보자 난리 나고) 엄
마아아!!! 아빠아아아!!!

부모들 석경아!! 제니야!!! 민혁아!!! 은별아!!! (아이들에게 다투어 달려가는데)

호동(E) 멈춰!!! (소리 지르면)

부모들/아이들   (서로에게 달려가다가 우뚝 멈춰 서고. 목소리 따라가 보면)

누군가 그들에게 뚜벅뚜벅 걸어오는데. 모습 드러내면, 구호동이고!
부모들과 아이들, 호동을 보고 경악하는!

규진 구호동? 아이들 쌤? (어리둥절한데)

단태　구호동!!! 이게 무슨 짓이야!!! 당장 그만둬!!! 돈은 달라는 대로 다 줄 테니까, 그만해!

호동　(단태를 향해 뚜벅뚜벅 걸어오는) 돈? 얼마를 줄 건데? 내 동생을 살릴 수 있는 돈인가?

단태　진짜 니가 민설아 오빠였어?!

부모들/아이들　(오빠라는 말에 기겁하고) 오빠? 쌤이?!!! (멘붕이고, 비틀하면)

서진　(기막히고) 첨부터 수상하다 했는데, 민설아 오빠라니! 죽은 애 복수하겠다고, 내 자식을 가둬놓고 협박한 거야?! 그러고도 니가 선생이야?!!

호동　불쌍한 우리 설아한테 한 짓에 비하면, 이건 아무것도 아냐. 니 자식들은... 이렇게 살아있잖아. 잊지 마. 이 모든 건, 니네들이 자초한 일이란 걸. (그러다, 테이블 위에 아이들이 써놓은 진술서를 움켜쥐고) 여기, 니 아이들이 써놓은 반성문은 경찰에 잘 전달하지.

단태　이 개자식이!!! (호동에게 달려들려면)

부모들/아이들　(일제히 비명) 안 돼애애애!!! 아무것도 하지 마!!! (미친 듯이 소리 지르는데)

단태　(어쩔 수 없이 멈춰 서고)

넋이 나간 부모들과 아이들을 둔 채, 호동, 유유히 떠나면.
부모들, 다투어 아이들에게 달려가서, 서로 부둥켜안고 울음 터지고.
긴장이 풀린 아이들. 은별은 기절하고, 제니는 마리 끌어안고 오열하고, 민혁도 넋이 나가있고, 휘청하는 석경을 부축하는 석훈이고. 다들 한바탕 난리 속인데.

단태　(사라진 호동을 보며 분해서) 넌, 내가 어떻게든 잡아서 죽여버릴 거야!!

6.　청아의료원 VIP 응급실(밤)
　　　부모들과 아이들, 침대에 누워서 링거 맞고, 검사를 받고 있는.
　　　모두들 넋이 나간 얼굴들인데.

단태	(조 비서에게) 구호동 그 자식부터 수배해.
조비	네, 회장님. (뛰어나가면)
단태	(생각난 듯 윤희에게 전화하는) 나야. 심수련 어딨는지 당장 알아내! 당장!!! (분해서 부르르 떠는)

7. 헤라팰리스 분수대(밤)
    윤희, 로나와 걸어오다가 단태의 전화 받고 있는.

윤희	알았어요. 연락할게요. (전화 끊는데)
로나	(기분 좋아 보이는) 무슨 전화야?
윤희	아냐. 아무것도.
로나	어? 아줌마!! (앞에 서있는 수련을 보고 반갑게 달려가면)
윤희	(멈춰 서고, 수련을 보는데)
수련	(윤희를 마주 보는) 이제 와? 기다리고 있었어.
윤희	(어색하게 다가서는) 왜 이렇게 전화를 안 받아. 언니 짐 챙겨됐는데.
수련	그래서 찾으러 왔지. 오랜만에 로나도 보고. (로나를 안아서 미소 짓는 수련)

8. 헤라팰리스 윤희 집 로나 방(밤)
    로나, 악보를 보고 노래 연습을 시작하는데.
    열린 문 사이로, 그런 로나의 모습을 보고 있는 수련.

9. 헤라팰리스 윤희 집 주방(밤)
    커피를 내리고 있는 윤희, 단태에게 문자를 보내는.

윤희(E)	수련 언니, 지금 우리 집에 와있어요.
수련	로나, 엄청 열심이네.
윤희	(문자 보내다가 멈칫하고) 어? 어... 아까 그레이스 조 만나고 왔거든. 의

욕 충만이야. 커피 다 됐다 언니. (애써 웃으며, 수련에게 커피를 내미는 윤희)

10. 헤라팰리스 윤희 집 거실(밤)
    커피를 마시는 윤희와 수련. 방 쪽에서는 로나의 노랫소리 들리는데.

윤희 (당황하는) 그게 무슨 소리야?! 이제 다 끝났다니?

수련 헤라팰리스 애들이 설아를 괴롭혔던 거 다 자백했어. 어른들도 자기들이 설아 시체를 유기하고, 사인 조작한 거, 죄다 시인했고.

윤희 (떨리는 손... 애써 담담하게) 주단태도 인정했다는 거야?

수련 그럼. 그 인간 죄가 제일 큰데. 시체유기에, 증거인멸에, 방화에, 내 딸의 명예까지 훼손했으니까.

윤희 그럼... 천서진은? 자기가 설아 죽였다는 거 인정했어?

수련 아니.

윤희 끝까지 아니라고 한 거야? 언니가 봤다고 했는데도? 루비 반지 낀 손 봤다며? 천서진이 설아 민 거.

수련 (커피 마시며) 천서진이 아니었어.

윤희 뭐?

수련 내 딸, 설아를 떨어뜨린 진범 말야. 천서진이 아니라고.

윤희 (굳어지는. 떨리는 목소리로) 그럼.. 누군데? 진범이...?

수련 (담담하게 윤희를 보는) 너잖아. 내 딸 죽인 사람... (눈빛 싸늘해지며) 이제 니 차례야. 우리 설아, 왜 죽였어?

윤희 (놀라서 커피 잔을 떨어뜨리고)

그대로 얼어버린 윤희와, 매섭게 윤희를 향하는 수련 눈빛!!

11. 청아의료원 VIP 응급실(밤)
    단태, 윤희의 문자를 받고 눈빛 변하는.

단태 심수련!! (부들부들 하다가, 침대를 박차고 일어서는. 링거를 뽑아 던지고, 조 비서에게 전화하고) 심수련, 찾았어!! 준비해.

12. 헤라팰리스 윤희 집 거실(밤)

윤희 (놀라서 커피 잔을 떨어뜨리고. 그대로 얼어버리면)

수련 (매섭게 그런 윤희를 보는 눈빛. 그러다 차분하게) 괜찮아? 안 데였어? (손수건으로 윤희 옷 닦아주는데)

윤희 (바들바들 떨며) 그... 그게 무슨 소리야? 무슨 말이냐니까!!!

수련 (담담하게 말을 이어가는) 내가 47층으로 널 불러냈던 날 기억나? 설아가 내 딸이라고 고백한 날...

13. 회상 1/17화 1신/헤라팰리스 47층 난간(밤)

수련 나... 민설아 엄마야. 설아가 내 딸이야.

윤희 (충격으로 굳어지는. 당장이라도 쓰러질 거 같은데)

14. 회상 2/17화 13신/헤라팰리스 47층 난간(밤)

수련 우리 설아 민 사람이 누군지 봤어! 바로 여기, 47층 난간에서...

윤희 그게... 누군데? (심장이 터질 듯 공포스러운 표정으로 수련을 보면)

수련 (확신하듯) 손에 루비 반지를 끼고 있었어. 빨간 루비 반지... 천서진이 파티 때 끼고 있던 루비 반지가 틀림없어!

윤희 (그제야 이상한 안도감에 간신히 숨이 쉬어지고. 호흡이 터져 나오는데)

수련 (그때, 핸드폰 울리고. 보면 로건인데. 돌아서서 전화 받는) 나예요. 별일 없어요. 이따 전화할게요.

　　　　수련, 전화 끊고 돌아보면. 윤희, 사라지고 없는데.

수련(E) 이상했어. 말도 없이 니가 사라졌을 때부터! 충격 받아서 그런 거라 생각했지. 그런데 그날 새벽, 로나에게 전화가 왔어.

15.   회상 3/헤라팰리스 수련 단태 침실(새벽)
        수련, 잠 못 자고 뒤척이고 있는데. 옆 탁자에서 울리는 핸드폰.

수련   (전화를 받는) 여보세요. (놀라, 얼른 몸 일으키고) 로나니? 이 시간에 무슨 일이야? 경찰서? (얼른 카디건 걸쳐 입고) 알았어. 아줌마가 지금 가볼게.

수련(E) 경찰선데, 엄마가 전화를 안 받는다면서.

16.   회상 4/헤라팰리스 윤희 집 앞(새벽)
        초조한 듯 연거푸 벨을 누르고 있는 수련. 안에서 아무런 기척 없고.
        고민하다가 비번을 누르는데.

수련(E) 잠이 들었나 싶어서, 깨우려고 집으로 들어갔어.

17.   회상 5/헤라팰리스 윤희 집 안방(새벽)
        수련, 조심스레 윤희의 안방으로 들어서는.

수련   윤희 씨! 윤희 씨 안에 있어? 자?

        문 열고 들어가면. 비어있는 방 안. 돌아서서 나가려다 멈칫하는데.
        화장대 위에 놓여있는 회색 재킷과 낯익은 목걸이가 눈에 들어오고.
        수련, 설아의 애플 목걸이를 들어 확인한 순간! 화들짝 놀라는.

수련   이건 설아 목걸인데... 이걸 윤희 씨가 왜? (혼란스러운데. 손이 바들바들 떨리고. 손에서 미끄러져 화장대 바닥에 떨어지는 목걸이)

18.   회상 6/헤라펠리스 단태 수련 침실(아침)
       수련, 복잡한 표정으로 고민하는.

수련(E) 아무리 생각해봐도 윤희 씨가 설아 목걸이를 갖고 있는 이유를 모르겠
       더라고. 그래서 물어보러 간 거야. 직접 확인하려고. 그런데!

19.   회상 7/17화 33신 연결/헤라펠리스 윤희 집 앞(아침)
       수련, 집 앞에 서서 윤희에게 전화를 거는데. 전화를 돌려버리는 윤희고.
       수련, 벨을 누르려는데. 윤희가 현관문을 열고 밖으로 나오는. (윤희 대
       사 중심으로 편집)

윤희 (수련을 보자 놀라 멈춰 서고) 아악! (손에 든 쇼핑봉투를 얼른 뒤로 감추고)
윤희 (당황) 오늘? 야근해야 해서 좀 바쁜데... 아는 게 없어서 대답해줄 것도
       없고. 난 그때 헤펠에 살지도 않았잖아. (초조하게 엘리베이터 기다리면)
윤희 (순간 욱하고) 복수? 차라리 솔직해져! 언니 손에 피 안 묻히고, 언니가
       원하는 걸 얻으려는 수작이잖아! 천서진이라면 내가 물불 안 가리고
       덤벼줄 거 같으니까! 다 거짓말이었어! 날 위해주는 척, 날 도와주는
       척, 위선 떤 거야! 내 말이 틀려?!!
윤희 듣기 싫어! 왜 하필 나야?! 왜 날 끌어들인 거야? 가만있는 날, 왜 흔들
       어서 보송마을로 보내고, 민설아랑 엮이게 했어?! 그 때문에 우리 로나
       가, 내가, 얼마나 힘들었는데!! 대체 왜!!!!!
윤희 (당황) 경찰? 내가? 내가 왜?!!
윤희 (유골목걸이를 확인한 순간 비명처럼) 아악!! 민설아 얘기 그만해!!!! (귀
       틀어막아버리면)

수련(E) 내가 알던 윤희 씨가 아니었어. 극도로 불안하고... 뭔가 엄청난 비밀을
       숨기고 있는 거 같았어. 그래서 윤희 씨를 따라간 거야.

20.   회상 8/17화 35신 연결/공사장(아침)

윤희, 끼익 차를 세우고, 차에서 내리는. 주변을 둘러보며 걸어가는데.
그 뒤로 다가와 멎는 수련의 차. 수련, 차에서 내려 윤희를 뒤쫓는데.
윤희의 손에 쇼핑봉투 들려있고. 쇼핑봉투에서 회색 재킷과 구두를 꺼
내서 불이 활활 타오르고 있는 드럼통 안에 넣어버리고. 재킷과 구두
가 타들어가는 것을 지켜보는 윤희.
한쪽에 숨어서 그 모습을 지켜보고 있는 수련, 경악하고.
마지막으로 애플 목걸이를 꺼내서, 옆에 있던 돌로 내리쳐서 박살 내
는 윤희. 그리고는 드럼통 안에 던져버리고 돌아서는데.
윤희의 차가운 눈빛을 본 순간! 수련, 의심이 확신이 되는.
윤희의 차, 출발하면. 그 자리로 뛰어가는 수련. 급히 드럼통을 넘어뜨
려, 타고 있던 애플 목걸이와 회색 재킷, 구두를 발로 밟으며 불길을 끄
는 수련이고.

21.   현재/헤라팰리스 윤희 집 거실(밤)

윤희, 새하얗게 질려있는데. 수련, 담담하게 말을 잇는.

수련   아무리 이해하려고 해도.. 이해가 안 됐어. 왜 하필 그 타이밍에 설아 목
걸이를 없애려고 한 건지. 마치... 그날의 기억을 다 부정하려고 하는 것
처럼 말야.

윤희   (온몸이 덜덜 떨리는데. 벌떡 소파에서 일어서고) 무슨 웃기는 소리야?!
언니, 미쳤어? 죽은 딸 때문에 어떻게 된 거 아냐? 내가, 내가... 어떻게!!
억울하고 분한 건 알겠는데, 생사람 잡지 마!!

수련   그럼 왜, 설아 목걸이를 태워버린 거지? 아니! 설아 목걸이를 니가 왜
갖고 있어?!

윤희   민설아한테 선물 받은 거야. 도와줘서 고맙다고... 근데, 설아가 언니 딸
이라니까... 괜히 오해받을 거 같아서... 그래서 버린 거야. 그게 다야!!

수련   아니! 넌 그날 술에 취해있었고, 술 때문에 기억도 사라진 거야. 그러다,

내 고백을 듣고 기억이 떠올랐어. 그래서, 증거가 될 옷과 목걸이를 불에 태워 없애려고 한 거야! 내 말이 틀려?! (몰아붙이면)

윤희 언니! 진짜 나한테 왜 이래!! 난 아냐!! 정말 아니라고!!

수련 (냉정하게) 목소리 낮춰. 로나가 들어도 상관없어?

그때, 방에서 놀란 표정의 로나가 나오고.

로나 엄마, 왜 그래? 아줌마랑 싸워?

윤희 (당황하고) 아냐. 나가서.. 주스 좀 사와.

로나 주스? 냉장고에 있을 텐데.

윤희 (자신도 모르게 버럭) 사오라면 사와!

로나 어... (눈치 보고 나가면)

윤희 (로나 나간 거 확인하고, 눈 돌아서) 증거 있어? 정황 말고 진짜 증거! 내가 언니 딸을 죽였다는 확실한 증거 말야! 그딴 거 없으면, 끌어내기 전에 당장 내 집에서 나가! 우린 이제 끝이야. 다신 아는 척도 하지 마!! (돌아서는데)

수련 설아가 죽고 나서 부검을 했었어.

윤희 (순간 멈칫하면)

수련 그 작은 아이의 몸 곳곳에서 여러 사람의 DNA들이 쏟아져 나왔어. 물론 주단태, 천서진의 것도 있었지. 그런데... 확인할 수 없는, 신원 미상의 DNA가 있었어. 발버둥 치며 저항한 설아 손톱에 남아있던 또 하나의 DNA... 그 때문에 지금껏 경찰조사를 미뤘던 거야.

22.   **인서트/부검실 앞(낮)**
       수련, 부검의와 마주하고 있는.

부검의 유력한 용의자의 DNA는, 헤라팰리스 주민들과는 전부 일치하지 않습니다.

428

수련   (절망적인데) 그럼, 범인을 찾을 수 없다는 뜻인가요?

부검의   하지만, 시신의 손톱에 DNA가 남아있을 정도라면, 범인의 몸에도 눈에 띄는 상처가 있었을 거예요.

23.   현재/헤라팰리스 윤희 집 거실(밤)

수련   궁금했어. 누굴까... 누가 우리 설아의 마지막에 같이 있었을까... 혹시나 하는 마음에 확인했는데... (가방에서 유전자 검사서 서류를 꺼내 건네주는 수련) 오윤희 너였어!

윤희   (떨리는 손으로 서류를 받아서 보면. 오윤희의 머리카락 DNA와 일치한다는 내용이고. 재빨리 서류를 구겨서 쥐는 윤희의 손에 힘이 들어가는데)

수련   (보는) 기억나? 설아 죽고 난 뒤, 청아예고에서 비상대책회의가 있었던 날.

24.   회상/5화 71신/청아예고 소강당(낮)
규진과 서진, 윤희를 다그치고 있는.

규진   술을 마시고, 그다음엔요?

윤희   (주저주저하다) 그 후론... 잘 기억이 안 나요. 너무 취해서.

규진   (승기를 잡은 듯, 됐다 싶고) 지금, 기억이 안 난다 하셨어요? 그렇다면, 오윤희 씨가 그날 무슨 일을 했는지 알리바이를 댈 수 없다는 거네요.

서진   (문득 손에 붙인 거즈를 보며) 손의 그 상처는 뭐죠?

윤희   이건... (기억나지 않아 더 괴롭고. 아무 말 못하고 손만 떨고 있는데)

25.   현재/헤라팰리스 윤희 집 거실(밤)

수련   이제야 모든 퍼즐이 맞춰졌어. 그날, 니 손의 상처, 그게 증거야. 그때, 내가 본 건 천서진의 루비 반지가 아니라, 니가 잡아 뜯은 설아의 목걸이였어! 설아를 밀어서 죽인 건 오윤희, 너야!

윤희   (강하게 고개 내젓고) 아냐!! 아냐!!!

수련	로나 때문이야?! 우리 설아가 없으면 예비 1번 로나가 청아예고에 들어
	갈 수 있으니까. 그래서 설아를 죽인 거야?! 그래?!! (무섭게 몰아붙이면)
윤희	소설 쓰지 마!! 모든 건 언니의 상상이잖아! 이딴 건 얼마든지 조작할
	수 있어! (유전자 검사서 짝짝 찢어버리고) 왜? 천서진으로 몰리니까 마
	음같이 안 돼? 그래서, 나한테 덮어씌우려는 거야?
수련	(벌떡 일어서고) 오윤희! 얼마나 더 최악이 될 거야? 당장 경찰서로 달
	려갈 수 있었지만, 니 입으로 용서를 빌 기회를 주려고 온 거야.
윤희	(바락 대는) 난 죽이지 않았어!! 절대 아니라고!! 언니 죄책감은 알겠는
	데, 이런다고 죽은 애가 살아 돌아와? 아일 지키지 못한 건 언니 잘못이
	잖아!
수련	(싸늘한 시선으로 윤희를 보는) 그래, 맞아. 내 잘못도 있지. 살인자인 널
	친구로 착각한 죄. 로나가 이 사실을 알면, 뭐라고 할까. 자기 때문에 엄
	마가 사람까지 죽였다면. 과연 엄마를 이해하고 용서할까?!
윤희	(순간 무섭게 달려들어, 수련의 목을 움켜쥐고) 로나한테 민설아 얘기 입
	도 뻥긋 마!! 언니 그 말도 안 되는 억측으로 겨우 맘 잡은 애 흔들려고
	이래?!!
수련	역시 넌... 로나 일이라면 무서울 게 없구나? (윤희의 손을 확 뿌리치고)

수련과 윤희, 팽팽하게 서로를 노려보는데.
그때, 딩동딩동 초인종 소리 들리고. 화면에 보이는 사람, 단태고.
윤희, 재빨리 문 열림 버튼 누르면.
잔뜩 독 오른 단태가 성큼성큼 수련에게 다가서는데.
뒤로 조 비서와 정장남들이 보이고. 수련을 압박해 둘러싸면.

단태	(사악하게 웃으며) 여보, 집에 갈 시간이야.
수련	(슬픈 듯, 윤희를 보고) 이게, 니 답이니?
단태	(조 비서에게) 끌어내!
조비	(수련을 제압하려면)

수련	(조 비서의 뺨을 후려치고) 내 발로 가! (당당하게 먼저 나가면)
단태	(윤희에게) 나중에 연락하지. (조 비서와 함께, 수련을 따라 나가는데)
윤희	(그제야 다리에 힘 풀려 주저앉아버리고) 그래... 잘한 거야. 우리 로나가 살려면 어쩔 수 없어! (독하게 맘 다잡고, 냉정하게 문 쪽을 바라보는 윤희의 시선)

26. 몽타주(밤)

마리의 침실/ 마리 품에서 잠들어있는 제니, 자다가 놀라 벌떡벌떡 깨고.
마리, 그런 제니를 안아서 애기처럼 다독이고 있는.
규진의 침실/ 규진과 상아 사이에서, 세상모르게 곯아떨어져있는 민혁.
규진, 화가 나서 참을 수 없는 듯, 벌떡 일어나서 위스키를 병째 벌컥벌컥 마시는데.
석경의 방/ 석경, 미친 듯이 물건을 집어던지고 이를 말리는 석훈의 모습.

27. 헤라팰리스 은별의 방(밤)

잠든 은별을 걱정스럽게 지켜보고 있는 윤철. 체온계 빼서 보면, 38도가 넘었고.

은별	저리 가... 민설아... 꺼져. 꺼지라고... (식은땀 흘리며 계속 헛소리하고)
윤철	은별아... 은별아!!! (은별의 손을 잡고, 땀을 닦아주면)
은별	아악! (악몽에서 깨어난 듯 벌떡 일어나서, 윤철에게 와락 안기고) 무서워.. 무서워 죽겠어, 아빠... 민설아가 자꾸 쫓아와...
윤철	(그런 은별을 안아서 다독이는) 괜찮아.. 아빠 여깄으니까 아무 걱정 마... 아빠가 있는데 뭐가 무서워.
은별	(무섭게 몸 떨고 있는) 민설아, 엄마가 죽인 거야? 나 때문에? 내 죄 덮으려고, 엄마가 죽인 거였어?... 아아아... (흐느껴 울면)
윤철	(순간, 가슴 무너져 내리고) 은별아... 우리, 시골 내려가서 살까. 학교 그만두고... 아빠도 은별이 위해서라면 병원 그만둘 수 있어. 은별이 말고

431

는 아빠 아무것도 중요한 거 없어... (은별의 등을 쓰다듬어주는데. 맘 아
프고)

28.   **펜트하우스 서재 안 비밀공간 (밤)**
       수련, 결박된 채 발악하고 있다. 입에 물린 재갈을 내리는 손, 단태고.
       그 앞으로 조 비서와 정장남들 보인다.

단태   당신이 민설아의 친엄마라... 참, 맹랑한 짓을 했어, 심수련. 대체 뭘 믿
           고 이렇게 까부는 거야? 고작 죽은 애 하나 때문에 인생을 거는 어리석
           은 여자였어?!

수련   마음대로 지껄여!! 너 아니었으면, 그 아이 그렇게 죽지도 않았어! 왜
           그랬어! 설아 아빠 죽인 걸로도 모자라서, 그 핏덩이를 왜 바꿔치기해
           버린 거야!!

단태   (괴랄하게 웃으며) 그럼 내가, 진짜 그 자식 애를 키워줄 줄 알았어? 너
           무 순진한 거 아냐?! 씹어 먹어도 시원찮을 놈 자식을 내가 왜!!!

수련   이렇게 끝날 거라 착각하지 마. 반드시 내가, 당신이 한 짓 벌받게 할 거
           니까!! 개자식! (단태의 얼굴에 침을 뱉어버리면)

단태   (멈칫하고. 가만히 침을 닦더니, 거칠게 수련의 턱을 올려 세우고) 누구야?
           당신을 이렇게 자신만만하게 만들어준 게! (멱살을 잡아 쥐며) 혜인일
           빼돌려 미국에 보낸 것도, 오늘 같은 쇼를 준비한 것도, 절대 구호동 같
           은 피라미가 할 수 있는 일이 아냐! 다른 조력자가 있는 거지?!! 말해,
           어서!!! (죽일 듯 수련의 목을 조르는 단태고)

수련   (고통 속에서도 지지 않고, 핏발 선 눈으로 단태를 노려보는데)

단태   좋아... 지금이라도 죽은 딸년 옆에 가는 것도 나쁘지 않겠지. (눈 돌아
           서, 손에 힘을 주는데)

수련   (꺼이꺼이, 숨넘어갈 지경이고)

       그때, 단태의 전화 걸려오고. 보면 로건인데.

조비	로건입니다, 회장님. (단태에게 핸드폰을 내밀면)
단태	(목을 조르던 손을 놓고, 침착하게 전화 받는) 접니다. 그러잖아도 연락드리려던 참인데... 지금요? 그러죠! (전화 끊고, 조 비서에게) 이년 감시, 제대로 해! 애들하고도 마주치지 않게 하고! (홱 돌아서는)

29. 헤라펠리스 분수대 앞(밤)

단태, 엘리베이터에서 내려 출입구 쪽으로 걸어가면.
한쪽에서 모습을 드러내는 로건.

30. 펜트하우스 서재/비밀공간(밤)

조 비서와 정장남들, 서재를 왔다 갔다 하며 지키고 있으면.
갑자기 서재의 불이 확 꺼지는데.

조비	뭐야? 어떻게 된 거야?! 빨리 불 켜!! 빨리!!

조 비서와 정장남들, 허둥대는 사이, 퍽! 퍽! 맞는 소리들 들리고.
조 비서와 정장남들에게 날아오는 날렵한 주먹. 하나둘씩 쓰러지는데.
조 비서, 가까스로 불 켜고 보면. 쓰러져있는 정장남들 보이고. 비밀공간의 문 열려있는. 사라진 수련.

조비	없어! (쓰러진 정장남들 발로 차며) 찾아!! 당장!! (소리치는)

31. 헤라펠리스 주차장(밤)

조 비서와 정장남들, 정신없이 달려와서 승합차에 타려는데.
그때, 주차장을 막 벗어나는 오토바이 한 대 보이고.

조비	따라붙어!!
정장남	조 비서님! (다급하게 부르면)

조비   뭐야? (보면, 타이어에 펑크 나있는. 눈 뒤집히고) 어떤 새끼야!! (분해서, 승합차를 주먹으로 내리치는. 그사이 달아나버린 오토바이. 이미 놓쳤고)

32.   도로 일각/로건의 오토바이(밤)
로건, 직접 오토바이를 몰고 있고. 그 뒤에 수련이 타있는.

로건   괜찮아요? 다친 데 없어요? (걱정스럽게 물으면)
수련   (끄덕하고) 어떻게 알고 온 거예요?
로건   오윤희 씨 만나러 가는 게 뭔가 찝찝해서요. 다행이에요, 늦지 않아서. 앞으론 혼자서 아무것도 하지 마요.
수련   주단태한테 만나자고 한 거 아니었어요?
로건   그러게요. 좀 밟을게요. (속도를 높이는 로건이고)

로건의 오토바이, 수련을 태우고 빠르게 달려가는.

33.   파크원 호텔 Bar(밤)
로건, 급하게 들어서면. 단태, 도착해서 기다리고 있는.

로건   (심호흡하고, 단태 옆자리에 앉는. 영어로) 어떻게 된 거죠? 그레이스와 약속을 펑크 냈다면서요? 어렵게 만든 자린데, 내 입장이 난처해졌어요. (난감한 표정 지으면)
단태   사고가 있었어요. 전혀 모르고 있었나요? 로건이 보낸 리무진에서 문제가 생겼는데... (의심스러운 눈빛으로 로건을 보는데)
로건   (태연하게, 영어로) 비서한테 들었어요. 리무진을 누군가 바꿔치기 한 모양이던데... 구호동이라는 사람을 아나요?
단태   구호동? (일그러지면)
로건   (영어) 구호동이라는 자한테 연락이 왔어요. 주단태의 실체를 알고 있냐고. 헤라팰리스 사람들이 살인사건에 연루돼있다던데, 사실인가요?

단태	(기막히고) 그놈은, 믿을 만한 놈이 아니에요! 신경 쓰지 않아도 됩니다.
로건	(영어로) 남의 사생활에 간섭하지 않는 게 원칙이지만, 좀 당황스럽네요. 살아있는 딸의 땅을 팔려고 했던 일도 그렇고, 살인사건이라니... 주회장을 파트너로 믿고 사업을 이어갈 수 있을지 모르겠네요.
단태	(순간 당황하고, 다급해져서) 투자설명회가 내일입니다. 투자자들이 이번 카지노 사업에 기대가 크고요! 지금 와서 흔들리시면 안 됩니다. 모두 유언비어고 사실이 아니에요!!
로건	믿을 수 없다면?
단태	제대로 준비해서 믿음에 보답하겠습니다. 절대 실망시키는 일 없을 거예요.
로건	(영어) 투자설명회... 기대하겠습니다. (의미심장한 표정인데)

34. 파크원 호텔 스위트룸(새벽)

로건, 스위트룸으로 들어서면. 수련, 걱정스레 로건에게 다가오는.

수련	별일 없었어요? 주단태가 별 의심 안 하던가요?
로건	의심이 많은 사람인데, 당연히 걸리는 거야 있겠죠. 그나마, 대표가 자기 이름으로 돼있고, 당장 투자설명회를 앞두고 있으니, 덮고 가려는 눈치예요. (걱정스럽게 수련을 보며) 많이 힘들었죠? 오윤희 씨 집엔 왜 간 거예요?
수련	(멈칫하다가, 결심한 듯 털어놓는) 그날, 내가 본 게 맞았어요.

35. 회상/18화 10신, 11신 연결/거리 일각(밤)

수련, 윤희에게 절절하게 전화하고 있는.

| 수련 | 주단태가 내 딸 죽음에 관련돼있어. 윤희 씨가 나 좀 도와줘. 내일 경찰서에 같이 가서, 우리 설아에 대한 증언 좀 해줘. 지금 내가 믿을 사람은 윤희 씨 뿐이야!! 살인자 꼭 잡아야 해!! 윤희 씨? 내 말 듣고 있어? 윤희 |

씨! (하는데, 전화 끊어버리는 소리 들리고)

수련, 끊어진 전화를 불안하게 바라보고 있는.
그러다 고개 들어보면, 눈앞에 번쩍이는 네온사인을 보는데.
고급 바 상호가 보이고. 머뭇하다 안으로 들어가면.

36. 회상 2/18화 10신 연결/고급 바(밤)
수련, 바 안으로 들어서다 멈칫하는.
윤희와 단태, 뜨겁게 서로를 끌어안고 키스하고 있는.
그런 두 사람을 보고 비틀하는 수련. 절망적인 수련의 모습에서.

37. 현재/파크원 호텔 스위트룸(밤)
수련, 로건에게 모든 걸 털어놓는.

수련 오윤희가 주단태 손을 잡았어요. 날... 배신했더라고요.
로건 (기막히고 화나는) 그러게 내가 뭐랬어요? 오윤희 믿지 말라고 했잖아요!
수련 (눈가 발개져 로건을 보며) 오윤희가 죽였어요, 우리 설아.
로건 (무섭게 굳어지는) 지금... 뭐라고 했어요?!
수련 우리 설아 죽인 범인이, 오윤희라고요!!! (눈물 주르륵 흘리는)

38. 파크원 호텔 일각(새벽)
열 받아 복도를 성큼성큼 걸어가는 로건. 그런 로건을 달려와서 붙잡는 수련.

수련 진정해요, 제발!
로건 (그런 수련을 뿌리치고, 계속 걸어가는데)
수련 (다급하게 다시 붙잡고) 안 돼요, 아직은...!! 시간을 줘요!!! 내가 해결할게요.

로건	(답답한 듯 돌아보는) 무슨 시간을 달라는 거예요? 그 여자한테 뭘 기대하는 거냐고요?! 오윤희, 이미 당신을 버렸어! 주단태한테 붙어서 어떻게든 당신을 죽이려고 할 거예요!!
수련	알아요, 나도! 근데... 근데 지금은 아니에요. 섣불리 건드렸다, 도망칠 빌미만 주는 거예요.
로건	그냥 죽여버리면 되잖아요! 우리 설아한테 한 것처럼 똑같이!!
수련	(순간 버럭) 나도 그러고 싶어!!
로건	(놀란 듯 수련을 보면)
수련	그럼... 다 끝나요? 그다음은요? 똑같은 살인자가 되면, 우리 설아가 좋아할 거 같아요? 나나 그쪽 인생 끝내버리는 게, 설아를 위하는 거냐구요?!! 석훈이랑 석경이요? 난 그 애들 엄만데... 무책임하게 내 인생을 막 살 수는 없어요!!
로건	(아무 말 못하면)
수련	(애써 냉정함 찾고) 난, 그쪽보다 훨씬 분하고, 억울하고, 화가 나서 미쳐버릴 거 같아. 근데... 죽을힘 다해 참고 있는 거예요. 감정적으로 해결할 일이 아니니까. 내 방식대로 갚아줄 거예요. 맨 마지막에... 가장 아프게... 그러니, 계획한 대로 진행해요, 하나씩. 그게 지금 우리가 할 수 있는 최선이에요! (차가워진 눈빛)
로건	(수련의 단호한 모습에 어쩔 수 없는데)

39. **헤라펠리스 외경(아침)**
여느 날과 다름없이, 쨍한 햇빛을 받으며 우뚝 서있는 헤라펠리스 전경.

40. **헤라펠리스 커뮤니티(아침)**
흥분한 서진과 규진, 마리, 상아가 기다리고 있으면. 단태가 들어서고.

마리	(단태를 보자 못마땅한 시선으로) 주 회장님은 왜 이렇게 늦어요? 비상시국이잖아요. 기다리다 숨 넘어가겠다니까.

단태	아침 일찍 무슨 일이죠? (굳은 표정으로 자리에 앉으면)
규진	무슨 일이라뇨. 우리 다 죽을 뻔했다고요! 우리 애들까지 싹 다! 이렇게 두 손 두 발 놓고 있을 거예요? 수련 씨는요? 찾았어요?
단태	아뇨.
마리	(기막혀) 못 찾아? 잘한다, 잘해! 아주 베리굿이야, 굿! (하다가, 단태가 홱 째려보면. 쫄지 않고 눈 부라리는데) 뭐?!
서진	이걸로 우릴 협박했던 눈동자의 정체가 심수련이란 게 밝혀졌어요. 애들이 받을 상처는 생각 않고, 엄마라는 인간이 어떻게 그런 짓을 할 수 있죠?!
상아	그렇다고, 수련 씨를 경찰에 신고할 거예요? 우린 뭐 잘했다고..
규진	애들한테까지 다 까발려진 마당에 뭐가 무서워서?! 고소해! 납치, 감금, 협박, 그냥은 못 넘어가!! (큰소리치는데)
마리	그리고 보면, 천 쌤 말이 다 맞았잖아요. 심수련이 설아 엄마라는 거! 진짜 소름이라니까. 세상에. 민설아 엄마라니. 그동안 우릴 감쪽같이 속이면서 이런 짓을 꾸미고 있었던 거잖아요. 어제 일 생각만 해도, 어으! (몸서리치면)
상아	그동안 우리가 실수한 건 없겠죠? 수련 씨가 증거도 차곡차곡 모았을 텐데.
마리	증거야, 어제 우리가 자백한 것만으로도 수두룩 빽빽이지. 애들도 반성문인지 자술선지 썼다고 하고... 어유, 우리 이러다 다 같이 쇠고랑 차는 거 아니에요, 진짜?!
규진	(단태 타박하듯) 수련 씨랑 한 이불 덮고 살면서, 전혀 눈치 못 챘어요? 잘난 척은 혼자 다하면서, 은근 눈치 빵이라니까.
서진	(조소하듯) 와이프를 너무 사랑해서, 안 보였겠죠.
단태	(빠직하지만, 애써 참고) 내 실수는 인정하죠. 하지만, 지금부터가 중요해요. 심수련한테 또 한 번 당하지 않으려면, 다들 정신 똑바로 차려야 해요.
마리	사람 말귀 못 알아듣네. 우리 입으로 자백까지 한 마당에, 정신만 차리

면 뭔 수가 나요?

단태 (날카롭게) 어제 우리가 자백한 상황이 어땠죠?

규진 (퍼뜩한 생각 들고) 아! 강요, 강압에 의한 허위자백!

단태 빙고! 목숨에 위협을 느껴 허위로 자백했다고 하면, 경찰도 어쩌지 못해요! 지금부터 우린 모두 입을 맞춰야 해요. 심수련이 나와 이혼하기 위해, 여러분을 끌어들인 겁니다. 거액의 위자료를 받아내려고 수를 쓴 거죠.

서진 (머리 굴리며) 또 하나! 심수련은, 죽은 민설아가 자기 딸이라는 망상에 사로잡혀있다는 것도, 추가하고요.

규진 그러네요. 민설아가 수련 씨 딸이라는 증거는 없으니까.

모두들 (그럴듯하고. 고개 끄덕이면)

규진 근데, 구호동 선생은 어떡하죠?

단태 그건 내가 맡죠. 지구 끝까지라도 쫓아가서 잡아낼 거니까. 우리 헤라팰리스가 어떻게 일궈온 왕국인데, 이대로 무너지진 않아요, 절대!

모두들, 자신의 것을 지키려는 눈빛들 강렬한데.

로나(E) 엄마? 엄마!!

41.   **헤라팰리스 윤희 집 거실 (아침)**
      소파에 쓰러져 잠이 들어있는 윤희를 흔들어 깨우는 로나.

로나 왜 여기서 자? 어제 펜트하우스 아줌마랑 무슨 일 있었어?

윤희 (몸 일으키고) 별일 아냐. 신경 쓰지 말고, 얼른 학교 갈 준비나 해. 아 참, 혹시 석경이 아줌마한테 전화 오면, 절대 받지 마. 알았지?

로나 대체, 무슨 일인데? 아줌마랑 심각하게 싸웠어? (소파에 놓인 수련의 가방을 들어 보이며) 이거 아줌마 꺼지? 가방도 놓고 간 거야?

윤희 (수련의 가방을 낚아채고) 암튼! 그런 일이 좀 있어! 엄마 말대로 해! (가

방을 들고, 방으로 가면)

로나   (그런 윤희를 불안하게 보는데)

42.   헤라펠리스 윤희 집 안방/펜트하우스 서재/전화통화(아침)
       윤희, 방으로 들어오자마자 단태에게 전화를 거는.

윤희   수련 언니, 어떻게 됐어요? (하다가 놀라는) 무슨 소리예요?! 도망치다니!

       단태, 서재로 들어와 의자에 앉으면서 전화 받고 있는.

단태   그년을 돕고 있는 놈이 있는 게 분명해. 아마도 아주 가까이에... 누군지
       진짜 몰라?
윤희   (굳어지는) 심수련이 도망을 쳤다?! (그러다 문득, 수련의 가방이 눈에 들
       어오고. 어딘지 낯이 익는데. 그때, 떠오르는 기억)

43.   회상/18화 54신/파크원 호텔 스위트룸(낮)
윤희   (열려있는 문틈 사이로, 소파에 놓여있는 여자 가방이 보이고)

44.   현재/헤라펠리스 윤희 집 안방(아침)
       윤희, 그제야 한 대 맞은 듯, 가방의 정체가 떠오르는.

윤희   그 가방... 수련 언니 거였어!
단태(F)   무슨 소리야?
윤희   확인해보고 다시 연락할게요. (급히 전화 끊고. 수련의 가방을 들어서 찬
       찬히 보는데)

45.   펜트하우스 단태 서재(아침)
       단태, 흥분해서 물건들 때려 부수고 있는. 가족사진이며, 꽃병이며, 수

련이 아끼던 물건들, 가차 없이 골프채로 내려치는데.
그 앞으로 엎어터져 무릎 꿇고 앉아있는 조 비서가 보이고.

조비　죄송합니다. (만신창이 돼서 꿇어앉아있으면)

단태　(골프채 내던지고) 심수련, 반드시 찾아! 죽여서 데려와도 상관없어!
（악마 같은 눈빛인데)

46.　헤라팰리스 윤철 서진 집 거실(아침)
은별, 넋이 나간 채, 가방 메고 방에서 나오면.

윤철　(다가서며) 잠은 좀 잤어? 오늘 학교 쉬어도 돼. 아빠가 말해줄게.

은별　(텅 빈 눈동자로) 나, 중간고사 망쳐서 결석하면 안 돼. (나가려면)

윤철　(다급하게 붙잡고) 그깟 결석 좀 하면 어때서? 아빠 봐봐. 너 진짜 괜찮아?

그때, 서진이 거실로 들어서고.

서진　(별일 아니란 듯) 은별이 멘탈 그 정도로 약하진 않아. 뭐해? 어서 학교
가지 않고. 남들 등교하기 전에, 연습실에서 목도 좀 풀고.

은별　(서진을 멍한 눈으로 보다가, 예전과는 다른 말투로) 맞아. 하던 대로 해야
지. 내가 잘못한 건 없잖아? 엄마랑 아빠가 잘못 키운 거지. (윤철을 확
뿌리치고 나가는데)

서진　(그런 은별을 놀라서 보는. 어딘가 달라진 듯한 은별의 모습인데)

윤철　은별아! (충격 받은 표정이고. 못마땅하단 듯 서진을 돌아보는)

47.　헤라팰리스 서진 윤철 집 침실(아침)
윤철(E)　지금 그걸 강행하겠다는 거야?

서진, 거울을 보며 정성을 들여 드레스 업 중인데.

윤철	이 판국에, 이사장 취임식을 해야겠어? 어제 무슨 일을 겪었는데?!
서진	내가 잘못한 게 없는데 왜 죄인처럼 할 일도 못 하고 있어야 돼?! 심수련이 원하는 대로 당하고 있진 않을 거야! 이혼했으면 주제넘게 참견 좀 그만해!
윤철	은별이 상태가 저런데, 당신은 걱정도 안 돼? 애가 곪을 대로 곪아있는 거 안 보여?! 밤새 악몽 꾸고, 헛소리하고, 제정신 아냐, 은별이!
서진	지금 은별이한텐, 엄마가 이사장이 되는 것보다 더 큰 위로는 없어. 그게 내 방식으로 은별일 위하는 거야. 아무것도 안 하고, 은별이만 끌어안고 있으면, 뭐가 달라져?! 평생 민설아 악몽에서 허우적댈 거냐고?! 무능하고 무책임해, 아빠라는 인간이!
윤철	(질린다는 듯) 넌 진짜 무서운 여자야! 은별이가 지금 무슨 생각을 하고 있는지 알아? 니가 민설아를 죽였을까 봐 두려워하고 있어!
서진	(똑부러지게) 난 아냐. 그럼 된 거 아냐? 유난 떨지 말고, 취임식이나 참석해. 청아의료원 원장 자격으로! (입술 빨갛게 칠하고 당당하게 윤철을 마주 보는데)

48.   헤라팰리스 규진 상아 집 주방(아침)
    민혁, 허겁지겁 아침을 먹고 있으면. 규진이 그런 민혁 챙겨주고.

규진	체하겠다. 천천히 좀 먹어. 이거 다 니 꺼야. 어젯밤에도 그렇게 먹더니 왜 그래? 키 크려고 그러나?
민혁	아 몰라. 왜 이렇게 배가 고프지, 아빠?
규진	원래 큰일 겪으면, 사람이 기가 빨려서 그러는 거야. 할머니한테 보양식 좀 해달랄까? 오늘은 학교 가지 말고, 몸보신이나 확실히 해.
민혁	(좋아 죽는) 앗싸! 개이득! 난 전복구이랑 낙지탕탕!
규진	(입맛 다시며) 나도 확 땡긴다. 하는 김에 장어도 해달라자.
민혁	근데 아빠, 진짜 아무 일 없는 거 맞지? 민설아한테 한 짓 죄다 불었는데, 막 경찰에 잡혀가고 그런 거 아니지?!

규진   뭔 소리야, 이 아빠가 누구야, 든든한 로펌에 잘나가는 변호산데 뭐가 걱정이야. 우리 집이 니 증조할아버지 때부터 법조재벌 아니냐. 우리 아들은 쫄지 말고, 열심히 공부나 해. 평소랑 똑같이.

민혁   갑자기 공부를 어떻게 해. 평생 안 하던 건데. 하던 대로 살아야지. (밥그릇 싹싹 비우고) 엄마! 나 밥 더 줘! 아빠가 오늘 학교 안 가도 된대.

그때, 갑자기 날아드는 얼음물 세례!

규진/민혁 앗! 차가! (놀라서 벌떡 일어나 난리치면)

상아   (얼음물 든 양동이를 들고, 열 받아 서있고)

규진   야! 뭐하는 짓이야?!

민혁   엄마! 나 심장마비 걸릴 뻔했잖아!

상아   (기막힌 듯 보고) 정신들 좀 차려! 어떻게 부자가 생각하는 게 똑같아? 뭐 나라라도 구하고 왔냐? 뭘 잘했다고, 밥을 몇 공기씩이나 처먹어?

규진   처먹다니. 아나운서라는 사람이 고운 말 안 쓸래?

상아   (밥그릇 뺏어 들고) 꼬우면 처먹지 마! 둘 다 나가!! 안 나가?! 빨리 학교 가서 공부 안 해?! (윽박지르면)

규진/민혁 (쫄딱 젖은 채 기겁해서 밥그릇 뺏기고 쫓겨나는)

상아   어휴, 내가 저런 놈 서울대 보내겠다고, 간 쓸개 버리고 살아야 돼? (스스로가 한심한 느낌 드는데)

49.   헤라팰리스 분수대(아침)
      로나, 서성이고 있으면. 석훈과 석경이 굳은 표정으로 엘리베이터에서 내려 걸어오고.

로나   (반갑게 석훈 보고) 지금 와? 같이 가려고 기다렸어.

석훈   (석경에게) 먼저 가.

석경   (열 받아) 재수 없어! (로나에게 쏘아붙이고 가버리면)

443

석훈	미안해. 석경이가 좀 예민해.
로나	너네 무슨 일 있었지? 어제 그레이스 조 만나기로 했잖아. 근데 왜 안 왔어?
석훈	(대답 못 하면)
로나	(표정 살피고) 너 괜찮아? 뭐 안 좋은 일이야? 아줌마도 이상하고...
석훈	벌받는 중이야.
로나	그게, 무슨 소리야?
석훈	좀만 기다려줘. 이 일이 마무리되면 좀 더 너한테 당당해질 수 있을 거 같아. 가자. (굳어진 얼굴로, 앞으로 걸어가면)
로나	주석훈....? (그런 석훈을 의아하게 보는)

50. 청아예고 이사장실(아침)
두기, 서진에게 호동의 사직서를 내미는.

두기	아침에 구호동 쌤 책상에 이게 놓여있더라고요.
서진	(열어보는데)
호동(E)	사직서! 엿이나 많이 드세요.
서진	(부르르한데, 열 받아 구겨버리면)
두기	엿? 이거 완전 또라이 아냐? 감히 누구한테 엿을 먹으라고. (그러다 서진 표정 살피며, 비위 맞추듯) 눈엣가시처럼 걸리더니, 차라리 잘된 일 아닙니까. 하하하... 이사장님 취임식에 맞춰, 아주 좋은 선물이 될 거 같습니다. 아! 오후에 있을 취임식 준비는 차질 없이 착착 잘 진행되고 있습니다. 특별히 오늘은 깜짝 이벤트로 제가 축가를 부르기로... 곡명은 평소 이사장님이 즐겨 부르시던...
서진	(말 자르고) 알았어요. 그만 나가봐요.
두기	네? 아 네. 그럼 이따 식장에서 뵙겠습니다. (꾸벅 인사하고 나가면)
서진	(호동의 사직서를 다시 펴서 보고) 굳이 청아예고에 들어온 이유가 뭘까... 구호동... 뭔가 개운치가 않아!

444

51.   청아예고 교실(아침)
       석훈과 석경, 제니, 은별, 평소와는 달리, 멍한 듯 쭈그리고 앉아있고.
       은후, 유정, 이상하단 듯 다가서는.

은후   유제니, 어디 아파? 니들 표정 왜 하나같이 구려?

유정   그러게. 다들 영혼 실종이네. 뭔 또 사고 쳤냐.

제니   신경 꺼! 말할 힘 없으니까. (그러다, 석훈 석경에게 다가서고) 아직도 안
       믿겨. 니네 그 우아한 엄마가 민설아 친엄마라는 게. 진짜 대박 화나 죽
       겠어. 니 엄마 때문에, 우리 엄마 죽을 뻔했잖아!

민혁   맞아. 우리 다 졸지에 고아 될 뻔했다고.

제니   그나저나 니들 어떡하냐. 내가 아줌마라면, 니들 진짜 끔찍할 거 같은
       데. 의붓자식이 친자식 괴롭혀서 죽게 만든 거잖아.

석경   (순간 버럭 하며 일어서고) 우리가 알고 그랬어? 몰랐잖아! 너도 똑같이
       굴어놓고 누구더러 끔찍하대?!

아이들/로나   (놀라서 석경 쳐다보면)

석훈   (아이들 시선 신경 쓰이고) 시끄러! 다들 그만해!

석경   (흥분해서) 뭘 그만해? 먼저 잘못한 건 민설아였어! 대학생이라고 사기
       쳤잖아. 근데, 왜 다들 우리만 잘못했대?! 나, 엄마 용서 못 해! 입으로만
       우릴 위하는 척하고, 뒤에서는 그런 무서운 짓이나 꾸미고! 우린 안중
       에도 없다고!! (소리치고 나가버리면)

은후   갑자기 민설아? 그 민설아? (은별을 보면)

은별   (바들바들 떨고 있는. 문제를 풀고 있는 손이 미친 듯이 흔들리는데. 눈동자
       가 불안하게 정신없이 움직이고 있는)

52.   파트원 호텔 복도(낮)
       수련, 스카프로 얼굴 가리고 조심스럽게 복도 걸어오다가, 스위트룸
       앞에서 멈춰 서고. 급히 카드키로 문 열고 룸 안으로 들어가는데.
       그때, 모퉁이에서 모습 드러내는 사람, 윤희고.

445

윤희	역시, 로건 리였어. 언니가 손잡은 사람. (확신하고. 핸드폰 꺼내서 누군가에게 전화하는) 지금 좀 만나죠. 중요한 일이에요!

53. 파크원 호텔 카페(낮)

윤희, 기다리고 있으면. 맞은편에 앉는 사람 로건이고.

로건	(윤희를 보는. 냉정한 말투) 무슨 일로 만나자고 했죠?
윤희	수련 언니.. 잘 있죠? 어디로 숨었나 했는데... 로건이랑 같이 있다니 안심이네요.
로건	(멈칫) 무슨 말인지...
윤희	수련 언니, 이 호텔에 같이 있는 거 알고 있어요. 이미 확인했으니까, 거짓말할 필요 없어요. (핸드폰으로, 수련이 스위트룸에서 나오는 모습 찍은 거 보여주면)
로건	(굳어지고)
윤희	아시다시피, 전 제이킹홀딩스 직원이에요. 회장님은 지금, 와이프를 찾고 있고요. 직원으로서 회장님이 궁금해하는 걸 말씀해드리는 게 도리겠죠? 심수련이 지금 어디에 누구랑 있는지.... (핸드폰 들고 흔들면)
로건	그럼, 주 회장에게 연락할 것이지, 왜 날 부른 거죠?
윤희	궁금해서요. 언니, 왜 돕는 거죠? 설마... 좋아하는 거예요? 파트너 와이프를? (단도직입적으로 물으면)
로건	(굳어졌다가, 픽 웃고) 내 사적인 감정까지 설명할 필요가 있을까요?
윤희	이번 사업, 로건한테도 중요한 일일 텐데, 사적인 감정 때문에 일을 그르칠까 봐 걱정돼서 그래요.
로건	주 회장 때문에 이래요? 오윤희 씨야말로 주 회장한테 아주 사적인 감정 같은데?
윤희	네?
로건	(윤희에게 사진을 꺼내서 내밀면)
윤희	(뭔가 해서 받아서 보면, 단태와 함께 있는 윤희의 사진들이고. 놀라는)

로건	같이 일하는 파트너에 대해 이 정도 조사도 안 했을 거 같아요? 안 그래도 주 회장의 사생활이 복잡한 거 같던데, 그쪽이 애인이든 직원이든, 이번 일은 덮는 게 나을 거 같은데요? 중요한 투자설명회까지 앞둔 마당에. (당당히 말하면)
윤희	당신이 수련 언니를 돕고 있는 이상, 우린 당신을 신뢰할 수 없어요! 당신과 심수련의 관계, 회장님께 보고하겠어요! (일어나서 돌아서는데)
로건	이번 투자 건만 마무리되면, 수련 씨랑 미국으로 떠날 생각입니다.
윤희	(멈칫, 놀라서 돌아보고) 언니가.. 그렇게 한대요? 정말요?
로건	설득 중입니다. 어차피 수련 씨는 주 회장이랑 살 수는 없으니까. 그쪽도 원하는 바, 아닌가요? 내가 수련 씨를 치워주기를. (의미심장한 눈빛이고)

54. 파크원 호텔 일각/단태 사무실/전화통화(낮)

뭔가 골똘히 생각하면서, 천천히 걸어가는 윤희.

윤희	언니가 로건 리랑 미국에 간다고?! (그때, 걸려오는 단태의 전화. 받는) 저예요.
단태	확인해본다는 건? 심수련의 조력자, 찾았어?
윤희	(망설이다가) 아뇨... 좀 더 시간이 필요해요.
단태	(욱하는) 부탁인데, 서둘러줘. (전화 확 끊어버리고) 대체, 그 자식이 누구야?!!

그때, 조 비서가 급히 들어오고.

조비	알아봤는데, 경찰이나 언론 쪽은 별다른 움직임은 없습니다. 민설아 문제는 아직 터지지 않은 거 같습니다.
단태	그 개자식은?
조비	구호동은 자취를 감췄습니다. 전혀 연락이 안 되고 있습니다.
단태	미꾸라지 같은 자식! 이 정도로 물러날 인간이 아냐. 계속 주시해!

조비 네, 회장님!

단태 (그러다 뭔가 생각난 듯) 아! 오늘 투자설명회에 그 자식이 나타날 수도 있어. 그쪽도 보안 강화시켜!

55. **파크원 스위트룸**(낮)
    놀라는 수련.

수련 오윤희가 우리 관계를 알았다고요? 어떻게 안 거죠?

로건 호텔에 들어오는 걸 본 모양이에요. 입을 막아두긴 했지만, 언제 터트릴지 몰라요. 오늘 투자설명회까지 버텨줘야 할 텐데... (걱정하면)

수련 (긴장해서) 그전에 주단태가 알게 되면, 모든 게 수포로 돌아가는 거잖아요. 하늘의 뜻에 맡기는 수밖에요.

로건 드디어 심판의 날이네요. 다 잘될 거예요.

수련 그래야죠. 설아를 위해서라도, 꼭! (비장한데)

56. **청아재단 소회의실**(낮)

도비(E) 이사회 투표결과 청아재단 이사장으로 천서진 이사가 선출되었음을 알립니다!

    서진, 이사진들의 박수갈채 속 꽃다발을 안고 환한 미소를 짓고 있고.
    축하객들로 서진모, 서영, 마리, 상아도 보이는. 윤철의 자리는 비어있고.
    마리와 상아, 서진과 눈 마주치면, 억지로 크게 웃으며 박수 치는 척하고.

도비 다음은, 천서진 이사장님의 취임사가 있겠습니다.

서진 (도 비서의 말이 끝나면, 단상으로 올라가 취임사를 시작하는데) 천서진입니다. 먼저, 이 자리를 빛내주시러 귀한 걸음을 해주신 귀빈 여러분들께 감사드립니다.

상아/마리 (박수 치고)

서진　특히 저를 믿고 절대적 지지로 이사장으로 선출해주신 이사님들께 고개 숙여 깊은 감사 인사 올립니다. (고개 숙여 인사하고) 저는 아버지의 뜻을 받들어 청아를 더 강건하고 청렴하게 이끌 것을 여러분께 약속드리겠습니다.

　　　기자들의 카메라 플래시 터지고.
　　　서진, 환한 미소를 짓는데. 마두기의 축가가 시작되고.
　　　축가의 클라이맥스와 함께, 축하 분위기가 최고조로 치닫고 있을 무렵!
　　　기자들과 축하객들의 문자음이 띠링! 띠링! 연속해서 울리고.
　　　다들 문자를 확인하고, 웅성대는데. 서진, 행복함 속에 축가를 듣다가 문득 이상함을 느껴 고개 돌리면. 굳어진 상아와 마리까지 서진을 보는데.
　　　도 비서, 다급하게 다가와 서진에게 문자를 보여주는.
　　　순간, 서진의 불안한 서진. 이어서 기자들의 질문공세 시작되고.

기자1　천서진 이사장님! 정의일보 오송희 기잡니다. 청아예고 입시비리 관련해서 내부고발자의 제보가 들어온 거 알고 계셨습니까. 따님의 합격을 위해 점수를 조작한 것이 사실입니까?

기자2　따님이 입시에서 음이탈을 하고, 중간에 포기하고 시험장을 뛰쳐나갔다는데, 사실입니까. 그런데, 어떻게 합격한 겁니까.

기자1　학부모들에게 뇌물을 받고 실기성적을 올려준 것도 사실입니까? 답변해주시죠, 천서진 이사장님!

기자들　(마이크 들고, 서진을 향해 우르르 몰려들면)

마리/상아　(당황하고. 어쩔 줄 모르는데)

두기　(심오하게 축가 부르다가, 영문 몰라 어리둥절하고)

서진　(역시 당황한 표정으로 벌떡 자리에서 일어서는. 쏟아지는 카메라 플래시... 눈이 부신 듯 얼굴을 돌리는데. 얼굴 하얘지는 서진이고)

57. 청아예고 복도 일각(낮)

아이들 웅성대며 구경 중이고. 핸드폰으로 찍고 있는 아이들도 있는데.
석경, 석훈, 은별, 민혁, 제니, 로나까지 복도로 나와서 지켜보면.
검찰에서 나온 수사관들, 빠르게 이사장실로 이동하는데.

민혁　　뭐야, 무슨 일이야?!

제니　　(민혁을 툭 치며, 핸드폰 기사를 보여주는데)

민혁　　(놀라고. 은별을 보면)

석경　　뭔데, 그게?! (핸드폰을 보고, 역시 은별을 보면)

은별　　(뭔가 불길한 예감이 들고. 핸드폰을 뺏어서 보면. "청아재단 사학비리, 입
　　　　　시조작, 추악한 민낯이 드러났다" 기사와 함께 청아재단의 실기시험 비리에
　　　　　대한 내용이 나오고) 말도 안돼.... (덜덜 떨리는 손. 문득 고개 들어 보면. 모
　　　　　든 아이들이 핸드폰을 꺼내 기사를 확인하고. 일제히 시선이 은별에게 몰리
　　　　　는데. 은별, 기겁하고. 얼굴 벌게져서 바들바들 떨고 있는)

58. 청아예고 이사장실(낮)

수사관들, 컴퓨터와 자료들을 빠르게 상자에 담고 있고,
그때, 서진이 이사장실로 뛰어 들어오는.

서진　　이게 뭐하는 짓이에요?! 당장 그만두지 못해요!

검사　　(검사 명찰 보여주고) 서울중앙지검 오준혁 검삽니다. 평소 팬이었는데,
　　　　　이렇게 뵙네요. 압수수색영장과 체포영장입니다. 일단 같이 가실까요?

수사관들　　(서진을 옆에서 잡으면)

서진　　(무섭게 뿌리치고) 이거 놔! 내가 누군 줄 알고! 어디다 손을 대?!

그때, 두기가 연미복 차림으로 뛰어 들어오고.

두기　　이사장님! 큰일 났습니다. 지금 교무실도 다 털렸어요. (그러다 연행돼 가

	는 서진을 보고 기함하는) 이사장님... 이게 다 무슨 일입니까! 내부자 제

| | 는 서진을 보고 기함하는) 이사장님... 이게 다 무슨 일입니까! 내부자 제 |

는 서진을 보고 기함하는) 이사장님... 이게 다 무슨 일입니까! 내부자 제
보라니, 대체 어떤 미친 자식이!!! (하다가 멈칫해서, 서진을 보고) 혹시...

서진 (애써 평정심 찾고) 아무 일 아니에요! 잠시 착오가 있는 모양인데, 금방
수습될 거예요. 내가 돌아올 때까지 학생들과 학부모들이 동요하지 않
게, 마 부장이 자리 잘 지키세요!

두기 (겁에 질려 울음 터트리면) 이사장님...!!!

서진 내가 이대로 무너질 거 같아요? 나, 청아재단 이사장 천서진이에요. (당
당하게 걸어 나가는데)

59.   호텔 행사장 (낮)

"제이킹홀딩스 카지노 투자설명회" 플래카드 걸려있고.
단태와 윤희, 잘 차려입은 채, 투자자들과 인사를 나누고 있는데.
한쪽에, 윤철과 규진의 모습도 보이고.

규진 (윤철에게) 우리 명동 땅이 담보로 들어간 이상, 우리도 이번 사업의 실
세 중에 실세예요! 충분히 나설 자격 있으니까, 너무 주 회장한테 맡기
지 말고, 우리가 적극적으로 개입하자고요. 누가 알아요? 앞으로 변호
사로 버는 돈은 껌값이 될지. (기분 좋아 히히덕 하면)

윤철 그래야죠. 주 회장만 믿다가, 뭐 하나 제대로 되는 거 봤어요?

규진 그러니까, 내 말이! 근데, 이사장 취임식은 안 갔어요? 헤펄 여자들, 아
침부터 뺀쳐 입고 싹 몰려가던데.

윤철 (표정 굳어지고. 대답 안 하면)

규진 이혼은 했어도, 그래도 청아재단 이산데 투표권 행사는 했어야지. 그
래야 나중에 콩고물이라도 떨어지죠. 하 박사는 세상을 몰라도 너무 몰
라. (그때, 상아한테서 핸드폰 오면, 얼굴 팍 구기고) 뭐야, 이 아줌마. 아침
에 성질부리더니 미안해서 전화했나? 내가 그렇게 호락호락한 줄 알
아? 속 좀 썩어봐라. (확 수신거부 해버리고) 나도 이번 투자 잘되면, 위
자료 왕창 떼주고 멋지게 이혼해버릴까요?

윤철 (버럭) 쓸데없는 말 좀 그만하면 안 돼요? 정신 사나워서 집중을 못 하겠잖아요.

규진 (놀라) 집중할 게 뭐 있다고? 아직 시작도 안 했는데.

윤철 (행사장을 둘러보는데. 뭔가 이상한 예감) 뭔가 찝찝해요. 왜 로건 리는 안 보이죠? (불안한 표정이면)

규진 그러게. 우리 미국 지갑이 늦으시네~ (단상 위에 단태를 보면)

단태/윤희 (역시 로건을 기다리는 눈치고. 시계를 보는)

윤희 로건 리가 왜 이렇게 안 오죠?

단태 다시 한번 연락해봐요! 시간 약속 철저한 사람인데... (초조해지고)

60. **단태 사무실(낮)**
빈 사무실로 조심스럽게 들어서는 사람, 모자를 쓴 구호동이고.
책상 뒤쪽에 있는 금고로 가서, 단태 손가락을 대면, 열리는 금고.
호동, 로건과의 계약서류를 찾아내, 가져온 다른 서류와 바꿔치기 하는데.

호동 (무선 이어폰으로 홍 비서에게 연락하는) 시작하지, 홍 비서! (눈빛 반짝하고)

61. **호텔 행사장(낮)**
시작 시간이 한참 지났고. 투자자들 웅성대고 있으면.

단태 (난감한데) 어떻게 된 거야? (윤희를 보면)

윤희 (다가서고, 역시 초조한 표정) 연락이 안 돼요. 방금 전부터 전화기가 꺼져있어요.

단태 (놀라는) 전화기가 꺼져있다니! 이렇게 중요한 날에! (불안한데)

윤희 일단은 투자자들이 불안해하고 있으니, 행사를 진행해야 될 거 같은데요. 사업 브리핑부터 시작하는 게 어떨까요.

단태 음... (고민하다, 결심한 듯 단상 위로 올라가고. 모여있는 투자자들을 향해)

안녕하십니까. 오래 기다리게 해서 죄송합니다. 제이킹홀딩스 회장 주단탭니다. (하면)

투자자들 (웅성대다가 조용해지고. 기대에 찬 박수 보내면)

단태 오늘, 공동투자자인 로건 리는 미국 본사와 얘기가 길어지고 있는 모양인데, 제가 먼저 투자설명회를 진행하겠습니다. 이제 곧, 동양 최대 규모의 카지노가 우리나라 중심부 명동에 들어서게 됩니다. 이번에 세워질 카지노 복합리조트는 4차 산업시대에 맞게 초대형 수영장과 명품 쇼핑센터를 갖춘, 우리나라 최고 관광명소가 될 것을 자신합니다. 화면을 봐주시죠. (의기양양하게 윤희에게 눈짓하면. 스크린에 카지노 사업에 대한 자료가 뜨고)

그때, 윤철에게 걸려오는 은별의 전화.

윤철 (조용히 받는) 여보세요? 은별아, 왜? 잘 안 들려, 은별아. 뭐? 잠깐만... (전화 받으러 나가는데)

규진 (이미 홀딱 빠져서 단태 설명을 듣고 있고)

62. **호텔 일각 (낮)**
　　　윤철, 나와서 전화 받는.

윤철 왜 그래, 은별아. 무슨 일이야? 울지 말고 얘기해. (그러다 놀라는) 뭐?! 천천히 말해봐. (굳어지고) 그래... 아빠가 지금 갈게. (허겁지겁 전화 끊고, 그대로 달려가는데)

그때, 반대편 쪽에서 다가오는 경찰들.
윤철, 달려가다 순간 멈칫하고. 불안한 듯 경찰을 돌아보는.

63.   호텔 행사장 (낮)
      단태, 카지노 사업의 비전과 규모를 한창 브리핑 중인데.

단태 이처럼, 카지노 복합리조트는 앞으로 한국 관광의 판도를 완전히 뒤엎
      을 것입니다. 또한, 2040년까지 3만 개의 일자리를 창출시킬 뿐 아니
      라 연간 3조 5천억의 매출을 올릴 수 있을 것이라 예상되는 바입니다.

      규진을 비롯 투자자들, 잔뜩 기대에 찬 표정으로 호응 보내고, 박수 치
      고 있으면.
      갑자기 문 열리고 들이닥치는 경찰들.

조비/수행원들   (막아서고) 뭡니까?!
경찰 (조 비서를 밀치고, 단상으로 곧장 걸어가고. 단태에게) 주단태 회장님 되
      시죠?
단태 (애써 정중하게) 그렇습니다만... 무슨 일이시죠? 여긴 초대장이 있어야
      들어올 수 있는 프라이빗한 공간입니다.
경찰 당신을, 공금횡령 및 투자사기, 자본시장법 위반 혐의로 긴급체포합
      니다.

      경찰, 눈짓하면. 경찰들 달려들어 단태를 양쪽에서 붙잡고 수갑을 채
      우는데.
      단태, 기겁하고. 투자자들, 벌떡 일어나 웅성대는.

64.   청아예고 복도 일각 (낮)
      아이들이 보는 가운데, 검찰 수사관들과 동행하는 서진.
      그런 서진을 보는 불안한 표정의 은별, 달려와 멈춰 서고.

은별 엄마... (서진을 보며, 멍해서 눈물도 안 나오는)

서진 (은별을 보자 순간 멈칫하다가, 안심하라는 듯 희미하게 미소 짓고. 얼른 시선 피한 채 꼿꼿하게 복도를 벗어나는데)

65. 호텔 행사장 밖(낮)

단태, 호텔 앞에 세워져있는 경찰차 쪽으로 연행되어 가면.
그 앞을 일사분란하게 가로막고 서는 조 비서와 정장남들. 경찰들에 맞서서, 긴장감 있게 대치하는데.

단태 (자신감 얻은 듯, 수갑 찬 손을 뿌리치고) 지금 장난합니까?!! 공금횡령이라니! 내가 뭐가 아쉬워서, 회삿돈을 건드려요? 대체 증거가 뭐예요? 뭘로 날 연행하는 거냐고요!!

경찰 로건 리의 이름을 팔아서 투자자들에게 거짓 정보를 흘려 투자금을 받은 혐의입니다. 페이퍼 컴퍼니를 만들어, 비자금을 세탁하려고 한 정황까지 전부 다 확보했어요.

단태 (어이없고) 내가 왜 로건 리 이름을 팔아요? 그 사람은, 내 카지노 사업 파트너예요. 당장 로건 리부터 불러요. 그 사람한테 직접 확인해보면 될 거 아니에요?!

이때, 끼익- 하고 오토바이 한 대가 달려와 멈춰 서고.
오토바이에서 내려, 단태 앞으로 다가서는 사람, 로건이고.

로건 나 찾았어요?

단태 (로건을 보자, 화들짝 놀라서 반기며) 로건!! 마침, 잘 왔어요. 뭔가 오해가 생긴 거 같은데, 지금 이 말도 안 되는 상황, 어서 해명 좀 해줘요.

로건 (조소하듯, 또박또박 한국말로) 아직도 상황 파악이 안 되시나? 당신 고소한 사람, 나예요, 주단태 씨!!

로건, 단태에게 분명한 한국말로 자신의 정체를 밝히는 데서 엔딩!!

20화

펜트하우스 살인사건

1.　19화 64신 연결/청아예고 복도 일각 (낮)
　　아이들이 보는 가운데, 검찰 수사관들과 동행하는 서진.
　　그런 서진을 보는 불안한 표정의 은별, 달려와 멈춰 서고.

은별　엄마... (서진을 보며, 멍해서 눈물도 안 나오는)

서진　(은별을 보자 순간 멈칫하다가, 안심하라는 듯 희미하게 미소 짓고. 얼른 시
　　선 피한 채 꼿꼿하게 복도를 벗어나는데)

　　곧바로 마리와 상아가 뛰어 들어와서, 연행돼 가는 서진을 보고.

마리　(정신없고) 이게 어떻게 된 거야? 천 쌤이 진짜 잡혀가는 거야?

상아　(문득 서늘한 예감) 설마... 시작된 거예요?

마리　뭐가?

상아　(겁에 질려) 심수련의 복수요! 이거, 심수련이 한 짓 아닐까요? 어뜩해
　　요. 우리가 천 쌤한테 뇌물 준 거까지 밝혀지면, 우리도 다 죽는 거예요?

마리　아냐! 아닐 거야!! 절대 아니어야돼!! (오싹한 두 사람이고)

2.　19화 63신/호텔 행사장 (낮)
　　갑자기 문 열리고 들이닥치는 경찰들.

경찰　당신을, 공금횡령 및 투자사기, 자본시장법 위반 혐의로 긴급체포합
　　니다.

　　경찰, 눈짓하면. 경찰들 달려들어 단태를 양쪽에서 붙잡고 수갑을 채
　　우는데.
　　규진과 투자자들, 경악해서 벌떡 일어서고. 우왕좌왕 난리 나고.

단태　(어이없단 표정) 뭐하는 짓입니까?! 공금횡령이라니! 내가 왜 그런 짓

을 해요?! 난, 한 번도 법을 어기고 산 적이 없는 사람입니다!

경찰 가서 말씀하시죠. 연행해.

단태 (저항하는) 당신들, 어느 청에서 나왔어? 누구 지시로 움직이는 거야? 당신들 지금, 실수하는 거야! (소리치는데. 그대로 끌려가면)

규진 주 회장! 이게 무슨 일이에요? 투자사기라니!! (놀라서 쫓아오고)

단태 이 변! 빨리 알아봐요! 변호사 수십 명을 써도 좋으니까, 서둘러요! 난 아무 죄 없어! (규진을 향해 소리치고)

윤희 (당황해서 어쩔 줄 모르고, 쫓아가는) 회장님! 회장님! (그러다, 퍼뜩한 생각에 문득 멈춰 서고) 설마, 수련 언니가? (기겁하는데)

규진 뭐가 어떻게 돌아가는 거야?! (둘러보면, 윤철 안 보이고) 하 박사는 또 어디 갔어? 미치겠네, 진짜!

행사장 북새통으로 아비규환인데. 경찰에 끌려가는 단태고.
애써 아무렇지 않은 듯 당당해 보이려고 하지만, 당황한 기색 역력한데.
조 비서와 수행원(정장남들), 긴박하게 그런 단태를 뒤따르고.

3.   19화 65신 연결/호텔 행사장 밖 (낮)
단태, 연행되어 가는데. 그 앞을 가로막고 서는 조 비서와 정장남들.
경찰들에 맞서서, 긴장감 있게 대치하는데.

단태 (자신감 얻은 듯, 수갑 찬 손을 뿌리치고) 지금 장난합니까?!! 공금횡령이라니! 내가 뭐가 아쉬워서, 회삿돈을 건드려요? 대체 증거가 뭐예요? 뭘로 날 연행하는 거냐고요!!

경찰 로건 리의 이름을 팔아서 투자자들에게 거짓 정보를 흘려 투자금을 받은 혐의입니다. 페이퍼 컴퍼니를 만들어, 비자금을 세탁하려고 한 정황까지 전부 다 확보했어요.

단태 (어이없고) 내가 왜 로건 리 이름을 팔아요? 그 사람은, 내 카지노 사업 파트너예요. 당장 로건 리부터 불러요. 그 사람한테 직접 확인해보면 될 거 아니에요?!

이때, 끼익- 하고 오토바이 한 대가 달려와 멈춰 서고.
오토바이에서 내려, 단태 앞으로 다가서는 사람, 로건이고.

로건　　나 찾았어요?

단태　　(로건을 보자, 화들짝 놀라서 반기며) 로건!! 마침, 잘 왔어요. 뭔가 오해
　　　　가 생긴 거 같은데, 지금 이 말도 안 되는 상황, 어서 해명 좀 해줘요.

로건　　(조소하듯, 또박또박 한국말로) 아직도 상황 파악이 안 되시나? 당신 고
　　　　소한 사람, 나예요, 주단태 씨!!

단태　　(순간 멍한) 뭐... 라고?

로건　　내가 당신 고소했다고요!! 내 이름을 도용해 투자를 받았다면서요?

단태　　(놀라서 보고) 당신... 한국말 할 수 있었어?

로건　　(경찰에게) 법에 따라 강력한 처벌을 원합니다. 저는 이 사람과 전혀 사
　　　　업적으로 얽힌 적이 없습니다.

단태　　(멍해졌다가) 로건... 왜 이래? 나한테, 왜 이러는 거야?!! 우리 계약서까
　　　　지 썼고, 내 명동 땅까지 저당 잡혀서, 카지노 리조트 만들겠다고....

로건　　(호동의 가발을 단태 손에 쥐어주며) 이거면... 답이 되려나?

단태　　(손에 쥐어진 가발을 내려다보는) 이게... 뭐야? (하다가 화들짝 놀라고) 이
　　　　건....!!! (로건을 보면. 씨익 웃는 로건과 호동의 얼굴이 겹쳐 보이고. 로건
　　　　이 타고 온 낯익은 오토바이가 눈에 들어오는데. 경악하고) 이 개자식아!!!
　　　　(로건의 멱살을 잡으려다, 바닥으로 내동댕이쳐지면)

로건　　(조소하고, 유유히 오토바이에 올라타고 사라지는데)

단태　　으아악!!! 구호동!!! 거기 서!!! (쫓아가려다, 경찰들에게 제지당하고) 뭐
　　　　해!! 저 사기꾼 새끼부터 잡으라고!!! (수갑 찬 손으로, 가발을 찢어발겨
　　　　버릴 듯 몸부림치는 단태)

4.   방송국 카페(낮)
       서류봉투와 함께 USB를 건네는 수련. 맞은편에 후배인 김정민 기자가
       앉아있고.

수련   갑자기 연락해서 놀랐지? 부탁할 데가 너밖에 없어서.

김기자 (서류봉투를 받는) 살면서 언니가 나한테 뭘 부탁할 일은 없을 줄 알았
        는데... 우아하게 잘 사는 줄 알았는데, 어떻게 이런 일을 겪었어?

수련   그동안 괴물을 붙잡고 살았어. 이런 일로 찾아와서 미안하다.

김기자 언니네 집에서 5년을 기생충처럼 달라붙어서 졸업했잖아. 등록금까지
        신세지고... 이렇게라도 갚을 수 있어 다행이야.

수련   데스크 뚫을 수 있겠어? 그쪽이 언론에 줄이 많아서, 뉴스가 나가긴 쉽
        지 않을 거야.

김기자 나, 꼴통 기잔 거 몰라? 해봐야지. 주단태 그 인간, 한번은 흔들어보고,
        멋지게 사표 던지고 나오는 것도 기자로서 꽤 폼 나는 일 아냐? 언니 아
        버지 회사가 주단태한테 넘어간 과정도 영 개운치 않았어. 이참에 다
        털어봐야지.

수련   (울컥하고) 고마워...

5.   방송국 앞(낮)
       수련, 방송국에서 나오는데. 갑자기 그런 수련을 한쪽으로 잡아끌고
       가는 사람, 로건이고.

수련   (놀라서) 무슨 일이에요, 로건? 방송국까지 왜....

로건   (다급한 표정) 기다리고 있었어요. 급하게 할 말이 있어서. (주위 살핀 다
        음) 혹시, 행복미래당 정두만 대표와 아는 사인가요?

수련   아뇨. 전혀! 일면식도 없는데요.

로건   (끄덕하고) 그럴 줄 알았어요. 정 대표와 수련 씨가 아주 가까운 사이라
        는 소문이, 재계 쪽에 은밀하게 돌고 있어요.

수련   그게 무슨 말이에요?! 내가 왜 그 사람이랑...?

로건   그 이유를 오늘에야 알았어요! 석훈 석경이 생모를 찾아달라고 했죠?

수련   (놀라고) 찾았어요?

로건   오늘 주단태 사무실 금고를 열었다가, 이 사진을 발견했어요. 놀라지 마요. 바로, 이 여자가 쌍둥이를 낳은 생모예요!! (사진을 건네면)

수련   (사진을 받아서 보는데, 쌍둥이를 안고 있는 여자의 얼굴이 보이고. 화면으로 보여주지는 않고. 화들짝 놀라고) 이건!!! 정말.... 이 여자가 생모라고요?!! 어떻게 이런 일이!!! (기겁하는 수련) 이 여자, 지금 어딨어요?!!

김기자(E)   김 기자의 눈입니다. 국내 최대 규모의 투자회사 제이킹홀딩스의 대표 주 모 회장이 공금횡령 및 배임, 투자사기 혐의로 체포되었습니다. 카지노 사업을 미끼로, 거액의 투자금을 모으고, 주식상승 효과를 노렸는데요.

6.   **헤라팰리스 마리집 거실/단태 사무실 (저녁)**
두 손 서로 부여잡고 TV를 보고 있는 마리와 제니.
충격 받은 표정으로 먹고 있던 과일을 툭 떨어뜨리고. 그 위로.
화면 속, 단태 사무실. 검사2의 지휘 아래 압수수색 중인데.

기자(E)   서울중앙검찰청은 역삼동에 있는 제이킹홀딩스 사무실을 압수수색하고, 관계자들을 참고인 신분으로 불러 조사하고 있습니다. 오늘, 김 기자의 눈에선 이번 사건을 집중 취재합니다.

7.   **헤라팰리스 규진 상아 집 거실 (저녁)**
상아, 태블릿으로 영상을 보느라 정신없고. 화면 속에, 단태와 서진의 불륜 장면이 떠있고. 경악하는 표정인데.
규진, 옆에서 서성이며 누군가와 열띠게 통화 중인.

규진 강 서장님. 주 회장 진짜 가망 없어요? 구속되는 거냐고요?! 그럼, 제 명 동 땅은 어떻게 되는 거예요. 자그마치 백억이 물렸다고요! 백억! 서장 님이 수사 상황 좀, 저한테 제일 먼저 귀띔해주시면 안 될까요. (컷 되면)

규진 (이어서 다른 통화하고) 제이킹홀딩스 주식은? 낼 폭락하겠지? 오너가 구속되면 그거 다 휴지조각 되는 거잖아. 내일 아침 싹 다 팔아버려! 하 한가 치기 전에 서둘러야 돼! (안절부절못하고)

앵커(E) 사학재단 성적조작 및 입시비리로 조사를 받고 있는 청아재단 천 모 이 사장과 제이킹홀딩스 주 모 회장 간의 불륜영상이 SNS에서 화제가 되 고 있습니다.

8. **헤라팰리스 서진 윤철 집 은별의 방(저녁)**
     핸드폰으로 영상을 보고 있던 은별.

은별 아악!!! (경악하며 핸드폰을 던져버리는데)

     뛰어 들어오는 윤철, 흥분한 은별을 안아서 달래느라 안간힘인데.
     은별, 그런 윤철을 거칠게 밀면서 발버둥 치고. 눈 풀려서 멘붕 상태인.

앵커(E) 또한 익명의 제보자는, 2020년 청아예고 수석합격자인 민 모 양의 사 망사건에 대한 의문을 제기했습니다. 제보자는 민 모 양이 사망한 장소 가 헤라팰리스였고, 사망 후, 시신이 보송마을로 유기된 것이라 주장하 고 있습니다.

9. **펜트하우스 거실(저녁)**
     석경, 석훈, 역시 멍한 듯 TV를 보고 있는.
     헤라팰리스의 전경 및 모자이크된 아이들의 인스타 사진들이 화면에 뜨고.

앵커(E)　민모 양은 사망 전 청아예고 예비입학생들에게 집단 따돌림을 당해왔고, 심각한 폭력에 시달렸다는 제보도 이어졌습니다. 특이한 점은, 가해자 모두 강남 부의 상징인 헤라팰리스에 거주하고 있는 것으로 알려져 충격을 더하고 있습니다.

　　　　　충격 받은 석훈과 석경의 표정.

10.　　　헤라팰리스 마리의 집 거실(저녁)

제니　(겁에 질려) 이러다 나 짤리는 거 아냐, 엄마? 나도 천 쌤 빽으로 들어간 거잖아. 성악 못 하면, 나 뭘로 대학 가... (훌쩍이면)

마리　(겁에 질린 제니를 끌어안고) 걱정 마. 엄마가 있잖아. 민혁이 아빠가 로펌 대푠데, 다 해결해줄 거야. 엄마가 천금을 들여서라도 너 잘못되게 안 해!

　　　　　그 위로, 초인종 소리 들리고.
　　　　　컷 되면. 경찰, 마리의 집으로 들이닥치고. 마리를 연행해가는.
　　　　　반항하는 마리와, 겁에 질려 우는 제니.

11.　　　헤라팰리스 분수대(저녁)

　　　　　경찰에게 연행되는 마리, 규진, 상아, 윤철.
　　　　　헤라팰리스 주민들, 웅성대며 비난의 시선으로 지켜보고 있고.
　　　　　뒤쫓아 달려 나온 제니와 민혁, 어쩔 줄 몰라 울고불고 난리통인데.
　　　　　은별, 끌려가는 윤철을 보자, 기진한 듯 털썩 주저앉는.

12.　　　단태 사무실(저녁)

　　　　　압수수색 후 엉망이 된 사무실을 정리 중인 윤희.
　　　　　그때, 조 비서가 들어오는.

윤희	(다급하게 묻는) 어떻게 됐어요. 회장님은요?
조비	조사가 길어질 거 같습니다. 사무실에 있던 기밀장부까지 전부 압수돼서, 지금 손을 쓸 수 있는 방법이 없습니다. 로건 리는 여전히 연락이 안 됩니다.
윤희	(미치겠는데) 그자한테 당한 거예요! 내가 막았어야 했는데!! (때늦은 후회로 울고 싶은 심정이고)
조비	헤라클럽 사람들도 지금 전부 연행됐다고 합니다.
윤희	(놀라) 네? 그 사람들은 왜요?!
조비	민설아 사망 사건까지 같이 조사할 모양입니다. 헤라팰리스에 경찰들이 들이닥쳐서 발칵 뒤집혔습니다.
윤희	경찰이요? (순간 하얗게 질리고. 갑자기 덜컥하는) 로나? 우리 로나?! (벌벌 떨면서 급하게 핸드폰으로 로나에게 전화하는데. 받지 않고. 다시 전화해도 계속 받지 않는) 로나야! 받아! 빨리!! (정신없이 그대로 뛰쳐나가는데)

13.   주차장/윤희의 차 안(저녁)

윤희, 급하게 차에 올라타, 시동을 거는데. 떨려서 손이 미끄러지고.
간신히 시동 걸고 출발하려면. 라디오에서 뉴스가 들리는데.

앵커(E)	헤라팰리스에서 발생한 민모 양 사망 사건을 재수사 중인 경찰은, 이 사건에 관련된 입주민들을 소환해 조사를 벌이고 있습니다.
윤희	(파리하게 질리고) 이렇게... 끝인가?

14.   경찰서(저녁)

윤철, 규진, 상아, 마리까지 나눠져서 조사받고 있는 소란스러운 경찰서 안.
경찰, 수련이 제출한 녹취록을 들려주면. 사람들 저마다 흥분하고.

윤철/상아 (짠 듯이 티 나게 똑같이 말하는) 이건 명백히, 강요 강압에 의한 허위진술이었어요.

규진/마리 (역시 따로 조사받으면서, 똑같이 말하는) 심수련이 자기 이혼에 유리하게 하려고 꾸민 일이죠. 그럼요.

규진 그 집 부부가 지금 이혼소송을 준비 중이거든요. 결국 이혼의 쟁점이 돈 아니겠습니까. 워낙 재산도 많은 집이고. 그러니, 심수련 입장에서도 남편의 약점을 잡기 위해 필사적인 거죠. 오죽하면 우릴 감금하고 협박까지 했겠어요.

상아 살려면 어떡합니까. 원하는 대답을 해줘야지. 안 그래요?

마리 사실 심수련 그 여자, 제정신 아니에요. 죽었다는 그 애가 자기 딸이라는 증거라도 있어요? 이건 악의를 가지고 우릴 괴롭히고 있는 거라니까요.

15. 검찰청 조사실(저녁)

　　　서진, 도도하게 앉아서 조사받고 있는.

검사 수년간 입시 관련 부정청탁 및 금품을 수수했다는 의혹이 제기됐는데... 하실 말씀 있으십니까.

서진 검사님. 저 돈 많아요. 죽을 때까지 매달 1억씩 써도 다 못 쓸 만큼. 근데, 돈 몇 푼 받자고, 실력도 없는 애를 뽑았다고요? 제 자존심이 허락하지 않는 일입니다. 내부고발자라는 사람이 누군지 궁금하네요. 구호동입니까?

검사 확인해줄 수 없습니다.

서진 그자밖에 없어요! 그런 헛소릴 지껄일 사람은. 하지만 그 인간, 신분을 조작해서 위장 취업한 사기꾼이에요. 구호동이라는 가짜 이름으로, 재단에 흠집을 내려고 하는 거라고요!

검사 천서진 씨 따님의 입시비리는 어떻게 설명하실 겁니까. 이미 실기시험 영상과, 실기성적 원본도 입수했습니다. 천서진 씨가 직접 조작한 파일

까지 전부 증거로 가지고 있어요. (은별이 입시시험 영상을 보여주면)

서진 (헛웃음 치고) 지금 이걸, 입시비리라고 하는 거예요? 성악과 입시는 미
래를 보고 학생을 뽑는 거예요. 목소리의 결을 보고, 앞으로 성장 가능
성을 열어두고 합격자를 뽑는 거지, 그날 사소한 실수는 불합격의 이유
가 안 된다고요! 고작 그딴 걸 증거랍시고 들이민 건가요? 지금 검사님
이 우리 재단에 끼친 피해가 얼마나 큰지 알고 있어요?! 저, 반드시 짚
고 넘어갈 겁니다. 명예훼손과 피해보상까지 전부 다! (굽히지 않는 서
진이고)

16. **펜트하우스 거실(밤)**

정적을 깨고 문 열리는 소리 나고. 수련, 들어서서 펜트하우스를 둘러
보는데.
사람의 온기가 느껴지지 않는 휑한 실내. 갑자기 화면이 밤에서 낮으
로 바뀌고. 환한 햇살이 거실 가득 들이치는 어느 날.

석경(E) 엄마!

수련 (그림 그리고 있다가, 환한 미소 지으며 돌아보는) 우리 딸, 왔어?

석경 (수련을 안고) 엄마 그림 그려? 뭐 그리는 거야?

수련 나중에 엄마 살 집. 어때? 예쁘지? (아름다운 바닷가 집인데)

석경 난, 아파트가 더 좋은데. 그래도 엄마가 살면, 나도 따라가야지. 엄마랑
평생 꼭 붙어살 거야. 시집가도.

수련 (웃고) 오늘 학교에서 뭐했어? 재밌는 일 없었어? 은별이하곤 화해했
어? (석경의 손을 잡고 같이 소파에 앉고. 머리를 넘겨주며 너무도 다정한
모습인데)

석훈 (무심하게 다가와, 수련의 옆쪽에 앉아서 책을 읽는)

석경 그 기지배 진짜 재수야. 나 이번엔 절대 화해 안 해. 아! 진짜 웃긴 일 있
었다. 오늘 담탱이 첫사랑 얘기해줬는데, 완전 구려. (수련의 다리에 누
워서 연신 웃고 떠들고 재잘거리면)

수련   (같이 큰소리로 웃고. 그런 석경과 석훈을 사랑스럽게 쳐다보는데)

석경(E)   당신이 여긴 왜 와?! 당신이 뭔데?!

수련, 석경의 목소리에 정신이 들고. 돌아보면, 수련을 경멸하듯 보고 있는 석경이 서있는데. 낮은 다시 밤이 되어있는.

수련   (차분하면서도, 비굴하지 않게. 진심으로) 너네가 걱정돼서...
석경   가증스러워! 우리가 걱정되는 사람이 그런 짓을 해?! 아빠 신고한 것도 당신이지?! 우리 집 망하게 하려고 작정한 거야? 이제 복수하니까 좋아 죽겠어? (매섭게 쏘아붙이면)
수련   (당신이라는 석경의 말이 가슴에 와 꽂히고) 아빤, 아빠가 잘못한 벌을 받고 있는 거야. 그게 당연한 거고.
석경   아악! 지겨워!! 그놈의 잘못! 잘못!! 진짜 우리가 가족이긴 해? 가족이면, 잘못한 것도 덮어주는 거 아냐? 당신 친딸만 소중하고, 우리 생각은 안 해? 우리도 당신 자식이잖아! 우리 엄마였잖아! 다 거짓말이었어?
수련   거짓말 아냐. 맹세코, 내 자식 아니라고 생각한 적 없어.
석경   우릴 진짜 자식이라고 생각했음, 절대 이런 짓 못 해! 꼴도 보기 싫어! 나가! 우리 집에서 당장 나가! (닥치는 대로 물건들 집어던지면)
수련   (벌서듯, 그 물건들을 고스란히 맞고 있는)
석훈   (뛰어나오고, 석경을 말리는) 그만해, 석경아! 정신 차려!
석경   오빠도 뭐라고 말 좀 해봐! 오빤, 이 아줌마 이해할 수 있어? 저 사람이 우리한테 한 짓!
석훈   (수련에게) 왜 오셨어요. 좋은 소리 못 들을 거 알잖아요.
수련   니들한텐 많이 미안해. 하지만 어쩔 수 없이 해야만 하는 일이었어. 그래야 너흴 용서하고, 돌아갈 수 있을 거 같았어. 니들이 비뚤어진 것도 내 탓인 거 알아. 그 벌, 평생 받으며 살 거야. 기다릴게. 죽을 때까지 너희들 위해서만 살 거야. 니들 엄마로...

석경	엄마란 말은, 죽은 그 기지배한테 가서 들어! (방으로 들어가버리면)
수련	(가슴이 찢어질 거 같은데)
석훈	시간이 필요해요. 이해하려고 노력 중이니까, 오늘은 그만 가세요. (석경을 따라 들어가면)
수련	(그제야 눈물이 터져 나오고. 먹먹해서 가슴을 치는데. 다가오는 양씨)
양씨	여긴 제가 있으니까 너무 걱정 말고 가세요. 애들은 제가 잘 돌보겠습니다.
수련	고마워요. 애들한테 무슨 일 있으면 언제든지 연락 줘요.
양씨	그럴게요.
수련	(무겁게 발을 떼고, 현관으로 걸어가는. 그러다 아이들이 걱정되는 듯 다시 한번 멈춰 서서 펜트하우스를 둘러보는 수련)
양씨	(싸늘해진 시선으로, 수련의 뒷모습을 보는)

17. 헤라팰리스 윤희 집 거실(밤)
    윤희, 급하게 들어서는.

윤희	로나야! 로나야!! 배로나!!! (미친 듯이 이름 부르며 들어서는데. 그러다 멈칫하는. 소파에 앉아있는 건 수련이고. 순간 덜컥하는) 언니가 왜 여깄어?! 우리 로나는?! (방으로 뛰어가는 윤희)

18. 헤라팰리스 윤희 집 로나의 방(밤)
    문을 활짝 열면, 아무도 없고.

19. 헤라팰리스 윤희 집 거실(밤)
    윤희, 다시 거실로 나오고.

윤희	우리 로나 어디 갔어?! 설마... 우리 로나한테 무슨 짓 한 거야?!
수련	(차가운 눈빛) 내가 어떻게 했을 거 같아?

윤희	(비명처럼) 언니!!! 우리 로나 털끝 하나라도 건드렸음, 나 진짜 가만 안 있어!
수련	가만 안 있으면? 나까지 죽이겠다고? 니 새끼 소중한 건 아는 모양이지?
윤희	(미칠 것처럼 팔짝 뛰며) 어서 말해!! 우리 로나 어딨냐고!!
수련	설아는 널 좋은 아줌마라고 고마워했어. 근데, 그 가여운 앨 왜 죽였어? 우리 설아가 뭘 그렇게 잘못했다고!! 천서진이 죽였다 생각했을 때보다 지금이 천 배 만 배로 더 끔찍해!! 자기가 유일하게 믿었던 사람한테까지 버려졌을 때, 그 애 맘을, 한번이라도 생각해봤어?!!
윤희	우리 로나 어딨는지부터 말해!! 로나한테 뭔 일 있는 거 아니지? 우리 로나 잘못되면, 나 죽어. 차라리 날 죽이고, 그 앤 건드리지 마. 부탁이야 언니...
수련	아니!! 너도 자식 잃은 슬픔이 뭔지, 겪어봐야지. 똑같이 당해봐야 공평한 거 아냐?! (서슬 퍼렇게 쏘아붙이면)
윤희	(그대로 수련을 붙잡고 무너지는) 언니... 다 내 잘못이야. 내가... 내가 그런 거니까... 우리 로나는 살려줘.. 제발... 그 앤 아무 잘못 없잖아. 우리 로난... 안돼. 로나는 내 목숨이야.
수련	(꼿꼿하게 그런 윤희를 내려다보는데)
윤희	(오열하며 자백하는) 그땐 술 때문에 내가 미쳤었어! 잠시 정신이 어떻게 된 거라고! 진짜... 그럴 생각은 없었어. 언니가 설아 엄마라고 고백한 날, 그때야 기억이 났어. 내가 그런 짓을 했다는 걸 나도 믿을 수 없었어... 정말이야, 언니....
수련	자수해! 마지막으로 주는 기회야.
윤희	뭐?
수련	니 잘못 인정하고, 벌받아.
윤희	그럼 우리 로난?! 평생 살인자의 딸로 살게 하라고? 그럼, 우리 로나 죽어! 알잖아. 로나가 어떤 앤지...
수련	그러게 왜 그런 짓을 했어?!! 왜 돌이킬 수 없는 짓을 했냐고!! 그깟 청아예고가 뭐라고!!

윤희	설아는 어차피 죽었잖아! 남은 사람은 살아야지. 내가 앞으로 잘할게. 설아한테 평생 사죄하면서 살게, 언니.
수련	(경멸하듯 윤희 보며) 남은 사람만 잘 살면 되는 거야? 덮으면 다 끝난다는 거야? 그래서 주단태랑 손을 잡은 거였어? 어떻게 니가 날 배신할 수가 있어, 어떻게!! 모든 진실 다 밝힐 거야!! 우리 설아한테도 뒤에 엄마가 있다는 걸, 곧 알게 될 거야.
윤희	(무릎 꿇고, 싹싹 빌며) 제발... 제발 그러지 마... 로나는 알면 안 돼. 나한테 조금만 시간을 줘. 로나 모르게, 외국이라도 보내놓고, 그리고 자수할게. 응 언니? 제발... (울면서 빌고 있는데)

그때, 로나가 거실로 들어서는.

로나	아줌마, 아이스크림 사왔어요. (그러다 멈칫하고. 무릎 꿇은 윤희 보고 충격 받고) 엄마, 뭐하는 거야?
윤희	(얼른 눈물 닦고 일어서고. 로나에게 한걸음에 달려가 로나 상태 살피고) 로나야. 아무 일 없었어? 별일 없는 거지? (로나 얼굴을 쓰다듬다, 감정 격해져서 와락 끌어안고, 목 메여) 전화는 왜 안 받아? 엄마 걱정했잖아!
로나	핸드폰 두고 갔어. (굳어져서) 엄마야말로 무슨 일이야? 나도 알면 안 돼?
윤희	아무것도 아냐. 방에 들어가 있어.
수련	내가 말할게. 엄마가 말하는 걸 힘들어하는 모양인데...
윤희	(다급하게 수련 막아서고) 그만!!! (덜덜 떨며) 알겠어. 내일... 언니가 말한 대로 할게. 그러니까... 제발 언니... (간절한 눈빛으로 사정하면)
수련	약속, 꼭 지켜. 아줌마 갈게. (로나에게 인사하고 나가면)
윤희	(그대로 휘청하며 주저앉는데)
로나	(놀라) 엄마!! 왜 이래? (놀라서 얼른 윤희 부축하는데)
윤희	괜찮아. 좀 어지러워서 그래. 들어가서 쉴게. (방 쪽으로 돌아서면)
로나	엄마, 뉴스 봤어? 헤라펠리스 난리 났잖아. 민설아 알지? 청아예고 수석한 애. 그 애가 죽은 곳이 헤라펠리스래. 자살이 아니고 타살일지도

모른대.

윤희　(멈칫하고) 어...

로나　이게 무슨 난린지 모르겠어. 우리, 그 애 집에서 잠깐 살았었잖아. 펜트하 우스아저씨랑, 천 쌤, 제니 민혁이 부모님까지 다 경찰조사 받고 있대.

윤희(E)　(돌아선 채로 주르륵 눈물이 흐르는) 어떡하니, 로나야... 자수하면 세상 이 다 우릴 죽이려 달려들 텐데... 다 끝났어... 엄마가 니 인생 망쳤어.
(절망적인 윤희고)

20.　　헤라팰리스 은별의 방(밤)
　　　　핸드폰으로, 반 단톡방 내용을 확인 중인 은별.
　　　　빠르게 올라오는 단톡방 글들.

은후(E)　하은별 부정입학 사실임? 실기시험 때 음이탈 대박! 쉴드 쳐줄 엄마는 검찰 조사 중. 이렇게 꺼지는 건가요? ㄷㄷㄷ

유정(E)　애초에 공주님인 척, 재수 대박 없었음.

지아(E)　하은별 인별 사진이랑 신상 다 털림. 얼굴 쳐들고 못 살 듯.

장대(E)　하은별 퇴학시키라는 국민청원이 벌써 5만 명 넘었음. 하은별 아웃!

　　　　은별, 아이들의 단톡방 글 보면 더 비참해지고. SNS에 은별을 향한 공 격적인 비방 글 쏟아지고 있는데. 인터넷 여기저기에 은별의 사진들 뜨고.
　　　　멍한 듯 침대에서 일어서는 은별.

21.　　헤라팰리스 서진의 방(밤)
　　　　은별, 아무도 없는 서진의 방으로 들어서고. 결심한 듯, 화장대 서랍을 여는데.

22. 몽타주(밤)

　　　경찰서 조사실에서 각각 조사를 받는 규진, 윤철, 마리, 상아의 모습들.

　　　단태, 검찰청 검사2 앞에서 눈 감고 버티고 있다. 열 명이 넘는 변호사

　　　들이 방어 중이고.

　　　서진, 박 변호사 대동해서 당당하게 조사를 받고 있는. 오히려 여유로

　　　운 모습인데.

23. 검찰청 앞(새벽)

　　　박 변호사와 같이 나오는 서진.

박변　고생 많으셨습니다, 이사장님. 일단 푹 주무십시오. 다음 소환을 대비

　　　해서, 준비 잘해놓겠습니다.

서진　박 변호사도 수고 많았어요. (보면, 도 비서가 기다리고 있고)

도비　(꾸벅 인사하고, 다가서는) 하 박사님도 지금 참고인 신분으로 경찰에서

　　　조사를 받고 계십니다.

서진　(관심 없단 듯) 피곤해. 집으로 가.

24. 헤라팰리스 서진 윤철 집 거실(새벽)

　　　지친 서진, 거실로 들어서는. 자신의 방으로 가려다 멈칫, 은별 방 쪽을

　　　보는데.

25. 헤라팰리스 서진 윤철 집 은별의 방(새벽)

　　　문을 열고 들어오는 서진, 잠들어있는 은별을 보고 나가려다 문득, 침

　　　대 아래 놓여있는 와인병이 눈에 들어오고,

　　　서진, 멈칫해서 다가와 보면. 은별 옆에 자신의 수면제 약통이 보이고.

　　　죽은 듯 누워있는 은별을 보고 비명을 지르는 서진.

서진　아아악!!! 은별아!!! 은별아!!! 정신 차려!! (미친 듯이 은별을 흔드는데)

26. 구급차 안/도로(새벽)
　　구급차에 실려가는 은별.
　　그 옆에서 제정신 아닌 서진의 모습.

서진　안 돼... 죽으면 안 돼, 은별아.... 살아!! 무조건 살아!!!! 너 잘못되면... 엄
　　마도... 엄마도 죽어!!! (그러다 점점 상태 안 좋아지면) 아직 멀었어요?
　　더 빨리요!! 애가 죽어가잖아요!!! 빨리!!!! 더 빨리!!! (미친 듯이 울부
　　짖는데)

27. 청아의료원 VIP 응급실(새벽)
　　긴박한 음악과 함께 응급실로 실려온 은별.
　　은별의 상태를 체크하는 의료진들. 위급한 상황인 듯 위세척을 진행하
　　고 있고.
　　은별, 정신 못 차리고, 상태 계속 더 안 좋아지는데. 분주해지는 응급
　　실 안.
　　갑자기, 삐익― 하는 기계음 소리.
　　서진, 세상이 정지된 듯 충격 받은 표정. 발버둥 치며 오열하는 서진...
　　심정지가 온 듯 심폐소생을 실시하는 의료진들의 긴박함... 은별의 가
　　녀린 몸이 영원히 사라질 거 같은데... 서진의 절망적인 몸부림....
　　은별, 그러다 모든 것을 다 놔버린 듯, 손을 아래로 툭 떨어뜨리는.

28. 은별의 꿈
　　은별, 입학시험에서 삑사리 내고, 당황해서 시험장 뛰쳐나가는 모습.
　　은별, 민설아를 계단에서 밀어버리고 도망치는 모습.
　　번개 치고 천둥 치는 골프장에서 뒤집어지는 카트. 절규하는 은별 모습.
　　은별, 깜깜한 기계실에 갇혀서 공포에 질려 노래 부르고 있는 모습.
　　서진에게 뺨을 맞고 울부짖는 은별 모습.
　　입학식장에서 성공적으로 독창을 해내는 은별 모습.

29.   현재/청아의료원 VIP 응급실(새벽)

　　　　은별, 가까스로 숨을 토해내면. 심전도 기기가 다시 움직이기 시작하고.
　　　　서진, 그제야 긴장 풀리면서 비틀하는데. 그런 서진을 잡아주는 도 비서.
　　　　그대로 도 비서 품에 쓰러져 기절해버리는 서진.

30.   청아의료원 VIP 병실(아침)

　　　　은별, 병실로 옮겨 침대에 누워있고.
　　　　서진, 골똘히 생각에 잠겨 은별을 바라보는데. 점점 분노에 찬 표정으
　　　　로 바뀌고.
　　　　그러다 누군가에게 전화를 거는 서진.

서진　　어디야? 지금 너 어딨냐고, 심수련!!!!!

31.   헤라팰리스 커뮤니티(아침)

　　　　커뮤니티로 들어서는 수련. 그 앞에 먼저 와서 기다리고 있는 서진이
　　　　보이는데.

수련　　천서진!!

　　　　서진, 수련의 목소리에 돌아보는. 그러다 수련을 죽일 듯 노려보며, 한
　　　　걸음 한 걸음 수련 쪽으로 다가오는데. 수련은 피하지 않고 서있는.
　　　　당장 일을 낼 것처럼 수련을 매섭게 쏘아보던 서진, 수련 앞에 바짝 멈
　　　　춰 서고.
　　　　수련과 시선 팽팽하게 부딪히는데. 그러다 갑자기 수련에게 무릎을 꿇
　　　　는 서진.

서진　　(수련의 손을 잡고) 제발... 이제 그만해. 여기서 멈춰줘요, 제발...
수련　　(놀라는. 서진의 태도에 당황한 수련의 시선)

서진	우리 은별이... 살려줘요. 난 진짜, 당신 딸을 죽이진 않았어요.
수련	(무표정하게, 또박또박) 알아. 당신이 죽이지 않은 거.
서진	(눈물범벅 된 얼굴로 수련을 보는데)

32.　헤라펠리스 주차장/단태의 차 안(아침)
급하게 주차장으로 들어서는 단태의 차를 가로막아 서는 누군가.
끼익— 하고 급정차하는 차.

단태	(눈 감고 뒷자리에 기대 있다가, 신경질적으로) 뭐야!!
조비	죄송합니다. 앞에...
단태	(앞 유리창을 보면, 윤희가 서있고)

단태, 차에서 내려, 차 앞을 가로막고 서있는 윤희에게 다가서는.

단태	뭐하는 짓이야?
윤희	(결연한 표정) 부탁이 있어 기다리고 있었어요. 심수련... 죽여줘요!

놀라 굳어진 단태와, 절박한 윤희의 얼굴.

33.　헤라펠리스 커뮤니티(아침)
서진, 눈물 흘리며 수련을 보는.

서진	안다고? 아는데 왜 이렇게까지 하는 건데?
수련	그렇다고 니 죄가 없다고 생각해? 우리 설아를 무시하고, 감금하고, 협박하고, 가짜 유서까지 만들어 그 아이 죽음을 더럽혔잖아! 게다가 내 남편과 부정을 저질렀어. 내가 보는 앞에서 버젓이! 대체 뭐가 억울하다는 거야?!
서진	그래서... 기어코 끝까지 가겠다는 거야? 우리 은별이가 죽으려고 했다

고!! 내 딸이 죽어야만 속이 시원하겠어?!

수련   그 또한 니 몫이지. 니가 자초한 일 아냐?

서진   제발 그만둬, 여기서! 이건 어른들의 문제야. 내 딸까지 상처받게 할 자격이 당신한테 있다고 생각해?!

수련   우리 셜아는?! 그 애가 받은 모든 걸, 당신 딸도 받아야지. 난 멈출 생각이 없어. 경찰에 그동안 모은 모든 증거 제출하고, 거절되면 또 내밀고, 또 내밀고! 니 죄를 밝히기 위해 난 모든 걸 다할 거야. 은별이를 진짜 지키고 싶으면, 니 죄 인정하고 벌받아! 이사장에서도 내려오고, 다신 교단에 서지 마!

서진   그렇게는 못 해! 내가 어떻게 올라온 자린데! 그건 내 전부야!

수련   아직도 이사장 따위에 미련이 남아? 그래서 죽어가는 애를 보고도 움켜쥐고 있는 거야? 니 야망과 욕심이, 자식보다 더 소중해?!

서진   함부로 지껄이지 마! 니깟 게 뭘 안다고!!!

수련   (서진의 뺨을 후려치고) 자식을 지키고 싶으면, 정신 똑바로 차려! 너도 엄마잖아! 널 위해서, 은별일 위해서, 모든 거 내려놓고 대가 치러. 그러기 전엔 은별이 상처, 나도 관심 없어.

서진   (순간 부들부들 하는. 한쪽 유리에 비친 자신의 모습을 보는데, 수련 발아래 무릎 꿇고 한없이 무너진 굴욕적인 모습인데. 서진, 눈물 쓱쓱 닦고, 이를 꽉 물고 일어서며) 그래, 어디 해봐! 끝까지 가보자고! 나도 이렇게 당하고만 있지 않을 거니까.

수련   그래? (서진에게 가까이 다가오며) 아! 잊어버릴 뻔했네. 주단태랑 당신의 불륜 영상, 이제야 터트린 거 사과할게.

서진   뭐?

수련   이미 끝났잖아? 두 사람.

서진   (표정 굳어지면)

수련   몰랐어? 주단태, 벌써 오윤희한테 넘어갔는데!

서진   (충격 받은 표정이고) 말도 안 돼! 주단태가 뭐가 아쉬워서 오윤희 따위랑?!! 내가 니 농간에 넘어갈 거 같아?!

478

수련	아직도 주단태를 믿니? 그럼 직접 확인해봐. (비웃듯) 고작 그런 남자 때문에 은별이를 그렇게 만든 거야? 안타깝다, 천서진! (조롱하고 가면)
서진	(분노 들끓는) 아아악!!!!

34. 헤라팰리스 주차장(아침)

윤희, 단태와 마주 서있고.

단태	(놀라 굳어지고) 지금... 뭐라고 했나? 심수련을 죽여달라고?
윤희	(절박하게) 심수련 그 여자, 회장님이 생각하는 것만큼 만만하지 않아요. 아니! 이미 너무 큰 힘을 가져버렸어요!
단태	그게 무슨 소리지?
윤희	심수련의 조력자가 로건 리예요. 심수련이 로건과 손을 잡았다고요! 내 눈으로 직접 확인했어요.
단태	(분노로 얼굴 일그러지고) 나도 알고 있어. 날 고소한 게 그놈이더군. 너무 늦게 안 게 천추의 한이지만.
윤희	알고도 가만둘 거예요? 심수련, 무서운 여자예요. 순순히 끝낼 싸움이 아니에요! 그 전에 막아야 해요. 안 그럼, 당신도 나도 다 죽어요! (단호하고 간곡하게 읍소하면)
단태	(의심스럽게 보며) 그런데 왜지? 왜 이렇게까지 심수련을 죽이고 싶어하는지 궁금해서 말야.
윤희	그건...!! (흔들리는 윤희의 눈빛. 단태, 그런 윤희를 유심히 보면) 수련 언니가 다 알아버렸어요, 우리 관계를! 지금 내가 당신을 돕고 있는 것도 다! 이젠 돌이킬 수 없어요. 수련 언니 지금 제정신 아니에요. 우리 로나까지 협박하고 있어요. 나랑 당신을 공금횡령으로 엮어버릴지도 몰라요!
단태	가만둘 생각 없어! 심수련도, 로건 리도!
윤희	이제 수련 언니한텐, 나와 당신은 하나가 돼버렸어요. 복수해야 될 원수... 우리도 이대로 당할 수만은 없잖아요. (겁에 질린 듯 눈물 그렁해서 보면)

단태	(안심시키며) 걱정하지 마. 당신이 날 돕다가 위험에 빠진 거라면... 내가 당연히 보호해줘야지. 심수련 정리하는 건 나한테 맡겨. 오래 걸리진 않을 거야. (윤희의 어깨를 잡아 다독여주고)
윤희	(그제야 안심이 되는데)

그때, 서진이 다가서는.

서진(E)	오윤희!!
단태/윤희	(돌아보면, 단단히 열 오른 서진이 뚜벅뚜벅 걸어오고)
서진	(그대로 윤희에게 달려들며, 흥분해서) 설명해! 니가 왜 이 남자랑 있어? 말해! 이 남자랑 뭐하고 있었냐구?!!
단태	(서진이 팔을 잡아 제지하며) 뭐하는 짓이야?!
서진	(떨리는 목소리로) 이 남자와 무슨 사이야?! 설마... 잤니? 잤어? 잤냐구! (윤희에게 달려들어 마구 흔들어대면) 니 입으로 말해!! 말해보란 말야!!
단태	(그런 서진을 확 밀쳐버리며) 내 여자한테서 손 떼!!
윤희	(놀란 눈으로 단태를 보면)
서진	(충격 받은 얼굴인데) 뭐? 당신 지금... 뭐라고 했어? 당신이 나한테 어떻게 이래?!! 어떻게!! (단태에게 덤벼들어 마구 때리며) 날 속인 거였어?! 오윤희는 아니라더니, 날 기만해!? 이거 놔!!
단태	(서진의 손목을 잡아 돌려세우고) 정말 지긋지긋하군. 지금 이딴 질투나 쏟아낼 만큼 여유롭나? 이럴 시간 있으면, 가서 당신 재단이나 지켜. 질척대지 좀 말고! (윤희에게) 가지! (윤희 데리고 가면)
서진	(날카로운 눈에서 눈물이 뚝 떨어지고. 배신감에 입술이 파르르 떨리는) 주단태!!! 이 개자식아!!! 거기 서!!!
윤희	(단태와 함께 주차장을 나가는. 서진을 돌아보는 윤희의 의기양양한 눈빛)

35. 헤라팰리스 윤희 집 거실(아침)
     윤희, 거실로 들어서면. 로나가 불안하게 서성이다 윤희 발견하고 달

려오고.

로나	엄마!! 어디 갔다 오는 거야? 말도 안 하고... 걱정했잖아! (그러다 얼굴 살피고) 엄마 얼굴이 왜 이래? 무슨 일 있어? 석경이 아빠 회사 난리 났던데, 엄마도 관련 있는 거야? 엄마도 경찰에 잡혀가는 거 아니지?!
윤희	(로나 안으며) 아니, 그럴 일 없어. 엄마 잘못한 거 없어, 로나야. 엄마가 잘 해결할 거니까, 우리 딸은 걱정 말고 학교 가.
로나	정말... 괜찮은 거 맞지?
윤희	그렇다니까. 다 괜찮아질 거야. 아무 일도 없을 거야.. 그럼... 괜찮아야지... (주문 외듯 괜찮아질 거라는 말을 반복하는데. 더 힘 있게 로나를 끌어안고. 그러면서도 두려움에 미칠 거 같은)

36. **펜트하우스 거실 (아침)**
     석경과 석훈, 실랑이 중인.

| 석경 | 안 간다니까! 집안이 이 꼴인데, 창피해서 학교를 어떻게 가? |
| 석훈 | 내 말 들어! 금방 해결될 일 아냐. 오늘부터 니 보호자는 나니까, 오빠가 하란 대로 해! |

그때, 거실로 들어서는 단태.

단태	(여전히 고압적인 말투) 아빠가 있는데, 니가 왜 보호자야?
석경	(보는. 단태에게 달려가고) 아빠! 괜찮아? 아무 일 없는 거지? 우리 집 잘못되는 거 아니지?
석훈	뉴스에 나온 거, 다 사실이에요?
단태	그런 건 아빠가 알아서 할 거니까, 니넨 신경 쓸 거 없어. 어서 학교 가! 이런 때일수록 더 당당해야 돼. 아무도 우릴 건드릴 수 없다는 걸 보여줘!
석경	(눈물 그렁하면서도, 이 악물고 고개 끄덕이고) 다른 건 다 상관없어. 아

빠가 누굴 만나든, 손가락질을 당하든, 신경 안 써. 하지만 가난해지는
건... 용서 못 해.

석훈 (덤덤하게 단태를 보는)

37. **청아예고 복도(아침)**
웅성대는 아이들 사이로, 애써 뻔뻔하게 걸어가는 석경, 민혁, 제니의
모습. 그러나 어딘지 주눅 들어 보이고.
그 뒤로 석훈이 묵묵히 걸어가면.
아이들, 그런 혜펄 애들을 보며, 수군대느라 바쁜데.
갑자기 은후와 장대가 석훈의 앞을 가로막고 서는.

은후 와... 진짜 개소름.... 레알 학교 온 거야? 뻔뻔하다 못해 무섭다, 무서워!

석훈 (상대하기 싫다는 듯, 비켜가려면)

장대 (다시 석훈의 앞을 막아서고) 이것 봐라. 무슨 낯짝으로 감히 내 앞길을
막아?! (배로 석훈을 확 밀며) 꼬우면 한 대 쳐보든지. 쳐봐! 쳐봐!

석훈 (장대한테 밀려 뒷걸음치고. 화가 나지만 꾹 참고, 피하려는데)

은후 (크크 웃으며) 주석훈, 성질 많이 죽었네. 뉴스 보니까, 너네 집 쫄딱 망
하기 직전이던데? 아빠가 완전 사기꾼이지? 지저분한 불륜에.

예리 (석경을 놀리듯) 그럼 어떻게 되는 거야? 너랑 은별이? 자매 되는 거야?

아이들 (일제히 웃음 터트리면)

제니 야, 그만해!!!

민혁 그래. 친구 사이에 뭐하는 거야? 가뜩이나 심란한데.

유정 심란하겠지. 뉴스에 나오는 민설아 가해자들이 너랑 니네 부모들이잖
아. 하은별 봐. 쪽팔려서 학교도 못 오잖아.

석경 닥쳐!

은후 뭘 닥쳐?! 쓰레기들! (혜펄 아이들 앞으로 쓰레기통을 집어던지면)

석경/제니/민혁 (쓰레기 뒤집어쓰고, 발끈해서) 뭐야, 이게!!

아이들 (합창하듯 비난과 야유와 조롱 퍼붓는) 쓰레기들!! 하하하하....

로나   그만들 해! (아이들에게로 뚜벅뚜벅 걸어오고) 너네는 잘못 없어?! 남이
      당할 땐 방관하고, 회피하고, 알아서 기던 주제에, 상황이 이렇게 되니
      까 야비하게 애들을 괴롭혀? 니네들도 똑같아!!

은후   주석훈이 니 남친이라고 편 들어주냐?

장대   야! 배로나. 이제 주석훈 시대는 끝났어. 그러지 말고, 오늘부터 나랑 사
      귈래?

석훈   (순간 참을 수 없단 듯 주먹 날리면) 개자식!!!

은후/장대 뭐야!! (석훈과 민혁에게 달려들고. 엎치락뒤치락 주먹다툼하면)

석경/제니 야!!! 이 식빵들!!! (이때다 싶은 듯, 유정과 예리, 지아의 머리카락을 쥐어
      뜯고, 한바탕 패싸움이 나는데)

      그때, 두기가 소리 지르며 나타나는.

두기   그만!! 신성한 학교에서 이게 무슨 짓이야!!

아이들 (그제야 씩씩대며 머리채 낚아챈 손 놓으면)

제니   얘들이 먼저 시비 걸었어요! 쓰레기통 던지고!

유정   아니에요. 석경이가 먼저 머리채 잡았어요!

두기   다들 조용히 해! 학교도 혼란스러운데, 어디서 패싸움이야?! 들어가서
      수업 준비나 해! (그러다 교실로 가려는 헤팰 애들 보며) 주석훈! 주석경!
      유제니! 이민혁! 스탑! 니들은 왜 그냥 가? 여기 쓰레기 치우고 가!

석경   우리가 한 거 아니에요. 쟤들이 던진 거라고요. 우린 피해자예요!

두기   (석경 머리 쥐어박고) 어디서 말대꾸야? 선생님 말씀에! 니들 벌점 2점
      씩!! 학교 끝나고, 화장실 청소까지 하고 가!!

헤팰 아이들   (기막히고 억울한데)

두기   (그러다 로나와 눈 마주치면. 급친절하게) 로나는 교실로 들어가~ 이런
      싸가지 없는 애들이랑 어울리지 말고.

로나   (냉소적으로) 쌤이 제일 별로인 거 아시죠? (먼저 쓰레기 치우기 시작하면)

두기   뭐? (괜히 찔려 얼굴 발개지는 두기고)

38. 청아의료원 VIP 병실(아침)
    은별, 누운 채 죽은 듯 잠자고 있으면.
    서진, 그런 은별을 가슴 찢기는 표정으로 내려다보고 있는.

서진 은별아, 엄마 이대로 쓰러지지 않아. 꼭 재기할 거야. 엄마 믿지?
은별 (움직임 없는데)
서진 엄마 말 듣고 있어? 우리 딸, 빨리 일어나서 엄마랑 맛있는 거 먹자. 파스타 해놓고 기다릴게. (애써 울음 참고, 뒤돌아 나가는데)
은별 (눈 감은 채, 양쪽으로 주르륵 흐르는 눈물)

39. 파크원 호텔 로비(아침)
    조 비서와 검은 정장남들, 우르르 들이닥치고.

40. 파크원 호텔 스위트룸(아침)
    청소 중인 스위트룸 안으로 들어서는 조 비서와 검은 정장남들.

조비 (청소하고 있는 헬퍼에게) 여기 투숙객은요?
헬퍼 이미 체크아웃하셨는데요.
조비 (낭패라는 표정. 정장남에게 지시하는) 너넨 바로 공항으로 출발해! 무슨 수를 써서라도 찾아서 잡아와!
정장남들 네! (급하게 움직이는 무리들)

41. 자코모 매장(아침)
    로건, 전화 받고 있는.

로건 호텔에서 물건은 다 뺐죠? 고생 많았어요, 홍 비서! 그럼, 미국에서 보죠. 홍 비서도 조심해요. (전화 끊으면)
수련 (로건에게로 다가오고) 오윤희가 주단태에게 우리 관계를 얘기한 모양

484

이네요. 하긴, 더 이상 물러날 곳이 없었을 테니까.

로건   오윤희, 신고했어요?

수련   오늘 자수하기로 약속했어요.

로건   오윤희가 그 약속 지킬 거 같아요? 절대 제 발로 경찰서 갈 여자 아니에요!

수련   (알 수 없는 열은 미소 짓고) 글쎄요... 그거야 오윤희 선택이겠죠.

로건   난 지킬 거예요. 설아랑 한 약속!

수련   (보면)

로건   우리, 같이 미국으로 가요. 이제 수련 씨가 행복해질 일만 남았어요. 설아한테 엄마가 잘 사는 모습 보여주겠다고 약속했어요.

수련   (담담하게) 못 떠나요, 나. (애정 담긴 눈으로 매장 둘러보며) 엄마가 물려주신 사업체예요. 처음으로 시작한 일이고, 내 손으로 끝까지 잘해내고 싶어요.

로건   여기도 위험해요. 주단태가 당신을 쫓고 있어요. 그자가 제대로 법의 심판을 받을 때까지라도, 여길 피해 있어야 해요!

수련   석훈이랑 석경이는요? 난 그 애들 엄마예요. 애들만 두고 나 혼자 갈 순 없어요. 펜트하우스로 돌아갈 거예요.

로건   그 애들도 당신을 원한다고 생각해요?

수련   (대답 못 하고, 얼굴 어두워지면)

로건   억지로 안 되는 것도 있어요. 어쩌면 당신이 설아의 복수를 선택한 순간, 당신은 그 집으로 돌아가지 못할 걸 알고 있지 않았어요? 알면서도 어쩔 수 없이 한 일이잖아요.

수련   (눈가 발개지고) 아뇨! 시간이 걸리겠지만, 꼭 다시 엄마로 받아줄 거라 믿어요. 내 아이들을 그 남자 손에 맡길 순 없어요!

로건   (비행기 티켓 내밀고) 오늘 밤 비행기예요. 모든 준비는 내가 해뒀어요. 더 이상 미룰 수 없어요. 혜인이한테도 엄마가 올 거라고 말해놨어요.

수련   (비행기표 받고) 생각해볼게요. 고마워요, 정말.

로건   (머뭇하다, 가만히 수련을 포옹하는데) 올 때까지 기다릴게요. 혼자선 절대로 안 가요.

42. 헤라팰리스 분수대(아침)
　　　지친 표정으로 들어서는 규진, 상아, 마리. 순간 욱하는 마리.

마리 (규진에게 화내는) 걱정 말라더니, 이게 어떻게 된 거예요? 경찰 조사가
　　　웬 말이냐고요? 나같이 법 없이도 살 사람이!

상아 왜 우리 남편한테 난리예요? 우리도 밤샘조사 받고 온 거 안 보여요?!
　　　눈꺼풀 들 힘도 없고만.

규진 고작 참고인 조사에 뭘 그렇게 열을 올려요? 우리가 모르는 다른 죄라
　　　도 지었어요? 뭘 그렇게 쫄아서... 경찰 앞에서 굽신굽신, 가오 빠지게
　　　진짜!

마리 말조심해요! 내가 뭘 쫄아?

규진 나야말로 변호사 체면에 경찰조사까지 받고, 기분 더럽다고요! 그러게
　　　민혁인 왜 친구를 잘못 사귀어가지고 말야. 우리 집안은 그런 짓 할 인
　　　성이 아닌데. (못마땅하게 마리를 보면)

마리 그래서?! 지금 이게 다, 우리 제니 탓이란 거예요?! (서로 아웅다웅 난
　　　린데)

　　　그때, 지나가는 헤팰 주민들, 웅성거리며 그들을 손가락질하고 수군
　　　대는.

규진 (욱해서) 뭘 봐?! 유명한 사람 첨 봐?!

마리 뉴스마다 얼굴 팔렸더니, 아주 유명인사 다 됐네! (짜증 나고 얼굴 화끈
　　　거려서 급히 자리 뜨면)

상아/규진 (다투어 자리 뜨고)

43. 청아의료원 VIP 응급실(아침)

달려 들어오는 윤철. 누워있는 은별을 보고 놀라고.

도비 오셨습니까.

윤철 애 엄마 어디 갔어요?

도비 잠깐 일 좀 보러 가셨습니다.

윤철 애가 이 지경인데 무슨 일!!! (버럭 하면)

도비 위세척 끝냈고, 호흡과 맥박도 정상으로 돌아왔습니다.

윤철 닥치고, 당신 그 잘난 주인한테나 가봐요!

도비 (인사하고 빠지면)

윤철 (은별의 손을 잡고, 눈물 그렁해서) 미안해, 은별아. 아빠가... 우리 은별이 지켜주지 못해서. (가슴 미어지는데)

그때 눈을 뜨는 은별, 의식을 차리면.

윤철 (놀라) 은별아! 아빠야! 아빠 알아보겠어? 괜찮아? 왜 그랬어? 왜 그런 무서운 짓을 했어?!!

은별 (멍한 눈빛으로 허공을 응시하고 있으면)

윤철 (뭔가 이상함을 느끼는) 은별아? 뭐라고 말 좀 해 봐. 은별아...

은별 (아무 말 하지 않는데. 서늘하도록 무표정한 얼굴)

44. 청아예고 이사장실(낮)

바쁘게 통화 중인 서진.

서진 그럼요, 선배님. 절대 청아재단에 누를 끼치는 일 없을 겁니다, 저 믿으시죠? 동창회 차원에서 검찰수사에 강력히 항의해주시면, 큰 도움이 될 거 같습니다.

그때, 문 확 열어젖히고 들어오는 건 윤철.

서진 (윤철을 보고) 네, 그럼 다시 연락드릴게요, 선배님. (전화 끊는데)

윤철 당신 지금 이러고 있을 때야? 우리 은별일 저렇게 만들어놓고?!

서진 (냉정하게) 그게 다 내 탓이라는 거야? 당신은 뭐가 그렇게 당당한데?!

윤철 (울컥하고) 은별이가.... 말을 안 해.

서진 (놀라는) 뭐? 은별이 깨났어?

윤철 의식은 돌아왔는데, 아무 말도 안 해. 심인성 실어증 같아.

서진 실어증? (충격 받은, 그러나 애써 담담하게) 방금 깨나서 일시적인 현상일 거야. 걱정할 거 없어. 지금 재단 상황 수습하고, 제대로 치료받게 하면 돼. 나 바쁘니까 그만 가봐. (동창회 명부를 체크하며, 덜덜 떨리는 손으로 핸드폰 번호를 누르면)

윤철 (서진 손 붙잡고) 정신 차려, 천서진!! 이 판국에 그깟 재단이 뭐가 중요해?

서진 (윤철 뿌리치고) 중요해! 모든 게 제자리로 돌아오면, 우리 은별이도 예전으로 돌아올 거야. 아무 일 없이 학교 잘 다니고, 잘 먹고, 성악 연습도 열심히 하고... 난 내 딸 믿어!

윤철 (결심한 듯 통보하는) 은별이 자퇴시키고, 내가 고향으로 데려간다. 나, 청아의료원 원장 같은 거 필요 없어.

서진 (순간 버럭, 경멸스러운 눈빛으로) 이중인격자!! 혼자 의로운 척, 양심 있는 척, 가식 좀 떨지 마! 경찰서에서 민설아한테 한 짓, 아무것도 인정 안 했잖아. 평생 따라다닐 범죄자 꼬리표는 싫은 거지. 당신도 결국 헤라클럽 사람들이랑 똑같아! 아니! 더 바닥이야! 남 비난은 잘도 하면서, 뒤로는 자기 실리나 챙기는 그딴 인간이라고! 은별이 위하는 척 쇼하지 마. 결국 은별일 살리고 지킬 사람은 나니까!!

윤철 그래. 니가 그렇다면, 난 그런 인간이겠지. 하지만 이번만큼은 나도 양보 못 해! 더 이상 니 옆에 은별이 못 둬. (싸늘하게 내뱉고, 나가버리면)

서진 (참았던 눈물이 주르륵 흐르고. 맘 다시 다잡고, 침착하게 핸드폰 번호 누르는. 애써 밝은 목소리로) 선배님. 저 천서진 이사장입니다. 도움이 필요해서 전화 드렸습니다. 이번 재단 비리 사건은...

45. 헤라팰리스 윤희 집 거실/단태 사무실/전화통화(낮)
     왔다 갔다 불안해하는 윤희. 시계를 계속해서 쳐다보는데.
     그러다 급하게 단태에게 전화하는.

윤희   (다급한 목소리) 저예요, 오윤희.

단태   (검찰 조사 관련 서류 보다가, 친절하게) 별일 없지? 그러잖아도 걱정돼
       서 전화하려던 참인데.

윤희   수련 언니 어떻게 할 거예요? 불안해 미칠 거 같아요. 당장이라도 무슨
       짓을 할지 모르잖아요.

단태   (달래주는) 뭐가 불안해? 나, 주단태야. 그 여자가 아무리 날 쳐내려고 해
       도, 난 이렇게 멀쩡하잖아. 절대 나 못 이겨, 심수련은. 걱정 말고 기다려.

윤희   (전화 끊는데. 그때, 요란하게 울리는 인터폰 벨소리. 인터폰 소리에 심장이
       내려앉는 윤희. 떨리는 목소리로 인터폰 받는) 누구... 세요?

경비(F) 4502호죠? 경비실에 택배 찾아가세요.

윤희   (한숨 몰아쉬고) 지금 바쁘니까 나중에요! (신경질적으로 끊어버리는데)

       그때, 다시 울리는 전화벨 소리. 소스라치게 놀라는 윤희. 핸드폰 벨소
       리, 비현실적으로 점점 크게 들리고. 계속해서 울려대면, 미쳐버릴 거
       같은데.

윤희   (바들바들 떨리는 손으로 핸드폰을 받는) 여보세요.

경찰(F) 오윤희 씨? 강남경찰섭니다.

윤희   (순간 숨이 멎을 것 같고) 네... 무슨 일이시죠? (쓰러질 거 같은데)

경찰(F) 제이킹홀딩스 관련해 참고인 조사를 나와주셔야겠습니다.

윤희   (그제야 숨이 터지고) 아.. 네... 알겠습니다. (전화 끊자마자, 그대로 푹 주
       저앉아버리고) 진정해... 주단태가 어떻게든 해결할 거야. (스스로를 안

심시키려고 노력하는데. 띠링~ 문자 도착하고. 보면)

수련(E) 오늘까지야. 자수할 시간. 그담은 아무것도 장담 못 해.

윤희 (기겁하고. 온몸 떨리는데, 계속해서 문자 오는)

수련(E) 아직도 준비 안 됐어? 난 널 용서할 마음이 없어. 그러니 어서 경찰서로 가!

윤희 (미치겠고. 다시 문자 오는)

수련(E) 니가 끝까지 버티면, 로나도 망쳐버릴 거야! 설아랑 똑같이!

윤희 아악!! 안 돼!! (비명을 지르며 핸드폰을 내던져버리고, 정신없이 부엌으로 뛰어가는데)

46. **헤라팰리스 윤희 집 주방 (낮)**
    윤희, 부엌으로 가서, 미친 듯이 서랍을 열어 칼 하나를 빼서 손에 쥐는.

윤희 (눈 돌아가고) 이렇게까지 할 건 없잖아! 로나한테 무슨 짓 하면, 나도 언니 가만 안 둬!!

    윤희의 눈에 들어오는 날카로운 칼날.
    살기 어린 눈빛의 윤희인데.

47. **청아예고 복도 (낮)**
    정신없이 복도를 뛰어가는 윤희.

48. **청아예고 교실 (낮)**
    교실 앞문을 확 열어젖히며 들어서는 윤희.

윤희 로나야!!! 로나 어딨어?!!

아이들 (윤희에게 시선 집중되면)

두기 (윤희 보고) 무슨 일이시죠? 로나 어머니?

로나	(놀라서 일어서며) 엄마...
윤희	(그대로 로나에게 달려가서 로나를 와락 끌어안는) 괜찮아? 다친 데 없어? 무슨 일 없었냐고?!!
로나	왜 그러는데? 내가 왜 다쳐?
아이들	(윤희의 행동에 웅성대는) 로나 엄마 미친 거 아냐? 왜 저래?
두기	(난감한 듯) 수업 중에 이게 무슨... 로나 어머니! 무슨 오해가 있으신 모양인데, 저 요즘 로나 무지 예뻐합니다. 절대 때리거나 야단친 적 없습니다.
로나	죄송합니다. (급히 윤희를 끌고 나가면)

49. 청아예고 복도(낮)

로나	(멍해있는 윤희를 복도로 데리고 나오고) 엄마 진짜 왜 이래? 아깐 괜찮다며! 학교까지 와서 이게 뭔 난리야? 창피해 죽겠어, 진짜.
윤희	(그제야 정신이 드는) 미안해. 엄마가 잠깐 미쳤었나 봐. 그냥 너무 불안해서... 너, 학교 끝나면 절대 혼자 다니지 말고, 아무도 만나면 안 돼! 학원도 가지 말고! 끝나면 바로 집에 가 있어. 알겠지?
로나	(문득 불안해져서 윤희를 보는) 엄만, 어디 가?
윤희	(대답 못 하고 급하게 돌아서는데)
로나	(다급하게) 엄마! 펜트하우스 아줌마 때문에 이러는 거야? 무슨 일인지 모르지만, 엄마가 먼저 사과하면 안 돼? 요즘 아줌마 얼굴... 너무 슬퍼 보였어.
윤희	(괜히 화내는) 뭔 오지랖이야? 니 엄마 걱정이나 해!
로나	나 사실... 청아예고 자퇴하고 너무 힘들어서, 잠깐 무서운 생각했었어. 차가 달려오는데... 피하기 싫더라고.
윤희	(놀라서 보는)

50. 회상/도로(낮)

빠앙! 큰소리로 울리는 트럭 클랙슨 소리.

로나, 달려오는 트럭을 피하지 않고. 눈 감은 채 그대로 서있으면.
그런 로나를 끌어안고 도로를 구르는 수련.

로나(E)　　그때, 나 살려준 사람이 아줌마야! 아줌마가 날 꼭 안아주는데... 로나
야, 살아. 어떻게든 꼭 살아. 그러는 거 같았어.

51.　　현재/청아예고 복도(낮)
　　　　윤희, 로나의 말을 듣고 굳어지고. 심장이 조여오는 거 같은데.

로나　　그러니까 엄마가 잘못한 게 있으면, 아줌마한테 먼저 사과해. 부탁할게.
윤희　　(미친 듯이 눈물이 쏟아질 거 같은. 뒤돌아 마구 복도 뛰어가버리면)
로나　　엄마! 엄마! (불길한 예감에 휩싸이는데)

52.　　거리 일각/경찰서 건너편(낮)
　　　　윤희, 터벅터벅 멍한 듯 걸어가다 보면. 길 건너편에 경찰서가 보이고.
　　　　세상이 끝난 것 같은 표정인데.

윤희　　(그러다 문득, 가방 안을 보면. 아까 주방에서 갖고 나온 칼이 보이고) 내가
무슨 생각을..... (자신의 뺨을 때리며) 정신 차려! 오윤희!!

　　　　그때, 윤희의 핸드폰으로 다시 수련의 문자가 오고.

수련(E)　　오늘 6시까지야, 더 이상은 못 기다려.
윤희　　(순간 굳어지는) 심수련....

　　　　윤희, 뭔가 결심한 듯한 표정으로 칼을 잡아 쥐는데.

492

53. 자코모 쇼룸(저녁)

수련, 쇼룸의 물건들 정리하고 있는. 책상 위 깨끗하게 치워져있고.
서랍에 물건들 정리해 넣다가, 문득 서랍에서 폴라로이드 사진 한 장을
꺼내서 보면. 사진 안에서, 윤희와 수련, 환하게 웃으며 행복해 보이는.
수련, 폴라로이드 사진을 가방에 넣고, 비행기 티켓을 들고 일어서는데.
그때, 양씨에게서 전화 걸려오고.

수련   (얼른 받는) 양 집사님, 저예요. 무슨 일 있어요?
양씨(F)   사모님! 회장님이 아이들을 서재방으로 데려갔어요. 어떡해요!!

54. 헤라펠리스 분수대(저녁)

급하게 걸어오는 구둣발, 수련인데. 다급하게 엘리베이터로 뛰어가는
수련.

55. 펜트하우스 거실(저녁)

거실로 뛰어 들어오는 수련.

수련   석훈아!! 석경아!!! (정신없이 서재 쪽으로 뛰어가는데)

56. 펜트하우스 서재(저녁)

와락 문을 열고 들어서는 수련. 텅 비어있는 방.

수련   석경아!! 석훈아!!! 어딨어?!!
수련, 비밀공간 쪽으로 가는데, 갑자기 불이 꺼지는. 수련, 멈칫하는.
그때, 수련 쪽으로 다가오는 검은 그림자.
수련, 불길한 기운을 감지한 채 돌아보면. 반짝하는 칼의 단면. 그대로
수련의 배를 찌르는데. 컷 되고.
헉! 낮은 비명과 함께 달아나기 위해 바닥을 기어가는 수련. 컷 되고.

다시 등 뒤로 깊숙이 들어오는 칼. 컷 되고.
수련, 쓰러지고. 허공에 맴도는 수련의 손.... 카펫 위로 번져나가는
피......

57.   인천공항(저녁)
　　　로건, 비행기 티켓을 들고 수련을 기다리고 있는.
　　　수련에게 전화하지만, 전화 받지 않는.

로건(E)　(문자 남기는) 공항이에요. 오고 있는 거 맞죠?

　　　로건, 그러면서도 뭔가 불길한 예감에 휩싸이는데.

58.   펜트하우스 서재(저녁)
　　　수련, 바닥에 쓰러져있는.
　　　윤희, 피 묻은 칼을 손에 든 채, 바들바들 떨고 있으면.
　　　수련, 그런 윤희를 힘겹게 보는. 눈에서 한 줄기 눈물이 주르륵 흐르고.
　　　윤희에게 뭔가 입 모양으로 말하려는 듯한데.
　　　그때, 양씨가 들이닥치는.

양씨　(카펫 위로 흐르는 피를 보고 비명 내지르는) 꺄악!! (장바구니 떨어뜨리고)

　　　그 위로, 사이렌 소리 울려 퍼지는.

59.   헤라팰리스 앞(저녁)
　　　요란한 소리를 내며 앰뷸런스와 경찰차 도착해있고.

60.   펜트하우스 거실(밤)
　　　양씨, 안절부절못하고 있으면. 달려 들어오는 단태.

494

단태   (얼굴 하얗게 질려서) 어떻게 된 겁니까! 양 집사!!

양씨   저기... 사모님이....

단태   (굳은 표정으로 서재 쪽으로 다가서는데, 멈칫하고. 그대로 굳어버리고. 휘청하는데)

형사1   (서재에서 나오며) 경찰입니다.

그때, 멍한 표정의 윤희가 양쪽에서 결박된 채 서재에서 나오고 있는.
손에 피가 잔뜩 묻어있고.

형사1   (윤희에게 수갑을 채우는) 당신을 살인혐의로 체포합니다. 당신은 묵비권을 행사할 수 있으며, 변호인을 선임할 수 있고...

윤희   (미란다 원칙을 읊고 있는 경찰의 말에도 미동 없이, 텅 빈 눈빛으로 말없이 서있는데)

단태   (그런 윤희를 원망스럽게 보며) 당신이.. 그런 거야? 내 아내를?! 어떻게 이런 잔인한 짓을!!

윤희를 끌고 나가는 경찰들.
단태, 연행돼 가는 윤희와 잠시 눈빛 마주치고. 서로 스쳐 지나가는데.
석훈과 석경이, 거실로 뛰어 들어오고.
이어서 들것에 실린 수련이 서재에서 나오면.
단태, 석훈과 석경이 못 보게 아이들을 끌어안는.
윤희의 뒤로 들리는 석경의 비명소리! 아아아악!!!!

윤희   (석경의 비명소리에 잠시 멈칫하면)

단태   (아이들을 안은 채) 보지 마!! 눈 감아!!

석훈/석경 아아아악!!! 엄마!!!! (미친 듯이 충격 받아 소리 지르고)

단태   석경아!! 석훈아!! (애타게 울부짖는 단태의 목소리. 점점 희미해지는데)

495

61.   헤라펠리스 분수대(저녁)
      흰 천으로 덮인 채, 들것에 실려 나가는 수련.
      놀란 얼굴로 보고 있는 규진, 상아, 마리의 모습.

규진   펜트하우스에서 살인사건이라니?! 어떻게 우리 헤펠에서 그런 일이
      다 있어?! 거짓말이지, 이거?!! (하얗게 질려있으면)
상아   (충격 받은 얼굴로 들것을 보며) 정말... 수련 씨 맞아요?
마리   맞네. 저 손가락 좀 봐. 세상에! 이게 다 무슨 일이야?! (기겁하고)

      이어서, 수갑을 차고 경찰에게 끌려나오는 윤희가 보이면.

규진   저, 저 여자, 오윤희잖아!!
상아   (수갑을 차고 있는 윤희를 보며) 설마!!
마리   수련 씨를 죽인 사람이 오윤희라고?!! 저 저 미친년!! 저게 사람이야?!
윤희   (제정신 아니고. 반항 없이 무표정하게 경찰에게 끌려가는데)

62.   헤라펠리스 윤희 집 침실(저녁)
      거칠게 문을 열고 들어서는 형사들. 우르르 침실로 들어서고.

형사1 싹 다 뒤져! (흩어져서, 증거가 될 만한 것들 찾는데)

      화장대 위에 놓여있는 사진 액자에, 수련 대신 윤희 얼굴이 들어간 단
      태 집 가족사진이 보란 듯이 놓여있고.
      옷장 문을 열면, 가득 들어있는 화려한 옷과 구두, 가방들...

형사1 (기막힌 표정) 이게 다 뭐야? 명품 빽이랑 옷이 왜 이렇게 많아?
형사2 가족사진에 자기 얼굴 넣은 것 좀 봐. 완전 스토커였네.

형사들, 윤희 집 침실 여기저기를 사진 찍는데.

63.   헤라펠리스 윤희 집 부엌(저녁)
       형사들, 서랍을 뒤지다가, 칼집에 하나 비어있는 공간을 찾아내고.

형사2 칼집에 칼 하나가 비었습니다. 사용된 흉기와 일치합니다.
형사1 증거품으로 수거해!

64.   헤라펠리스 윤희 집 거실(밤)
       사진 찍으며 조사 중인 형사들 사이로 들어오는 로나.

로나 (어리둥절한 표정으로) 아저씨들, 누구세요?!
형사1 니가 이 집 딸이니?
로나 (겁에 질려) 네, 그런데요? (뭔가 이상한 느낌으로 거실을 둘러보며) 지금
       우리 집에서 뭐하는 거예요?! 우리 엄마는요? 엄마 어딨어요?!! 네?!!
       (불안하게 떨리는 목소리로 소리치는 로나)

앵커(E) 강남 부의 상징 헤라펠리스가 또 다시 불미스러운 사건에 휩싸였습니
       다. 최고층 펜트하우스에서 심모 씨가 살해된 가운데, 같은 헤라펠리스
       주민인 오모 씨가 현장에서 체포됐습니다.

65.   공항 일각(밤)
       여권을 떨구는 손, 로건이다.
       로건, 충격에 빠져 대형 화면 속의 뉴스를 보고 있는데. 펜트하우스 현
       장의 모습과 윤희가 연행되는 모습이 나오는.
       공항의 행인들도 놀란 표정으로 화면 앞으로 모여들고 있고.

앵커(E) 펜트하우스에서 거주하던 심 씨는 과다출혈로 현장에서 곧바로 숨졌

으며, 피의자 오 씨는 심 씨의 지인으로, 평소 심 씨의 부유한 삶을 동경해왔다는 사실이 밝혀지면서 충격을 주고 있습니다.

로건, 그대로 공항을 뛰쳐나가는. 미친 듯이 뛰어가는 로건의 모습 위로,

앵커(E) 경찰은 치정에 의한 살인사건으로 보고 자세한 살해동기를 찾는 한편, 사이코패스적인 성향을 가진 피의자에 대한 정신감정이 실시될......

66. 공항 앞(밤)
뛰어나오는 로건, 다급하게 택시를 잡으려는데.
그 앞으로 멈춰 서는 검은 봉고차.
잠시 후, 봉고차 출발하면. 사라지고 없는 로건의 모습.

67. 경찰서 조사실 1(밤)
양씨, 조사받고 있는.

양씨 장을 보고 돌아오는데, 45층 여자가, 카드키를 찍고 펜트하우스로 들어가는 모습을 봤어요. 뭔가 이상하다 생각했는데... 곧바로 안에서 비명소리가 들렸어요. 뛰어 들어갔더니 사모님이.... (눈물 쏟으며) 그 여자가 죽였어요. 제가 봤어요! 그 여자가 사모님을 칼로 찌르는 걸! (컷 되면)

단태, 진술하고 있는.

단태 (수척한 모습으로 말을 제대로 잇지 못하고, 힘들어하는) 집사람하곤 이혼을 준비 중이었어요. 아내한텐 다른 남자가 있었고, 그 남자와 미국으로 떠나기 위해 계속해서 이혼을 요구하고 있었어요. 우리 부부가 이혼한다는 걸 안 뒤로, 오윤희의 집착이 시작됐어요. 수시로 전화를 걸고,

마치 내 와이프인 척 행세하더니... 그날은 저희 침실까지 몰래 들어왔어요! 어찌나 기겁했던지.

형사1 이거 말씀하시는 겁니까? (CCTV 화면을 보여주면)

단태 네, 맞습니다. 귀중품이 많아서, 침실에도 CCTV를 설치해뒀는데... 어느 날, 그게 찍혀있더라고요. (18화 40신/펜트하우스를 둘러보는 윤희의 모습. 18화 41신/수련의 드레스를 입고 전신거울을 보고 있는 윤희)

형사1 죽은 부인의 옷을 입고 있었다...?

단태 집사람이 아마도 저희 집 카드키를 쳤던 모양입니다. 워낙 가까운 사이라...

형사1 직접적으로 협박당한 사실은 없습니까?

단태 아! 저한테 이런 말까지 했습니다. 불안해서 녹음해뒀는데... (핸드폰으로 녹음 재생 누르면)

68. 경찰서 조사실 2(새벽)

형사, 윤희에게 핸드폰 녹음 들려주는. 윤희의 목소리 나오고.

윤희(E) 부탁이 있어 기다리고 있었어요. 심수련... 죽여줘요. (20화 31신)

윤희 (파리한 얼굴로 멈칫하면)

형사1 심수련 씨를 왜 그렇게 죽이고 싶었죠? 주단태와 펜트하우스를 갖고 싶어서 그런 거예요?

윤희 (무표정하게) 주단태가 그러던가요. 내가 그 남자를 갖고 싶어 했다고?

형사1 확실한 증거도 있어요. (봉투 속의 칼을 건네고) 심수련 씨 살해도구에서 오윤희 씨 지문이 가득 나왔습니다. 오윤희 씨가 쓰던 칼 맞죠? 대답하세요, 오윤희 씨! 당신이 이 칼로 심수련을 죽였냐고요! 목격자도 있으니, 부인해도 소용없어요!!

윤희 (멍하게 칼을 보는데. 문득, 칼이 꽂힌 채 피를 흘리며 죽어가던 수련의 모습이 떠오르고. 괴로운 윤희. 모든 게 믿을 수가 없는데. 순간 발개지는 눈가) 네, 제가 죽였어요....

형사1   네? 뭐라고 했어요?

윤희   (자포자기의 표정으로 형사를 보는. 담담하게) 제가 죽였다고요. 언니가...
죽이고 싶도록 미웠거든요.

윤희, 절망적인 모습으로 자백하는 데서 엔딩!!!

21화

나는 죽이지 않았다

1.　경찰서 조사실 2(새벽)
　　　형사, 윤희에게 핸드폰 녹음 들려주는. 윤희의 목소리 나오고.

윤희(E)　부탁이 있어 기다리고 있었어요. 심수련... 죽여줘요. (20화 32신)

윤희　(파리한 얼굴로 멈칫하면)

형사1　심수련 씨를 왜 그렇게 죽이고 싶었죠? 주단태와 펜트하우스를 갖고
　　　싶어서 그런 거예요?

윤희　(무표정하게) 주단태가 그러던가요. 내가 그 남자를 갖고 싶어 했다고?

형사1　확실한 증거도 있어요. (봉투 속의 칼을 건네고) 심수련 씨 살해도구에
　　　서 오윤희 씨 지문이 가득 나왔습니다. 오윤희 씨가 쓰던 칼 맞죠? 대답
　　　하세요, 오윤희 씨! 당신이 이 칼로 심수련을 죽였냐고요! 목격자도 있
　　　으니, 부인해도 소용없어요!!

윤희　(멍하게 칼을 보는데. 문득, 칼이 꽂힌 채 피를 흘리며 죽어가던 수련의 모습
　　　이 떠오르고. 괴로운 윤희. 모든 게 믿을 수가 없는데. 순간 발개지는 눈가)
　　　네, 제가 죽였어요....

형사1　네? 뭐라고 했어요?

윤희　(자포자기의 표정으로 형사를 보는. 담담하게) 제가 죽였다고요. 언니가...
　　　죽이고 싶도록 미웠거든요.

　　　윤희, 절망적인 모습으로 거짓 자백하는데.

2.　경찰서 조사실1(새벽)
　　　단태, 절망스러운 듯, 눈물 흘리고 있는.

단태　저 때문에... 다 저 때문입니다. 제가 단호하게 대처했어야 했는데... 너
　　　무 늦어버렸어요.

형사1　그게 왜 남편 잘못입니까. 사이코패스를 무슨 수로 막아요? (힘들어하
　　　는 단태를 다독이는 형사고)

3.   경찰서 대기실(새벽)
     로나, 떨리는 손을 붙잡으며 기다리고 있는데. 나오는 형사.

로나   아저씨!! (형사를 붙잡고) 우리 엄마 어딨어요? 우리 엄마 좀 만나게 해
         주세요. 우리 엄마 괜찮아요? 죄 없는 사람을 왜 잡아간 건데요?! 우리
         엄마가 왜 이런 데 있어요?!!
형사1 (로나를 막아서고) 다 인정했다, 니 엄마가.
로나   네? 아니에요! 그럴 리가 없어요!! 아니라고요!!! 아냐!!! 아냐!!! (절망
         적으로 소리 지르다, 털썩 주저앉는 로나고)

4.   헤라팰리스 분수대(며칠 뒤, 낮)
     수련의 영정 사진과 함께 추모단이 마련되어있는.
     국화들 놓여있고, 추모의 메시지들 붙어있는.
     가만히 국화 내려놓는 손, 규진이고. 슬픔에 젖은 듯 묵념하는데.
     이어 상아도 국화를 내려놓는. 믿을 수 없다는 듯 눈물짓고.
     방송국 카메라와 기자들도 와서 그 모습을 열띠게 취재 중인.

규진   수련 씨, 잘 가요. 영원히 잊지 못 할 거예요.
상아   부디 좋은 곳으로 가세요.
마리(E) 집값 바닥 치겠네. 매일 폭락이야. 이런 재앙이 어딨어?
규진   (놀라서 돌아보고, 마리 입 틀어막으며) 누가 들으면 어쩌려고요. 방송국
         카메라가 몇 댄데. (목소리 낮추면)
상아   그러게 말예요. 사람이 죽었다고요. 살인사건!
마리   그러니까 더 걱정 아냐? 입주민이 입주민을 살해한, 사상 초유의 사건
         이잖아. 날마다 집값이 곤두박질치는데, 대체 어디까지 떨어질지 겁나
         죽겠다니까.
상아   지금 집값이 문제예요? 난 무서워서 밤에 오줌도 못 누러가요. 어떻게
         오윤희가 수련 씨를 죽여요? 여기서 오윤희 챙기고 걱정한 건 수련 씨

밖에 더 있어요? 세상에 믿을 사람 없다더니...

규진 남자한테 빠져서 혼이 나간 거지, 뭐. 죽은 사람만 불쌍하게 됐지.

상아 완전 배신인 거잖아요. 뉴스 봤죠? 오윤희 그 여자, 자기 집을 펜트하우스처럼 꾸며놓은 거. 지 주제에 무슨 명품 옷에 명품 빽이야?

마리 게다가 남의 남편까지 넘보고. 수련 씨 가족사진에 지 얼굴 파 넣은 거 보고 기겁했잖아. 그래서 주 회장 회사도 기어들어간 거 아냐? 소름 끼쳐 정말!

규진 (갑자기 주위 두리번거리더니, 표정 관리하며) 그래도... 우리 입장에선 나쁠 거 하나 없죠 뭐. (소곤거리듯) 이렇게 되면, 민설아 살인사건 재조사는 종결이라구요.

마리/상아 진짜요?!

규진 심수련이 죽어버렸는데, 조사를 어떻게 계속해요? 피해자도 죽고, 피해자 친모도 죽었는데. 우리가 오히려 오윤희한테 고마워해야 할 판이라니까요. 심수련이 살아있으면, 이 사건이 쉽게 덮어지겠어요? 끝까지 물고 늘어졌지.

마리 그러고 보니, 눈엣가시였던 사람들이 한 번에 싹 다 정리됐네. 심수련에, 오윤희에, 로나까지.

규진 너무 티 내지는 마요. 적당히 슬퍼하는 척은 해야죠. 보고 산 세월이 있는데.

마리 (내심 안도하는 표정이고) 우리가 운이 영 없진 않다니까요! 안 그래요, 이 변호사님?!

규진 운이 없으면, 헤라팰리스에 살지도 못했죠! 하늘도 결국 부자 편 아니겠어요? 우리가 낸 세금으로 세상이 굴러가는 건데.

5. 호텔 스위트룸(낮)
    석훈과 석경, 상복 차림으로 들어와서 앉는. 넋이 나간 표정인데.

단태 장례 치르느라 고생들 했다. 집 정리될 때까지 당분간 여기서 지내. 양

505

집사한테 당장 필요한 것들은 챙겨오라고 했으니까.

석경/석훈 (아무 말 없으면)

단태 그럼, 쉬어라. (나가는데)

석경 이제 어떻게 되는 거예요?

단태 (돌아보는) 뭐가?

석경 펜트하우스에서 다시 살게 되는 거예요?

단태 아무 일도 없었던 것처럼 아빠가 다 만들어놓을 거니까. 너넨 아무 걱정 마. 달라지는 건 없어.

석훈 엄마가 죽었잖아요. 거기서!! 어떻게 달라진 게 없어요?! 아버지는 정말 아무렇지도 않아요?! (흥분하면)

단태 (담담하게) 힘들면, 학교 잠시 쉬고, 여행이나 다녀오면 어때. 아님, 1년 정도 유학을 갔다 와도 되고. 생각해봐. (나가면)

석경 (울컥하는) 항상 이런 식이야. 진짜 우릴 걱정하는 사람은 아무도 없어!! 엄마도 우리 지켜준다더니 죽어버리고. 다 거짓말쟁이야!! 짜증나! 너무 싫어!!

석훈 (뭔가 결심한 듯) 돌아가지 말자. 거기로.

석경 무슨 뜻이야?

석훈 다신, 펜트하우스로 돌아가지 않을 거라고. 아버지 옆으론.

석경 (순간 초점 잃은 석경의 눈빛) 오빠.... 우리 이제 어떡해.... 너무 무서워.... 이제 정말 우리 둘밖에 없는 거야? (온몸이 바들바들 떨리는 석경인데)

6.   청아의료원 원장실(낮)
      직원들, 심각한 표정으로 모여있고. 발끈하는 윤철.

윤철 지금 그게 무슨 소리예요?

직원 몇 달 전에 있었던 원장님의 의료사고 건이 다시 논란이 되고 있습니다.

윤철 그건, 이미 다 마무리됐잖아요.

직원 환자가 후유증이 심해져서, 병원을 상대로 고소의사를 밝혔습니다. 게

다가 헤라팰리스에서 죽은 아이 사건으로, 경찰조사까지 받았다면서
요? 왜 말씀 안 하셨습니까. 지금 게시판에 진상을 밝혀달라는 글이 하
루에도 수십 개씩 올라오고 있습니다. 병원 이미지 실추가 극심합니다.
책임을 지셔야겠습니다.

윤철   (굳어지는) 원하는 게 뭡니까?

그때, 문을 열고 들어서는 서진.
직원들, 일제히 일어나 이사장에게 고개 숙여 맞는데.

서진   못 알아들었어요? 병원장 자리에서 물러나라는 뜻이잖아요. 원장이라
면, 병원을 위해서 그 정도 책임감은 있어야 될 거 같은데.

윤철   (발끈하는) 당신 짓이야? 오래전 사고를 문제 만들고 있는 게?!

서진   (말 끊고) 아마도 일이 년 의사면허 정지가 떨어질 거예요. 미국 존스홉
킨스대학에 연결해뒀으니, 그동안 공부 좀 하고 돌아오면 어떨까요. 의
료과실이라는 것도 어쨌든 실력이 부족한 탓 아닌가요?

윤철   (부들부들 하면)

서진   (직원들에게) 후임 병원장은 제가 지명해뒀습니다. 빨리 인수인계할 수
있도록 정리 부탁드립니다.

직원   (깍듯하게) 네, 이사장님.

서진   (직원들에게 나가보라는 듯 눈짓하면. 다들 자리 비우고)

윤철   (분에 차 서진을 노려보며) 날 병원에서 내쫓겠다고? 이게, 당신이 원하
는 마지막 그림이었어?

서진   모든 걸 제자리로 돌려놓으려는 것뿐이야. 병원도, 재단도, 은별이도...
당신한텐 그 자리가 어울리지 않거든. 그러니까, 왜 쓸데없이 욕심을
부려. 당신이 가질 수 있는 건, 이제 아무것도 없어. (싸늘하게 보면)

윤철   (기막힌 표정이고)

7. 청아의료원 VIP 병실 (낮)

    서진, 병실로 들어서면. 은별, 의자에 앉아 멍하니 창밖을 보고 있는데.

서진   (다정하게 다가서며) 컨디션 어때? 너 좋아하는 디저트 가게에서 케이크 좀 사왔는데, 먹어볼래?

은별   (텅 빈 눈빛, 허공을 보고 있고. 미동도 없으면)

서진   진짜 말 안 할 거야? 엄마랑?

은별   (대답 없으면)

서진   (애써 참으며) 그래, 답답하면 니가 먼저 입 열겠지. 배고플 때 먹어. 특별히 초코로 주문한 거야. (일어나 나가면)

은별   (그제야 서진이 나간 쪽을 돌아보는. 그리고는 서진이 사온 케이크를 들어 휴지통에 던져버리는데)

8. 서울 외곽의 창고 앞 (저녁)

    해 질 무렵. 차 한 대가 끼익- 하고 멈춰 서고.
    차에서 내리는 사람, 단태고.
    단태, 어둠이 깔리기 시작하는 하늘을 흘낏 올려다보고 창고 안으로 들어가는데.

9. 창고 안 (저녁)

    두껍게 굉음을 내며 열리는 창고 문.
    단태, 음습하고 어두운 창고 안으로 들어서면. 정장남들이 지키고 서 있고.
    그 안에 덩그러니 놓여있는 의자 하나. 묶여있는 사람, 로건 리다!
    초췌한 표정의 로건 리, 표정만은 날카로운 채로, 다가오는 단태를 노려보는데.

로건   심수련, 누가 죽였어?!

508

단태   (흠칫하고) 몰골이 왜 이래? 로건?! 저런. 우리 애들한테 잘 모시라고 신
        신당부했는데, 여기가 호텔보다 쫌 별로셨나.

로건   심수련, 누가 죽었냐고?!! 말해!!!

단태   (갑자기 폭소를 터트리는) 천하의 억만장자도 며칠을 굶겼더니 빈티 나
        는 건 똑같구만. 뉴욕에 빌딩이 몇 개 있으면 뭐해. 당장 처먹을 햄버거
        하나가 없는데. 안 그래?! 대답해보시지. 로건?! 아니, 구호동인가?!

로건   개자식! (단태 얼굴에 침을 확 뱉으면)

단태   (순간 멈칫. 얼굴에 묻은 침을 수건으로 쓱 닦더니, 로건의 머리채를 확 잡아
        채고) 감히 날 상대로 사기를 쳐?! 내 명동 땅을 날로 먹겠다, 그럴 작정
        이었어? 니 덕에 얼굴 팔리며 검찰청 오가고, 내 프라이버시까지 까발
        려지고, 자칫하다간 콩밥까지 먹을 뻔했어!!

로건   그게 왜 내 탓이야?!! 니가 그 따위로 살아온 탓이지!!

단태   (참을 수 없단 듯, 옆에 있는 몽둥이를 들어서 있는 힘껏 후려치는데. 로건이
        아니라 벽이고. 그대로 벽을 맞고 부러지는 몽둥이!)

로건   (눈 하나 깜짝 않고 피하지 않는데)

단태   (로건의 턱을 치켜 올리고, 이죽대는) 널 죽일 생각은 없어! 병신 만들 생
        각도 없고!! 살려두는 이유는 딱 한 가지야. 니 아버지 제임스 리랑 방
        금 통화를 했거든.

로건   (흠칫, 놀라서 보며) 무슨 짓을 한 거야? 이 미친 자식아!!!

단태   (야비한 표정) 니 부자 아버지와 흥정을 좀 했지. 민설아 건으로... 민설
        아 그 계집애가 날 또 이렇게 도와주네.

로건   (부르르) 닥쳐!!!!

단태   니 아버지가 아픈 아들을 위해 참 눈물겨운 일을 하셨더라고. 보육원에
        서 민설아를 입양해 골수를 이식받고, 그지 꼴로 파양한 것도 모자라,
        도둑 누명까지 씌워 한국으로 추방해버렸다지? 브로커였던 조상헌 의
        원과 거래한 내역까지 내 손에 들어왔지 뭐야. (조 비서가 서류를 건네주
        면, 서류를 받아서 흔들어 보이는데) 이 놀라운 비밀이 세상에 알려지면
        어떻게 될까. 가장 성공한 재미교포에 존경받는 사회 저명인사가 누렸

던 명예는 고사하고, 법적 책임 또한 피하지 못할 텐데... 아버지를 감방 보낼 각오는 돼있겠지?

로건 차라리 날 죽여!!! (묶인 채로 몸부림치면)

단태 죽일 생각 없다니까. 넌, 모르는 모양인데... 니 목숨 값이 꽤 되더라고. 널 온전하게 돌려주는 대가로 니 아버지가 꽤 많은 돈을 보내셨거든. 물론, 명동 땅도 고스란히 돌려주셨고. 널 데리러, 곧 사람들이 올 거야. 한국은 잊어. 민설아도... 심수련도... 그럼, 굿바이. (픽 웃고, 문 쪽으로 의 기양양하게 걸어가면)

로건 아아악!!!! 이 개자식아!!! 심수련 누가 죽였어!! 너지!!! 니가 한 짓이지!!! 말해!!! 내가 널 기필코 죽이고 말 거야!! 널 죽이는 데 내 목숨, 내 전 재산을 걸 거야!!! 주단태, 이 망할 자식아!!! 거기 서!!! 서라고!!! (괴로움에 몸부림치는 로건이고)

10. **서울 외곽의 창고 앞/단태의 차 안(저녁)**
    단태, 밖으로 나가면.
    창고 쪽으로 긴박하게 달려오는 검은 세단 보이고.
    단태, 조 비서가 열어주는 차에 올라타면.
    검은 세단에서 내린 사람들, 빠르게 창고문을 부수고 안으로 들어가는데.
    단태, 차 안에서 그 모습을 비웃으면서 보고, 차 출발시키는.

11. **헤라팰리스 외경(밤)**

12. **헤라팰리스 서진 집 거실(밤)**
    서진, 슬립 차림으로 와인을 마시며 밖을 보고 있으면.
    그런 서진을 뒤에서 안는 사람, 단태다.

단태 이렇게 같이 있는 거, 오랜만이지?

서진	(토라진 듯) 그게 누구 때문이었을까?
단태	미안해. 그래도 돌아 돌아서... 우리가 다시 만났다는 게 중요하지. 이제야 확실해졌어. 당신은 역시 내 최고의 파트너야.
서진	(그제야 웃는데. 와인 잔 들고) 건배할까?
단태	(잔 들어서 건배하는데) 사랑해.

서진과 단태, 마주 보며 웃고. 두 사람 시각으로 지난 일 회상하는.

13. 회상 1/헤라팰리스 주차장 일각/20화 34신(아침)

서진(E)	오윤희!!
단태/윤희	(돌아보면, 단단히 열 오른 서진이 뚜벅뚜벅 걸어오고)
서진	(그대로 윤희에게 달려들며, 흥분해서) 설명해! 니가 왜 이 남자랑 있어? 말해! 이 남자랑 뭐하고 있었냐고?!!
단태	(서진이 팔을 잡아 제지하며) 뭐하는 짓이야?!
서진	(떨리는 목소리로) 이 남자와 무슨 사이야? 설마... 잤니? 잤어? 잤냐구! (윤희에게 달려들어 마구 흔들어대면) 니 입으로 말해!! 말해보란 말야!!
단태	(그런 서진을 확 밀쳐버리며) 내 여자한테서 손 떼!!
윤희	(놀란 눈으로 단태를 보면)
서진	(충격 받은 얼굴인데) 뭐? 당신 지금... 뭐라고 했어? 당신이 나한테 어떻게 이래?!! 어떻게!! (단태에게 덤벼들어 마구 때리며) 날 속인 거였어?! 오윤희는 아니라더니, 날 기만해!? 이거 봐!!
단태	(서진의 손목을 잡아 돌려세우고) 정말 지긋지긋하군. 지금 이딴 질투나 쏟아낼 만큼 여유롭나? 이럴 시간 있으면, 가서 당신 재단이나 지켜. 질척대지 좀 말고! (윤희에게) 가지! (윤희 데리고 가면)
서진	(날카로운 눈에서 눈물이 뚝 떨어지고. 배신감에 입술이 파르르 떨리는) 주단태!!! 이 개자식아!!! 거기 서!!!
윤희	(단태와 함께 주차장을 나가는. 서진을 돌아보는 윤희의 의기양양한 눈빛)

14.　　회상 2/헤라팰리스 엘리베이터(아침)
　　　단태, 매너 있게 저층 전용 엘리베이터로 윤희를 태워 올려보내고.
　　　엘리베이터 문 닫히면. 갑자기 표정 싹 변하는 단태.

단태　　(옆에 있는 조 비서에게) 오윤희 저 여자, 밀착 감시해.

15.　　회상 3/헤라팰리스 서진 집 거실(아침)
　　　딩동딩동, 초인종 소리 들리고(E).
　　　거실로 들어서는 단태, 서진을 보면.

서진　　여긴 무슨 낯짝으로 들어와?

단태　　(빙긋이 미소 짓고) 천하의 천서진이 설마, 날 오해하는 건가? 내가 저 따위 여자한테 마음을 뺏길 사람으로 보였나?

서진　　(굳어지면) 무슨 뜻이야?

단태　　오윤희를 이용하기로 했어. 그 여자만큼 괜찮은 먹잇감이 없는 거 같아서.

서진　　계획이 뭔지 제대로 말해!

단태　　(야비한 미소) 심수련한테 받은 만큼 갚아줘야지. 그래야 우리 일이 수습돼. 내 회사도, 당신 재단도, 민설아 사건도....

서진　　(동조하는 눈빛) 심수련을 없애겠다는 건가? 그럼, 오윤희는?

단태　　그 여자는 어차피 쓰고 버릴 물건이었어. 잘만 가지고 놀면, 우리가 원하는 대로 움직여줄 거야. 심수련한테 접근하기엔 딱이거든.

서진　　(그제야 알았다는 듯) 그래서 필요한 거였어? 오윤희가? 역시!! 주단태 죽지 않았는데? 내가 뭘 도와주면 돼?

단태　　(진지하게) 자금이 필요해! 로건 리 때문에 계좌가 묶여서, 아무 일도 할 수가 없어!

16. 회상 4/프라이빗 룸(저녁)
   단태, 누군가를 기다리며 앉아있으면. 그때 들어오는 정치인.

단태 오랜만입니다, 의원님.

의원 (난감해하며 앉는) 지금 주 회장 상황 알잖아요? 이렇게 만나는 거, 위험해요. 당분간 연락하지 마세요! 이번 건은 나도 덮어주기 힘들어요.

단태 그렇습니까. 잘 알았습니다. 괜히 저 때문에 무리하시다가, 어렵게 얻은 의원 배지까지 뺏겨서야 되겠습니까.

의원 그럼, 알아들은 걸로 알고... (일어서려면)

단태 (비밀장부를 보여주며) 그동안 제가 의원님께 정기적으로 보내드렸던 성의들입니다. 액수가 꽤 되던데.... 이걸 검찰총장에게 보내도 되겠습니까.

의원 (기겁하고) 주 회장! 이게 무슨 짓이야?!

   그때, 중간문 열리고. 꼿꼿하게 서있는 서진이 보이는.

서진 (의원에게 다가오는. 깍듯이 인사하고 돈 가방을 건네주며) 청아재단 이사장, 천서진입니다. 이 기회로 인맥도 넓히시고, 더 윗자리로 가셔야죠. 저도 물심양면 돕겠습니다.

의원 (피가 마르는 거 같고)

단태 결심하시죠. 저는 절대 혼자는 죽지 않습니다! 제가 사는 게 의원님도 사는 길입니다.

의원 (어쩔 수 없이 어디론가 전화를 거는) 지금 수사하고 있는 제이킹홀딩스 건, 청아재단 비리 건, 수사 마무리되도록 스토리 잡아봐.

단태/서진 (만족스럽게 마주 보는)

17. 회상 5/차 안/청아예고 교문 앞(낮)
   윤희, 힘없이 밖으로 나오면.

그런 윤희를 미행하는 조 비서.

18.   회상 6/거리 일각/경찰서 건너편/20화 52신 연결(낮)
       윤희, 터벅터벅 멍한 듯 걸어가다 보면. 길 건너편에 경찰서가 보이고.
       세상이 끝난 것 같은 표정인데.

윤희   (그러다 문득, 가방 안을 보면. 아까 주방에서 갖고 나온 칼이 보이고) 내가
       무슨 생각을..... (자신의 뺨을 때리며) 정신 차려! 오윤희!!

       그때, 윤희의 핸드폰으로 다시 수련의 문자가 오고.

수련(E) 오늘 6시까지야. 더 이상은 못 기다려.
윤희   (순간 굳어지는) 심수련....

       윤희, 뭔가 결심한 듯한 표정으로 칼을 잡아 쥐는데. 가방에서 칼을 꺼
       내 쓰레기통에 버리고 경찰서를 향해 뚜벅뚜벅 걸어가면.
       그 칼을 꺼내드는 누군가의 손. 조 비서고.
       조 비서, 칼을 주머니에 숨기고, 길을 건너려는 윤희를 잡아 세우는.

윤희   (놀라 돌아보고) 조 비서님? 여긴 어떻게...
조비   회장님께서 펜트하우스로 빨리 들어오시랍니다. 중요한 일이라고...

19.   회상 7/펜트하우스 단태 서재(저녁)
       양씨, 긴장한 표정으로 단태의 앞에 서있고. 단태, 뭔가 보고 있는데.
       단태 가족사진에 수련의 얼굴만 파여있는.

단태   (크게 웃고) 하하하하. 양 집사가 이제야 밥값을 하는군요. 나한테 아주
       중요한 영감을 줬어요. (파여있는 자리에 윤희의 사진을 넣고, 만족스럽게

보며) 이제, 심수련만 부르면 되겠어요. 뭐해요? 얼른 전화하지 않고. 애들이 위험하다고 하면 달려올 거예요.

양씨 네, 회장님. (수련에게 전화하면)

수련(F) (받는) 양 집사님, 저예요. 무슨 일 있어요?

양씨 (능숙하게 연기하는) 사모님! 회장님이 아이들을 서재방으로 데려갔어요. 어떡해요!!

20. **회상 8/헤라팰리스 서진 레슨실 (저녁)**
석훈과 석경, 도 비서에게 레슨을 받고 있는.

21. **회상 9/헤라팰리스 분수대/20화 54신 연결 (저녁)**
급하게 걸어오는 구둣발, 수련인데. 다급하게 엘리베이터로 뛰어가는 수련.
그런 수련을 숨어서 보고 있던 서진, 단태에게 전화로 보고하는.

서진 지금 도착했어. 곧 올라갈 거야.

22. **회상 10/펜트하우스 거실/20화 55신 (저녁)**
거실로 뛰어 들어오는 수련.

수련 석훈아!! 석경아!!! (정신없이 서재 쪽으로 뛰어가는데)

23. **회상 11/펜트하우스 서재/20화 56신/20화 58신 연결 (저녁)**
와락 문을 열고 들어서는 수련. 텅 비어있는 방.

수련 석경아!! 석훈아!!! 어딨어?!!

수련, 비밀공간 쪽으로 가는데, 갑자기 불이 꺼지는. 수련, 멈칫하는.

그때, 수련 쪽으로 다가오는 검은 그림자.

수련, 불길한 기운을 감지한 채 돌아보면. 반짝하는 칼의 단면. 그대로

수련의 배를 찌르는데, 장갑을 낀 단태고!

수련, 헉! 낮은 비명과 함께 단태의 이죽대는 얼굴을 확인하는.

수련　　악마 새끼!!! (그제야 함정임을 깨닫고, 달아나기 위해 바닥을 기어가면)

단태　　어디 한 번 더 지껄여봐! (그런 수련을 등 뒤에서 몇 번이나 더 찌르는 단태)

수련　　아악!! (휘청하며 쓰러지고. 카펫 위로 번져나가는 피......)

단태　　(고통스러워하는 수련의 얼굴을 만지며) 저런. 복수의 끝이 죽음이라니.... 그래도 곧, 니가 그렇게 그리워하던 니 딸년 옆으로 가게 될 거야.

그때, 밖에서 윤희 목소리 들려오는.

윤희(E)　　회장님! 저 왔어요. 어디 계세요? 회장님....

수련　　(등 뒤에 칼이 꽂힌 채 쓰러져있는. 눈물 차오르고. 간절하게 무슨 말을 하려는 듯, 허공에 맴도는 수련의 손)

단태　　(그런 수련을 버려두고, 한쪽에 있는 도자기를 들어 깨뜨리고는 유유히 비밀통로로 사라지는데)

곧바로, 서재 방문이 열리고, 윤희가 들어서는.

윤희　　여기 계세요, 회장님? 왜 오라고... (그러다 쓰러진 수련을 보고 경악하고) 언니!! 언니!!! 이게 무슨 일이야? (수련 등에 꽂힌 칼이 보이면. 필사적으로 뽑는데. 절규하는) 언니!! 안돼!! 죽지 마... 죽으면 안돼!!! (피 묻은 칼을 손에 든 채, 바들바들 떨고 있으면)

양씨　　(들이닥치고. 미친 듯이 비명 내지르는) 꺄악!!! (장바구니 떨어뜨리는)

24. 회상 12/헤라팰리스 윤희 집 침실(저녁)
조 비서, 민첩하게 윤희 침실로 들어서고. 그 뒤로 모습 드러내는 서진.
화장대 위에, 미리 준비한 단태의 가족사진을 올려놓는 서진. (수련의
얼굴을 도려내고, 그 자리에 윤희의 얼굴을 붙인 사진)
옷장 문을 열고, 명품 빽과 명품 옷, 명품 구두들을 빽빽하게 채워 넣는
데. 빠르게 움직이는 조 비서의 손. 그 모습을 지켜보는 서진이고.

25. 회상 13/펜트하우스 거실/20화 60신(저녁)
수갑을 찬 명한 표정의 윤희, 단태와 잠시 눈 마주치고. 서로 스쳐 지나
가는데.
단태의 이죽대는 입꼬리와 눈빛, 찰나로 비열하게 번득하는.

26. 현재/헤라팰리스 서진 집 거실(밤)
서진과 단태, 와인을 단숨에 들이키는.

서진 오윤희한테 흔들린 적 없었어? 한 번도?

단태 맹세코 한 번도! 당신이 생각하는 일은 더더욱 없었구. (웃음을 참기 힘
들다는 듯) 참 우습지 뭐야. 없는 것들은 좀만 잘해주면 너무 쉽게 넘어
오거든. 그런 하찮은 여자한테, 내가? (크게 웃으면)

서진 (따라 웃고) 그렇게 착각해준 덕에, 견고하게 우리 것을 지켜낸 거 아니
겠어? 근데, 오윤희는 왜 순순히 자기가 죽였다고 인정한 거지?

단태 증거가 너무 확실하니, 포기한 거겠지. 그리고, 분명 뭔가 있어. 심수련
과 오윤희 사이에. 오윤희가 뭔가 큰 잘못을 한 거 같아. 절대 돌이킬 수
없는.

서진 잘못? 그게 뭘까?

단태 글쎄... 어쨌든 우리 둘한텐 나쁠 건 없지. 내일이면 오윤희, 검찰로 송치
될 거야. 국선 변호사가 붙은 모양인데, 유죄 입증까지 아무 문제없어.

서진 그럼, 정말 모든 게 끝인 거네. 당신이란 남자, 참 무서워. 그래서 매력적

이지만.

단태 인정해주니 고마운데?

서진 그렇다고, 직접 손에 피 묻힌 건 아니지? 범행 솜씨가 꽤 잔인했다던데?

단태 (잠시 멈칫했다가, 뻔뻔하게 발뺌하는) 설마 내가? 내가 그런 끔찍한 일을 어떻게 해. 알잖아. 나 개미새끼 한 마리 못 죽이는 거. 탈나지 않게 잘 처리했어.

서진 아직도 궁금한 게 있어. 정말 민설아는 누가 죽인 거야?

단태 누구면 어때... 우리한테 없어야 될 사람이 사라진 게 중요한 거지. 민설아도... 민설아 엄마도 이제 다 잊어.

서진과 단태, 뜨겁게 서로를 끌어안고 키스하는.

27. **경찰서 일각**(밤)
　　　형사들, 지나가는데. 다가와서 붙잡는 로나.

로나 (간절한 눈빛) 아저씨....

형사1 너 아직도 안 갔어? 여기 있어봤자 소용없다니까.

로나 (파리한 얼굴) 제발 엄마 좀 만나게 해주세요. 뭔가 잘못됐어요. 우리 엄마가 그럴 리가 없다구요!!! 우리 엄만, 제가 젤 잘 알아요. 우리 엄마가 펜트하우스 아줌마를 얼마나 좋아했는데!! 말도 안 돼요!! 엄마 좀 만나게 해주세요. 내가 엄마 만나서 얘기할게요. 네?!! (미칠 지경인데)

형사1 니네 엄마가 싫대. 몇 번을 말해도, 안 만나겠다는데 우리더러 어쩌라고. (로나 다독이며) 친할머니 집에 가 있으래. 그쪽에 부탁해놨다고.

로나 (말 끊고) 안 가요! 엄마 만나기 전까진, 여기서 한 발짝도 안 움직여요!! (단호한데. 그대로 바닥에 드러누워버리는)

28. **경찰서 조사실**(밤)
　　　국선 변호사, 윤희와 변론 준비 중인데.

국선	국선 변호삽니다. (귀찮은 표정으로, 자료들 대충 보면서 건성으로) 당신 집에서 주단태를 스토킹한 증거품들이 쏟아져 나왔어요. 펜트하우스를 수시로 드나들면서, 심수련의 물건들을 훔치고, 심수련 옷을 입고, 심수련 놀이한 거, 다 CCTV에 찍혔어요. 증거들이 차고 넘친다고요.
윤희	(텅 빈 눈동자로) 변호사 선임한 적 없는데요.
국선	(한숨 쉬고) 내일 구속영장 발부되면, 구치소로 이송될 거예요. 승산 없는 게임인 건 알지만, 딸 생각해서라도 반성의 모습은 보여야죠. 그래야 조금이라도 감형받을 거 아니에요? (그러다 안쓰러운 듯) 딸이 며칠째 집에도 안 가고, 경찰서에 있다던데, 정말 안 만날 거예요?
윤희	(잠시 눈빛 흔들리다가, 매몰차게) 네. 안 만나요. 그냥 가라고 하세요. 모든 혐의 인정합니다. 빨리 끝내주세요, 변호사님. (모든 것을 포기한 윤희의 모습인데)

29. **경찰서 앞** (다음 날, 아침)
    윤희, 결박된 채 형사들 손에 끌려 나오면.
    기자들, 그런 윤희 모습 찍으며 질문 쏟아내는.

기자1	죽인 거 인정합니까? 왜 죽였습니까? 치정관계가 맞습니까.
기자2	왜 그렇게 잔혹하게 죽였습니까? 몇 번이나 칼로 찌른 이유가 뭡니까.
기자3	가진 자에 대한 분노가 살해동기 맞습니까. 언제부터 피해자를 질투했습니까. 동경과 미움, 어느 쪽입니까.

기자들 사이에 수련의 후배 기자(김 기자)도 보이고.
윤희, 아무 말 없이 차에 올라타려는데.

로나	엄마!!!
윤희	(순간 멈칫하는)
로나	(울면서 달려오고) 엄마, 아니잖아!! 엄마가 안 그랬잖아!! 얼른 아니라

	고 해!! 제발!! 빨리!!
윤희	(온몸이 덜덜 떨리는. 돌아보고 싶지만, 이를 악물고 시선을 피하고. 급히 호송차에 올라타는데)
로나	(오열하며 윤희에게 다가가는) 엄마!! 나 좀 봐봐... 엄마 제발!!! 한 번만 봐줘. 엄마!!! (울부짖는데)
윤희	(냉정하게 시선 주지 않고, 자리에 앉아 고개 돌려버리는 윤희. 죽을 듯이 울음을 참아내는 모습에서)

30.   헤라팰리스 윤희 집 앞(낮)

엘리베이터 문 열리고, 힘없이 내리는 로나. 그러다 멈칫하는.
문앞에 "살인자! 헤팰을 떠나라!" "소름 돋는 사이코패스" "열등감이 낳은 살인마!" "집값 책임져라!" 계란 던져져있고, 엉망이 된 현관 앞.
그러다 문 옆에 붙어있는 낯익은 키링이 눈에 들어오고. 보면, 석훈이한테 선물했던 키링인데.
로나, 키링을 손에 쥐면. 눈물이 핑 도는데.

제니(E)	야!
로나	(부르는 소리에 돌아보면, 제니가 서있는)
제니	(퉁명스럽게) 어디 갔다 이제 와? 너 없는 동안 난리도 아니었거든? 시끄러워서 살 수가 있어야지. 난 또 너 도망간 줄 알았잖아!
로나	(순간 터지는) 그래서 뭐? 너도 살인자 딸이라고 비난하고 싶은 거야? 해! 욕하라고!! 다 들어줄 테니까 맘껏 해!! (날 서게 쏘아대는데)
제니	밥은... 먹었냐?
로나	(멈칫) 뭐?
제니	(샌드위치를 로나 손에 쥐어주며) 이거라도 처먹어. 울래도 힘이 있어야 울지.
로나	(그런 제니를 보면)
제니	집에 없는 척하고 쥐 죽은 듯이 있어. 사람들 또 몰려올지 모르니까. (자기

집으로 휙 들어가는데)

로나   (순간 울컥하는)

31.   헤라팰리스 윤희 집 로나의 방(밤)
    스탠드 불빛만 켜놓고, 제니가 준 샌드위치를 우걱우걱 먹는 로나.
    눈물이 터져 나오는데. 연신 눈물 닦아가며 샌드위치를 먹는.
    그러다 문득, 수련이 사준 피아노가 눈에 띄면. 더 미칠 거 같은데.

로나   엄마... 무서워... 나 앞으로 어떡해야 돼. (몸 웅크리고 어둠 속으로 숨는
    로나. 암전되고)

32.   동네 목욕탕(몇 달 뒤, 아침)
    마리, 열심히 때타올로 마마의 등을 밀고 있는.

마리   마마님들 덕분에 무혐의 날 거 같아요. 이 은혜를 어떻게 갚죠? 호호
    호~~
마마   내가 말했잖아. 한번은 크게 도와준다고. 이만한 건 일도 아냐.
마리   죽을 때까지 마마님들께 충성하겠습니다. 그리고... 잘 아시겠지만, 뉴
    스에 나온 얘기 다 가짜예요. 죽은 여자가 이혼합의금 뜯어내려고 쇼를
    한 거라니까요. 그 여자 병명이 뭐래더라... 아! 망상장애. 있지도 않은
    딸이 있다고 막 헛소릴 하고... 세상에, 그런 병도 있나 봐요. (숙련된 손
    놀림으로 날아갈 듯 마사지를 하고 있는 마리고)

33.   펜트하우스 거실(아침)
    단태, 거실에 앉아 만족한 표정으로 TV를 보고 있는.

앵커(E)   공금횡령 및 배임, 투자사기 의혹을 받던 제이킹홀딩스 대표 주모 회장
    이 무혐의 처분을 받았습니다. 헤라팰리스 펜트하우스 살인사건의 피

해자 심모 씨는, 이혼소송을 유리하게 이끌기 위해 치밀하게 서류를 조작한 것으로 드러났습니다.

34. 헤라팰리스 규진의 집(아침)
규진모 앞에서 무릎 꿇고 있는 규진과 상아.

규진 엄마, 나 그만 꿇으면 안 될까. 발 저리는데.

상아 어머님. 이제 노여움 푸세요. 저희 무혐의 받았잖아요~

규진모 무혐의 받게 하려고 들어간 돈이 얼만 줄이나 알아? 변호사를 열 명을 썼어. 열 명! 니 아버지 이름에 먹칠한 건 어떻고!

규진 이제 안 그런다고. 화 풀렸지, 엄마? 아유, 다리야. (다리 뻗고 앉고)

규진모 다신 이런 지저분한 일에 엮이고 살지 마! 니 아버지, 너 정치시킬 모양이더라.

규진 (놀라) 정치? 내가?

규진모 우리 집안에 정치인 하나쯤은 나와줘야 되지 않겠어? 그러니까 구설에 휘말리지 않게, 조심 또 조심하고 살아. (상아 보고) 너도!

규진 (눈 끔뻑끔뻑하며 뭔가 생각하다가, 씨익 웃음 짓는) 정치인이라.. 괜찮은데?

35. 청아예고 이사장실(낮)
서진의 복귀를 축하하는 두기와 혜미, 교사들.

두기 그동안 검찰조사 받느라 고생하셨습니다, 이사장님. 얼마나 고초가 심하셨습니까. (아부하면)

서진 (의기양양하게) 다들 진실을 밝히려고 노력해준 결과죠.

혜미 동창회에서도 대대적으로 나서서, 구명운동을 해주셨어요. 음악계에서도 이사장님을 옹호하는 인터뷰를 언론에 꾸준히 내보냈고요.

두기 당연한 일 아닙니까. 그동안 이사장님이 남몰래 해오신 기부와 선행, 세상에 대한 공로가 이번 기회에 제대로 평가를 받은 거라고 생각됩니다.

서진 (끄덕하고) 내가 잘못 산 게 아니라는 생각이 들어서 기쁘네요. 더 이상 청아재단의 비리 따위 거론되지 않을 거예요. 다시 시작하는 맘으로 우리 청아를 위해 최선을 다해주길 바래요.

두기 여부가 있겠습니까. 근데, 은별이는...?

서진 (표정 관리하고) 아, 여행 무사히 마치고 돌아왔어요. 담 주에 학교 컴백 할 겁니다.

36. **헤라팰리스 서진 집 거실 (저녁)**
     은별을 데리고 들어서는 서진.

서진 퇴원했으니, 다음 주부터 학교 복귀해. 의사선생님도 몸에 아무 이상 없다니까 공부하는 데 지장 없을 거야. 뒤쳐진 진도랑 레슨은 특별보강 잡아둘게. 당분간 바빠질 거야.

은별 (대답 없으면)

서진 하은별!! 언제까지 입 다물고 있을 거야. 더는 엄마도 못 기다려줘. 대체 뭘 원하는 건데? 학교고 성악이고 다 관둘 거야?!! 대학 못 가도 상관 없어?!! 그래?! (욱해서 터지는데)

은별 (방 쪽으로 말없이 걸어가버리면)

서진 (미칠 지경이고. 그때 울리는 전화. 보면 단태고. 받는) 나야. 뭐? 파티?

37. **펜트하우스 2층 거실 (저녁)**
     단태, 계단에 서서 아래층을 내려다보며 전화를 하고 있는.
     양씨, 메이드들과 대청소 중인. 수련의 짐들을 빼내고 있는데.

단태 (기분 좋은) 회사 문제 깔끔하게 해결됐어. 공금횡령도 오윤희와 로건이 작당한 걸로 결론지었고. 잘 마무리된 기념으로 헤라클럽 사람들끼리 오붓하게 파티하려고. 그동안 다들 고생했잖아. (밝은 표정인데)

38. **헤라팰리스 서진 거실(저녁)**

서진   그래, 알았어. 나중에 얘기해. (전화 끊으면, 자신을 빤히 보고 있는 은별과 시선 부딪히고) 들어가서 쉬어. (돌아서는데)

은별   엄마!

서진   (은별 목소리에 놀라서 돌아보고, 기쁜 얼굴로) 은별아!! 너 지금.. 엄마 부른 거야? 그래, 잘 생각했어. 역시 우리 은별이, 이겨낼 줄 알았어. 아무 말이나 더 해봐! 먹고 싶은 거 있어? 엄마가 다 해줄게. (좋아하면)

은별   (무표정하게) 왜 안 물어봐? 내가 왜 약 먹었는지.

서진   (멈칫, 당황하고) 그 일은... 잊어. 다시 시작하면 돼. 너한테 아무 일도 없었던 거야.

은별   그렇게 생각한다고, 있던 일이 없던 일이 돼? (뭔가 달라진 듯한 눈빛인데)

서진   과거에 묶여있으면 아무것도 못 해! 그게 얼마나 바보 같은 짓인데.

은별   그래서 엄만 없던 일이 됐어? 할아버지 사고 말야.

서진   뭐? (굳어지면)

은별   (싸늘한 표정. 지난 일 떠올리는데)

39. **회상/청아예고 일각/16화 1신(밤)**

서진부   (서진의 뺨을 날리는) 어디서 버릇없이 말대꾸야! 넌 이제 내 딸 아냐!!

서진   (뺨 맞고 쓰러졌다가, 필사적으로 서진부 손에서 서류봉투를 뺏으려고 달려들고) 안 돼요!! 청아는 내 거예요!! 아무한테도 못 줘요!!

서진부   (실랑이하다 우산 놓치고) 이거 놔!! (발로 확 밀쳐내고 걸어가면)

서진, 나가떨어지고. 다시 일어나 서류봉투를 뺏으려고 안간힘 쓰는데. 서진부와 서진, 밀고 당기고 몸싸움하다가, 누군가 돌계단 아래로 빠르게 굴러 떨어지고. 떨어진 사람, 서진부다!
계단 위에 서있는 놀란 서진, 얼어붙은 듯 굳어지는데.
그러다, 고여있는 빗물 웅덩이를 첨벙첨벙 뛰어서 달리기 시작하는 서진.
조금 떨어진 곳에서 그 모습을 지켜보고 있는 누군가의 뒷모습 보이고.

카메라, 뒷모습을 따라 천천히 올라가면. 은별이다! 놀라서 부들부들 떨고 있는.

쓰러져있는 서진부에게로 뛰어가려다가 문득 멈춰 서고. 도망치는 서진을 다시 돌아보는. 이러지도 저러지도 못하고 갈등하는 은별. 미치겠는 표정인데.

그러다 울음 삼키고, 핸드폰을 들어, 정신없이 도망치고 있는 서진을 찍는.

40. 현재/헤라팰리스 서진 집 거실(저녁)
      은별, 지난 일 떠올리며, 물끄러미 서진을 보는데.

은별(E) (속마음으로) 그때 내가, 구급차만 불렀어도 돌아가시지 않았을 텐데... 지금 생각하니 할아버지한테 너무 미안해. 난 엄마 지켜주려고 그런 건데.

서진 (굳어진 채, 당황해서) 갑자기... 할아버지는 왜...

은별 (싸늘하게 서진을 보며) 나, 할아버지가 너무 보고 싶어서 약 먹은 거야.

서진 (순간 소름이 돋고) 그게... 무슨 말이야? 무슨 말이냐고?!! 알아듣게 말해!!! (온몸이 떨리면)

은별 (서진을 보며 섬뜩하게 웃는) 거봐! 엄마도 아직 못 잊었잖아. 엄마도 할아버지 보고 싶은 거지? (그러다 아무렇지 않게) 나 배고파. 파스타 먹고 싶어. 새우 많이 넣어서. 해줄 거지? (부엌으로 가면)

서진 (불길한 예감... 낯설게 느껴지는 은별을 돌아보는 서진의 표정에서)

41. 펜트하우스 거실(저녁)
      단태, 양 집사에게 은밀하게 봉투 건네는.

단태 여러 가지로 고생했어요. 이참에 집이라도 옮기지. 수고비 넉넉하게 넣었어요.

양씨 돈을 바라고 한 일이 아닌데...

단태	넣어둬요. 나한테 양 집사는 이제 중요한 사람이 됐으니. (가면)
양씨	(옅게 퍼지는 미소. 그런 단태 뒷모습을 바라보고 서있으면)

그때 석훈, 2층에서 내려오다가 그런 두 사람의 모습을 보고 멈춰 서는.
양씨 손에 든 봉투를 보고 있는 석훈, 뭔가 의심쩍은 느낌 들고..

42.   펜트하우스 석경의 방(저녁)
방 한쪽에 커다란 캐리어들 놓여있고. 한참을 비워둔 느낌인데.
석경, 낯설게 자신의 방을 둘러보면. 책장에 책들이 뒤죽박죽 꽂혀있는.
문득 지난 일 떠오르고.

43.   회상/펜트하우스 석경의 방(아침)
수련, 석경의 책장에 꽂힌 책들을 똑바로 꽂아두고 있는.

수련	아유, 우리 딸. 책 뒤집어 꽂는 버릇 언제 고칠 거야? 엄마 없으면 어쩌려고?
석경	(바쁘게 가방 정리하며) 엄마가 맨날 정리해주면 되지, 뭔 걱정이야?
수련	(그러다 책상 위에 떨어진 머리카락 보며) 세상에... 이 머리카락 좀 봐. (믿지 않게 눈 흘기며) 또 머리 꼬면서 공부했지. 아까운 머리카락을 왜 그렇게 뽑아.
석경	몰라, 문제 풀 땐 나도 모르게 자꾸 꼬고 뽑고 그런단 말야. 그냥 확 잘라버릴까.
수련	머리를 왜 잘라. 엄마가 우리 석경이 머리 묶어주는 게 얼마나 큰 낙인데. 우리 딸, 어쩜 이렇게 머릿결도 고아? 엄만 우리 석경이 머리 만지고 있을 때가 젤 기분 좋더라.
석경	나 늦었어. 얼른 머리 묶어줘. (뒤로 돌면)
수련	(서둘러서 머리 묶으며, 현실 모녀 느낌으로) 그래? 얼른 해줄게. 주스 마시고 있어.

44.　　현재/펜트하우스 석경의 방(저녁)
　　　　석경, 순간 신경질적으로 거꾸로 꽂힌 책들을 다 빼서 바닥에 내던져
　　　　버리는.

석경　　이게 다 무슨 소용이야!! 다 싫어!!! 싫어!! 아악!! 아악!! (미친 듯 소리
　　　　지르는데)

　　　　놀란 석훈, 방으로 뛰어 들어오고.

석훈　　석경아!! 왜 이래!! 진정해!! (뒤에서 안아서 말리는데)
석경　　이거 놔!! 놔!! 놓으란 말야!! 미워... 미워서 미칠 거 같아... 절대 용서 안
　　　　할 거야. 나 버리고 간 거 절대 용서 안 할 거라고.... 미워!! 미워!! 아아
　　　　아.... (그러다 무너지듯 석훈 품에 안겨) 엄마.... 엄마... 엄마....!!!! (그동안
　　　　참아왔던 울음이 한꺼번에 터지면서, 목이 터져라 울부짖는데)
석훈　　(석경을 품에 안고 같이 무너져 내리는 석훈이고. 같이 우는)

45.　　납골당(저녁)
　　　　수련의 납골당 앞. 그 앞에 다가와 서는 사람, 석훈과 석경인데.
　　　　두 사람, 납골당에 놓인 수련의 사진을 보면 울컥하지만 참고.

석훈　　(애써 담담하게) 저희, 유학 가요. 한참... 못 올 거예요.
석경　　(갑자기 가방에서 가위를 꺼내더니, 자신의 머리를 한 움큼 잘라서 납골당
　　　　위에 놓으면)
석훈　　(놀라서) 뭐하는 거야?!!
석경　　(대답 않고. 납골당에 있던 수련의 유골목걸이를 자신의 목에 거는) 가자.
　　　　(눈 벌게져서, 이 악물고 돌아서서 가는 석경이고)
석훈　　(그런 석경 돌아보는데. 안쓰럽고 맘 아픈)

46.   서진 레슨실(밤)

서진, 피아노 치면서 은후와 장대 레슨을 시키고 있는. (알맞은 곡 선정)
열정적으로 레슨 끝내면. 밖에서 천둥치는 소리 들리는데.

서진   비 올 거 같네. 늦었다. 어서들 가.
은후/장대 안녕히 계세요. 수고하셨습니다. (챙겨서 나가고)

서진, 텅 비어있는 레슨실을 혼자 정리하는.
창가의 커튼을 닫으려는데. 문득 은별 말 떠오르고.

은별(E) 거봐! 엄마도 아직 못 잊었잖아. 엄마도 할아버지 보고 싶은 거지?
서진   (은별 말 떠오르면. 섬뜩하고. 온몸이 떨리는) 설마 은별이가... 뭘 알고 있
는 건 아니겠지? 아닐 거야... 그럴 리가...

그때, 레슨실 창 쪽에 번개가 번쩍하면서, 문득 서진부가 눈을 뜨고 죽
어있던 모습이 창문에 비쳐지면. 아악!!! 비명 지르며, 악몽처럼 그날
일이 떠오르는데.
서진, 공포에 숨 헉헉대며 얼른 고개 돌리면.
이번엔 액자에, 은별이 약을 먹고 쓰러져있던 모습이 비쳐지고. 아악!!
또 다시 놀라서 비명 지르는데. 다시 보면 아무것도 없고.
얼른 심호흡하고 피아노 앞에 앉으면. 이번엔 건반에, 죽은 수련의 모
습이 비쳐 보이는!! 온몸이 부르르 떨리는 서진. 숨을 쉴 수가 없고. 건
반 위를 움직이는 수련의 잔상에 미칠 거 같은데.
독하게 이 악물고, 미친 듯이 피아노를 치기 시작하는 서진. 15화 엔딩
에서 쳤던 곡. ("La valse de Paul", 〈마담 프루스트의 비밀정원〉)
피아노 페달을 밟으면서, 모든 것을 잊으려는 듯, 영원히 지우려는 듯,
죄책감에서 벗어나려는 듯, 지지 않으려는 듯, 파워풀하게 피아노 건
반을 치는 서진의 모습 보여주면서....

며칠의 시간 경과되며.

47.   헤라펠리스 외경(낮)

48.   헤라펠리스 커뮤니티(낮)
       파티복을 입고 등장하는 단태, 서진, 규진, 상아, 마리.
       누구보다 화려하게 차려입은 서진에게 다가오는 사람들.

상아   하 박사님, 청아의료원 정리하고 미국 들어간다던데, 맞아요?

서진   (당당하게) 공부 좀 더 하겠다는데, 굳이 말릴 필요 없죠.

규진   서진 씨한테 등 떠밀려 쫓겨난다는 소문이 있던데...

상아   (규진을 툭 치며) 여보! (눈치 주면)

규진   왜? 내가 뭐 없는 말 했어?

마리   (얼른 나서고) 석훈 석경이는 유학 간다면서요?

단태   애들이 원해서 1년 정도만 내보낼까 합니다.

규진   에이~ 그럴 리가! 애들 눈치 안 보고 살림 합치려는 거 아니에요? 좋겠
       네요. 서진 씨랑 주 회장님! 이제 둘 다 배우자들도 없으니 거리낄 거 없
       잖아요?

서진/단태 (피하지 않고, 눈 마주치면)

규진   아 참, 오늘이 그날이죠? 오윤희 씨 선고공판.

단태   (표정 관리하며) 그랬나요? 깜빡했네요.

마리   정말 깜빡했어요? 일부러 오늘 파티하자고 한 거 아니고? 펜트하우스
       전쟁에서 승리한 걸 축하하려고?

단태   축하라뇨. 누가 들으면 오해하겠습니다. (발끈하면)

마리   아, 농담! 당연히 조크죠!

상아   근데 재판 결과는 어찌 될까요. 죄질이 안 좋아서 크게 때리겠죠.

서진   다 끝난 거 아니에요? 살인죄까지 인정한 마당에 그냥 형식적인 재판
       일 거 같은데...

규진　확신할 순 없어요, 모든 재판은! 끝나봐야 아는 거니까.

49.　**재판장 복도(낮)**

윤희, 포승줄에 묶여 걸어오는. 국선 변호사도 의지 없어 보이고.

그때, 윤희의 앞을 가로막는 건, 수련의 후배 기자고.

국선　누구시죠?

김기자　SBC 김정민 기잡니다. 오윤희 씨랑 얘기를 좀 하고 싶은데요.

윤희　(김 기자에게 시선도 주지 않고, 그냥 지나쳐 걸어가면)

국선　재판장 들어가야 해서 시간 없는데요. 보시다시피 이쪽도 의지가 전혀 없고요.

김기자　(윤희 뒤에 대고, 갑자기 큰소리로) 수련 언니가 부탁한 일이에요!

윤희　(걸어가다가 문득 멈춰 서는 윤희의 발. 김 기자를 돌아보는)

50.　**재판장 일각(낮)**

윤희와 마주 앉은 기자, 냉랭한 시선으로 윤희를 보는.

국선　딱 5분입니다. (시계 보고, 자리 비켜주면)

김기자　(심호흡하고) 당신 만나러 오는 거, 쉽지 않았어. 아니, 끔찍하게 싫었어! 어떻게... 사람을 그렇게 죽일 수가 있어?!

윤희　(말 막고) 하려던 얘기나 해. 수련 언니가 부탁했다는 게 뭐야.

기자　(말없이, 봉투를 하나 건네는데)

51.　**회상/20화 4신 연결/방송국 카페(낮)**

수련　데스크 뚫을 수 있겠어? 그쪽이 언론에 줄이 많아서, 뉴스가 나가긴 쉽지 않을 거야.

김기자　나, 꼴통 기잔 거 몰라? 해봐야지. 주단태 그 인간, 한번은 흔들어보고, 멋지게 사표 던지고 나오는 것도 기자로서 꽤 폼 나는 일 아냐? 언니 아버지 회사가 주단태한테 넘어간 과정도 영 개운치 않았어. 이참에 다 털어봐야지.

수련 (울컥하고) 고마워... 그리고 이거... (봉투를 건네주는)

김기자 이게 뭔데?

수련 탄원서야. 오윤희라는 사람한테 전해줘.

김기자 오윤희? 그게 누군데?

수련 친한 동생인데, 내일 경찰에 자수하기로 했어. 자수하면 법대로 벌을 받겠지만, 이게 그 사람한테 필요할 거 같아서.

기자 그런 거면, 언니가 직접 전해주면 되잖아.

수련 내 마음이 바뀔 수도 있어서. (쓸쓸하게 웃고) 니가 갖고 있다가 잘 전해줘. 부탁할게.

52.   **현재/재판장 일각 (낮)**
        윤희, 덜덜 떨리는 손으로 봉투를 열어보면.
        "탄원서. 오윤희의 선처를 부탁합니다. 민설아 엄마 심수련" 적혀있고.
        윤희, 순간 눈물이 터져 나오는데.

김기자 (원망스럽게) 과거에 당신 죄가 뭐든, 당신을 이렇게 걱정했던 언니를 대체 왜 죽인 거야?!! 언니랑 약속한 것 때문에 어쩔 수 없이 왔지만, 당신 보는 거, 너무 끔찍해. 어떻게 언니 자리를 뺏으려고 그런 짓을 해? 언니가 당신한테 잘해줬다며! 언니가 죽고 나면, 펜트하우스도 주단태도, 다 당신께 될 줄 알았어?!!

윤희 (그대로 무너지고. 변명 한마디 못 하고, 입 틀어막고 꺼이꺼이 오열하는데) 아아아아.... 아아아아아....!!!

국선 (다가서는) 가야 될 시간입니다.

53.   **법원 재판장 (낮)**
        피고인석에 앉는 윤희. 국선 변호사, 윤희 옆으로 자리하고.

방청객들, 사이 수척해진 로나가 보이고. 수련의 후배 김 기자도 동석한. 넋이 나간 윤희의 표정 위로,

54. 회상 1/펜트하우스 거실(저녁)

조비(E) 회장님께서 펜트하우스로 빨리 들어오시랍니다. 중요한 일이라고...

카드키를 대고 현관문을 열고, 거실로 들어서는 윤희. 둘러보면 아무도 없고.

윤희 회장님! 저 왔어요. 어디 계세요?

단태를 찾아 두리번거리는 윤희.
그러다 서재 쪽에서 항아리 같은 게 깨지는 소리가 나고. 깜짝 놀라 돌아보는 윤희.

55. 회상 2/펜트하우스 서재(저녁)
윤희, 열린 문틈으로 들어가는.

윤희 여기 계세요, 회장님? 왜 오라고... (그러다 바닥에 쓰러진 수련을 보고 경악하고) 언니!! 언니!!! 이게 무슨 일이야!!! (등에 꽂힌 칼이 보이면. 죽을 힘 다해 뽑는데. 절규하는) 언니!! 안 돼!! 죽지 마.... 죽으면 안 돼!!! (피 묻은 칼을 손에 든 채, 바들바들 떨고 있으면)
수련 (희미하게 뜬 눈으로, 뭔가를 말을 하려고 입을 움직이는데. 들리지 않고)
윤희 (칼을 바닥에 떨어뜨리고, 달려가 수련을 품에 안은 채) 힘 빠지니까 아무 말도 하지 마. 구급차.. 구급차 부를게... 조금만 참아... 구급차 금방 올 거야... (미친 듯이 떨면서 핸드폰 꺼내려는데)
수련 (허공으로 손을 저어서 간절하게 윤희를 잡고, 입술 바들바들 떨면서 필사적으로 뭔가 얘기하려 하고)

윤희	(수련에게 얼굴 가까이에 댄 채, 눈물범벅 돼서 울며) 응? 뭐라고....? 안 들려... 모르겠어.... 아무것도 안 들려... 다시 말해봐...
수련	(힘겹게) 가.... 가.... (너무도 간절하게, 죽을힘 다해) 도망가.... 빨리....
윤희	(그제야 수련의 말을 듣고, 멈칫하면)
수련	(그렇게 윤희 품에서 숨이 끊어지고. 윤희에게 안기듯 툭— 떨궈지는 수련의 얼굴)
윤희	(정적. 세상이 정지된 느낌. 그 순간이 믿기지 않고. 멍하니 굳어져 그런 수련을 보고 있는데)
양씨	꺄악!!! (뒤에서 양씨의 비명소리 들리는)

56. 현재/법원 재판장(낮)

윤희, 멈추지 않고 흐르는 눈물. 수련에 대한 미안함과 죄책감으로 미칠 거 같은데.

그 위로 밝은 음악이 흐르는.

57. 헤라펠리스 커뮤니티(낮)

흥거운 왈츠곡에 맞춰서 춤을 추고 있는 헤라클럽 사람들.

다 끝났다는 듯, 아무 일 없었던 듯, 홀가분하고 즐거운 표정으로 쌍쌍으로 어울려 왈츠를 추고 있는데.

그러다 서진과 단태, 사람들 지켜보는 데에서 거리낌 없이 뜨겁게 키스하는.

헤라클럽 사람들, 와아아— 오버해서 환호성 터트리며 박수 치고. 축제 분위기인.

판사(E)	선고합니다. 피고인 오윤희는, 평소 자신을 믿고 도움을 줬던 피해자를 시기하고 질투하여, 수차례 흉기로 찔러 잔인하게 살해했다. 그 범행의 잔혹함과 살인의 고의성, 피해자 가족의 정신적 충격 등을 고려해 엄벌을 피할 수 없다. 재판부는 반인륜 범죄자를 사회와 영구 격리해야 한

다고 판단하여, 피고인에게 무기징역을 선고한다!

로나, 판사의 선고가 떨어지면 좌절하며 울먹이는데.
윤희, 멍한 채 서있다가, 갑자기 정신이 드는 듯 힘겹게 입을 떼는.

윤희　　저는 언니를..... 죽이지 않았어요.

로나　　엄마!!! (놀라서 벌떡 일어서면)

웅성대는 방청석, 검사도 놀라고, 변호사 역시 놀라서 윤희를 보는데.

판사　　(다시 묻는) 뭐라고 했습니까, 오윤희 씨.

윤희　　(단호하면서도 분명하게) 저 오윤희는, 심수련을 죽이지 않았습니다, 재
　　　　판장님! (매서운 눈빛이 다시 살아난 윤희, 굳은 의지를 드러내는데) 저는
　　　　절대로 수련 언니를 죽이지 않았습니다!! 제 딸 이름을 걸고 맹세합니
　　　　다. 범인은 제가 아니라고요!!! 처음부터 다시 수사해주세요!!! 모든
　　　　게 다 조작된 거예요.....!!! (큰소리로 소리치며 재판장 앞으로 달려가면)

윤희, 법원경호원들에게 제지당하며 끌려 나가고. 미친 듯 발버둥 치
는 윤희.

58.　　**호송차 안/도로(낮)**
　　　　구치소 직원들, 강제로 윤희를 법원 호송차에 태우고.
　　　　윤희를 태운 호송차, 그대로 출발해서 달리는데.
　　　　수갑을 찬 윤희, 차 안에서 몸부림치고 있는. 온몸으로 결백을 주장하
　　　　는데. 그런 윤희와 몸싸움하고 있는 구치소 직원들.

윤희　　난 아냐!! 아니라고!! 내가 죽이지 않았어!!! 무효야, 이 재판!!! 차 세
　　　　워!! 다시 돌아가!! 판사님한테 할 말 있다고!! 다시 말하게 해줘!! 돌

아가!!!

직원 진정하세요!!!

그때, 교차로로 진입하던 호송차가, 달려오던 화물트럭과 충돌하고, 호송차 옆이 밀쳐지며 쓰러지는데.
순간 아수라장이 된 호송차 안. 자욱한 연기에 휩싸이는.
시간 경과. 호송차에 타있던 구치소 직원들, 정신 차리고 보면.
깨진 유리창과 찌그러진 철조망 사이로 틈이 보이는데. 윤희, 사라지고 없는.

직원 오윤희가 없어!! 도망쳤어!! 찾아!!!

직원들, 호송차에서 뛰어내려 정신없이 윤희를 찾는데.
도로에도 이미 보이지 않고. 당황한 구치소 직원들, 무전 하면서 사방으로 흩어져 찾고...

59. **도로 일각 (낮)**
수의를 입고, 수갑을 찬 채, 미친 듯이 앞만 보고 달려가는 윤희, 달리고 또 달리는데.
뒤에서 요란하게 울리는 사이렌 소리(E).
클로즈업으로, 윤희의 머리칼이 독한 입김에 훅 날리고.

윤희(E) 기다려. 천서진. 주단태. 나 꼭 헤라팰리스로 돌아갈 거야!!

윤희, 신발 하나가 벗겨진 채로 멈추지 않고 거리를 달리는데.
그러다, 오토바이 한 대가 윤희를 뒤쫓기 시작하고. 잡힐 위기에 처한 윤희!
점점 가까워지는 오토바이... 윤희 옆으로 바짝 다가서고... 사이렌을

울리면서 점점 거리를 좁혀오면... 윤희, 필사적으로 잡히지 않으려고 죽을힘 다해 도망치는데...

그때, 윤희 옆으로 검은 세단 한 대가 다가와 서고! 그대로 윤희를 잡아 태우고 사라지는. 오토바이를 따돌리며 빠르게 앞서서 달려가는 검은 세단!

세단 뒷좌석에 보이는 윤희의 모습, 그 옆에 언뜻 보이는 남자의 뒷모습, 로건이다!

세단, 곧바로 커브를 돌면. 커다란 카고 트레일러가 기다리고 있고. 지지대를 통해 트레일러 안으로 들어가면. 문이 닫히면서 세단의 모습이 도로에서 흔적도 없이 사라지고 없는.

추격하던 오토바이와 경찰차들, 윤희를 놓치고 허둥대는데.

60.   세단 안/트레일러 안(낮)
        윤희, 차 안의 로건을 발견하고 놀라는.

윤희   로건? 당신이 어떻게!!

로건   (매서운 표정으로 윤희의 입에 마취 수건을 대면)

윤희   (그대로 기절해버리는)

61.   비밀별장(밤)
        아득하게 어디에선가 뉴스 소리가 들려오고.
        그 소리에 천천히 정신을 차리는 윤희.
        뉴스에서 나오는 건, 호송차 사고 현장 소식과 함께, 도망친 윤희의 사진인데.

앵커(E)   오늘 법정에서 무기징역을 선고받은 피고인이 구치소로 돌아가던 중, 호송차가 전복되는 사고를 틈타 현장에서 도주했습니다. 도주한 피고인 오모 씨는, 헤라팰리스 펜트하우스 살인사건의 가해자로 6개월간 재판을 받아왔으며, 오늘 돌연 범행 일체를 부인하면서 법정에서 난동을 부린 것으로 알려졌습니다. 지금 경찰은 주변 일대를 수색하고 있으며...

윤희   로나야!!! (벌떡 일어나면서 나가려는데)

다가서는 검은 구두. 그런 윤희를 막아서는데. 로건이고.

로건   어딜 가려고!!!

윤희   로건.... 우리 로나... 우리 로나한테 가야 돼요!! 우리 로나한테 나 살아 있다고...

로건   거긴 이미 경찰이 다 깔렸어. 잡히고 싶으면 가든지. (비웃으면)

윤희   어떡해... 우리 로나....

로건   (매섭게 윤희를 노려보며) 사람을 둘이나 죽여놓고, 지금 딸 걱정을 하고 있는 건가? 소름 끼치는 일이군...

윤희   둘이라니... 무슨 소리에요, 그게?!!

로건   유일한 목격자가 사라졌으니, 영원히 덮어진 줄 착각했겠지. 근데 어쩌지? 심수련이 죽기 전에 다 말해버렸는데. 당신이 내 동생 설아를 죽였다는 거!!

윤희   동생? 동생....이라고? (놀라면)

로건   그래, 내 동생 민설아!! (윤희 앞에 구둣발을 멈춰 서고) 이제야 만나게 되는군. 설아를 죽인 범인을 찾으러 한국까지 왔는데... 그게 바로 너였어!! (윤희의 멱살을 확 잡아끌며, 얼굴 바짝 붙인 채 분노 토해내는) 왜 죽였어?!! 우리 설아를 왜?!!

윤희   (멱살 잡힌 채로) 로... 로건!!

로건   수련 씨는 널 믿고 기다렸어!! 자수하겠다는 니 말을 믿고, 니가 설아를 죽인 걸 알면서도 기다려줬어!! 그런 사람 뒤통수를 쳐?! 수련 씨가 그때 말리지만 않았어도, 내가 달려가서 널 죽여버렸을 거야!! 그랬음, 수련 씨도 그렇게 죽진 않았을 텐데...!!! 내가 어리석었어!!! (절규하면)

윤희   난 아냐!! 수련 언니는 내가 죽인 게 아냐!!

로건	끝까지 살겠다고 거짓말을 해?!! 니가 주단태와 손잡고 수련 씨를 치려고 했잖아!! 그 바보 같은 여자는 그걸 알면서도 끝까지 널 보호하려고 했어. 넌 죽어야 돼!! 살 가치도 없는 파렴치한 여자야!! (눈이 돌아서, 날카로운 것을 꺼내 윤희를 위협하는데)
윤희	(순간, 눈물이 차오르고. 마지막 수련 모습이 떠오르는)
수련(E)	(힘겹게) 가.... 가... 윤희야... (너무도 간절하게, 죽을힘 다해) 도망가.... 빨리....
윤희	(죄책감에 미칠 거 같고) 당신 말이 맞아!! 수련 언니... 내가 죽인 거나 마찬가지야!! 수련 언니가 사라지길 바랐으니까!! (슬픈 눈으로 로건을 보며) 그래요, 죽여줘요. 난 죽어도 싸!! 근데... 수련 언니 복수가 끝나면, 그때 죽여요! 수련 언니 죽인 주단태! 천서진! 내 손으로 되갚아준 다음에... 당신 손에 죽을게요!! 약속해요... 그러니까, 지금은 나 보내줘요... 제발 도와줘요... (진심의 눈빛인데)
로건	그걸 어떻게 믿어!! 여기서 죽게 되면, 경찰은 절대 널 못 찾을 거야... 그럼 넌, 영원히 흉악한 살인범에 탈주범이 되는 거야. 딸까지 버린 비정한 엄마로 사람들한테 기억되겠지! (날카로운 것으로 윤희의 목을 겨누면)
윤희	(눈물이 후드득 떨어지며, 마지막 항변하는) 어떻게 하면 믿을 건데!! 내가 죽이지 않았다고!! 맹세코 난 언니를 죽이지 않았어!! 주단태가 나한테 뒤집어씌운 거야!!!
로건	(윤희 말 들리지 않고) 수작 부리지 마!! 너도 똑같이 당해야 해!! 수련 씨가 당한 것처럼, 우리 설아가 죽은 것처럼 똑같이!! 비참하고 처참하게!!!
윤희	(갑자기 로건의 칼을 두 손으로 잡아서, 자신의 목에 갖다 대며) 좋아! 나도 더 이상 내 말 믿어달라고 안 해!! 민설아 죽인 건 내가 맞고, 그 벌은 어떻게든 받을 거니까!! 그래!! 죽여! 당장 죽여!! 하지만 잊지 마!! 내가 죽어도, 진범은 남는다는 거!!

윤희, 말릴 새도 없이, 로건이 들고 있던 날카로운 것으로 깊숙이 들어

가는데. 순간, 호흡이 멈추는. 목에서 피가 뚝뚝 떨어지고.
그대로 푹 쓰러지는 윤희.
로건, 잠시 멍해있다가, 차갑게 윤희를 버려두고 돌아서서, 문 쪽으로
성큼성큼 걸어가고. 문을 쾅 닫고 사라지는.
윤희, 허공으로 떨리는 손을 내젓는. 눈물이 주르륵 흘러내리고... 그 순
간, 로나가 너무도 보고 싶은데...

윤희   (더없이 슬픈 눈으로) 로나야... 미안해, 로나야..............

텅 비어있는 윤희의 눈망울.... 그렇게 움직이지 않는 윤희고.

62.   펜트하우스 거실/비밀별장/교차편집(밤)
서진, 아름다운 드레스를 입고 펜트하우스 창가로 우아하게 걸어가고
있는.
화려한 서울 야경이 눈부시게 반짝이면서 한눈에 들어오는데.
펜트하우스 안주인이 된 듯 의기양양하게 100층 아래를 내려다보는
서진의 모습 위로, 목에 칼이 찔린 채로 피를 흘리며 쓰러진 윤희의 모
습이 겹치는데.
죽은 듯이 파리하게 식어가는 윤희의 얼굴과, 도도한 서진의 모습이
대비되면서, 엔딩!!

63.   에필로그 1/펜트하우스 서재
윤희, 벌벌 떨리는 손으로, 죽은 수련을 안고 있는.
문득 윤희의 눈에, 수련의 가방에서 뭔가가 떨어져있는 게 보이고.
피 묻은 손으로 주워서 보면. 윤희와 수련이 함께 찍은 폴라로이드 사
진인데.
수련과 윤희, 사진 안에서 더없이 행복하게 웃고 있고.
사진 아래에 "내 동생♥"이라고 적혀있는.

64.　에필로그 2/도로

　　　　수련과 윤희, 차를 타고 도로를 기분 좋게 달리고 있는.

윤희　　언니. 우리 한 건 한 기념으로 사진 한 장 찍을까?

수련　　사진? 좋지.

윤희　　(핸드폰 들면)

수련　　그런 건 낭만이 없지. 차 뒤에 봐.

윤희　　(보면 폴라로이드 카메라 있고) 어! 폴라로이드 카메라다! 옛날 사람!

수련　　그래, 나 옛날 사람이야. 그래도 윤희 씨랑 찍는 첫 사진인데, 의미 있게 찍고 싶은데? 세상에 하나밖에 없는 사진으로!

윤희　　암튼, 낭만 타령은. 부자 언니는 이래서 안 된다니까. 당최 현실감이 없어. (폼 잡고) 자, 찍는다. 우리 이쁜 언니~!

　　　　수련과 윤희, 이 드러내며 활짝 웃는데.
　　　　몰아주기로 개구지게 표정 짓는 윤희와, 행복하게 웃고 있는 수련의 모습이 자연스럽게 사진에 담기는 데서!!

〈시즌 1 끝〉

출연

이지아, 김소연, 유진, 엄기준, 신은경, 봉태규, 윤종훈, 박은석, 윤주희, 하도권, 정성모, 서혜린
하민, 김로사, 김동규, 김도현, 김재홍, 신서현, 최서연, 김현수, 진지희, 김영대, 조수민, 한지현
최예빈, 이태빈, 손보승, 안은호, 양정민, 장하경, 박수아, 나소예

만든 사람들

기획	스튜디오S
제작	[초록뱀미디어] 김상헌, 최진욱
책임프로듀서	최영훈
총괄프로듀서	조성훈
프로듀서	이광순
제작총괄	유호성
극본	김순옥
연출	주동민, 박보람

촬영A팀

촬영감독	여정훈, 정철민
포커스풀러	심상영, 하승우
촬영팀	송송이, 서준용, 이민규, 염태석, 오유석, 장명운
조명감독	김근수
조명1st	박동현
조명팀	남기봉, 우효주, 방현동, 이현우
발전차	김중탁
동시녹음	전명규
붐오퍼	김상문
붐어시	이서희
키그립	정성영
그립팀	온대균, 최형우

촬영B팀

촬영감독	최제락, 이재성
포커스풀러	김희승, 윤익준

촬영팀	김민수, 조창준, 서원범, 문지호, 서의진, 송나래, 임호현
조명감독	황영식
조명1st	박선호
조명팀	이주원, 김지나, 이준수, 박윤민, 김대현
발전차	김병호
동시녹음	김수근
붐오퍼	육근식
붐어시	김건
키그립	김학균
그립팀	이규환
미술감독	이하정, 신현지
세트디자인	염지연, 유하경
스튜디오세트	김형관, 이영택, 진종성, 김경대, 박일홍, 김정원
스튜디오작화	손상운, 김형남
야외세트	이상목, 장한별
야외작화	김기연, 문귀현, 이태동
야외세트진행	김종성
스튜디오세트진행	이상린
미술개발	이요섭
세트협력	아트원 신세계기획
전기효과	정기석, 김용선, 성명영, 당성윤
미술행정	최연현, 김경욱
푸드디렉터	제이킴
푸드팀	[제이킴푸드스타일] 연재
	노현정, 정현우, 민휘윤, 민재인, 김민지, 이민경, 이형로
소품총괄	박성진
소품감독	우명식, 윤창묵
소품진행	이창하, 최보아, 조현기, 이종효, 안세영
소품디스플레이	이상진, 윤준식, 장명환
인테리어디자인	이선희, 김상욱
소품그래픽	양미현
푸드스타일리스트	조용미, 박수연
의상	박세훈, 정희선
의상디자이너	이성훈

팀코디	윤민
분장	김은정, 박세연, 손다혜
미용	심정화, 박민아, 최영진
특수분장	손희승
편집	조인형, 박지현, 임호철
서브편집	정다영, 이초롱
편집보조	최혜령
VFX슈퍼바이저	소은석
2D VFX	이한준, 김병재, 하민구, 최두리, 강희규, 오정화, 김승기
3D VFX	유민근, 이정은, 제성경, 조수현, 이진우
	[스튜디오 G] [COBB 스튜디오]
C.G	김종훈
타이틀	김승아
모션그래픽	김승아
음악	김준석
더빙	김흥배, 이승호
효과	이종성, 임준용
음악감독	[무비클로저] 김준석, 정세린
음악팀	구본춘, 이윤지, 노유림, 주인로, 김현도, 신유진, 강미미, 홍은지, 정혜빈
	장유례, 유소현, 김도은
음악믹싱	박승천
음악효과	이광희, 홍가희
색보정	한종우, 김현민
색보정보조	이혜진, 서지원
종합편집	안철환, 황돈희
종편자막	최호진
무술감독	백경찬
무술지도	유시정
특수효과	도광섭, 도광일
캐스팅	이상길, 이영섭
보조출연	[(주)마리오기획] 김주영, 이영태, 김장군
SBS홍보	손영균, 이두리, 정다솔
SNS	박민경, 김현제, 박조아
외주홍보	[3HW] 이현, 이현주, 김의정

[SBS I&M]
웹기획   강유진
웹운영   박지현
웹디자인   김비치
웹콘텐츠   박여주

[스튜디오S]
홍보영상총괄   이미우
홍보영상촬영   문예림
홍보영상편집   김윤미

마케팅총괄   [테이크투]
마케팅PD   임정민, 김은지, 이다은
대본   [슈퍼북] 김주형
포스터   [길티플레져]
스태프버스   이선우, 김희동
연출봉고   이한열, 박대성
카메라봉고   이준헌, 성영길, 김균, 권희갑, 이정호
분장차   김대섭
의상차   이봉제, 정일권
스틸   [자메이카엑스] 강형섭
데이터매니저   신나라, 김규봉
섭외   [바오밥] 양우성, 윤예솔, 김민정, 임정훈
보조작가   민지현, 박영란, 김화영
제작관리   백선아, 홍민지
제작프로듀서   이승원, 최지은, 박성준
SCR   김지희, 조민하
FD   조규하, 이유리, 진민국, 박도창, 강순영, 최승환
야외조연출   김현동
내부조연출   김나현
조연출   오준혁, 오송희, 이소은

544